dtv

Das kleine Herzogtum Sachsen-Weimar unter der Herrschaft von Carl August gilt als Paradebeispiel für den »aufgeklärten« Absolutismus, als Vorbild eines im Unterschied zu den meisten anderen »liberal« und weltoffen regierten Kleinstaates. Doch es gab auch in Weimar Soldatenhandel, Zwang streikender Bauern zum Frondienst, Zensur, Einschüchterung, Bespitzelung und Unterdrükkung der Meinungsfreiheit, die vor allem Studenten und Professoren traf oder auch intellektuelle Gemeinschaften wie die Geheimgesellschaften. Auch berühmte Zeitgenossen wie Schiller, Fichte und Herder waren davon betroffen. Goethe, seit 1776 Mitglied des herzoglichen »Geheimen Consiliums«, des höchsten Regierungsgremiums, spielte in diesen Zusammenhängen eine wichtige politische Rolle. Wie verhielt er sich in den politischen Konflikten mit Untertanen? Auf der Grundlage ausgiebigen Quellen- und Aktenstudiums setzt sich W. Daniel Wilson mit dieser dunklen Seite der Weimarer Klassik auseinander und plädiert für eine längst fällige kritische Revision des bisherigen verklärenden Bildes.

W. Daniel Wilson, geboren 1950 in Missouri/USA, lehrt seit 1983 Germanistik an der University of California in Berkeley. Zahlreiche Veröffentlichungen, u. a. *Geheimräte gegen Geheimbünde. Ein unbekanntes Kapitel der klassisch-romantischen Geschichte Weimars* (1991); *Unterirdische Gänge. Goethe, Freimaurerei und Politik* (1999).

W. Daniel Wilson

Das Goethe-Tabu

Protest und Menschenrechte im klassischen Weimar

Deutscher Taschenbuch Verlag

Originalausgabe
März 1999

Umschlagkonzept: Balk & Brumshagen
Umschlagbild: Portraitzeichnung (um 1920) von Karl Bauer,
(© AKG, Berlin)
Satz und Gestaltung: Hartmut Czauderna,
Gräfelfing
Gesetzt aus der 10,2/13˙ Stempel Garamond,
auf Apple Macintosh Quark XPress
Druck und Bindung: C. H. Beck'sche Buchdruckerei,
Nördlingen
Gedruckt auf säurefreiem, chlorfrei gebleichtem Papier
Printed in Germany · ISBN 3-423-30710-2

Inhalt

Einleitung
Das Goethe-Tabu und politische Konflikte in Weimar . . 7

TEIL I: Bürger, Bauern, Vagabunden 45

Kapitel 1
»Und sendet, gegen fremdes Geld, Die Vöglein in die weite Welt«, oder: Wie man unliebsame Untertanen entsorgt . . 47

Kapitel 2
»Die guten Unterthanen immer im Gleise zu erhalten«, oder: Wie Bauern der »Kitzel der Unfolgsamkeit« ausgetrieben werden sollte 76

Kapitel 3
»Scharffe Arzney« gegen »Freyheits Convulsionen«, oder: Wie man Eisenacher und Weimarer im Zaum hielt, als die Revolution einen Besuch abstattete (1792/93) 117

TEIL II: Studenten, Professoren, Intellektuelle 173

Kapitel 4
»Die neueste Jenaische Klugheit«, oder: Wie Studenten und Professoren überwacht und eingeschüchtert wurden 175

STUDENTEN IN GEHEIMGESELLSCHAFTEN 177

DIE PROFESSOREN 214

Professor Friedrich Schiller 217

Professor Gottlieb Hufeland 228

Professor Carl Christian Ehrhard Schmid 236
Professor Johann Gottlieb Fichte 243
Professor Christian Gottfried Gruner 249

Kapitel 5
Die »hiesigen Kannegießer«, oder: Wie man das »Häuflein« Intellektueller um Herder unter Kontrolle behielt 252

Schluß
Der Unfrieden des klassischen Weimar 282

Abkürzungen 294
Anmerkungen 296
Bibliographie 399
Personenregister 411

EINLEITUNG

Das Goethe-Tabu und politische Konflikte in Weimar

Und das heilige Menschenrecht
Gilt dem Herren wie dem Knecht
Entwurf zu Faust II[1]

Drei Fälle aus der Sexualpolitik des Herzogtums Weimar eröffnen interessante Perspektiven auf die rechtlichen Erwartungen und Ansprüche aus verschiedenen Gesellschaftsschichten, in einer Zeit, in der Goethe an der Staatsführung beteiligt war:

Am 4. November 1783 gibt der Geheimrat Goethe seine Meinung zu den Akten, daß es für das Verbrechen des Kindesmords »räthlicher seyn mögte die Todtesstrafe beyzubehalten«.[2] Von dieser Entscheidung des Geheimen Consiliums – des obersten Beratungsorgans des Herzogs, das Goethe einmal »die letzte Instanz« nannte, »wohin alle Dinge gelangen, wohin alle Arten von Geschäften gebracht werden«[3] – und vom Votum des wichtigsten Mitglieds Goethe wissen die wenigsten Leser und Interpreten von *Faust*, in dessen früher Fassung (*Urfaust*) Goethe einen Fall von Kindesmord mit beeindruckender Einfühlung in die Lage der Täterin Gretchen dargestellt hatte. Aber noch weniger Interpreten wissen von der Tatsache, daß während der Entscheidung des Geheimen Consiliums eine zum Tode verurteilte Kindesmörderin im Gefängnis in Weimar saß, deren Schicksal durch den Beschluß der Geheimräte besiegelt wurde – Goethes Votum war also nicht im theoretischen Leerraum verfaßt, sondern es hatte Hände und Füße, es hatte auch einen Kopf, der am 28. November 1783 in aller Öffentlichkeit durch das Schwert des Henkers vom Körper getrennt wurde. In der

Faust-Forschung finden sich Spuren dieser Ereignisse erst in einem neueren Kommentar von Albrecht Schöne, obwohl sie für Teile der Gretchen-Tragödie, die nach dem *Urfaust* verfaßt wurden, relevant sein könnten.[4] Noch mehr: Nicht nur in diesem Kommentar, sondern auch in einem einschlägigen Artikel aus dem Jahre 1934, dem einzigen, aus dem man sich ausführlich über den Fall der Anna Catharina Höhne aus Tannroda informieren konnte, wird das Ende der Geschichte ausgelassen, nämlich die Kontroverse um die Hinrichtung; sie ist völlig unbekannt geblieben.[5] Für das Halsgericht auf dem Markt und die Hinrichtung vor dem Gericht in Weimar wurden nämlich ungewöhnlich viele Ordnungskräfte – mehr als hundert Mann Miliz und Husaren – zur »Erhaltung guter Ordnung« beordert, und zwar damit »das etwaige Zudrängen des Volcks abgehalten werden« möge (das bisher unbeachtete Dokument ist auch von Goethe abgezeichnet).[6] Ob das befürchtete »Zudrängen« nur auf turbulente Schaulustige oder auf Protest hindeutet, ist nicht mehr festzustellen. Auf letzteres lassen aber andere, bisher unbekannte Dokumente schließen. Ein bekannter Weimarer Intellektueller, Johann Joachim Christoph Bode, schreibt am Vortag der Hinrichtung in einem Brief: »Morgen gehe ich nach Erfurth, um einer hiesigen Köpferey einer Kindermörderinn aus zu weichen, indem es mir nicht als eine Strafe, sondern als ein Staatsmord vorkommt.«[7] Vielleicht ist Angst vor diesen Protesten der Grund dafür, daß auch der Herzog, der wenige Schritte vom Schauplatz des Halsgerichts residierte, die Stadt verließ, weil er ausdrücklich »wegen der Execution nicht hier seyn wolt[e]«[8] (wenn er damit nicht gar, wie Bode, selbst gegen die Entscheidung seiner Räte Protest einlegte!). So ist es sehr gut möglich, daß bei der Hinrichtung Protest befürchtet wurde. Auch in Jena kamen bei Bestrafungen von Sexualdelikten »Excesse«, also Unruhen, vor[9], offenbar deswegen, weil Studenten häufig Bürgertöchter schwängerten und sie nicht gerne bestraft sahen[10], und in Jena war wenige Monate früher auffallend starker Schutz bei einer Hinrichtung nötig gewesen.[11]

Die Studenten in Jena waren schon immer aufmüpfig gewesen, und sie machten offenbar Ansprüche auf ungewöhnliche Rechte geltend. Während der aufsehenerregenden Studentenunruhen des Jahres 1792, von denen noch die Rede sein wird, mußte die Weimarer Regierung einen ihrer enttarnten Spitzel aus dem Herzogtum entfernen, um Frieden mit den Studenten zu stiften. Nur mußte man einen legalen Weg finden, ihn loszuwerden, da er nicht freiwillig gehen wollte. Der Geheimrat Christian Gottlob Voigt berichtet dem Herzog, daß der Student »sich förmlich eine Maitresse halten soll«[12]; er »dürfte deshalb nach *academischen* Gesetzen schon nicht in Jena zu dulden seyn. Diesen Gedanken gab ich [Professor] Grunern an; der rechnet das aber zu den *Menschenrechten*, und schafft ihn auf andere gute Art fort.«[13] Auch auf eine neuartige Ehepolitik machte man in Jena Anspruch. Ein adliger Professor, Johann Ludwig von Eckardt, verfaßt 1795 ein Bittschreiben: Nach dem Tod seiner vierten Frau möchte er aus erbrechtlichen Gründen seine treue Haushälterin, »ein ehrliches gutes Bürgermädgen«, ›zur linken Hand‹ heiraten, also über die Standesgrenze hinweg, aber ohne adlige Standesrechte für die Gattin. Die Nachschrift beschreibt dann einen Präzedenzfall: »Ich bin wohl nicht der erste, der eine solche Dispensation suchet, denn, meines Wissens, habe ich [...] den H[err]n Geh[eimen] Rath von Göthe, zum Vorgänger.«[14] Eine Ehe ›zur linken Hand‹ war im weimarischen Gesetz aber nicht vorgesehen, weshalb sich Eckardt – genial, aber ebenso frech wie beim Hinweis auf Goethe – auf preußisches Recht beruft. Nachdem Voigt den Herzog konsultiert hatte, teilt er Eckardt dessen Ablehnung mit und fügt hinzu, der Fall Goethe »möchte doch wohl nicht von der angegebenen Art seyn, sondern ein ander Bewandniss haben«.[15]

Diese drei Fälle belegen eine lebhafte Beschäftigung mit Menschenrechtsfragen im klassischen Weimar. Um mit dem letzten Fall zu beginnen: Der 1782 geadelte Goethe lebte ja seit einigen Jahren in ›wilder Ehe‹ mit der bürgerlichen Christiane Vulpius, die er erst ein Jahrzehnt nach dem Antrag Eckardts heiraten sollte. Dieser Fall hatte tatsächlich eine andere Bewandtnis, als Eckardt ihm zuschrieb, denn Eckardt meinte offenbar, Goethe habe seine bürgerliche Partnerin ›zur linken Hand‹ geheiratet. Beachtlich ist im gegenwärtigen Zusammenhang, daß Eckardt sich überhaupt auf Goethes angebliche »Dispensation« beruft. Der Professor war offenbar der Meinung, auch ein Geheimrat stehe nicht über dem Gesetz und dürfe als Präzedenzfall für Untertanen angeführt werden. Was ein Minister mache, dürften auch andere. Dieses Prinzip war in Weimar, wie auch sonst im Absolutismus, keineswegs selbstverständlich – und noch weniger das Prinzip, daß auch der Fürst den von ihm gegebenen Gesetzen unterworfen war, auch wenn ein anderer Jenaer Professor im selben Jahr wie Eckardts Gesuch diesen Grundsatz öffentlich verfocht.[16] Als der Dichter Christiane Vulpius in sein Haus nahm, war die kleine Gesellschaft der Residenzstadt empört, nicht nur aus reiner Prüderie: Man befürchtete Folgen unter der Bevölkerung, da der ›einfache Mann‹ für ein derartiges Verhalten vom Oberkonsistorium – Johann Gottfried Herder war der Vizepräsident – regelmäßig bestraft wurde. Aber der Herzog unternahm nichts gegen seinen Freund. Schon in den Monaten nach seiner Ankunft in Weimar hatte Goethe mit dem Herzog ungestraft das Eigentum von einfachen Bürgern zerstören und sie selbst »sündlich« schinden dürfen, wie Goethe es selbst beschrieb.[17] Das Erstaunliche ist nun, daß Geheimrat Voigt implizit zugesteht, Goethe könne theoretisch als Präzedenzfall dienen: Er bestreitet nicht grundsätzlich Eckardts Berufung auf den Fall Goethe, sondern lediglich die unrichtige Darstellung. Auf Eckardts Situation passen Goethes Umstände nicht, aber wenn ein Untertan hätte in ›wilder‹ Ehe leben wollen, wenn es also *nicht* eine »ander Bewandniss« damit gehabt hätte, dann hätte sich Voigt tatsächlich wohl dazu herablassen müssen, die rechtlichen Situationen der beiden Fälle zu vergleichen und sich mit dem Anspruch auf Gleichheit vor dem Gesetz auseinanderzusetzen. Schließlich hatte Voigt wenige Jahre früher gegenüber dem Herzog behauptet, daß die »Landesverfassung« von Sachsen-Weimar »unter einem solchen Fürsten ein eclatantes Unrecht gar nicht zuläßt«.[18] Was moderne Betrachter gerne als ›Genietreiben‹ und dann als Goethes Auflehnung gegen bürgerliche Moralvorstellungen und verknöcherte ständische Eheschranken bewundern, sahen viele Untertanen im Herzogtum Sachsen-Weimar offensichtlich anders, nämlich als Verletzung des Rechtsprinzips der Gleichheit vor dem Gesetz. Und auch die Weimarer Herrschaft machte zumindest theoretisch darauf Anspruch, solche Rechte zu gewähren. Das ist an sich nicht verwunderlich, denn spätestens 1778 galt es als eine Selbstverständlichkeit, daß der Bürger »allenthalben Sclave« sei, »wo der Regent die Gesetze unter die Füsse tritt, und ungestraft ungerecht seyn kann«.[19]

Im zweiten Fall spottet Voigt zwar durch Unterstreichung des Wortes »Menschenrechte« über die Anwendung dieses Begriffs auf die Mätressenwirtschaft eines Studenten. Aber er mischt sich in die akademische Gesetzgebung nicht ein; er schiebt dieses menschenrechtliche Prinzip des Professors Gruner nicht einfach beiseite und besteht nicht auf Anwendung der akademischen Verordnung, um den enttarnten Spitzel loszuwerden, sondern er läßt Gruner gewähren und den Studenten auf andere Art wegschaffen. Aus welchen Gründen Voigt dieses ›Menschenrecht‹ implizit gelten läßt, ist nicht klar; vielleicht wirkte im Hintergrund wieder der Skandal um die ›Mätresse‹ des Herrn von Goethe, so daß Voigt etwas leiser treten mußte. Wie im Fall Eckardt verhält sich Voigt also zweideutig zu einem menschenrechtlichen Anspruch der Gesellschaft, und er wagt nicht, ihn einfach zu ignorieren oder zu bestreiten.

Der Fall der Kindesmörderin ist etwas komplizierter, vor allem deswegen, weil wir nicht mit Sicherheit wissen, ob es Proteste in der breiten Bevölkerung gab. Aber der bürgerliche Intellektuelle Bode sieht den Fall eindeutig als Verletzung von Menschenrechten, auch wenn er das Wort nicht verwendet. In der hitzigen Diskussion über Kindesmord in diesen Jahren – sie kann hier nicht nachgezeichnet werden, obwohl sie auch regierungsintern in Weimar breiter geführt wurde, als heute bekannt ist – hatte sich der Konsens durchgesetzt, daß der Staat Maßnahmen einleiten müsse, um dieses Verbrechen zu verhindern, das angeblich durch die Angst vor der Schande der unehelichen Geburt mit verursacht wurde. Aber Bode befürwortete nicht nur Reformen zur Verhütung von Kindesmord – sie waren in Weimar schon eingeführt worden.[20] Er meinte offenbar auch, wenn die Tat schon ausgeführt worden sei, müsse man angesichts der gesellschaftlichen Ächtung der unverheirateten Mutter mildernde Umstände in der Urteilssprechung geltend machen. Wahrscheinlich hatte der Herzog ähnliche Vorstellungen, als er den Fall der Anna Catharina Höhne zum Anlaß nahm, das Todesurteil zu überdenken; er wollte es offenbar aufheben. Aus der Diskussion über sozial bedingte Delikte sollten also neue Rechtsverhältnisse entstehen; der Verweigerung dieses ›Menschenrechtes‹ begegnete man mit stillem Protest.

Die Meinungen der Untertanen in Sachsen-Weimar über Rechtszustände waren in dieser Zeit also in ständigem Fluß. ›Rechte‹ wurden von den Untertanen selbst neu definiert, umgeschmolzen, offensiv vertreten. Sie fanden sich keineswegs passiv mit dem Bestehenden ab. In allen beschriebenen Fällen ging es um Rechte, die in den Gesetzen des Landes nicht vorgesehen waren, aber die Betroffenen improvisierten Rechtsansprüche, die sich aus dem Geist der Aufklärung speisten. Einer machte mildernde Umstände aus dem Diskurs des literarischen Sturm und Drang und der öffentlichen Debatte für die Bestrafung einer Kindesmörderin geltend. Ein anderer setzte eigenmächtig die genau definierten akademischen Gesetze durch Berufung auf abstrakte Menschenrechte außer Kraft. Und ein dritter setzte die Gleichheit vor dem Gesetz auch für die Mächtigsten im Lande (außer dem Herzog) voraus. Man tastete sich vorsichtig vor, man forderte, man protestierte. Es ist aber wichtig festzuhalten, daß auch die Herrschenden in vielen Fällen die Ansprüche der Untertanen auf freiheitliche Rechte implizit anerkannten.

Der Gegenstand dieser Untersuchung ist die Einschränkung und Verletzung von Menschenrechten im klassischen Weimar durch das Geheime Consilium – ein Thema, das wegen der Berührung mit der Ikone Goethe mit einem Tabu belegt worden ist. Dabei sollen einige Aspekte ausgespart werden. Fragen nach der Berechtigung für ein bestimmtes Strafmaß – in Weimar wurde zum Beispiel bis 1783 gefoltert, länger als in Preußen[21] – werden nur am Rande behandelt, weil sie im Aktenmaterial selten auftauchen und nicht zu den zentralen Auseinandersetzungen der Zeit gehören. Auch das verwickelte Thema der Konflikte über Rechte der Landstände, also hauptsächlich des politisch organisierten Adels, wird ausgespart. Vielmehr geht es hauptsächlich um Menschenrechte, die für die Verwirklichung von Protest, Widerstand und Opposition eingeklagt werden: Rede-, Presse- und Versammlungsfreiheit; daneben geht es mit Hinblick auf den modernen Rechtsstaat um den Anspruch, »nach einförmigen und klaren Gesetzen zu regieren« (so Goethes Egmont[22]). Diese Begriffe werden nicht unhistorisch auf die Zeit des paternalistischen Absolutismus übertragen, sondern der Zeit der Ereignisse selbst und den Forderungen der betroffenen Menschen in Sachsen-Weimar entnommen. Derartige Ereignisse und Forderungen sind keine Einzelerscheinungen in Deutschland. Entgegen der älteren Vorstellung, daß die Rede von Menschenrechten hauptsächlich im Zeitalter der Französischen Revolution aufkam und daher grundsätzlich revolutionäres Potential besaß, auch wenn sie vor der Revolution vereinzelt auftaucht[23], hat die neuere historische Forschung geltend gemacht, daß die Forderung nach Menschenrechten einen der am weitesten verbreiteten vorrevolutionären Diskurse ausmachte. Und diese Forderung wurde nicht nur in dicken akademischen Büchern für Fachgelehrte erhoben, sondern auch in einer Flut von Zeitschriftenartikeln, die das lesende Publikum erreichten. In ihnen entfaltete sich nach den Worten des Historikers Hans Erich Bödeker »seit der Mitte des 18. Jahrhunderts die Konzeption von Menschenrechten, erweiterte sich zusehends die Denkmöglichkeit der Menschenrechte«. Um 1770 war der Begriff Menschenrechte »bereits durchaus geläufig«, und die entsprechenden Forderungen wendeten sich zunehmend »gegen staatliche Herrschaft«; es lassen sich »seit etwa 1770 Einzelelemente bürgerlichen menschenrechtlichen Denkens in der publizistischen Diskussion nachweisen [...].«[24] Spätestens seit etwa 1780 waren Menschenrechte nach einem zeitgenössischen Zeugnis »der Stoff aller Tagesgespräche« geworden.[25] Auch in Sachsen-Weimar trug man seinen Teil zu dieser Diskussion bei; 1785 behauptet der Dichter Christoph Martin Wieland plakativ, »Freiheit der Presse ist Angelegenheit und Interesse des ganzen Menschen-Geschlechtes«, und prangert jede »Verletzung« dieses »unleugbaren Menschen-Rechtes« an.[26]

Die so postulierten Menschenrechte waren sehr unterschiedlicher Art. Zunächst muß aus moderner Perspektive zwischen Grundrechten und Menschenrechten unterschieden werden.[27] Grundrechte sind verfassungsmäßig anerkannte und kodifizierte Rechte eines bestimmten Staates oder Staatenverbandes, die aus dem Geist des modernen Liberalismus und der Abgrenzung staatlicher Macht hervorgegangen sind. Sie sind meist in Grundrechtskatalogen gebündelt. Ihrem Inhalt nach – Presse-, Meinungs-, Religionsfreiheit und so weiter – sind Grundrechte und Menschenrechte nicht zu unterscheiden. Menschenrechte sind jedoch »vorkonstitutionell und gelten als solche in der Natur oder in der Schöpfungsordnung verwurzelt«. Weil sie vom Staat nicht anerkannt sind, können sie nicht vor Gericht eingeklagt werden. Aber sie sind als »Postulate, Ideen, Hoffnungen, Impulse, Tendenzen« potentiell immer Grundrechte; es kommt darauf an, »aus den Menschenrechten Grundrechte zu machen«, sie also zu verwirklichen.[28] Sie sind prinzipiell Freiheitsrechte, sie definieren sich als Beschränkung der Machtsphäre des Staates und als Bewahrung des Freiheitsraumes der Bürger.

Im folgenden handelt es sich nicht um Grundrechte, sondern um Menschenrechte, da sie grundsätzlich im absolutistischen Staat nicht in kodifizierter Form garantiert wurden. Lediglich die Sicherheit der Person, die Gleichheit vor dem Gesetz und gewisse ständische Freiheiten werden von den Zeitgenossen als rechtskräftig garantiert angesehen, aber letztlich hängen auch sie völlig von der Willkür des Fürsten ab. Dazu noch ein Beispiel aus Weimar. Im November 1791 gerät ein Adliger in einen handgreiflichen Streit mit einem herzoglichen Amtmann und verwundet ihn mit Stock und Degen. Nachdem er verhaftet und der Herzog über den Fall unterrichtet wurde, erläßt Carl August mit der Zustimmung seiner Räte den Befehl: Wenn künftig »Personen von Stande zu arretiren« seien, möge die Regierung sich im voraus mit dem Herzog verständigen.[29] Das Regierungskollegium – der Kanzler war der Sohn eines Geadelten[30] – erhebt Einwand gegen diese Maßnahme. Abgesehen davon, daß durch diese Verfügung »die gemeine Sicherheit gar sehr leiden dürfte«, legt die Regierung nahe, dadurch würden der Regierung »nur die Hände gebunden seyn, die Justiz ohne Ansehen der Person, worauf wir hauptsächlich verpflichtet sind, zu administriren«.[31] Daraufhin ändert Carl August die Weisung ab: Die Verhaftung soll in dringenden Fällen umgehend vorgenommen, ihm jedoch »ausser den Acten angezeigt« werden[32] – wodurch »eine unpartheyische Justiz-Pflege«[33], die das Consilium schon 1780 als nötig bezeichnet hatte, erheblich eingeschränkt sein dürfte, da adlige Delinquenten nach wie vor die besondere Aufmerksamkeit des Souveräns genossen, der jeden Rechtsspruch außer Kraft setzen konnte.

Dieses Beispiel zeigt, daß »Begünstigungen von Standesgenossen« durch Weimarer Beamte nicht immer die Regel waren, wie gelegentlich behauptet wird[34], und daß ›modernere‹ Rechtsvorstellungen auch in den höchsten Regierungskreisen durchaus vorhanden waren. Hatte Goethe doch schon in seinem vorrevolutionären Drama *Torquato Tasso* geschrieben: »Auch die Gerechtigkeit trägt eine Binde / Und schließt die Augen jedem Blendwerk zu« (V. 1308 f.); dieses uralte Rechtsprinzip kam nicht erst mit dem modernen Rechtsstaat auf. Aber das Beispiel macht auch deutlich, daß die Ansichten über die Rechte der Untertanen schon innerhalb der herzoglichen Kollegien differierten. Diese Rechte wurden im Absolutismus geradezu improvisiert – mal wurden sie anerkannt, mal nicht; die Gewährung blieb – wie überhaupt im deutschen Absolutismus[35] – auf die Willkür des Herzogs angewiesen. Dieser Fall zeigt wie die anderen, daß Menschenrechte zum Teil auf etablierte Vorstellungen von Gerechtigkeit und auf die Verantwortung der Behörden und letztlich des Landesherrn für den rechtlichen Freiraum der Untertanen zurückgingen. Immer wieder beriefen sich Untertanen und Beamte auf solche Rechte. Aber sie konnten ebensogut verletzt oder gar ignoriert werden, da sie nirgends in einer Verfassung garantiert waren.

Da die in Weimar beanspruchten Freiheits- und Menschenrechte lediglich in staatlichen Akten und gelegentlich in Briefen von Ministern ganz nebenbei erwähnt werden, liegt ihnen meist keine grundsätzliche Reflexion zugrunde. Aber aus den verwendeten Formulierungen geht hervor, daß ältere mit neueren Vorstellungen konkurrierten und wechselten. In einigen Fällen stellen Untertanen explizit Forderungen auf Grund der »natürlichen Freiheit« auf. Das ist eine Schlüsselformel, die auf das ältere deutsche Naturrecht der Aufklärungszeit zurückweist, schon im 17. Jahrhundert für bäuerliche Beschwerden geltend gemacht wurde und einen latenten Begriff von Menschenrechten enthält.[36] In den Anfängen des älteren Naturrechts bezeichnete die »natürliche Freiheit« lediglich die Freiheit im vorgesellschaftlichen Naturzustand, auf die die Menschen anhand von Verträgen verzichteten, um sich unter staatliche Herrschaft zu begeben.[37] Aber es bleibt auch im Staat eine Restfreiheit, ein »Ueberbleibsel der natürlichen Freiheit« (so 1773 der Jenaer Jurist Heinrich Gottfried Scheidemantel[38]), das zum Kern der neuen bürgerlichen Freiheit wird. Die »natürliche Freiheit« ist von der modernen liberalen Vorstellung der Menschenrechte zu unterscheiden, wie sie vor allem seit der Erklärung der Menschen- und Bürgerrechte durch die Französische Revolution im August 1789 diskutiert wurde. In der zweiten Hälfte des

18. Jahrhunderts wird diesem Begriff durch das ältere Naturrecht nicht genügend Substanz beigegeben, um voll entwickelte individuelle Freiheitsrechte zu begründen, denn er bleibt den Staatszwecken (dem Gemeinwohl, der Glückseligkeit aller) untergeordnet. Die Theoretiker machen die entsprechenden Rechte von der Gnade des Herrschers abhängig. Aber gerade durch die *Konkretisierung* einzelner Rechte wird die »natürliche Freiheit« jetzt mit neuer politischer Ambivalenz aufgeladen, die den aufgeklärten Absolutismus, gleichzeitig aber auch neue politische Gegenströmungen theoretisch begründen konnte.[39] In den letzten beiden Jahrzehnten des 18. Jahrhunderts entstehen dann neue Naturrechtslehren, die zu einer »Wissenschaft der Menschenrechte« werden. Sie »statten natürliche Freiheit und Menschenrechte mit dem Anspruch absoluter Geltung aus und aktualisieren sie damit für das Leben der Bürger im Staat«.[40] Freiheit ist für die Naturrechtler nicht mehr nur ein verlorenes Recht, sondern auch ein wiedergewonnenes, das nun gelegentlich sogar zum Staatszweck wird.[41]

An der Schnittstelle zwischen älterem und jüngerem Naturrecht befindet sich ausgerechnet der Jurist Goethe, wenn er im Februar 1785 die Erhöhung von Abgaben im eisenachischen Dorf Ruhla erörtert. Goethe unterscheidet zwischen Steuern und Erbzinsen. »Ein Unterthan der behauptet er sey Steuer frey«, schreibt er in seinem ausführlichen Gutachten, »würde wohl den Beweis zu führen [...] haben; nicht so mit den Erbzinsen. Hier tritt die Vermuthung der natürlichen Freyheit ein und wer sie fordert muß die Schuldigkeit darthun.«[42] Das heißt: altes Herkommen und Verträge sparen Erbzinsen aus dem Bereich aus, über den der Staat ohne weiteres zu verfügen hätte, und der Staat muß die »Schuldigkeit« der Untertanen zu dieser Abgabe rechtlich beweisen; im Gegensatz zu den Steuern können sie »in dieser Sache rechtlich Gehör fordern«. Goethe vertritt hier eine gemäßigte Meinung. Er folgt Juristen wie Johann Leonhard Hauschild, der schon 1744 diese »Vermutung der natürlichen Freiheit« der Untertanen für gewisse Rechte behauptet hatte; aber noch in den 1790er Jahren wurde umgekehrt die Beweislast auf die Untertanen gewälzt.[43] Goethe demonstriert mit diesem Gutachten den auch andernorts zu konstatierenden »Einbruch« des Freiheitsbegriffs »in die Rechtssprache und die Beeinflussung der Rechtspraxis«.[44] Der Geheimrat hängt noch an der Vorstellung, der Fürst habe als »ein verständiger Vater« das ausschließliche Recht, über solche Dinge zu urteilen[45], und er lehnt damit die in dieser Zeit aufkommende Trennung von bürgerlicher Gesellschaft und Staat[46] strikt ab. Trotzdem findet eine aufkeimende Anerkennung von elementaren Menschenrechten, paradigmatisch im Begriff ›natürliche Freiheit‹ artikuliert, den Weg in die amtliche Praxis des Geheimen Consiliums und namentlich Goethes. Die Differenz zwischen diesem Anspruch und der Wirklichkeit der Herrschaft in Weimar wird uns im Verlauf dieser Untersuchung beschäftigen.

Diese älteren Vorstellungen von Freiheit und Menschenrechten gehen in die neuen, liberalen Begriffe über. Diese entstehen zum Teil unter dem Einfluß der Menschenrechtskataloge des amerikanischen Bundesstaates Virginia (vom 12. Juni 1776, einen Tag nach Goethes Ernennung zum Geheimen Legationsrat) sowie der neuen französischen und amerikanischen Republiken (1789). Wichtige Aspekte dieses liberalen Menschenrechtsbegriffs galten nach Ansicht der Weimarer Herrschaft für die dortigen Untertanen oder wenigstens für die ›Gelehrten‹ unter ihnen. Die Herrschenden behaupteten, daß man in Sachsen-Weimar »Geistesfreiheit« (Goethe) oder gar »Denckensfreyheit« (Carl August) genieße[47]; und noch vor dem Beginn der Revolution meinte der Zeitschriftenherausgeber, Industrielle und Privatsekretär des Herzogs, Friedrich Justin Bertuch, daß Carl August »die Rechte der Menschheit [...], Denck und Gewißensfreyheit« garantiere.[48] Wiederholt wurde die reale Lehrfreiheit der Jenaer Professoren behauptet.[49] Diese Vorstellungen gehen weit über das ältere Naturrecht hinaus. Obwohl sie noch von der Gunst des Fürsten abhängig sind, harmonieren diese Rechte mit dem öffentlichen Raisonnement über Freiheitsrechte in der Zeit vor und nach dem Anfang der Französischen Revolution – nicht nur in Zeitschriften, sondern auch in literarischen Werken, unter anderem von Goethe und Schiller, die in diesem Zusammenhang von Historikern kaum beachtet werden: Der im vorrevolutionären Drama *Don Carlos* (1787) ausgesprochene Appell des Marquis Posa an König Philipp, »Geben Sie / Gedankenfreiheit«, ist bekannt (V. 3215f.). Aber auch in Goethes *Egmont*, der vor 1775 konzipiert und zum größten Teil ausgeführt wurde, treten niederländische Bürger auf, die in der Öffentlichkeit kaum zu sprechen wagen, weil nach einem Befehl des spanischen Tyrannen »zwei oder drei, die auf der Straße zusammen sprechen, des Hochverrats ohne Untersuchung schuldig erklärt sind«.[50] Mit der impliziten Kritik an diesen drakonischen Maßnahmen wird die generelle Forderung nach Rede- und Versammlungsfreiheit erhoben – so sehr andererseits die »Rechte und Freiheiten«, auf die sich Goethes Niederländer berufen, ganz dem Anliegen der Goethezeit entsprechend auf ›alte Rechte‹ der vorrevolutionären Zeit zurückzuführen sind.[51]

Die genaue Akzentuierung in dieser Vermengung von vorrevolutionären Freiheitsvorstellungen aus dem älteren Naturrecht und neuen liberalen Begriffen vor allem nach dem Anfang der Revolution spielt jedoch für die vorliegende Untersuchung eine nur untergeordnete Rolle, da sie nicht mehr rekonstruierbar ist: Die Untertanen formulierten ihre Konzeption von Menschenrechten nur selten. Im folgenden geht es nicht um Ideengeschichte, sondern um die Ereignisse. Das *Handeln* der Untertanen *nach menschenrechtlichen Vorstellungen* und die widersprüchliche Haltung der Herrschenden ihnen gegenüber steht im Mittelpunkt. Entscheidend ist dabei auf der Seite der Untertanen nicht in erster Linie die diesem Handeln zugrundeliegende Konzeption von Menschenrechten, sondern allein die Tatsache, daß sie gegen den bestehenden Staat geltend gemacht wurden. Entscheidend ist auf der Seite der Herrschaft nicht nur die behauptete Geltung dieser Rechte, sondern das Versagen eines

Systems, das diese Rechte nicht verbriefen, sondern nur gnädig gewähren will. Die Zusammenhänge zwischen den älteren und den neuen Menschenrechtsvorstellungen zeigen, daß es bei diesem Prozeß um Teile eines langwierigen, uneinheitlich geführten Kampfes um die staatliche Anerkennung dieser Rechte geht.

Damit ist zugleich der Rahmen gegeben, in dem dieses Handeln zu werten ist. Die Ereignisse können nicht (nur) aus der engen Perspektive der bestehenden Gesetzgebung des Herzogtums Sachsen-Weimar ausgewertet werden, da diese von Zeitgenossen explizit und implizit als unzulänglich erkannt wird, um diese Rechte zu garantieren. Vielmehr kommen die Forderungen aus der damaligen *Gesellschaft* heraus. Es wird daher im folgenden die Perspektive der Menschen in Sachsen-Weimar selbst übernommen, soweit diese rekonstruierbar ist. Das geschieht in dreifacher Weise: Erstens zeigen die *Untertanen* durch ihr Handeln, vor allem durch die manchmal sehr freie Rede, daß sie entsprechende Freiheiten von ihrem Landesherrn erwarteten, wobei diesen weimarischen Forderungen der breitere zeitgenössische Diskurs über Menschenrechte zugrunde liegt. Zweitens wurden Menschenrechte gelegentlich auch innerhalb der *Regierungskreise* thematisiert und debattiert (wie die Beispiele zeigten), so daß der mögliche Vorwurf, die hier behandelten Menschenrechte seien lediglich aus dem Diskurs einer kleinen Minderheit von unzufriedenen Querköpfen gegriffen, gegenstandslos wird. Drittens werden die weimarischen Zustände im folgenden an den Behauptungen weimarischer *Intellektueller* wie des genannten Bertuch gemessen, die Menschenrechte zwar als vom Herzog gnädig gewährt, aber immerhin als vorhanden voraussetzten. Gerade diese liberalen Erwartungen schufen eine eigenartige Dynamik. Aufklärerische ›Propagandisten‹ in Sachsen-Weimar und die Herrschenden selbst förderten menschenrechtliche Erwartungen und Forderungen in der Bevölkerung; aber wenn Dissidenten auf Grund dieser Erwartungen handelten und Menschenrechte umzusetzen versuchten, wurden sie von der Regierung eingeschüchtert oder bestraft. Und das gelegentlich im selben Augenblick, in dem die Herrschenden die Gültigkeit dieser Rechte behaupteten.

Durch die Bemühungen der Gelehrten und der Herrschenden stiegen die Erwartungen geradezu ins Unendliche. Der scharfsinnige französische Historiker Alain Ruiz beobachtete die »merkwürdigerweise schon damals blühende Legende [...], die die Nachwelt tradiert hat, nämlich die Legende vom Weimarischen ›Musenstaat‹ und der sich im großzügigen Liberalismus seines Herzogs beglückt sonnenden Universität Jena«.[52] Es ist aber keineswegs »merkwürdig«, daß diese Legende schon zu Goethes Zeit blühte. Sie war damals noch verständlich, erwuchs sie doch aus der schwierigen sozialpsychologischen Situation der deutschen Intelligenz, die in einem aus Hunderten von Territorien bestehenden Land überwiegend in immer zahlreicher werdenden staatlichen Stellungen versorgt wurde und daher Kompromisse mit dem Absolutismus einging.

Die Mär von der Liberalität des Herzogtums Weimar beruhte schon im 18. Jahrhundert offenbar auf zwei Kurzschlüssen, die zur Lebenslüge der Intellektuellen in Weimar gehörten. Der eine Kurzschluß betrifft eine reale Liberalität des Herzogs, nämlich in religiösen Dingen. Er kämpfte öfter mit den konservativen geistlichen Kräften im Herzogtum, vor allem in Sachsen-Eisenach, und setzte seinen Willen durch.[53] Das war für deutsche Aufklärer, die meist mehr Gewicht auf religiöse als auf politische Fragen legten, das besondere Markenzeichen eines freizügigen Fürsten. Aber das bedeutet nicht, daß der Herzog in der einfachen Bevölkerung religiöse Freidenkerei duldete.[54] In unserem Zusammenhang noch wichtiger: Es bedeutet nicht, daß diese Liberalität sich auch auf politische Angelegenheiten erstreckte.

Die andere falsche Schlußfolgerung ist weiter verbreitet: Ein Fürst, der so ›aufgeklärte‹ Intellektuelle wie Wieland (1772 als Fürstenerzieher Carl Augusts), Goethe (1776 als Geheimrat), Herder (1776 als Generalsuperintendent und Hofprediger) und Schiller (1789 als Professor in Jena) nach Sachsen-Weimar ziehen und sie zum Teil in die wichtigsten staatlichen Stellen berufen konnte, müsse zwangsläufig in *jedem* Sinne ›aufgeklärt‹ sein. Der Geist an die Macht: Es ist der ewige Traum der Intellektuellen, der in Weimar Wirklichkeit geworden zu sein scheint. Daß hauptsächlich auf diesen Berufungen auch der *politische* Ruf des Herzogs basierte, wird durch den Umstand belegt, daß Carl August von Zeitgenossen sofort nach Goethes Eintreffen in Weimar als einer der aufgeklärtesten Fürsten Deutschlands gefeiert wurde, ohne daß er überhaupt Zeit gehabt hätte, diesen Ruf zu verdienen. Ein Beispiel: Im Brief aus Hannover an Charlotte von Stein vom 29. Dezember 1775 – also nicht einmal vier Monate nach dem Regierungsantritt Carl Augusts – nennt ihn Johann Georg Zimmermann einen »weisen scharfsichtigen und aufgeklärten Fürsten«; mit Beratern wie Goethe könne Carl August in Weimar »ein goldenes Zeitalter hervorrufen, das in der Geschichte Epoche machen und bei der Nachwelt die sogenannten großen Taten der großen Höfe und großen Nationen auslöschen wird«.[55] Da Zimmermann den Weimarer Herzog nicht kannte, konnte er ihn nur auf Grund der Begünstigung Goethes als »aufgeklärt« bezeichnen. Auch für Klopstock scheint Carl August vor allem deswegen ein anerkennenswerter Herzog zu sein, weil er sich von den üblichen Fürsten unterscheidet, die »mit ihren Gelehrten nichts zu schaffen haben wollen.«[56]

Es war also hauptsächlich der ›Mäzen‹ Carl August, der Förderer von Künsten und Wissenschaften und der »aufgeklärte Diensther«[57] angesehener Intellektueller, der in den Augen der Zeitgenossen glänzte und auch heute noch glänzt.[58] Diese Großzügigkeit schien zu garantieren, daß Carl August auch politisch im aufgeklärten Sinne regieren würde. Der Herzog selbst gefiel sich anfangs in der politischen Prägung dieser Rolle und trug zur Legende bei. Er schwärmte für Stolbergs tyrannenfressenden Freiheitsgesang[59]; und laut einer Anekdote soll er einem britischen Lord gesagt haben, er beneide ihn, denn: »Ihr seid in Eurem Vaterlande groß. Aber doch ist jeder Eurer Mitbürger

Euch gleich genug, sich selbst gegen Euch, wenn Ihr ihm zu nahe kommt, Recht zu geben. Aber ich – wenn ich einem hier eine Ohrfeige gebe, Keiner könnte oder würde mir eine wiedergeben!«[60] Diese Attitüde Carl Augusts wurde oft dem Einfluß Goethes zugeschrieben.[61] Wer die Praxis Carl Augusts gegenüber Untertanen, wenn sie ihn oder seine Herrschaft nur auf die entfernteste Art bedrohten, aus den Seiten dieser Untersuchung kennenlernen wird, muß erkennen, daß es sich bei solchen Sprüchen um ›Öffentlichkeitsarbeit‹ handelte. Der verdiente Weimar-Historiker Karl-Heinz Hahn bemerkte scharfsinnig »das – seit 1830 etwa zu beobachtende – lebhafte Bemühen« in Weimar, »die Vorstellung zu verbreiten, daß die Förderung von Kunst und Literatur mindestens seit Anna Amalia zu den vornehmsten Pflichten des weimarischen Fürstenhauses gehört hätte«, denn diese »Legende vom Weimarer Musenhof«[62] diente eindeutig dem politischen Ruf des Herzogtums – dem »Ruf der größten Liberalität« (so Goethe 1799[63]). Diese ›Öffentlichkeitsarbeit‹ wirkt bis heute, denn die stillschweigende Annahme über die politischen Verhältnisse in Sachsen-Weimar bleibt nach wie vor: Der Dienstherr Goethes müsse nicht nur politische Freigeister großzügig geduldet haben, sondern – in einer anderen Variante – es dürfe in einem so aufgeklärt regierten Staat eigentlich gar keine Unzufriedenheit gegeben haben. Erforschen wollte man die Sache jedenfalls nicht. So schützt das Goethe-Tabu bis heute den politischen Ruf Sachsen-Weimars.

Schon aus diesen wenigen Zeugnissen wird eine merkwürdige Konstellation sichtbar: Goethe und manchmal der Herzog posierten sogar als eine Art Opposition zum Bestehenden und werden heute noch so gesehen. Carl Augusts Berufung von Goethe, diesem jungen bürgerlichen Aufsteiger und rebellischen Dichter, in das höchste Gremium des Landes wird als mutiger Schritt gegen den lebhaften Widerstand der Hofkreise in Weimar und auch des führenden Geheimrats von Fritsch gesehen, weil der Fürst damit Leben und Bewegung in eine verkrustete Behörde habe bringen wollen. Schon für das berüchtigte

›Genietreiben‹ Carl Augusts und Goethes wirkt dieses Modell; es habe »ein neues Lebensgefühl« heraufbeschworen und dazu geführt, »daß ausgerechnet an einem kleinen deutschen Fürstenhof mit der Niederreißung von Standesschranken [!] ein neues Zeitalter, das bürgerliche, unter Wehen gleichsam heraufgezogen war«.[64] Und auch für die Zeit nach der Berufung Goethes hat sich die irreführende Vorstellung etabliert, daß er mit dem Herzog durchgängig gegen adlige Interessen wirkte und »das neue Recht des Menschen gegen das alte erstarrte Denken seiner Zeit durchzusetzen« gehofft habe[65], daß die Herrschaft in Weimar außerdem »eine Bevorzugung des Adels im staatlichen Dienst weitgehend vermied« und daher »eine deutliche Tendenz zur Anerkennung grundrechtlicher Gleichheit aufwies«.[66] Man beachte den gewagten Gedankensprung von der Berufung Bürgerlicher in die Staatsbehörden zum angeblich menschen- oder gar grundrechtlichen Anliegen des Landesherrn und seines vertrauten Freundes. So kristallisiert sich das Bild eines Fürsten heraus, der in Opposition zum Adel seines Landes steht. Und diese »Oppositionsgebärde«[67] wird durch eine weitere ergänzt, die sich gegen den Militarismus preußischer Prägung richtet, ja gegen den Nationalismus.

Dem beliebtesten Denkschema zufolge steht allerdings nicht der Herzog, sondern Goethe in Opposition zur bestehenden Politik des Herzogtums, in allerdings »schier aussichtslosem Kampf mit den Gegebenheiten spätfeudalistischer Staats- und Gesellschaftsverhältnisse« (Karl-Heinz Hahn[68]). Erst in den 1780er Jahren habe Resignation über die Zähigkeit der feudalen Zustände eingesetzt, die dann zu Goethes Entschluß beigetragen habe, nach Italien zu fliehen. Seit dieser Zeit habe er sich in seinem amtlichen Wirken auf die wenigen Gebiete zurückgezogen, die ihn besonders interessierten: Kunst und Wissenschaft. Auf diese Weise bleibt Goethe von der ›Verschmutzung‹ durch politische Zustände weitgehend unberührt. Die Kluft zwischen Geist und Macht wird wiederhergestellt, nachdem der Traum vom Geist an der Macht gescheitert ist.[69] Der Geist bleibt rein.

Manches in diesen Vorstellungen ist ohne Zweifel richtig. Goethe wurde nur gegen großen Widerstand ins Consilium berufen. Er und der Herzog hatten tatsächlich Reformwünsche, die sie zum Teil in die Tat umsetzten. Der Dichter und Geheimrat hat später vielfältig seinen Verdruß über die Vergeblichkeit seiner Bemühungen ausgedrückt. Und die antimilitaristische Haltung Goethes – gegen die Soldatenspielerei des Herzogs gerichtet – macht einen wichtigen Teil seines politischen Erbes aus, auf das in letzter Zeit mit Recht zunehmend hingewiesen wird.[70]

Die Problematik dieser Perspektive wird erst dann evident, wenn man die tatsächliche Arbeit des Geheimen Consiliums einer genaueren Prüfung unterzieht. Die Legendenbildung richtet sich fast immer nur auf wirtschaftliche und soziale ›Reformen‹ oder auf außenpolitische Aspekte, nicht auf das eigentlich Politische im Inneren. Diese Perspektive wird durch die Ideologie des aufgeklärten Absolutismus selbst gefördert, die herrschende Illusion im Zeitalter der Aufklärung. Sie besagt, daß die aufgeklärten Intellektuellen Einfluß auf den absolut herrschenden Regenten ausüben und auf diese Weise die Gesellschaft zu ändern versuchen. In diesem Bund mit dem starken Staat geht es jedoch zwangsläufig in erster Linie um nicht-politische Belange. Die Intellektuellen erkauften (mäßige) wirtschaftliche und soziale Reformen durch die Preisgabe politischer Freiheit – ein Modell, das sich bis in unser Jahrhundert verheerend ausgewirkt hat. Deshalb wird die Frage, ob es in Sachsen-Weimar wirklichen Widerstand oder Protest gab, kaum gestellt. Wir stehen vor dem eigentümlichen Phänomen, daß die höchste Herrschaft eines absolutistischen Landes die Rolle der Opposition zum Bestehenden für sich in Beschlag nimmt. Und gerade die normative Dichterfigur Goethe schützt das Tabu um den absolutistischen Staat: Da er an der Herrschaft teilnimmt, möchten die Forscher nicht so genau nach möglicher Opposition gegen diese Herrschaft fragen.

Die politischen Interessen in dieser Interpretation des klassischen Weimar sind nicht zu übersehen: Die Idee des starken

Staates wird für die Moderne gerettet. Nachdem autoritäre Herrschaft in Deutschland vom Militärstaat Preußen über das Kaiserreich und den Nationalsozialismus bis hin zum ›real existierenden Sozialismus‹ keine positiven Beispiele mehr anzubieten scheint, bleiben in den Vorstellungen vieler nur noch wenige Vorbilder des autokratisch regierten Staates bestehen, nämlich einige der unzähligen Kleinstaaten des ›aufgeklärten Absolutismus‹. Obwohl sie nicht mit modernen totalitären Staaten gleichgesetzt werden können, etablierten sie die Tradition des durch soziale Wohlfahrt legitimierten starken Staates, in dem die Untertanen nicht-politische ›Reformen‹ mit politischer Unfreiheit erkaufen. Und der wichtigste dieser Staaten ist eben das »Modell Weimar« (Gert Ueding[71]), das in den letzten Jahren zunehmend an Anziehungskraft gewonnen hat. Denn im Gegensatz zu den anderen kleinstaatlichen Vorbildern, auf die nur einzelne Regionen in Deutschland mit Stolz hinweisen können, können *alle* Deutschen an der Bedeutung des Herzogtums Weimar teilhaben, da hier eine unbestrittene kulturelle Hochleistung erreicht wurde. Damit aber geht die meist unausgesprochene, gelegentlich jedoch explizit thematisierte Konstellation einher, daß dieser kulturelle Gipfel der klassisch-romantischen Literatur in einem autoritär, aber landesväterlich und fürsorglich regierten Staat des »aufgeklärten Despotismus« (Fritz Hartung), des »wohlwollend patriarchalischen Absolutismus« (Hans Tümmler) verwirklicht wurde.[72] Auf diese Weise geht vom weimarischen Modell des ›aufgeklärten‹ Absolutismus, des sich human und paternalistisch gerierenden autoritären Staates, eine unerkannte Anziehungskraft aus, die noch im heutigen Weimar auf Schritt und Tritt bemüht wird: Die »Wilhelm-Pieck-Straße« wurde in »Carl-August-Allee« umgetauft, die »Goethe- und Schiller-Gruft« heißt wieder »Fürstengruft«[73], das Reiterstandbild Carl Augusts wurde renoviert – es fehlt nur noch, daß der dazugehörige »Platz der Demokratie« wieder zum »Fürstenplatz« wird. Carl August gehört als milder Landesvater, als großzügiger Mäzen immer zum Hintergrund der Weimarer

Klassik. Das oft beschworene Idyllische, ja Dörfliche Weimars, das in der Goethezeit mit seinen sechstausend Einwohnern sehr ausgeprägt war, trägt zu diesem harmonisierenden Bild bei: Wird in kulturellen Darstellungen öfter erzählt, daß Kühe durch die Straßen Weimars getrieben wurden, so paßt zu diesem pastoralen Bild gar nicht, daß ihre Besitzer vielleicht in heftige Auseinandersetzungen mit ihrer Herrschaft über Weiderechte verwickelt waren, oder daß Bauern in Weimar für die Verweigerung von Frondiensten bestraft wurden. Unzufriedenheit und Konflikte dürfte es in der glücklichen Kulturstadt Weimar, in der beschaulichen Kleinstadt im friedlichen Kleinstaat eigentlich gar nicht gegeben haben, so daß am Ende der starke Staat segensreich zu wirken scheint. Es ist das Wunschbild eines – so Goethe in späteren Jahren – »sanft und gelassen regierten, sich durchaus mäßig verhaltenden Volkes«.[74] Wirtschaftliche und soziale Reformen, durch die aufgeklärten Intellektuellen vorangetrieben, bewirkten angeblich Glückseligkeit und politische Passivität. Die Idee eines humanen, autoritären Staates wird so auf dem Rücken von Goethes Ruhm in die Gegenwart geschmuggelt.

Wenn die politischen Zustände im klassischen Weimar in dieser Untersuchung aus einer kritischen Perspektive gesehen werden, dann sollte das Ergebnis allerdings nicht als letztes Wort über diesen Staat gelten. Diese Perspektive ist nötig, weil nur die sozial fürsorglichen Aspekte der Weimarer Regierung zur Genüge bekannt sind, nicht jedoch die repressiven. Es ist durchaus anerkennenswert, daß die Weimarer Herrschaft zumal unter dem Einfluß Goethes, die Landwirtschaft verbesserte, Rechtsprozesse erleichterte und vereinfachte, die Finanzen in einigen Zügen sanierte, den Militäretat kürzte und anderes mehr. Über diese Reformen kann man sich überall sehr gut informieren, nicht jedoch darüber, daß Bauern und Bürger sich über Mißstände wie die fürstliche Jagd oder hohe Abgaben beschwerten und dafür bestraft wurden, oder daß Studenten und Professoren durch Spitzel überwacht und denunziert, durch raffinierte Taktiken eingeschüchtert und neutralisiert wurden. Denn die Forschung ging stillschweigend von der Annahme aus, daß es unter einem so milden Herrscher keine nennenswerte Opposition geben *konnte* und deswegen nicht gegeben *hat*. Die Kulturstadt Weimar schien zwangsläufig einen politisch ›kultivierten‹ Staat vorauszusetzen.

Die unleugbaren sozialen Reformen des paternalistischen Absolutismus, die »Vorsorge, Wohlthätigkeit und Menschen Liebe« des Herzogs[75] (so einmal das Geheime Consilium), die als Gegenpol zu den im folgenden dargestellten Geschichten immer im Auge behalten werden müssen, werden freilich auf dreifache Weise relativiert. Erstens erfolgten diese Reformen oft nur aus defensiver Reaktion auf Protest und Verweigerung. Wir werden das Wechselspiel von Reform und Bestrafung als Entgegnung auf Dissens genau verfolgen. Dieses Phänomen ergänzt lediglich die Einsicht, daß Reformen die elementaren Interessen des Fürstenhauses und des Feudalabsolutismus nie wesentlich tangierten. Zweitens hat man im wichtigsten Fall, der Verbesserung der Landwirtschaft, gerade wegen dieses Drucks von unten mit guten Gründen gegen die Verwendung des Begriffs »Reform« argumentiert, da sie nicht breit angelegt und durchdacht war.[76] Und Goethe war schon in den 1790er Jahren nicht die treibende Kraft hinter diesen Reformen, sondern er versuchte, sie zu blockieren.[77] Drittens hat die Weimarer Herrschaft die Reformen funktionalisiert, um gegen Protest hart durchzugreifen. Sie belegten in den Augen der Regierenden die Liberalität ihres Regimes, so daß jede Auflehnung gegen staatliche Politik als illegitim erscheinen mußte. Als Korrelat dieser Reaktion auf Protest steht die oft von den Herrschenden ausgesprochene Vorstellung, daß nur ein Fürst und seine Räte, die sich durch entsprechende Leistungen ausgewiesen hatten, befugt und fähig seien, ein Land zu regieren. Untertanen sind aus dieser Perspektive nur Pfuscher in Regierungskünsten, unfähig, über staatliche Angelegenheiten zu urteilen, wenn sie in der Verwaltungspraxis keine Erfahrung besitzen.

Dieser letzte Aspekt zeigt die Bedeutung von ›Öffentlichkeitsarbeit‹ für die Weimarer Herrschaft. Man projizierte das liberale Image nach innen und nach außen – in die öffentliche Sphäre in Sachsen-Weimar und in ganz Deutschland –, um die bestehende Herrschaft zu legitimieren und in den Augen der Nachwelt zu profilieren. In fast allen Konfliktfällen zwischen Herrschaft und Untertanen, in denen die Gefahr bestand, daß sie außerhalb der Behörden bekannt werden konnten, wies der eine oder der andere Geheimrat oder der Fürst selbst darauf hin, wie wichtig es sei, in der öffentlichen Meinung keinen Eklat für das Herzogtum zu verursachen. Und in den wenigen Fällen, in denen trotzdem ein Skandal entstand, antwortete das Geheime Consilium schnell darauf, gelegentlich mit einer eigenen Publikation oder einem Edikt. Die so entstehende ›Öffentlichkeitsarbeit‹ wirkt modern, hat aber Wurzeln in der traditionellen europäischen Gesellschaft; schon Friedrich der Große, der Großonkel Carl Augusts und einer der ersten Vertreter des ›aufgeklärten‹ Absolutismus, wußte sehr geschickt liberale Sprüche und Nachrichten über Reformen in die Öffentlichkeit zu lancieren.[78]

Diese gezielte Lenkung der öffentlichen Meinung zeigt einmal mehr, daß der absolutistische Staat nicht ohne Rücksicht auf andere gesellschaftliche Mächte handeln konnte. Die Forschung der letzten Jahrzehnte hat gezeigt, daß die Ständeversammlungen, in denen der Adel die wichtigste Rolle spielte, eine dieser wichtigen Gegenmächte waren.[79] Aber auch die öffentliche Meinung konnte ein Fürst, der über ein halbwegs friedliches Land herrschen und seinen Ruhm sichern wollte, nicht einfach ignorieren. Die Macht der öffentlichen Meinung hatte für Weimar auch handfeste wirtschaftliche Folgen; hohe Studentenzahlen an der Universität Jena, von denen die Stadt elementar abhängig war, resultierten zum Teil aus dem liberalen Ruf der Weimarer Regierung. In dieser Konstellation spielte die Aufklärung eine entscheidende Rolle: Der aufgeklärte Absolutismus bezog seine Legitimation ja aus der Vorstellung, daß er nach vernunftgeleiteten Prinzipien herrschte. Die Aufklärung forderte erst zaghaft, daß der Staat auch Freiheitsrechte gewähre. Das Weimarer Geheime Consilium reagierte sensibel auf diese Forderungen; ohne sie zu erfüllen, waren die Herrschenden peinlich darum bemüht, keine Verletzung dieser Rechte öffentlich bekannt zu machen, obwohl sie noch keineswegs garantiert waren. Diese manchmal etwas primitive Öffentlichkeitsarbeit der Weimarer Herrschaft verbuchte einen riesigen Erfolg. Sie traf bei Zeitgenossen und in der wissenschaftlichen Nachwelt auf eine gläubige Intelligenz, die gerne die Legende kolportierte, daß es keine nennenswerten politischen Konflikte im autoritären Staat gab, der das Herz deutscher Kultur in sich barg.

Wie konnte die durch das Denkmal Goethe befestigte Tabuzone um politische Zustände im Herzogtum Weimar bis heute bestehen?

Die »Modellhaftigkeit« des weimarischen Absolutismus (Ekkehart Krippendorff) stützt sich auf eine Forschungstradition, die ebenso fragwürdig wie unkritisch ist und politischen Dissens und überhaupt die umfassende Frage von Menschenrechten unterschlägt. Das Carl-August-Werk, das 1915 vom damaligen Großherzog zum hundertjährigen Jubiläum der Erhebung Sachsen-Weimars zum Großherzogtum gestiftet wurde, war das bestimmende Vehikel dieser harmonisierenden Konzeption des politischen Weimar, und die Wirkungen sind noch heute konstitutiv für das Bild der Zustände des Herzogtums. In der bahnbrechenden ersten Untersuchung, die aus diesem Projekt hervorging, Fritz Hartungs Buch *Das Großherzogtum Sachsen unter der Regierung Carl Augusts 1775–1828* (1923), wurde politischer Protest und Widerstand lediglich am Rande sichtbar. Da dieses imponierende Werk noch nach einem Dreivierteljahrhundert die unbezweifelte Autorität zum Herzogtum Weimar bleibt und in fast allen neueren Darstellungen weiterlebt, werden seine Thesen im folgenden anhand des Aktenmaterials einer besonderen Prüfung unterzogen.

In den Jahrzehnten seit 1923 wurde das Bild der politischen Zustände in Weimar gegenüber Hartung erheblich verengt, vor allem ab 1930, als der bedeutendste Teil des Carl-August-Werkes, die Edition der politischen Korrespondenz des Herzogs, von Willy Andreas, Ulrich Crämer und dann Hans Tümmler unternommen und erst 1973 vollständig abgeschlossen wurde.[80] Tümmler, seit 1939 der verantwortliche Bearbeiter der Ausgabe, wurde zum Parteiideologen für die Nationalsozialisten, eine ausgedehnte Tätigkeit, die in seiner 1994 erschienenen Autobiographie allerdings unerwähnt bleibt. Seine Konzeption des Weimarer Herzogs war ganz auf dessen Rolle als Erneuerer des Alten Reichs zugeschnitten, so daß Carl Augusts Projekt, kleinere deutsche Territorien zu einem Fürstenbund zusammenzuziehen, als eine Art Vorläufer der neuerlich erwachten Reichsidee erscheinen konnte. Aus diesem nationalsozialistischen Glanzbild mußte alles, was das Bild des landesväterlich regierenden Herzogs verdunkelte, der derart zur frühen Nationalgeschichte beigetragen haben soll, entfernt werden, also auch innenpolitische Konflikte in Weimar. Dieses Bild wirkte auch nach der Nazizeit unerkannt weiter, da Tümmler rasch zum wichtigsten Forscher zu Carl August und dem politischen Goethe avancierte. Daß freie Rede und jede Art von Opposition eingeschüchtert wurden, daß es überhaupt bedeutende Opposition und sogar gewaltsame Unruhen in Weimar gab – das sucht man in Tümmlers harmonisierenden Beschreibungen dieses Staates und in seiner Ausgabe der Korrespondenz Carl Augusts vergebens (manchmal wurden entsprechende Stellen aus einzelnen Briefen weggelassen). Dieses Bild herrscht auch in einer Flut von Untersuchungen Tümmlers bis in die letzten Jahre vor seinem Tod im Jahre 1997 vor.

Aber auch die wenigen Forscher zum Herzogtum Weimar, die sich nicht auf Tümmler stützen, tragen viel zu dieser Verschleierung bei. Zwei während der Nazizeit veröffentlichte Untersuchungen zum ›Kriegsminister‹ Goethe übergingen Dokumente zum weimarischen Soldatenhandel nach Amerika, so daß dieser bis heute unbekannt geblieben ist. Nach dem Zweiten Weltkrieg spaltete sich die Forschung zu politischen Fragen in Weimar mit der Teilung des deutschen Staates. In der frühen DDR kam zwar eine Forschungsrichtung in Gang, die die antiabsolutistische Tendenz der marxistischen Historiographie auch auf das Herzogtum Weimar anzuwenden begann. Die Forscher der DDR verfügten natürlich auch über die staatlichen Dokumente in Weimar, so daß die gründlichsten Untersuchungen des politischen Umfelds im klassischen Weimar aus der DDR-Historiographie stammen. Die kleine, durch Archivarbeit bereicherte Untersuchung *Goethes Umwelt* (1951) vom nachmaligen Direktor des Staatsarchivs Hans Eberhardt wäre im Westen unmöglich gewesen. Aber obwohl Eberhardt gelegentlich verhaltene Kritik am Nationalkonservativen Hartung übt, vermeidet er sorgfältig die Themen Protest und Menschenrechte. Im großen und ganzen stützte man sich auch in der DDR auf Hartungs Bild des »fürsorglichen«, aber starken Staates, das sich ohne weiteres instrumentalisieren ließ. Die frühe Tendenz, Auswüchse des Feudalabsolutismus auch in Sachsen-Weimar zu benennen, wurde schnell gedrosselt, als die SED-Führung den Gewinn davon zu sehen begann, Goethes Weimar in ihre Kulturpolitik einzubeziehen.[81] Ein kommentierter Katalog Helmut Holtzhauers zum *Goethe-Museum* (1969 publiziert) dokumentiert anhand von einigen brisanten Dokumentenfragmenten zwar in Ansätzen noch die frühe DDR-Kritik am weimarischen Absolutismus, aber er weist entscheidende Verdunkelungen auf und unterscheidet sich in der Einschätzung der politischen Situation in Sachsen-Weimar nur dadurch von Hartungs Linie, daß Goethe hier als der Progressive schlechthin erscheint, der für »soziale Reformen«, gar für »Freiheit, Gleichheit und Menschlichkeit« gekämpft habe.[82] Im Osten enthielt außer Holtzhauers Katalog lediglich ein Artikel Herbert Kochs (1955) über die Jenaer Studentenunruhen des Jahres 1792 einige Schriftstücke, die die harten Maßnahmen gegen Protest zeigen; aber auch hier wurden entscheidende Aspekte und Texte ausgeblendet. Die wenigen historischen Einzeluntersuchungen und Textsammlungen im 19. und 20. Jahrhundert, die ein kritisches Bild des politischen Weimar hätten aufstellen können[83], wurden in der Forschung in Ost und West weitgehend ignoriert; gerade der neue kritische Geist der sechziger und siebziger Jahre zeitigte keine grundsätzliche Erforschung der politischen Zustände im Umfeld Goethes. Der Glanz Weimars überstrahlte Ost und West und schuf ein stillschweigendes Übereinkommen, das »den Nährgrund unserer klassischen Zeit«[84] als politisch akzeptabel erscheinen ließ. Die für Goethes Bemühungen irreführende Bezeichnung »Bodenreform« konnte zum Beispiel aus der allzu deutlichen Instrumentalisierung in der DDR-Forschung (Helmut Holtzhauer) mühelos in eine keineswegs marxistische Darstellung im Westen übernommen werden (Dieter Borchmeyer).[85] Menschenrechtliche Perspektiven blieben dabei auf der Strecke. Daher finden abweichende Meinungen heute noch keinen Eingang in die Literaturgeschichten und Handbücher – geschweige denn ins öffentliche Bewußtsein, da Politiker und Kulturverwalter die humanistischen Werte von Weimar nach wie vor politisch ausschlachten und sogar eine Art demokratischen Goethe konstruieren.[86]

Auch die schwierige Situation der *Amtlichen Schriften* Goethes trug dazu bei, daß politische Zustände in Weimar unterbelichtet blieben. Dazu einige nötige Informationen zu Goethes amtlicher Stellung: Er wurde im Juni 1776 ins Geheime Consilium berufen und nahm bis Ende Februar 1785 regelmäßig an den wöchentlich ein- bis zweimal stattfindenden Sitzungen (Sessionen) teil. Das Consilium (auch Geheimes Conseil, Geheimer Rat) war nominell das Beratungsorgan, in dem der Herzog mit seinen drei (später vier) Geheimräten über alle ihm vorbehaltenen Staatsgeschäfte entschied. Wenn der Herzog abwesend war, hatte das Consilium besondere Genehmigung, in seinem Namen Beschlüsse zu fassen. Neben dieser Tätigkeit wirkte Goethe in mehreren Kommissionen: ab 1777 in der Bergwerkskommission, seit 1779 als Leiter der Wegebaukommission und fast gleichzeitig der Kriegskommission. Ab 1782 war er zwar nicht offiziell, aber praktisch der Leiter der Kammer, also der obersten Finanzbehörde; zwei Jahre später trat er in die Ilmenauer Steuerkommission ein. Spätestens seit der Reise nach Italien im Herbst 1786 brachen alle diese Tätigkeiten ab. Aber schon ab Februar 1785 war Goethe zwar nominell noch Mitglied des Consiliums, nahm aber nur noch sporadisch an dessen regelmäßigen Sitzungen und Beschlüssen teil. Nach der Rückkehr aus Italien übernahm er hauptsächlich die Verantwortung für die Bereiche Kunst und Wissenschaft (letzteres bedeutete ebenfalls eine maßgebliche Verantwortung für die Universität Jena), daneben seit 1789 die Schloßbaukommission und seit 1797 die Theaterkommission. Im übrigen hielt sich aber auch der Herzog nach 1787 meist von den Sitzungen des Consiliums fern; da die Geheimräte Schnauß, Fritsch und Schmidt aus Alters- und Krankheitsgründen immer weniger beansprucht werden konnten, trug Geheimrat Voigt nach seinem Eintritt ins Consilium im Jahre 1791 als besonderer Vertrauter des Herzogs und Goethes praktisch die Last der Staatsführung fast ganz allein[87], wurde aber ständig von Goethe beraten.

Für Goethes *Amtliche Schriften* waren ursprünglich acht Bände geplant. Der erste wurde 1950 – wie 1951 Eberhardts Studie *Goethes Umwelt* – als Spätlese des Goethejahres 1949 vom Weimarer Staatsarchiv publiziert. Er enthält alle Schriften Goethes aus seiner Tätigkeit im Geheimen Consilium in den Jahren seiner intensivsten Wirksamkeit, also 1776–1786. Aber bis heute ist kein Kommentarband erschienen. Daher ist der Forscher in vielen Fällen ratlos hinsichtlich der Bedeutung der publizierten Dokumente, da wenig Hilfen für ihre Kontextualisierung angeboten werden; lediglich die Überschriften des Herausgebers Willy Flach geben spärliche Anhaltspunkte über den gesamten amtlichen Vorgang. Die wenigen Forscher, die diese Dokumente sozusagen werkimmanent, also ohne Aktenstudium untersucht haben, sind daher in unnötige Spekulationen und abenteuerliche Interpretationen verfallen.[88] Die Unkenntnis über diese am wenigsten benutzte Goethe-Ausgabe ist manchmal verblüffend. Selbst namhafte Germanisten scheinen anzunehmen, daß hier *alle* amtlichen Schriften Goethes aus diesem Zeitraum publiziert wurden und daß diese Schriften auch die amtliche Tätigkeit Goethes adäquat dokumentieren. So ist in einem 1994 erschienenen, gefeierten *Faust*-Kommentar über eine 1919 veröffentlichte amtliche Schrift Goethes zu lesen: »In die ›vollständige‹ Ausgabe der *Amtlichen Schriften*, in der damaligen DDR gedruckt, wurde dieses Dokument nicht aufgenommen!«[89] Das betreffende Dokument entstammt jedoch der Tätigkeit Goethes in der Wegebaukommission; schon ein Blick in die Einleitung oder gar nur auf die Titelseite der *Amtlichen Schriften* hätte den *Faust*-Kommentator informieren können, daß in dieser Ausgabe bisher nur die Dokumente zur Mitwirkung Goethes im Geheimen Consilium enthalten sind, nicht zu seiner Arbeit in den Kommissionen.

Die Unkenntnis über den ersten Band der *Amtlichen Schriften* geht jedoch noch weiter. Die meisten Forscher nehmen an, daß darin Goethes gesamte überlieferte Tätigkeit dieser Jahre im Geheimen Consilium dokumentiert ist.[90] Aber amtliche *Schriften* sind nicht mit amtlicher *Tätigkeit* gleichzusetzen. Der erste Band der *Amtlichen Schriften* umfaßt lediglich einen kleinen Bruchteil der überlieferten Zeugnisse zur amtlichen Tätigkeit Goethes im Consilium. Nur in Ausnahmefällen entwarf einer der Geheimräte selbst ein Dokument, das einen Beschluß des Consiliums festhielt; nach den Beratungen im Ratssaal übernahm meist ein Referendar oder Sekretär aus der Geheimen Kanzlei die Abfassung eines Konzepts, das dann den Geheimräten ins Haus gebracht wurde, von ihnen eventuell revidiert und auf jeden Fall abgezeichnet wurde, wenn sie in der betreffenden Sitzung anwesend gewesen waren.[91] Aus der Edition sind die wohl mehr als elftausend Vorgänge völlig ausgespart, die Goethe durch seine Gegenzeichnung auf den Dokumenten mit entschied und verantwortete. Enthalten sind – Konzeption und Titel der Ausgabe entsprechend – nur die Schriften, die

Goethe selbst *verfaßte* oder korrigierte, zusammen mit den direkt relevanten Dokumenten, insgesamt einige hundert Vorgänge – höchstens fünf Prozent der schriftlich überlieferten amtlichen Tätigkeit Goethes im Geheimen Consilium in diesem Zeitraum.[92] Die grosse Masse der Texte für die Schlüsseljahre 1776–1785 liegt also noch ungedruckt im Thüringischen Hauptstaatsarchiv in Weimar, obwohl die aufwendige Vorarbeit für die Erfassung dieser Tätigkeit schon lange geleistet wurde: Alle Vorgänge, an denen Goethe beteiligt war, sollten ursprünglich in einem Regestenband dokumentiert werden (das erarbeitete Material ist jedoch für den Benutzer gesperrt). Wenige Forscher unternehmen noch die schwierige Analyse der in altertümlicher Handschrift und im verschnörkelten Amtsstil verfaßten Dokumente im Weimarer Staatsarchiv. Wenn dann noch hinzukommt, daß die Forschung politisch brisante Themen lieber vermeidet, wenn sie Goethe oder das klassische Weimar tangieren, so läßt sich leicht denken, daß ganze Bereiche der amtlichen Praxis Goethes, wie der oben erwähnte Soldatenhandel nach Amerika, unbekannt geblieben sind.

Um die Quellenlage der späteren Tätigkeit Goethes im Geheimen Consilium (1788–1819) ist es besser bestellt, da Helma Dahl von 1968 bis 1972 den zweiten Band der *Amtlichen Schriften* (in zwei Teilbänden) und einen dazugehörigen Kommentarband vorgelegt hat. Die Konzeption einer amtlichen Schrift ist hier viel weiter gefaßt als im ersten Band. Da Goethe nach Februar 1785 nur in Ausnahmefällen an der Beschlußfassung teilhatte, nahm Dahl vor allem auch Privatbriefe mit amtlichem Charakter auf, die Goethes neue Rolle als Berater außerhalb der Ratsstube – sowohl für Carl August wie auch für Voigt – dokumentieren.[93] Damit sind Goethes eigene Schriften aus dem Geheimen Consilium vollständig publiziert. Ein wertvoller Registerband erschien 1987, aber damit schien die ursprüngliche, auf acht Bände angelegte Planung zu den Akten gelegt worden zu sein, denn die Staatliche Archivverwaltung in der DDR zeigte kein Interesse an einer Fortführung des Projekts. Nach dem Ende der DDR besteht nun die Absicht, noch das Kalendarium zu publizieren, also das Verzeichnis der Zeugnisse zur amtlichen Tätigkeit Goethes.[94] Darüber hinaus – also für die ursprünglich geplante Publikation der Dokumente aus den Kommissionen, des Kommentarbands zu Band 1 und der (schon vorliegenden) Regesten zu allen amtlichen Handlungen Goethes aus seinen ersten zehn Jahren im Consilium – ist die Erarbeitung und Publikation finanziell ungesichert. Erstaunlich, daß sich weder staatliche Behörden noch private Sponsoren für den Erstdruck der anderen wichtigen amtlichen Schriften Goethes und des dazugehörigen Apparates zu interessieren scheinen. Aber dieses Desinteresse entspricht der stiefmütterlichen Behandlung der *Amtlichen Schriften* durch die Goethe-Forschung; gerade der zweite Band hätte eine grundlegend neue Sicht der amtlichen Tätigkeit Goethes einleiten müssen.

Die wenigen Forscher, die sich für Themen der amtlichen Tätigkeit Goethes besonders vor 1786 interessierten, hätten sich jedoch nicht auf die publizierten *Amtlichen Schriften* verlassen dürfen, sondern ins Staatsarchiv gehen müssen, was jedoch in fast keinem Fall geschah (zum Teil natürlich wegen der Schwierigkeiten für westliche Archivbenutzer vor 1990). Dasselbe gilt selbstverständlich für die Erforschung der meisten Geschäfte des Geheimen Consiliums, an denen Goethe *nicht* beteiligt war. Allerdings ist bei der Benutzung und Auswertung dieses Materials Vorsicht geboten. Nicht nur die publizierten amtlichen Schriften Goethes, sondern auch die von ihm bloß abgezeichneten Dokumente sind grundsätzlich anders zu lesen als andere Texte, zumal dichterische Werke. Besonders die Kanzleidokumente haben in den wenigsten Fällen Bekenntnischarakter oder spiegeln gar persönliche Meinungen wider (es war unzulässig, bei einem einmal gefaßten Beschluß die Paraphe zu verweigern[95]). Sie entstammen einem kollegialen Entscheidungsprozeß, in dem der individuelle Anteil meist nur mündlich zum Ausdruck gebracht wurde und heute nicht mehr rekonstruiert werden kann. Und die Ereignisse erscheinen hier in sanierter

Form, mit einer deutlichen Tendenz, Protest zu verschleiern oder zu bagatellisieren beziehungsweise die Situation insgesamt zu beschönigen. Trotzdem sind natürlich Rückschlüsse möglich, soweit sie politisches Handeln und nur in begrenztem Maße politische Meinungen betreffen. Auch dann, wenn Goethe nur seine Paraphe »JWG« in die linke Spalte eines Entwurfs eintrug, verantwortete er die Entscheidung. So können über die »höchst reizvolle Frage nach dem Verhältnis des Dichters zu seinem Amt«[96] Aussagen gemacht werden – die in diesem Verhältnis auftretenden Widersprüche gehören zum Substrat der Weimarer Klassik.

Es ist angesichts der Materialmasse wichtig festzuhalten, was dieses Buch nicht sein will. Es kann beim gegenwärtigen Stand der Quellenaufarbeitung keineswegs darum gehen, eine umfassende Untersuchung der amtlichen Tätigkeit Goethes oder auch nur seiner Tätigkeit im Geheimen Consilium vorzulegen. Auch Goethes politische Ansichten stehen hier nicht zur Debatte – darüber gibt es zuverlässige Forschungen –, sondern nur seine Handlungen. Andererseits beschränkt sich dieses Buch nicht auf den Geheimrat Goethe. Es behandelt auch Vorgänge, an denen er nicht beteiligt war, vor allem nach seiner Entlastung von den Routinegeschäften des Geheimen Consiliums nach 1785. Aber in jedem der hier untersuchten Fälle geht es um den Staat, der das Projekt der Weimarer Klassik möglich machte. Auch wenn Goethe nie an der Regierung in Weimar beteiligt gewesen wäre, wäre die Abhängigkeit der kulturellen Leistungen des ›Musenhofes‹ von den politischen Zuständen in Weimar für die Literatur- und Kulturgeschichte relevant. Daß Goethe an der Herrschaft in Sachsen-Weimar teilhatte, und zwar auch noch nach 1785, verleiht diesen Zuständen allerdings einen besonderen Reiz für das Verständnis der Weimarer Klassik, der Situation der Intelligenz im ›aufgeklärten‹ Absolutismus und der Geschichte von Protest und Menschenrechten in Deutschland.

Diese Untersuchung umfaßt den Zeitraum vom Anfang der Herrschaft Carl Augusts im Jahre 1775 bis zum Ende des Alten

Reiches im Jahre 1806. Der Endpunkt wurde nicht nur im Interesse einer Eingrenzung des ausufernden Materials gewählt, sondern auch deswegen, weil die Verhältnisse nach 1806 durch die französische Besatzung und die dadurch ausgelösten Ereignisse noch viel komplizierter wurden. Außerdem sind einige einschlägige Fälle nach 1806 und besonders nach 1815 ausreichend erforscht beziehungsweise im zweiten Band der *Amtlichen Schriften* dokumentiert: die Entlassung des Jenaer Professors Lorenz Oken, die Knebelung der Zeitschriften *Nemesis* und *Isis* (deren Herausgeber die neue weimarische ›Pressefreiheit‹ etwas zu genau nahmen), die Reaktion auf das Wartburgfest und anderes mehr. Daß Goethe in späteren Jahren zunehmend konservativ und zum entschiedenen Gegner von Menschenrechten und Pressefreiheit wurde, die nun eher Herzog Carl August zu protegieren behauptete, ist hinlänglich bekannt. Im Gegensatz zu dieser späteren Zeit gehört die Epoche des Alten Reiches zum Kern von ›Alt-Weimar‹ und wird bis heute gegenüber den späteren Auswüchsen der Restauration mit verklärendem Blick gesehen: die idyllische, vornationalistische ›Zopfzeit‹, von ihrem paternalistisch-liberalen Landesvater ohne nennenswerte Konflikte regiert. Hinzu kommt, daß gerade das Alte Reich in letzter Zeit wegen seiner angeblich friedlichen politischen Kultur zum Modell erhoben wurde.[97] Diese frühere Zeit vor 1806 ist auch für den Literaturhistoriker des ›klassischen‹ Weimar von besonderem Interesse, denn die Hochklassik klang nach allgemeinem Konsens mit Schillers Tod im Jahre 1805 aus.

Die weimarische Zeit vor 1806 wird jedoch meist in zwei deutliche Epochen geteilt, wobei der Sturm auf die Bastille im Juli 1789 als Wasserscheide fungiert. Die Bedeutung der Französischen Revolution für die Literatur- und Kulturgeschichte ist seit den 1970er Jahren immer häufiger betont worden, so daß das Jahr 1789 jetzt meist als Abschnitt- oder Bandeinteilung von Literaturgeschichten dient. Die Entstehung der Weimarer Klassik aus der Ablehnung der Französischen Revolution ist daher fast zum Gemeinplatz geworden. Diese begrüßenswerte Tendenz soll keineswegs geschmälert werden. Aber sie wird in der vorliegenden Untersuchung um einiges relativiert. Denn in diesen literaturhistorischen Darstellungen wird zwar die Ablehnung der Revolution in theoretisch-philosophischer Sicht thematisiert, ihr Niederschlag in literarischen Werken vor allem Goethes demonstriert. Aber der unerläßliche Kontext dieser Auseinandersetzungen, die brisanten politischen Zustände nicht nur in Deutschland im allgemeinen, sondern gerade in Sachsen-Weimar, wird in diesen Darstellungen fast vollständig ausgespart, so daß man den Eindruck gewinnt, die Schöngeister des klassischen Weimar hätten sich nur mit den Ereignissen im fernen Frankreich oder höchstens in anderen deutschen Territorien auseinandergesetzt, keineswegs aber mit den Konflikten vor Ort. Politik, so müßte man nach diesen Darstellungen urteilen, habe es im klassischen Weimar überhaupt nicht gegeben, und wenn es sie gab, dann nur auf der Höhe theoretischer Überlegungen, die ohne konkreten politischen Druck von unten oder von oben formuliert wurden. Wir werden vielmehr sehen: Die Weimarer Klassik verdankte ihre Entstehung *auch* politischer Unruhe im eigenen Vorgarten.

Die Untersuchung wird aber auch zeigen, daß es in politischen Fragen viel mehr Kontinuität zwischen der vorrevolutionären und der revolutionären Zeit gab, als meist angenommen wird. Denn wenn die Zustände im Alten Reich meist rosiger als die Zeit nach 1806 gesehen werden, so glänzt die Epoche vor 1789 um einiges heller. Wir werden aber sehen, daß schon vor 1789 bedeutende Konflikte vorhanden waren, die sich nach dem Anfang der Revolution lediglich verschärften. Wenigstens die einfachen Untertanen im revolutionären Zeitalter erhielten kaum Antrieb zu *neuen* Beschwerden und Forderungen, sondern sie brachten *schon bestehende* Streitpunkte in gesteigertem Maße, mit mehr Mut und Entschlossenheit, zur Geltung. Damit scheidet eine Rechtfertigung der politischen Unterdrückung nach 1789 aus, nämlich das Argument, daß man dadurch lediglich

Proteste unterband, die durch die unbesonnene Übertragung der ganz anders gearteten französischen Zustände auf Deutschland ausgelöst, also im Grunde künstlich erzeugt wurden. Wir werden vielmehr sehen: Die Revolution löste die Zungen in Weimar, aber sie schuf nicht erst die Beschwerden, die nun zur Sprache kamen.

Die Untersuchung geht, soziologisch gesehen, von unten nach oben vor. Im ersten Teil werden Kriminelle, Bauern und alltägliche Bürger untersucht. Da diese Bevölkerungsschichten kaum das Interesse der Kulturhistoriographie gefunden haben, enthält dieser Teil vorwiegend unbekanntes Material. Protest ging vor dem Anfang der Revolution vor allem aus diesen Ständen hervor, und daher liegt in diesen Kapiteln am ehesten der Akzent auf der Kontinuität zwischen der Zeit vor und nach 1789. Der zweite Teil behandelt die eigentliche Intelligenz: in Jena Studenten und Professoren, in Weimar andere Intellektuelle, besonders den Kreis um Herder. Das Schwergewicht dieser Kapitel liegt auf dem Revolutionszeitalter, da die Gelehrten tatsächlich erst während der Revolution in größere Auseinandersetzungen mit der Weimarer Herrschaft gerieten. Und hier stehen vor allem Ereignisse der Jahre 1792–1793 im Mittelpunkt, als die Revolution Weimar am elementarsten bedrohte und die Konflikte verschärft wurden, die in einer wichtigen, unausgeschöpften Quelle dokumentiert sind. Da diese Gruppen schriftgewandt und kulturell-wissenschaftlich bedeutend sind, waren sie gelegentlich Gegenstand der Forschung. Für den allgemeinen Leser werden einige in Spezialuntersuchungen schon bekannt gewordene Ereignisse referiert, da sie hier, durch Archivrecherchen wesentlich ergänzt, in ein neues Licht rücken. Schließlich muß betont werden, daß aus Raumgründen aus dem vorhandenen Material eine Auswahl getroffen werden mußte, so daß keine systematische Untersuchung intendiert ist, sondern eine Sammlung von Studien, die keineswegs alle noch überlieferten Konflikte mit der Herrschaft – besonders in der bäuerlichen Schicht – erfassen kann.

Da es im ersten Teil der Untersuchung vor allem um Untertanen geht, die fast keine schriftlichen Zeugnisse über die Konflikte hinterlassen haben, mußten diese Auseinandersetzungen fast gänzlich aus den Akten rekonstruiert werden. Gerade dieser Teil – in eingeschränkterem Maße auch der zweite Teil – setzt also einige Vorkenntnisse über die Arbeitsweise des Geheimen Consiliums und die Struktur der Behörden voraus, die nun im Umriß mitgeteilt seien. Wie oben erwähnt wurde, paraphierten die an einem Vorgang teilnehmenden Geheimräte ein (eventuell von ihnen abgeändertes) Konzept, um die Übereinstimmung des Dokuments mit ihrem Beschluß zu bestätigen. Dann wurde die Ausfertigung (die Reinschrift, das Mundum) von einem Schreiber aufgesetzt, vom Herzog unterschrieben und abgeschickt (»expediert«). Der Entwurf blieb als Beleg in der betreffenden Kanzleiakte; nur ihm, nicht der Ausfertigung, ist die Teilnahme der verschiedenen Geheimräte – und etwaige Änderungen – zu entnehmen. Daher wird im folgenden grundsätzlich nach dem Konzept zitiert, wenn es vorhanden ist.

Die Ausfertigungen der auf diese Weise entstandenen Dokumente gingen meist an eine untergeordnete Behörde (in diesen Fällen hießen sie Reskripte), deren Anfrage den Vorgang oft eingeleitet hatte. Die in dieser Untersuchung vorkommenden Institutionen sind: die Regierung, die für den juristischen Bereich und die Verwaltung im Lande zuständig war; die Kammer, also die höchste Finanzbehörde; und das Oberkonsistorium, die oberste geistliche Instanz. In Eisenach, das vor 1741 ein eigenständiges Herzogtum gewesen war, gab es die drei Behörden noch einmal. Im folgenden wird mit der Bezeichnung »Regierung« nicht, wie es der moderne Sprachgebrauch nahelegen würde, das Geheime Consilium oder die Gesamtheit staatlicher Behörden gekennzeichnet, sondern lediglich das Regierungskollegium im engeren Sinne. Dem Sprachduktus des 18. Jahrhunderts folgend wird das Geheime Consilium als die »Herrschaft« des Landes bezeichnet. Es war für alle Beschlüsse des Herzogs in staatlichen Angelegenheiten zuständig. Die Geheimräte fungierten zwar grundsätzlich als Berater Carl Augusts, aber er verließ sich weitgehend auf ihre Empfehlungen. Wenn er abwesend war, faßten sie den Beschluß und unterschrieben die Ausfertigung auf Grund einer besonderen Bevollmächtigung, aber das Dokument wurde in allen Fällen als Verlautbarung des Herzogs formuliert. Wenn die Dokumente des Consiliums nicht an die untergeordneten Instanzen gerichtet waren, dann vor allem an andere Staaten, die Universität Jena oder Einzelpersonen. Neben den Reskripten liegen in den Akten oft auch Voten der Geheimräte, Protokolle, Gutachten und dergleichen. Nähere Angaben zur Zitierweise und zu den verschiedenen Arten der Dokumente stehen am Anfang der Anmerkungen (S. 296–299).

Die Akten der Geheimen Kanzlei sind bewußt spröde gehaltene Dokumente. Sie sollten die Beschlüsse des Geheimen Consiliums permanent aufbewahren, und daher ging fast nichts in die Akten ein, was die Nachwelt nicht erfahren sollte.[98] Außerdem wurden sehr empfindliche Fälle ausdrücklich nicht den Kanzleisekretären zur Bearbeitung übergeben, weil man nicht mit der Verschwiegenheit dieser Untergebenen rechnete.[99] Und einige politisch verfängliche Akten wurden nachweislich vernichtet – deshalb meint die Herausgeberin der *Amtlichen Schriften* mit Recht, das Fehlen von Akten sei kein Beweis dafür, daß es keine Unruhen gegeben habe, »deren Vorhandensein die Briefwechsel der Zeit deutlich dartun«.[100] Diese – publizierten und vor allem unpublizierten – Briefwechsel und andere Arten von Dokumenten ergänzen daher oft nicht unwesentlich die Kanzleiakten, obwohl wir mit Bezug auf das Revolutionszeitalter mit dem Mißstand konfrontiert sind, daß ausgerechnet Goethe seine amtliche Korrespondenz aus dieser Zeit weitgehend vernichtete.[101]

Diese Untersuchung wäre ohne mehrere, insgesamt etwa fünf Monate dauernde Aufenthalte in Weimar, in denen ich intensiv in den Archiven arbeiten konnte, nicht möglich gewesen. Sie wurden zum Teil von der Stiftung Weimarer Klassik, zum Teil vom Committee on Research der University of California in Berkeley getragen. Der Stiftung, dem Personal der Herzogin Anna Amalia Bibliothek, des Goethe- und Schiller-Archivs und besonders dem Leiter des Forschungsprogramms, Lothar Ehrlich, ist für die großzügige Unterstützung und Förderung, ja für ihre anerkennenswerte Toleranz gegenüber diesem Forschungsprojekt nachdrücklich zu danken. Dasselbe gilt in besonderem Maße für die Mitarbeiter und Mitarbeiterinnen des Thüringischen Hauptstaatsarchivs Weimar; die sehr kenntnisreichen Archivare, in erster Linie Frank Boblenz, und der Archivdirektor Volker Wahl unterstützten meine Forschungen mit einem großen Fundus an Fachwissen. Auch dem Thüringischen Staatsarchiv in Gotha (Jens Uwe Wandel), dem Staatsarchiv Marburg, den Universitätsarchiven in Jena und Gießen und der Staatsbibliothek Preußischer Kulturbesitz in Berlin möchte ich ebenfalls danken. Durch Gespräche und Informationen bereicherten diese Arbeit unter anderen Günter Arnold, Rosalinde Gothe und Irmtraut Schmid (Weimar), Ingeborg Clewe (Saarbrücken), Christine Haug (Marburg), Gerhard Müller (Jena), Stefan Pätzold (Göttingen) und die interdisziplinär arbeitenden Germanisten und Historiker der Friedrich-Schiller-Universität Jena (Lehrstühle Manger und Schmidt). Mehrere Kollegen lasen Teile des Manuskripts und gaben wertvolle Anregungen: Joachim Bauer (Jena), Volker Depkat (Göttingen/Greifswald), Karina Kellermann (Berlin/Berkeley), Jens Riederer (Weimar/Marburg) und vor allem meine Kollegen in Berkeley: Thomas A. Brady, Jr., Gerd Hillen, Robert C. Holub und Hinrich C. Seeba. Beim Verlag betreuten Brigitte Hellmann und Andrea Wörle das Manuskript mit sicherer Hand. Last not least ist der Geduld zu gedenken, mit der meine Kinder Adrian und Marguerite die Arbeit an diesem Buch begleiteten. Ihnen sei es mit herzlichem Dank gewidmet.

TEIL I

Bürger, Bauern, Vagabunden

KAPITEL 1

»Und sendet, gegen fremdes Geld, Die Vöglein in die weite Welt«, oder: Wie man unliebsame Untertanen entsorgt

Bezahle, locke, presse bei!
Faust II, Vers 11554

Die folgende Szene ist ein fester Bestandteil des Schulkanons: eine der wenigen in der dramatischen Literatur des 18. Jahrhunderts, die nicht auf dem Niveau moralisch-allgemeiner Fürstenanklage verbleiben, sondern direkt mit konkret bestehenden Mißständen in Deutschland ins Gericht gehen:

KAMMERDIENER: Seine Durchlaucht der Herzog empfehlen sich Milady zu Gnaden, und schicken Ihnen diese Brillanten zur Hochzeit. Sie kommen soeben erst aus Venedig.

LADY *(hat das Kästchen geöffnet und fährt erschrocken zurück)*: Mensch! Was bezahlt dein Herzog für diese Steine?

KAMMERDIENER *(mit finsterm Gesicht)*: Sie kosten ihn keinen Heller.

LADY: Was? Bist du rasend? *Nichts?* – und *(indem sie einen Schritt von ihm wegtritt)* du wirfst mir ja einen Blick zu, als wenn du mich durchbohren wolltest – *Nichts* kosten ihn diese unermeßlich kostbaren Steine?

KAMMERDIENER: Gestern sind siebentausend Landskinder nach Amerika fort – Die zahlen alles.

LADY *(setzt den Schmuck plötzlich nieder und geht rasch durch den Saal, nach einer Pause zum Kammerdiener)*: Mann, was ist dir? Ich glaube, du weinst?

KAMMERDIENER: *(wischt sich die Augen, mit schrecklicher*

Stimm, alle Glieder zitternd): Edelsteine wie *diese* da – Ich hab auch ein paar Söhne drunter.[1]

Auch wo *Kabale und Liebe* (1784) als Ganzes nicht verboten wurde, mußte diese Szene für Bühnenaufführungen meist gestrichen werden[2], so treffsicher war sie. Schillers Empörung, für die er alle pathetischen Mittel der empfindsamen Hof- und Absolutismuskritik einsetzt, galt dem Verkauf deutscher Landeskinder an die Engländer als Soldaten im Krieg gegen die amerikanischen Freiheitskämpfer. Das war einer der effektivsten Ansatzpunkte der politischen Kritik der Zeit, zielte er doch auf mehrere Mißstände zugleich: Ausbeutung der Untertanen, Unterhalt des verschwenderischen und aus bürgerlicher Sicht unsittlichen höfischen Lebenswandels und schließlich Unterdrückung der Freiheitsbestrebungen eines Volkes, das von vielen aufklärerischen Denkern als Kämpfer gegen das morsche Gesellschaftssystem in Europa idealisiert wurde – ob zu Recht, sei dahingestellt.

Schillers Anklage galt vor allem dem berüchtigten Herzog Carl Eugen von Württemberg, aber in diesem Punkt – nehmen wir die Mätressenwirtschaft einmal aus – konnte Schillers despotischer Landesherr in der öffentlichen Meinung glimpflich davonkommen: Er verkaufte keine Truppen an die Engländer. Der berüchtigtste Geschäftsmann auf diesem Gebiet war Landgraf Friedrich II. von Hessen-Kassel (Neffe des hannoverisch-englischen Königs Georg III.), der ganze Kontingente an die Engländer verschacherte. Der Einsatz hessischer ›Söldner‹ gilt in Amerika als Inbegriff der Brutalität europäischer Monarchien im Umgang mit der Neuen Welt. Daß die Soldaten selbst eher Opfer als Täter waren, daß ihnen also dieser Dienst aufgezwungen wurde, kommt in amerikanischen Darstellungen kaum oder nie zum Ausdruck; andererseits ist es gerade dieser Aspekt, der im Bewußtsein vieler Deutscher des 18. Jahrhunderts im Mittelpunkt steht. Fast die Hälfte der deutschen Mietlinge kehrten nicht aus Amerika zurück: Sie wurden nicht nur Opfer der wie

Partisanen kämpfenden amerikanischen Soldaten oder der Überfälle der Eingeborenen, sondern fielen häufig unbekannten, tückischen Krankheiten zum Opfer.[3]

1783 wurde der amerikanische Freiheitskrieg mit einem Friedensvertrag erfolgreich beendet, so daß Schillers Anklage eine zusätzliche Pointe bekam: Die Hessen hatten einen Kampf gegen die Freiheit geführt, in dem sie auch noch unterlagen. Im August 1783 nahm Schiller das fertige Manuskript nach Mannheim mit und suchte dort eine feste Anstellung als Theaterdichter, um sich dem Zugriff seines tyrannischen Herzogs zu entziehen. Im selben Monat schrieb in Weimar ein anderer Herzog, der von Schiller wenig später als »der edelste von Deutschlands Fürsten« bezeichnet wurde[4], einen Brief an den ihm persönlich bekannten preußischen Rittmeister von Göchhausen in Osterburg, der als Werber tätig war. Dieser hatte, so geht aus Carl Augusts Brief hervor, den Wunsch geäußert, »diejenigen Leute, welche bis her an d[en] H[errn] Hauptmann von Wangenheim, für seine Recrutirung nach America aus meinem Lande abgeliefert worden, nunmehr für [seine] Compagnie zu erhalten, im Fall sich etwas brauchbares darunter finden sollte.«[5] Der Herzog genehmigte den Antrag, und Göchhausen übernahm die weitere Werbung – mit schönen Grüßen an Goethe.[6] Der amerikanische Krieg war zu Ende, Weimar mußte sein Geld auf anderem Wege verdienen, und die Preußen hatten schon immer Ansprüche auf Rekruten gestellt.

Die Tatsache, daß Weimar der englischen Krone Untertanen für die Verwendung in Amerika verkaufte, war bisher völlig unbekannt.[7] Das liegt zum Teil wahrscheinlich daran, daß die betreffenden Aktentitel (Abteilungen »Krieg und Frieden« sowie »Militär«) von Geheimen Kanzlisten euphemistisch formuliert wurden: In den Überschriften heißt es nur, die »Recrouten« seien an die Werber »abgegeben« oder »verabfolgt« worden, und von englischen Diensten ist keine Rede, höchstens von hannoverischen. Allerdings ist die Unwissenheit zu diesem Thema vielleicht auch auf die schon erörterten Tabuzonen um Goethe und seinen Herzog zurückzuführen, findet man doch auch in den auf Aktenforschung beruhenden Darstellungen zum ›Kriegskommissar‹ Goethe keine Hinweise zum Soldatenhandel. Die Autoren durchforsteten systematisch die Militärakten, auch diejenigen in unmittelbarer Nähe der betreffenden Schriftstücke, woraus sich schließen läßt, daß sie den Soldatenhandel aus ihren Publikationen wissentlich ausklammerten.[8] Man braucht jedoch nur die noch überlieferten Fälle aufzusuchen, in denen der genannte preußische Werber Carl Friedrich von Wangenheim – der zum Zeitpunkt von Göchhausens Brief übrigens schon Selbstmord begangen hatte[9] – eine Rolle spielte, dann läßt sich die Geschichte des weimarischen Soldatenhandels nach Amerika relativ gut rekonstruieren.

Allerdings betrieb Weimar keinen Soldatenhandel im großen Stil – die in Schillers Stück erwähnte Auswanderung von »siebentausend Landeskindern« wäre in einem so kleinen Land wie Sachsen-Weimar überhaupt nicht möglich gewesen, geschweige denn unbekannt geblieben. Der weimarische Herzog lehnte den Vorschlag des regierenden Grafen zu Schaumburg-Lippe explizit ab, »ein oder etliche Bataillons Dero Truppen in Englische Dienste zu geben«.[10] Carl Augusts Begründung der Absage war vage, so daß sie auf den ersten Blick eine prinzipielle Ablehnung des Soldatenhandels – vielleicht aus Sympathie für die Amerikaner – vermuten läßt: Er könne sich »überhaupt zu der Abgabe einiger Truppen in fremden Dienst und Sold, um verschiedener erheblicher Ursachen willen, nicht entschließen«, schreibt der Herzog im Dezember 1777.[11] Verschiedene Faktoren können den Herzog motiviert haben, nicht zuletzt die Überlegung, daß er wohl nicht genügend Untertanenkapital hatte, um neben dem eigenen Militär auch noch ganze Bataillone für fremde Staaten zu unterhalten. Was jedoch gegen den Verkauf vollständiger Truppeneinheiten sprach, galt – wie wir sehen werden – durchaus nicht für einzelne Untertanen, so daß eine prinzipielle Ablehnung aus Solidarität mit den Freiheitskämpfern auf keinen Fall aus der Aussage des Herzogs herausgelesen werden kann.

Schon seit den ersten Feindseligkeiten des Jahres 1776 hatte Weimar zwar nicht untadelige Untertanen, wohl aber unliebsame Häftlinge aus den Zuchthäusern sowie obdachlose Vagabunden an England geliefert – ein bescheidener, aber beachtenswerter Beitrag zum absolutistischen Unrechtskatalog.

Das Geschäft kommt schon vor der amerikanischen Unabhängigkeitserklärung am 4. Juli 1776 ins Rollen, und zwar auf Betreiben des Werbers Wangenheim. Typisch ist, daß er die Angelegenheit als eine Art Sozialfürsorge für sich selbst darstellt. Werber wie er stationierten sich in den Zielländern und mußten vom Werbegeschäft leben. Der adlige Leutnant schildert sein erbärmliches Schicksal: Er sei nach achtundzwanzig Jahren treuen Militärdienstes für den König von Preußen wegen einer unerlaubten Heirat entlassen worden. Nun habe ihm der Herzog von Gotha erlaubt, in Arnstadt »die Englische Werbung« zu betreiben. Er bitte daher, der Weimarer Herzog möge ihm »in allergnädigster Rücksicht auf meine erlittene Schicksale, und jetzigen Umstände [...] ähnliche Werbungs Connivenz in einem oder dem anderen Orte HöchstDeroselben Landen huldreichst gestatten«. Als Werbeobjekte schlägt er folgende zwei Männerkategorien vor: erstens »fremde und reisende Handwerks oder andere lüderliche, entloffene und dienstlose, und sich freywillig anbietende Pursche«, wobei nicht deutlich ist, ob auch die liederlichen Gesellen nur dann »abgegeben« werden sollen, wenn sie sich freiwillig anbieten; zweitens die »Züchtlinge, die ohnehin dem Lande und der Unterhaltungs Cassa zur Last fallen«.[12] In den Akten gibt es kein Anzeichen dafür, daß Wangenheim auch freie Untertanen zum Dienst anwarb. Offenbar war der Andrang zum britischen Militär in dieser Zeit nicht sonderlich groß.

Die Resolution des Herzogs sah vor, lediglich die Abgabe von Zuchthäuslern an Wangenheim zu gestatten; für die anderen Kategorien wurde »ihm die Unmöglichkeit seinem Verlangen statt zu geben« klargemacht.[13] Offenbar hielt man die Abgabe von nicht gerichtlich verurteilten Untertanen für unrechtmäßig –

wir haben schon gesehen, daß die Weimarer Herrschaft große Stücke auf das hielt, was wir heute Rechtsstaatlichkeit nennen. Schon ein Vierteljahr später sollte dieses Prinzip jedoch brüchig werden. Wangenheim meldete sich erneut mit seinem Ansuchen (diesmal hatte der hochgelehrte Junker, wie man aus seiner Rechtschreibung sieht, keinen Schreiber angestellt): »Es werten däglich der kleichen Aufstricher, von den gräntzen; und dero Fürstl[ichen] lanten schätl[iche] leute; So wohl in Ew: Herzogl[ichen] Durchl[aucht] ämtder, als auch von dero Hussaren; Eingebracht. / Haben Ew: Herzogl[iche] Durchl[aucht] die hohe gnate, und erlauben gnätigst das mir der kleichen leude; die ihre erhaltung mit stählen durch bringen; gegen erlegung 5 rt: [=Reichstaler] auf laufente Kosten, über laßen werden, die denen Ämtern zuerhalten ohne hin zur last fallen.«[14]

Wangenheim stellt diese »Vagabunden« mithin als *potentielle* Verbrecher dar, und gerade dieses Argument scheint das Geheime Consilium überzeugt zu haben. In einem auch von Goethe signierten Konzept zu einem Reskript – Goethe war erst seit drei Monaten im Consilium tätig – wird die Weimarer Regierung vom Consilium mit der Aufgabe betraut, neben einem schon abgegebenen, aber entlaufenen und wieder gefangenen Zuchthäusler auch »die Vagabunden, welche sich in Unsern Fürstl[ichen] Landen betreten laßen und sich mit richtigen Päßen oder sonst nicht gehörig legitimiren können« verhaften, vor die Gerichte bringen und an Wangenheim abgeben zu lassen.[15] Auf diese Weise wahrte das Consilium noch den Schein der Rechtmäßigkeit: Die Vagabunden sollten gerichtlich überführt werden. Allerdings war die Abgabe an fremde Militärwerber in der weimarischen Gesetzgebung als Strafmaßnahme für Verbrechen nicht vorgesehen.[16] Das gilt nicht nur für Vagabunden, sondern auch für weimarische Untertanen, die auf festgesetzte Zeit ins Zuchthaus eingeliefert worden waren. Durch die »Verabfolgung« an fremde Werber wurde die gesetzlich festgelegte und von den Gerichten verhängte Strafe völlig umgeändert – wahrscheinlich oft zu einer Todesstrafe auf Umwegen.[17]

Wangenheim hätte über den Beschluß des Herzogs kaum glücklicher sein können. Er erkennt in seinem Dankesbrief »die erhabenste Denkungs arth« des Herzogs an und versichert ihm, daß er ihm »die Hant Kiße. Und Zeit lebens mit dem *Brovondesten Respect* ersterben«.[18] Der Erfolg machte ihn dreist. Er lauerte offenbar vor den Toren der anderen Zuchthäuser des Herzogtums, um Menschenmaterial zu erhaschen. Im nächsten Frühjahr bittet er um die Ausdehnung seines Geschäfts auf den Landesteil Eisenach[19], und dieses Ansuchen wird ihm ohne Umschweife genehmigt. Einer der Entscheidungsträger ist wieder der Geheimrat Goethe.[20] Im nächsten Jahr dankt Wangenheim für einen abgegebenen Straffälligen und berichtet über seine Erkundigungen: »Da sich nun der kleichen Ebenfals in den [sic] Eisenachschen Fürstenthum befinden und würcklich einige in dortigen [sic] Zugt Hause sitzen; der Herr Cantzler von Gäckel [= Göckel] mir auch gesacht, so balt ich diese erlaubniß von Ew: Herzogl[iche] Durchl[aucht] er bitten würte, und d[er] H[err] Canzler den gnädigsten Befehl von seiner Herzogl[ichen] Durchl[aucht] er halten würte, so wolle er mir solche so kleich gerne verabfolgen laßen, weil ihn solche zur last wehren.«[21] Nicht nur in Eisenach, sondern auch in Weimar hatte er offenbar Freunde und Informanten in herzoglichen Diensten. Er entdeckte, daß »sich noch zwey dergleichen in hiesigen [sic] Zuchthauße, Nahmens Lindau und Kühn, befinden, so zum [sic] Kriegs–Diensten gar wohl tüchtig, ersterer auch Lust bezeiget in dergleichen Dienste zu gehen, Zweyter aber, nach seiner Entlaßung der Commun und Publico vielleicht ein inutile pondus [= eine unnütze Last] seyn möchte [...]«.[22]

Die von Wangenheim genannten Fälle Lindau und Kühn sind besonders aufschlußreich, da ein Verhör überliefert ist, das die Häftlinge für die Teilnahme am Krieg erwärmen soll. Es macht deutlich, daß die Abgabe weimarischer Untertanen an Werber für Amerika in der Öffentlichkeit nicht unbekannt war, denn beiden Männern ist bewußt, daß sie nach Amerika überstellt werden können. Johann Christian Lindau aus Niederroblingen ist willig, da er keine andere Zukunftsperspektive sieht: »Da er keine Eltern mehr habe, hiernächst auch wohl einsehe, daß wenn er auch aus dem Zuchthauß komme, er auf seine Profession nicht wohl fortkommen könne verfolgl[ich] nicht wisse womit er etwas verdienen könne; So wäre er es gar wohl zufrieden wenn er in fremde Kriegs-Dienste aufgenommen würde, wenn er auch gleich nach America sollte transportiret werden.«[23] Johann Caspar Kühn aus Magdala sagt hingegen aus: »[E]r wäre 20 Jahr alt, habe aber nicht die geringste Lust Soldate zu werden, wollte lieber seine 6iährige Zuchthauß-Strafe ausstehen und arbeiten, was ihm zu thun aufgegeben würde, weil er sich überhaupt zum Soldaten Stand nicht schicke.« Nachdem er daran erinnert wird, »daß ihm wegen seines Verbrechens der Staupen-Schlag und einige Landes Verweisung zuerkannt worden, da hingegen er, wenn er seine Capitulation [=vertraglich geregelte Militärdienstzeit] ausgehalten hätte, wieder frey wäre«, läßt sich Kühn durch diese – auch physische – Drohung zu der resignativen Äußerung bewegen, »wenn es Hoch Fürstl[iche] gnädigste Landes Herrschafft befähle, müste er sich solches gefallen lassen, und wenn er auch nach America geschicket würde, sein guter Wille aber wäre nicht dabey«.[24]

Die Frage, ob die Zuchthäusler freiwillig oder unter Zwang nach Amerika gingen, war für die Zeitgenossen von zentraler Bedeutung – schon Schillers Lady Milford fragt den Kammerdiener, der unter den siebentausend Soldaten »ein paar Söhne« hatte: »Doch keinen Gezwungenen?« – worauf der Kammerdiener sarkastisch antwortet: »O Gott – Nein – lauter Freiwillige.«[25] Bei Häftlingen ist die Frage nach dem freiwilligen Eintritt in englische Kriegsdienste etwas komplizierter als bei Schillers (fiktiven) freien Untertanen; auch Lindau kann kaum als Freiwilliger bezeichnet werden, da er keine Wahl hat, wenn er nicht zum Vagabunden werden will. Durch eine förmliche »Kapitulation« versuchte man, dem Verfahren einen Anstrich von Rechtmäßigkeit zu geben. Die Fragwürdigkeit dieses Vorgehens war auch den Regierungsmännern bewußt: Man hat in Weimar die krassesten Fälle von Unrechtmäßigkeit unterbunden, wie gerade am Fall Kühn deutlich wird. Am Ende des Verhörs wurde ihm zwar »auf Befehl Fürstl[iche]r Regierung [...] die Bedeutung gegeben, daß, seiner Verweigerung ohnerachtet, er in fremde Kriegs-Dienste, iedoch gegen Capitulation auf so lange, als seine dictirte Zuchthauß-Strafe dauren werde, verabfolget werden solle«.[26] Die Regierung hatte dies wahrscheinlich nur unter Druck von Wangenheim beschlossen.[27] Der Kanzler Schmid verständigte sich jedoch mit dem Herzog. Der Grund hierfür ist eindeutig: Er hatte Bedenken, da die Regierung – wie es in einem späteren Dokument heißt – sich nicht getraute, ohne »höchste Genehmigung« die »Unterthanen an fremde Werber zu überlassen«.[28] Offenbar scheuten sich die Regierungsräte, die Werbung zu autorisieren, weil diese in der Landesgesetzgebung nicht vorgesehen war. Nach diesem Gespräch verfügte Herzog Carl August, daß Kühn »wider seinen Willen zum Soldaten-Stand nicht genöthiget werden, sondern seine Sitz-Zeit im Zuchthauß aushalten solle«.[29] Offenbar bewirkte erst Schmids Gespräch mit dem Herzog die Aussetzung der Verordnung, den Häftling gegen seinen Willen in den Krieg zu schicken – es ist fraglich, ob der Mann sonst gerettet worden wäre oder ob sich der Herzog noch einmal mit dem Fall befaßt hätte. Auch wenn das Recht hier willkürlich angewendet wurde: Carl August wollte offenbar ein Zeichen gegen Unrecht setzen. Möglicherweise wollte er sich vor dem Hintergrund der vormundschaftlichen Regierung seiner Mutter profilieren, die sich wenige Monate vor seinem Regierungsantritt erkundigt hatte, ob ein Häftling verfügbar sei, »deßen Verbrechen so beschaffen sey, daß er auch wider seinen Willen in Preuß[ische] Kriegs-Dienste abgegeben werden könne«.[30] Der auf diese Weise ›Rekrutierte‹ ging natürlich nicht nach Amerika, und Preußen führte auch zu diesem Zeitpunkt keinen Krieg, aber das Prinzip der Abgabe von Untertanen gegen ihren Willen war damit von Anna Amalia etabliert. Aus welchen Motiven auch immer: Carl August wahrte zumindest den Anschein der Rechtsstaatlichkeit.

Ein paar Jahre später wurde die Versuchung, unliebsame Landeskinder gegen ihren Willen loszuwerden, auch für Carl August zu groß. Dabei sind nicht einmal alle Fälle der Soldatenwerbung überliefert.[31] Daher bleibt es unklar, wie viele Männer auf diese Weise nach Amerika gesandt wurden, wie der Entscheidungsprozeß ablief und sich im Laufe der Jahre entwickelt haben mag. Aber ein ausschlaggebender Schritt in der schleichenden Entrechtung der Untertanen liegt offenbar in einem Fall vor, in den Goethe verwickelt war. Es ging hier nicht mehr um Amerika, sondern um preußische Werber, aber vermutlich kamen dieselben Prinzipien auch für die Werbungen nach Amerika zur Anwendung.

Goethe leitete seit Januar 1779 die herzogliche Kriegskommission, die in der Biographik vor allem deswegen im Bewußtsein der Nachwelt bleibt, weil der Dichter eine drastische Kürzung des Militärs durchsetzte.[32] Er hatte jedoch von Amts wegen auch zentral mit den lästigen fremden ›Werbungen‹ zu tun. Diese waren eine ständige Irritation für Sachsen-Weimar, denn die Untertanen wurden oft – besonders von preußischen Werbern – regelrecht entführt. Die Proteste Weimars blieben weitgehend unbeachtet. Im Februar 1779 befaßte sich das Geheime Consilium ausführlich mit den vertrackten Problemen der intensiven preußischen Werbungen und der damit verbundenen diplomatischen Schwierigkeiten.[33] Auch die in Weimar zugelassenen auswärtigen Werbeoffiziere waren in ihren Forderungen oft unglaublich dreist. Regierung und Geheimes Consilium waren zerrissen zwischen den Anforderungen des übermächtigen (und mit den Weimarer Herrschern eng verwandten) preußischen Herrscherhauses und den bitteren Beschwerden der Untertanen. Diese flehten den Herzog oft an, einen Familienvater oder einen Sohn aus der preußischen Armee freizukaufen.

Am 29. August 1780 versammelte sich das Geheime Consilium zu einer regelmäßigen »Session«; alle vier Mitglieder – Carl August, Fritsch, Schnauß und Goethe – waren anwesend.[34] Der preußische Werber von Wolfsburg hatte schon am 20. Januar, also gleich nach der Rückkehr des Herzogs und Goethes von ihrer Schweizer Reise, die Bitte geäußert, ihm »einen oder den andern liederlichen und unnützen oder geringer Verbrechen halber festgesezten Menschen« für das Militär zu überlassen.[35] Dieser Antrag wurde zwar zu den Akten gelegt, aber offenbar waren dem Werber außerhalb des normalen amtlichen Verkehrs Versprechungen gemacht worden, denn am 14. August erinnerte Wolfsburg den Herzog an sein Versprechen, »daß wenn Leute wegen Verbrechen in fremde Dienste sollten gegeben werden, Ihro Durchlaucht mir solche gnädigst wolten [sic] ertheilen«.[36] Offenbar war Goethe der Mittelsmann in diesem Geschäft, denn wie im Falle des kurhannoverischen Werbers von Wangenheim macht von Wolfsburg seine prekäre wirtschaftliche Situation geltend, die er sich von Goethe bestätigen lassen wollte:

> Ich wiederhole meine unterthänigste Bitte nochmahlen und es werden der Herr Geheime Rath von Cöthen [sic] Ihro Durchlaucht eine mündliche Beschreibung meiner Verlegenheit um Recrouten machen, welchem ich dazumal persönlich meine Noth geklagt habe. Ueberdies habe noch das Unglück gehabt, daß meistens meine Sachen in Stadt Ilm verbranndt sind, so wie ich steh und gehe bin ich alle ohne die Königl[ichen] Gelder, ich bitte ganz unterthänig, solten sich dergleichen Leute finden, so seyn Ihro Durchlaucht so gnädig und laßen mir selbige zukommen, ich werde solche große Gnade zeitlebens mit den [sic] allerunterthänigsten Dank erkennen […][37]

Goethe hatte also entweder privat oder vermutlich eher als Leiter der Kriegskommission Kontakt mit Wolfsburg gehabt, der ihm seine Bedrängnis geschildert hatte. Das Resultat war, daß in der Sitzung vom 29. August eine nochmalige Beratung stattfand, deren Gegenstand die ›Entsorgung‹ weimarischer Häftlinge war. Über den Willen der Betroffenen machte man sich keine Gedanken. Es wurde ein Reskript an die Weimarer Regierung entworfen, in dem nur um Auskunft gebeten wurde, »ob dergleichen zu militair-Diensten tüchtige Leute in dem hiesigen

Zuchthause vorhanden sind«.[38] Nach der Haltung der Häftlinge wird nicht mehr gefragt. Nach einer entsprechenden Anfrage der Regierung liefert der Weimarer Zuchthausinspektor Johann Gottfried Premsler eine Liste von zehn Sträflingen (»Wahnwitzige ausgenommen«[39]). Entscheidend für die Auswahl war die Information über die Größe der Männer, denn Preußen bestand auf einer Mindestkörpergröße bei Rekruten.[40]

Die Regierung berichtete dann dem Geheimen Consilium, daß sechs Häftlinge wehrdiensttauglich seien.[41] Die Beratungen der Regierung nahmen jedoch ungewöhnlich viel Zeit in Anspruch.[42] Der Grund für diese Verzögerung liegt wahrscheinlich darin, daß Bedenken geäußert wurden, wie aus dem Konzept der Antwort hervorgeht. Ursprünglich hatte man dem Herzog »nicht verhalten« wollen, daß dem Kollegium das »Abgeben« einiger Rekruten, »weil sie wider ihren Willen nicht gezwungen werden können, bedenklich fält«.[43] In der Endfassung war dieser Satz jedoch gestrichen. Warum? Vermutlich, weil die Regierung nicht beauftragt wurde, über den Willen der ›Rekruten‹ zu befinden – und daher wollte man sicher keine Kritik an der weisen Entscheidung des Landesherrn und seiner Räte riskieren. Man vermißt hier die Zivilcourage, die in anderen Eingaben der Weimarer Regierung an den Herzog – und im schon erwähnten Gespräch des Regierungskanzlers Schmid mit dem Herzog – durchaus vorhanden war.[44] Nach Genehmigung des Geheimen Consiliums[45] wurden vier Gefangene an Wolfsburg abgeliefert. Das Auswahlkriterium scheint vor allem die physische Gestalt der Häftlinge gewesen zu sein: Weimar behielt die größten Männer – vermutlich für das eigene Militär.[46] Einer der vier Kandidaten wurde von den Preußen vorläufig abgelehnt, da er noch zu klein sei, »iedoch wollte er [d. h. der preußische Werber] sich vorbehalten, daß wenn derselbe binnen 6. Monaten noch die gehörige Länge erlangen sollte, ihn abzuholen«.[47] Schon nach vier Monaten hatte sich Wolfsburg jedoch mit Goethe über den noch wachsenden Kandidaten geeinigt, wie er der Regierung versichert: »Ich habe an S[eine] Excellenz, den H[errn] G[eheimen] Rath Göthe geschrieben, um dem damahlen versprochen[en] Recrütt Warlln welcher damahlen noch nicht die Größe hatte, da ich nun glaube, daß Selbiger weit gewachsen seye, so wolte ich auch um Dero güttige Vorsprache bey S[eine]r Excellenz [= Goethe] bitten [...]«.[48] Offenbar setzte sich »Seine Exzellenz« (Wolfsburg verlieh Goethe diesen Titel etwas verfrüht) für den notleidenden Offizier ein, denn schon am nächsten Tag wurde das halbe Kind Warll abgegeben.[49]

An dieser Episode sind mehrere Aspekte bemerkenswert. Das Ideal der Interessenvertretung der Untertanen durch Landesherrschaft oder Beamte – ein Grundpfeiler absolutistischer Ideologie – scheitert kläglich. Das Prinzip wird zwar formuliert, jedoch nicht in die Praxis umgesetzt. Auf Anregung des Kanzlers hatte Carl August den Grundsatz etabliert, daß ein Häftling »wider seinen Willen zum Soldaten-Stand nicht genöthiget« werden soll, aber er hielt sich keineswegs daran – ein Paradebeispiel für *die* entscheidende Schwäche des Absolutismus in den Augen seiner Kritiker: die Willkür des Souveräns. Die Regierungsräte hatten offenbar den Grundsatz der freiwilligen Werbung verinnerlicht, nachdem Schmid eine entsprechende Weisung des Herzogs ausgewirkt hatte; sie meinten wohl außerdem, die Rechte der Untertanen wahren zu müssen (wie wir im nächsten Kapitel sehen werden). Aber auch sie handelten nicht dem Grundsatz gemäß; sie strichen kurzerhand den Einwand aus ihrer Eingabe an das Geheime Consilium. Niemand anders als die Untertanen selbst hätte konsequent und energisch ihre Interessen vertreten können – wenn sie in öffentlichen Angelegenheiten eine stärkere Stimme gehabt hätten.

Die Rolle Goethes in dieser Angelegenheit ist nicht gerade rühmlich. Er hat offenbar die persönlichen Umstände des Leutnants von Wolfsburg – oder gar den finanziellen Vorteil für das Herzogtum – höher bewertet als die Rechte der Häftlinge. Er war mit an der Entscheidung beteiligt, weimarische Untertanen gegen ihren Willen nach Amerika und später auch nach Preußen zu verkaufen. Nicht Goethe oder ein anderer Geheimrat, sondern der Regierungskanzler hatte den Herzog – vorübergehend – überzeugt, dieses Unrecht abzuschaffen. Im Fall preußischer Werbungen nahmen die ehemaligen Häftlinge zwar nicht sofort an einem Krieg teil, sehr wohl aber sollten sie in einigen Jahren gegen die Franzosen ins Feld ziehen, und zwar einige davon möglicherweise in dem von Carl August befehligten preußischen Regiment. Daß gerade die Armeen, die gegen die amerikanischen und französischen Rebellen Krieg führten, die ›Kunden‹ dieser Geschäfte waren, folgte einer grotesken Logik – und nicht bloß deswegen, weil die Wortführer der Französischen Revolution (etwa Mirabeau) die deutsche Beteiligung am englischen Krieg gegen die Amerikaner anprangerten.[50] Im Jahre 1776, als die weimarischen »Verabfolgungen« nach Amerika begannen, wurde bereits in der amerikanischen Unabhängigkeitserklärung das Prinzip festgehalten, daß alle Menschen gleich geschaffen seien und an gewissen unveräußerlichen Rechten teilhätten – eine der ersten und wichtigsten Menschenrechtserklärungen. Durch sie wurden in der Folge die partikulären Rechte von Untertanen in einzelnen Staaten, zum Beispiel die Rechte amerikanischer Kolonisten als britische Untertanen, obsolet beziehungsweise an universalen Werten gemessen, die heute noch als die grundlegenden Prinzipien demokratisch-liberaler Politik gelten. Die Französische Revolution, die zusammen mit dem amerikanischen Unabhängigkeitskrieg als »Doppelrevolution« bezeichnet wird, erweiterte diese Menschenrechte (ohne sie allerdings auf Frauen und minder Bemittelte auszudehnen; auch in Amerika blieben diese Gruppen und selbstverständlich auch Sklaven vom Genuß solcher Rechte ausgenommen). Es entbehrt nicht der Ironie, aber auch nicht der Konsequenz, daß gerade Untertanen, deren Rechte von ihren Landesherren in solch hohem Maße mißachtet worden waren, im erbitterten Kampf gegen diese frühen Vertreter (quasi-)allgemeiner Menschenrechte eingesetzt wurden.

Das Bild, das man bisher von Goethes Beschäftigung mit Fragen militärischer Werbung hatte, war durchweg positiv, und diese Sichtweise beruht auf einem historischen Zufall: Die einzigen Schriftstücke, die Goethe selbst verfaßte oder korrigierte und die deshalb in die Ausgabe der *Amtlichen Schriften* gelangt sind, dokumentieren seine Bemühungen, weimarische Untertanen, die gegen ihren Willen in preußische Militärdienste entführt worden waren, zu befreien. In einem Fall ging dieses löbliche Bestreben, Weimarer freizukaufen, so weit, daß Goethe auf den Gedanken kam, eine Art Menschenhandel zu betreiben. Ein jenaischer Student war wegen Ordensverbindungen verwiesen worden, tauchte aber trotzdem wieder in Jena auf und wurde wegen eines tätlichen Angriffs gegen einen anderen Studenten verhaftet.[51] Er sollte an »einen Preußischen Werbe-Officier« ausgeliefert werden, und das Geheime Consilium fragte die Mitglieder des Regierungskollegiums, ob sie Bedenken gegen dieses Verfahren hätten.[52] Da diese keine Einwände äußerten, wurde die Auslieferung an Leutnant von Wolfsburg vorbereitet.[53] Da hatte Goethe eine geniale Idee: »Sollte nicht hier ein Tausch getroffen werden können? wenn sich Commissio milit[aris] an das Regiment wendete, einen andern tauglichen Mann zu stellen sich verbände, und alsdenn nach Grossens Befreyung den Nolten auslieferte.«[54] Man würde auf diese Weise »ienen unruhigen Kopf auf eine nüzliche Weise los«.[55]

Erstaunlich, daß noch kein Forscher auf Grund der schon publizierten Dokumente zu diesem Fall auf die Unrechtmäßigkeit der Abgabe eines relegierten Studenten an das preußische Militär hingewiesen hat. Freilich: Das Fehlen eines Kommentars zum ersten Band der *Amtlichen Schriften*, der die Hintergründe beleuchten und die hier herangezogenen zusätzlichen Dokumente referieren würde, gebietet Zurückhaltung – oder die Überprüfung des Sachverhalts anhand der Archivalien. Aber schon die Überschrift des betreffenden Abschnitts in den *Amtlichen Schriften* benennt eindeutig, worum es ging: die »Auslieferung eines relegierten Studenten an das preußische Militär im Austausch gegen ein Landeskind« – kein Zweifel, daß hier Menschenhandel betrieben wurde. Der Vorgang bietet natürlich auch eine positive Seite für das Gewissen der Goethe-Verehrer: die Rettung eines unschuldigen Bäckersohns aus den Klauen des preußischen Militärs. Und auch in anderen Fällen geht es um die Befreiung eines Untertanen (gegen Stellung eines anderen, wobei nicht klar ist, ob dieser freiwillig ging oder nicht[56]), so daß die Bilanz für Goethe relativ günstig ausfällt – wenn man nicht so genau hinschaut. Für die Abgabe eines Studenten ans preußische Militär gab es in den akademischen und sonstigen Gesetzen des Herzogtums keinen Anhaltspunkt; die vorgeschriebene Bestrafung war die Relegation (Verweisung von der Universität), die in Noltes Fall zwar schon einmal versagt hatte, aber dennoch nicht hätte ersetzt werden dürfen durch die drastischere Maßnahme der zwangsweisen Werbung. Darüber hinaus war die Abgabe auch in anderer Hinsicht fragwürdig: Nolte war selbst Preuße und bereits von den Universitäten Frankfurt/Oder und Halle relegiert worden, bevor er nach Jena kam.[57] Die Preußen hätten ihn daher keinesfalls als Rekruten angenommen, so daß Goethe einen Betrug vorschlägt: »Man könnte anfänglich verschweigen wer derjenige sey den man abgeben wollte, und nur sein Maas und die Ursache warum er sich diese Strafe zugezogen anmercken.«[58] Dieser Trick sollte die Unrechtmäßigkeit des Vorgangs verschleiern.

Nicht nur die Verkäufe nach Amerika, sondern schon Goethes Vorschlag eines Tausches – er wurde trotz einiger taktischer Einwände durchgeführt[59] – zeigt, wie tief das instrumentelle Denken in die Amtsgeschäfte des Geheimen Consiliums eingegriffen hatte: Menschen waren verkäufliches Material, so daß es nicht überrascht, daß sich die Sprache der Zweckrationalität einschleicht. Der Herzog bietet Rekruten an, wenn »sich etwas brauchbares darunter finden sollte«,[60] oder wenn man einen »gut gewachsenen und wohl aussehenden Recrouten«[61] erwischen konnte. ›Brauchbar‹ waren Menschen offenbar nur wegen ihrer Leistungsfähigkeit als Repräsentations- und Kampfobjekte.

Was waren die Motivationen im Rat? Im Falle der reinen

»Verabfolgung« von Häftlingen an Werber für England und Preußen – ohne Tauschgeschäft – kam natürlich die Absicht ins Spiel, die Zuchthäuser zu leeren und dadurch Kosten zu senken. Für jeden Straffälligen, der an die Werber verkauft wurde, bekam das Herzogtum ganze fünf Taler.[62] Das entsprach etwa dem Jahreseinkommen eines Tageslöhners. Durch die Abgabe reduzierten sich aber zugleich die Haftkosten. Diese waren allerdings nicht sonderlich hoch. Abgesehen von den Aufwendungen für Gebäude und Personal, die auf alle Fälle entstanden, da ja nicht *alle* Insassen abgeschoben oder verkauft werden konnten, mußte für jeden Gefangenen vor allem die Verpflegung bezahlt werden. Im oben erwähnten Fall Warll wurden diese Kosten genau berechnet, weil der Werber für die Zeit, bis er groß genug gewachsen war, für sie aufkommen mußte: Der Häftling bekam Brot sowie »wöchentl[ich] 3maliges warmes Eßen«[63] (erstaunlich bleibt, daß Warll trotz so dürftiger Verpflegung das von den preußischen Werbern vorgeschriebene Maß erreichen konnte!), was umgerechnet auf ein Jahr 11 Taler 7 Groschen kostete. Ein Verbrecher wie der oben genannte Kühn, der wegen Totschlags für sechs Jahre einsaß, kostete das Herzogtum – einschließlich der verlorenen fünf Taler Verkaufspreis – insgesamt etwa 73 Taler. Das war ein hoher Preis für Gerechtigkeit, und es schmerzte den Herzog sicherlich, Kühn nicht verkauft zu haben. Indessen bezahlte der Herzog einen viel höheren Preis für Repräsentation und Unterhaltung. Zur Zeit der Soldatenverkäufe finden wir in der ›Schatulle‹, dem Privatfonds des Herzogs, als ersten Posten die »Spielgelder« aufgeführt. In einem einzigen Jahr, das für die Haft eines Zuchthäuslers 11 Taler 7 Groschen kostete, verlor der Herzog mehr als 1 000 Taler beim Spiel, einschließlich 345 Taler an einem einzigen unglücklichen Abend an Herrn von Stein[64] – dies war mehr als das Jahresgehalt der meisten Jenaer Professoren.[65] Im selben Jahr betrugen die »Praesente und Gnadengeschenke« an andere Fürsten und Adlige (neben ein paar kleinen Beträgen für Künstler) insgesamt 4 646 Taler; die »Almosen und Wohlthaten« für Bedürftige machten nicht einmal ein Achtel dieser Summe aus.[66] Goethes jährliches Einkommen, das zweithöchste im Herzogtum, betrug um diese Zeit 1 200 Taler[67] (zuzüglich 200 Taler für die Leitung der Kriegskommission, die an diesem Menschenhandel maßgeblich beteiligt war). Übrigens ist es nicht ohne Ironie, daß Goethe auf andere Weise dazu beitrug, daß bei der Werbung eines Sträflings mehr Mittel für das Herzogtum verlorengingen, als diese Zahlen implizieren. Die Zuchthäusler wurden nämlich auch als Arbeiter vermietet. Und in Goethes handschriftlich überlieferten Rechnungen befindet sich eine Quittung vom Zuchthausinspektor Premsler: Für »Ihro, des Herrn Geheimden Legations Rathes Göthe, ist von denen Züchtlingen [...] Holtz gemacht worden [...]«.[68] Wieviel von den dafür verwendeten drei Groschen pro Tag und Sträfling (zwei Groschen für »Ein Weib«) den Arbeitenden selbst zukam, ist nicht bekannt. Dies ändert nicht viel an den oben angeführten Beträgen (höchstens ändert es etwas an der Vorstellung, daß Goethe ein distanzierter Schreibtischtäter war, ohne die Opfer wahrzunehmen). Jedenfalls hätten vorhandene Geldmittel trotz der vielen Klagen über die Armut des Landes zum Verzicht auf den Menschenhandel führen können.

Neben dem Kostenaspekt wird zumindest in den Fällen, wo weimarische Untertanen ausgelöst wurden, Ordnungsdenken im Vordergrund gestanden haben: Die Entführung von Untertanen durch Werber war eine ernsthafte Bedrohung der öffentlichen Ordnung und natürlich der staatlichen Souveränität. Aber das sind wenige Fälle, und wenn ein Tauschgeschäft hinzukommt, so kann man nicht behaupten, daß der Ordnung dadurch gedient wäre, daß ein Unrecht durch ein anderes ersetzt wurde. In den meisten Fällen wird die Bestrebung geltend gemacht, problematische Untertanen loszuwerden. Im Fall Noltes bemerkte Fritsch, Goethes Vorschlag habe »die Entfernung eines gemeinschädlichen TaugeNichts und die Wiederbeyschaffung eines brauchbaren Unterthanen zugleich zur Absicht [...]«.[69] Diejenigen Häftlinge, die zum Beispiel wegen

Diebstahls inhaftiert worden waren, konnten unmöglich lebenslang im Zuchthaus bleiben, und oft wurden sie nach ihrer Entlassung wieder straffällig. Allerdings findet man nur vereinzelt Hinweise darauf, daß ein Straftäter auch wirklich rückfällig geworden war. Vielmehr wird mehrfach die bloße *Vermutung* geäußert, daß, wie es bei einem Häftling hieß, »keine Beßerung und Rückkehr zum Guten bey ihm zu hoffen stehet«.[70] So wurde die Versuchung groß, Verbrecher auch ohne den Nachweis der Renitenz ins ausländische Militär abzuschieben. Ein menschenverachtendes, instrumentelles Zweckdenken, das gegen menschenrechtliche Ansprüche der Zeit verstößt, ist hier nicht zu übersehen. Das Geheime Consilium hat selbst zwar nie viele Worte über die Begründung seiner Maßnahmen verloren, aber die erfolgreichen Anträge der Werber demonstrieren zur Genüge die Denkweise, die solchen Geschäften zugrunde lag: Durch Wegschaffung von Vagabunden sollen die Grenzen des Herzogtums »gereiniget« werden[71], zur Werbung wurde geraten, »um die hiesige Stadt zu reinigen«[72], da solche Leute (so der Kanzler der Eisenacher Regierung) eine »last« wären, weil sie unnütz seien.[73] Die landesväterliche Fürsorge, auf die man sich so viel zugute hielt, erstreckte sich nicht auf die Verantwortung für Untertanen, wenn sie straffällig geworden waren und eigentlich ein Recht darauf gehabt hätten, nach den Gesetzen des Landes behandelt zu werden.

Manchmal läßt sich anhand der Akten vermuten, daß die auf diese Weise abgeschobenen Untertanen mehr als nur Alltagsverbrechen auf dem Gewissen hatten. Zwar wurden in allen bisher bekannt gewordenen Akten Kriminaldelikte genannt, aber in einigen Fällen kommen vage Andeutungen hinzu, daß die Häftlinge auch politisch unliebsam aufgefallen waren. Schließlich nannte Goethe den Studenten Nolte einen »unruhigen Kopf«[74], ein Ausdruck, der für politische Delikte geradezu ein stehender Ausdruck war, auch in Goethes *Götz von Berlichingen.*[75] Andere Untertanen wurden »wegen unfertiger Händel«[76] eingesperrt, oder weil man solche »Händel« oder »Unfertigkeiten« von ihrer »Gemüths-Verfassung«[77] erwartete, oder gar wegen »ausgestoßener Bedrohung«[78] oder »bedenckliche[r] Reden«[79] – gleichfalls politisch bedeutungsvolle Bezeichnungen im Sprachduktus der weimarischen Behörden.[80] Es gibt also Grund zu der Vermutung, daß Weimar nicht nur gewöhnliche Kriminelle, sondern auch politische Kritiker ins Ausland verkaufte.

Im Laufe der Zeit scheint die weimarische Herrschaft jedenfalls so oft zu diesem bequemen Mittel gegriffen zu haben, daß es zum Normalfall wurde. Der genannte preußische Offizier von Göchhausen erinnert Carl August im Juni 1786 an dessen Entscheidung, daß ihm »alle aus dasigen Hochfürstl[ichen] Aemtern und Ortschaften in das Zuchthauß gebrachte und in auswärtige KriegsDienste abgegeben werden sollende Unterthanen [...] gegen Erlegung der Kosten verabfolget werden sollten [...]«[81] – eine Formulierung, die die Deutung zuläßt, daß alle brauchbaren Häftlinge in auswärtige Kriegsdienste abgegeben werden sollen. Die Antwort der Weimarer Regierung gibt einen genaueren Anhaltspunkt: Man habe im Augenblick keine Zuchthäusler von der erforderlichen Größe, werde sie aber abliefern, wenn man solche bekomme.[82] Im Klartext: Entscheidend war zu diesem Zeitpunkt das Geschäftliche sowie die physische Größe des Häftlings, nicht sein Delikt oder seine potentielle oder tatsächliche Rückfälligkeit, und wenn alle physischen Qualifikationen erfüllt waren, wurde das Geschäft gemacht, ohne nach dem Einverständnis des Häftlings zu fragen. Das ist wahrscheinlich der Grund dafür, daß das Zuchthaus, das wenige Jahre zuvor zehn Häftlinge aufwies, von denen sechs militärtauglich waren, nunmehr insgesamt nur noch vier hatte, darunter keinen für die Preußen »brauchbaren«; der Zuchthausinspektor berichtete, nur einer der vier Insassen sei unter 40 Jahren, und keiner sei groß genug für Göchhausens Regiment.[83] Durch den Verkauf waren die Zuchthäuser bis dahin offenbar bereits von für diesen Zweck geeigneten Kandidaten entleert. Ein Grund dafür könnte sein, daß das Geschäft in dieser Zeit (1786) einträglicher wurde, denn Weimar konnte jetzt 10 Taler pro

Kopf kassieren, für besonders große Rekruten sogar 30 bis 40 Taler.[84] Während des amerikanischen Unabhängigkeitskrieges war die Praxis so verbreitet, daß das Eisenacher Konsistorium den Antrag stellt, einen Verbrecher »nacher America« abzugeben[85], und wenige Jahre später konnte schon eine Eisenacher Amtsbehörde, der heutigen Kreisverwaltung vergleichbar, den Antrag stellen, einen »unverbeßerlichen« Verbrecher an fremde Werber zu verkaufen.[86] Wenn selbst niedere Beamten im entfernten Herzogtum Sachsen-Eisenach von solchen Praktiken wußten, so kann man davon ausgehen, daß sie so alltäglich geworden waren, daß auch die Öffentlichkeit in Weimar längst im Bilde war.

Dennoch findet man in den reich überlieferten nichtstaatlichen Zeugnissen aus dem klassischen Weimar (Tagebüchern, Briefen, Erinnerungen) keine Hinweise auf die weimarische ›Entsorgungspraxis‹. Besonders der brisante Soldatenverkauf nach Amerika wird mit keinem Wort erwähnt. Der Handel anderer Staaten wurde von Weimarer Schöngeistern verurteilt, von Herder (allerdings nur privat)[87] wie auch in Wielands *Teutschem Merkur*[88], aber Weimars Praxis blieb unerwähnt. Dafür war sicherlich die locker operierende weimarische Zensur verantwortlich, aber wahrscheinlich noch mehr die Selbstzensur. Diese Intellektuellen waren blind für den eklatanten Widerspruch zwischen dem allgemeinen Zeitgeist und der weimarischen Wirklichkeit. Goethe selbst, der als ›Kriegsminister‹ in alle Verhältnisse eingeweiht und maßgeblich an ihnen beteiligt war, erwähnte die weimarischen Werbungen nach Amerika mit keinem Wort. Es ist eines der vielen Geheimnisse des Geheimrats. Dies ist um so bemerkenswerter, als Goethe mit einem jungen Adligen aus Hannover befreundet war, der nach Amerika verfrachtet wurde und dort fiel. Obwohl Goethe bekannt war, daß der Offizier mit dem Tod in Amerika rechnete[89], wollte er die Nachricht von seinem Tod nicht glauben[90] – eine Verdrängung der möglichen Konsequenzen seiner eigenen amtlichen Praxis? Goethe lernte auch mehrere Soldaten und Offiziere nach der

Rückkehr aus Amerika persönlich kennen[91] und wohnte in Braunschweig einem Hoffest bei, bei dem die aus Amerika zurückkehrenden Soldaten als Wilde (wohl Indianer) gekleidet waren.[92] Die Weimarer Rekruten hinterließen hingegen keine Spuren in Goethes Briefen, Gesprächen oder Tagebüchern.

Goethes Haltung zum amerikanischen Unabhängigkeitskrieg bekommt durch diese Perspektive neue Dimensionen. Sie hätte ohnehin mehr Aufmerksamkeit verdient, als ihr zuteil geworden ist. Indem er Soldaten in den Kampf gegen die amerikanischen Rebellen schickte, strafte Goethe die eigenen späteren Aussagen Lüge, die eine Sympathie mit den Amerikanern suggerierten: »[...] man wünschte den Amerikanern alles Glück und die Namen Franklin und Washington fingen an, am politischen und kriegerischen Himmel zu glänzen und zu funkeln«, heißt es in *Dichtung und Wahrheit*.[93] Daß Goethe später, *nach* dem erfolgreich zu Ende geführten Freiheitskampf, der neuen Republik freundlich gesinnt war, bleibt unbestritten: ein Wendehals par excellence. Doch die Kommentatoren zum Thema ›Goethe und Amerika‹ übernehmen, unkritisch und politisch harmonisierend, Aussagen wie die bereits zitierte aus *Dichtung und Wahrheit*, um eine positive Haltung Goethes auch im ersten Weimarer Jahrzehnt, also zur Zeit des Krieges selbst zu suggerieren – wobei sie keine konkreten Zeugnisse aus diesem Zeitraum anzuführen wissen.[94] Genau betrachtet, stimmt Goethes Haltung gegenüber der amerikanischen Sache eher mit seiner amtlichen Tätigkeit überein als mit dieser späteren Revision. Schon eine andere Stelle in *Dichtung und Wahrheit* ist ein Beleg für Goethes Distanz zur Amerika-Begeisterung seiner Zeitgenossen. Im 4. Teil heißt es, Lili Schönemann sei (wie übrigens viele andere Zeitgenossen, zum Beispiel Schiller) bereit gewesen, alles aufzugeben und »mit nach Amerika zu gehen«, woraufhin der Erzähler kommentiert: »Amerika war damals vielleicht noch mehr als jetzt [d. h. 1821] das Eldorado derjenigen die in ihrer augenblicklichen Lage sich bedrängt fanden«[95] – also eine Zuflucht für Untüchtige.

Für Freiheitskämpfe, auch wenn es nicht einmal darum ging, die Monarchie zu stürzen, sondern lediglich die Unabhängigkeit vom Mutterland durchzusetzen, hatte Goethe zeitlebens keinen Sinn. In den Vorbemerkungen zum bereits angeführten Abschnitt seiner Autobiographie über den amerikanischen Unabhängigkeitskrieg schildert er zwar die Begegnung mit dem korsischen Freiheitshelden Paoli und weckt Anteilnahme für ihn: »Noch lebhafter aber war die Welt interessiert als ein ganzes Volk sich zu befreien Miene machte. [...] Corsica war lange der Punkt gewesen auf den sich aller Augen richteten; *Paoli* [...] zog aller Herzen an sich [...].«[96] Im privaten Gespräch sahen die Dinge jedoch ganz anders aus. Bald nach seiner Ankunft in Weimar und noch vor der Aufnahme seiner Dienstgeschäfte als Geheimrat, aber während der kriegerischen Auseinandersetzungen in Amerika berichtet sein Diener Philipp Seidel von einer Disputation mit Goethe über Korsika »in dem größten und hitzigsten Handgemenge bis Morgens gegen viere«. Die Streitfrage: »Ob ein Volk nicht glücklicher sey, wenns frei ist, als wenns unter dem Befehl eines souverainen Herrn steht.« Goethe vertrat die Ansicht, die Korsen wären glücklicher unter einem (französischen) Herrscher, denn nur so würden sie kultiviert werden: »[S]ie werden nun verfeinert, entwildert, lernen Künste und Wissenschaften, statt sie zuvor roh und wild waren.« Seidel bezieht in erstaunlich freier Rede Stellung gegen Goethes höfische Werte: »Herr, sagte ich, ich hätt den Teufel von seinen Verfeinerungen und Veredelungen auf Kosten meiner Freyheit, die eigentlich unser Glück macht« (so wenigstens die Nacherzählung).[97] Goethe sah den korsischen, den amerikanischen und später auch den französischen Freiheitskampf als Teil einer einzigen historischen Entwicklung[98], so daß seine Haltung ihnen gegenüber relativ konstant bleibt. Er hätte also vermutlich mit einem Schriftsteller übereingestimmt, der 1783 den hessischen Landgrafen lobte, weil er durch den Soldatenhandel »seine reizende Residenz so geschmackvoll verschönert, und unter dessen weiser Regierung Künste und Wissenschaften vorzüglich blühen«.[99] Goethe sah in diesem Fall allein die sozial-kulturellen Vorteile autoritärer Regierung und blendete die politischen wie ökonomischen Nachteile für die Untertanen aus.

Daß Goethe trotz der vagen Haltung gegenüber der amerikanischen Unabhängigkeitsbewegung in die allgemeine Kritik am hessischen Soldatenhandel einstimmen konnte, ist auf rein ideellem Niveau kein großer Widerspruch; viele andere Zeitgenossen verurteilten das Geschäft mit Menschen, ohne den Freiheitskampf der Amerikaner gutzuheißen. Goethes Kritik am Soldatenhandel bleibt allerdings sehr viel undeutlicher als diejenige anderer zeitgenössischer Schriftsteller und wurde im übrigen erst Jahrzehnte später (1817) veröffentlicht. Im satirischen Hofstück *Das Neueste von Plundersweilern*, das um die Jahreswende 1781/1782 gespielt wurde, heißt es über den fiktiven Jahrmarktsort Plundersweilern:

> Und zwar mag es nicht etwa sein,
> Wie zwischen Cassel und Weißenstein,
> Als wo man emsig und zu Hauf
> Macht Vogelbauer auf den Kauf,
> Und sendet, gegen fremdes Geld,
> Die Vöglein in die weite Welt.[100]

In den autorisierten Drucken zwischen 1817 und 1829 wurden »um diplomatischer Schonung des Kasseler Hofes willen« die Ortsnamen »Cassel und Weißenstein« durch Punkte ersetzt.[101] In Schloß Weißenstein, dem heutigen Schloß Wilhelmshöhe, wurden ausgerechnet von Häftlingen Vogelkäfige zum Verkauf hergestellt. Zwischen Weißenstein und Kassel wurden außerdem Wohnhäuser in einer Reihe gebaut und hießen »Vogelbauer«, aber viele der Einwohner konnten nicht mehr einziehen, weil sie mit den Truppen nach Amerika geschickt wurden. So bleibt diese Anspielung ohne beträchtliche Vorkenntnisse unverständlich, sie ist »ziemlich schüchtern und versteckt« (Friedrich Kapp).[102] Diese Zeilen widersprachen vor allem Goethes amtlicher Tätigkeit. Es kann vielleicht als unbewußte Anspielung auf die verkauften einheimischen Zuchthäusler gedeutet werden, wenn Goethe in seiner zaghaften Kritik an der hessischen Praxis die Bildlichkeit des Käfigs verwendet, die den Weimarer Häftlingen wie aus der Seele gesprochen sein dürfte.

Es darf eigentlich nicht verwundern, daß Goethe neben dieser sehr versteckten Kritik an den Hessen einen unverhohlenen Angriff gegen die freiwillige Meldung deutscher Rekruten zugunsten der *Amerikaner* anbrachte. In der dritten Fassung des Lustspiels *Die Mitschuldigen*, die zwischen 1780 und 1783 niedergeschrieben wurde, befindet sich folgende nicht handlungsrelevante Ergänzung des Dialogs gegenüber den ersten beiden Fassungen:

SÖLLER: [...] Man sagt mir heute früh,
In Deutschland gäb's ein Corps von braven jungen Leuten,
Die für America Sukkurs und Geld bereiten.
Man sagt, es wären viel, und hätten Mut genug,
Und wie das Frühjahr käm', so geh' der ganze Zug.
WIRT: Ja, ja, beim Glase Wein hört' ich wohl manchen prahlen,
Er ließe Haut und Haar für meine Provinzialen:
Da lebt' die Freiheit hoch, war jeder brav und kühn,
Und wenn der Morgen kam, ging eben keiner hin.[103]

Hartmut Reinhardt bemerkt zu dieser Stelle: »[...] neu ist [gegenüber den früheren Fassungen] die Anspielung auf die Praxis deutscher Fürsten, ihre Untertanen an die englische Regierung zu verkaufen, die sie im Amerikanischen Unabhängigkeitskrieg (seit 1775) gegen die aufständischen Provinzen einsetzte.«[104] Das ist eine sehr weit hergeholte Deutung. Wenn diese Stelle eine solche »Anspielung« ist, dann nur aus der umgekehrten Perspektive: Der Wirt macht sich über die Deutschen lustig, die sich *für* die Amerikaner (die »Provinzialen«) begeistern, Goethe macht sie wegen angeblicher großprahlerischer Feigheit lächerlich – und so den Wunsch nach »Freiheit«. Während der Stürmer und Dränger H. L. Wagner seine bedrängte Kindermörderin Evchen ausrufen läßt: »O wenn ich ein Mann wäre! [...]

Noch heute macht ich mich auf den Weg nach Amerika, und hälf für die Freyheit streiten«[105], spottet Goethe über die Männer, die das taten. Das ist um so auffallender, als Lothario in den in den 1790er Jahren entstandenen *Lehrjahren* »in Gesellschaft einiger Franzosen mit vieler Distinktion unter den Fahnen der vereinigten Staaten gedient hatte«.[106] Goethes Verfahren ist allerdings, aus der Perspektive der ersten Weimarer Jahre, nur konsequent: Zusammen mit seinen Kollegen verkaufte er selbst Untertanen an die englische Regierung, so daß es verlogen gewesen wäre, zu diesem Zeitpunkt den Kampf der Amerikaner zu unterstützen. Trotzdem dürfte sich das Weimarer Publikum, das über die »Verabfolgung« Weimarischer Sträflinge informiert sein mußte, die Stelle aus den *Mitschuldigen* doch wohl mit erhobenen Augenbrauen angehört haben.

Der Weimarer Soldatenhandel taucht in keinem Zeugnis Goethes auf. Bekanntlich setzt Goethes autobiographisches Projekt gerade für die Zeit seiner intensivsten amtlichen Tätigkeit, das erste Weimarer Jahrzehnt von 1775 bis 1786, gänzlich aus, und die Forschung hat wohl recht, hier Goethes Unbehagen gegenüber den Widersprüchen seiner Amtspraxis als Erklärung zu sehen. Möglicherweise spielte dabei der Menschenhandel eine beträchtliche Rolle in dieser autobiographischen Enthaltsamkeit Goethes.

Weimar war in diesem Geschäft natürlich nicht allein. Schlimmer war der Soldatenhandel im großen Stil, der ganze Regimenter nicht vorbestrafter Untertanen nach Amerika verkaufte; zu den Hessen gesellten sich Hanauer, Braunschweiger, Waldecker, Anhaltiner und Brandenburger.[107] Indessen kann diese stattliche Reihe von Mitschuldigen die Verantwortung des Weimarer Geheimen Consiliums nicht mindern. Dabei wird die Weimarer Praxis nicht an modernen, sondern an zeitgenössischen Erwartungen gemessen, die in ihrer Verurteilung des Soldatengeschäfts kaum hinter Schiller zurückstanden. Goethes zeitweiliger Freund J. M. R. Lenz ist in seiner Verurteilung der amerikanischen Anmaßung gegen England[108] eher eine Ausnahme. Viel weiter verbreitet war die Ablehnung hessischer »Seelenschacherei«[109] durch so vielfältige Kritiker wie Johann Gottfried Seume, Christian Friedrich Daniel Schubart, Johann Pezzl, Joseph von Görres, Georg Friedrich Rebmann, Caroline Michaelis-Böhmer-Schlegel-Schelling, Immanuel Kant und Friedrich Nicolai und einige Volkslieddichter aus den betroffenen unteren Schichten.[110] Sogar Fürsten stimmten in diese Kritik an ihren Standesgenossen ein. Der Landgraf Ludwig IX. von Hessen-Darmstadt schrieb 1777 an seinen Minister Moser: »Leute verkaufen und in Subsidien geben, thue ich nun und nimmermehr«, er wollte nichts vom »Menschenhandel vor Blutgeld« wissen, »wie andere Herren heutigen Tages thun«.[111] Friedrich der Große – an Heuchelei fast nicht zu übertreffen – verurteilte den Landgrafen von Hessen-Kassel, »der den Engländern seine Untertanen verkaufte, wie man Vieh verkauft, um es auf die Schlachtbank zu schleppen«.[112] In Weimar war man über diese Art von Vorwurf natürlich gut informiert, da er in diesen Jahren ständig im Gespräch war. Der Herzog selbst kaufte wenigstens ein Werk über die amerikanische Revolution, das den Soldatenhandel verurteilte[113], so daß er kaum Unwissenheit vorspiegeln konnte.

Vor allem hatten die Herrschenden Angst vor Kritik, ja einem Aufstand der unteren Schichten, der betroffenen Bevölkerung. Es war die große Frage: Würde der Soldatenverkauf zu erhöhtem politischen Bewußtsein bei den Untertanen führen? Nach dem Beginn der Französischen Revolution konnte Johann Ludwig Ewald behaupten, daß die »Seelenverkauferei« zum Aufruhr führen würde: »[...] das Volk fühlt sie, wenn es auch lange schweigt! ich hörte Väter klagen über den Raub ihrer Söhne; [...] ich sah manche gezwungene Soldaten, wie sie den Sklavenrock mit Füßen traten, und ihr Gewehr an einem hingekritzelten Fürstenbilde versuchten; ich hört' ihren gräßlichen Fluch, und sah ihren noch gräßlicheren Blick!«[114]

Solche Kritik mag sich auch in Weimar zugetragen haben, aber es ist nichts überliefert. Denn in Weimar war man peinlich auf harmonische Verhältnisse bedacht, durch Einschränkung der Redefreiheit, wenn auch nicht der Pressefreiheit. Zusammenfassend zu Korsika und Amerika heißt es in *Dichtung und Wahrheit* in der Textschicht von 1830/1831: »An allen diesen Ereignissen nahm ich jedoch nur insofern Teil als sie die größere Gesellschaft interessierten, ich selbst und mein engerer Kreis befaßten uns nicht mit Zeitungen und Neuigkeiten [...].«[115] Soweit das auf Goethes Vor-Weimarer Zeit bezogen ist, mag es zutreffen; in Weimar informierte sich jedoch das Geheime Consilium laufend anhand von Zeitungen und Zeitschriften über politische Ereignisse, und dies ausgerechnet in der Zeit, da Goethe in dichterischen Werken das Zeitunglesen *der Untertanen* als verderblich hinstellte.[116] Die herrschaftlichen Räte mußten über politische Entwicklungen genauestens informiert sein, die Untertanen sollten lieber politisch unmündig bleiben, damit keine Kritik entstehen konnte. Dies ist der Hintergrund der in allen deutschen Landen herrschenden kläglichen Unwissenheit der Bevölkerung über politische Zusammenhänge. Selbst diese Ahnungslosigkeit, die ein Resultat gezielter Regierungspolitik war, wird zum Ziel der Kritik der Intellektuellen: Goeckingk läßt zum Beispiel einen hessischen Soldaten zu den Amerikanern sagen: »Nichts gehn mich eure Händel an! / Weiß traun! davon nicht viel.«[117] Wenn der deutsche Bauer nicht viel von diesen »Händeln« wußte, so konnte er auch nicht verstehen, daß sie ihn doch wohl etwas angingen, da sie auch in Europa die antiabsolutistische Flamme schürten.

Einschränkungen der Pressefreiheit waren in Weimar (noch) nicht als Waffe der Verdummung des ›Pöbels‹ an der Tagesordnung. Der ›gemeine Mann‹ im Weimarischen durfte alles wissen, was die Zeitschriften berichteten, vorausgesetzt, er konnte lesen. Nur aufmucken durfte er nicht. In Sachsen-Weimar wurde 1779 zur Verhütung aller Kritik nämlich befohlen,

> alles Schwatzen und Urtheilen über den gegenwärtigen Krieg, und was darauf Bezug haben kann, als von Werbung, [...] Durchmärschen und Winterquartieren, auch dazu erforderlichen Vorräthen, und wo dergleichen anzutreffen wären, oder

> nicht, gänzlich und ohne alle Ausnahme zu unterlassen, und bey dem Uebertretungs-Fall dieser ernstlich gemeinten Anordnung, der Contravenient sofort von der Obrigkeit in das hiesige Zuchthaus gebracht [...]. Wie denn auch alle Gast- und Schenk-Wirthe, wenn sie dergleichen Raisonnements hören, ingleichen alle Unterthanen, welche solchem Geschwätz beywohnen, und es nicht binnen 24 Stunden bey der Orts Obrigkeit, welche die Nahmen auf Verlangen zu verschweigen, gehalten seyn soll, anzeigen, mit ebenmässiger ohnabbittlicher Zuchthaus-Strafe, ohne Ansehen der Person, belegt werden sollen.[118]

Diese drastischen Maßnahmen ergänzten ein ähnliches Verbot aus dem Siebenjährigen Krieg[119] um die Aufforderung zum Denunzieren. Sie sicherten den wenn auch widerwilligen Gehorsam der Untertanen, die in anderen Ländern manchmal räsonnierten und meuterten, wenn sie zum Dienst in Amerika eingezogen wurden.[120] So konnten Weimarer Untertanen nicht einmal ihren Anspruch auf die Freiheit der Kritik geltend machen, die Kant gegenüber den preußischen Untertanen einräumte: »Räsonniert, so viel ihr wollt, und worüber ihr wollt; nur gehorcht!«[121] – in Sachsen-Weimar durfte man über Werbungen nicht »räsonnieren«. Das Datum des Patents ist nicht zufällig: Es fällt in die Zeit der intensivsten Werbung auch für das weimarische Militär durch Goethe.[122] Zusammen mit der von der Herrschaft geförderten Unwissenheit über politische Zusammenhänge garantierte das Verbot politischer Kritik und die drohende Verschiffung nach Amerika die gewünschte Ordnung, wenn auch nicht Recht.

KAPITEL 2

»Die guten Unterthanen immer im Gleise zu erhalten«, oder: Wie Bauern der »Kitzel der Unfolgsamkeit« ausgetrieben werden sollte

Schafft' er uns nur zu Hof willkommne Gaben
Ich wollte gern ein bißchen Unrecht haben.

Faust II, Vers 4943f.

Das Leben auf dem Lande kommt in fast jeder Darstellung des klassischen Weimar zu kurz. Einige der brisantesten Forschungsrichtungen der gegenwärtigen Geschichtswissenschaft befassen sich mit der Agrargeschichte, aber Kulturhistoriker lenken den Blick beinahe immer nur auf die beiden Städte Weimar und Jena und wissen mit den Bauern meist wenig anzufangen – obwohl einige historische Arbeiten gerade auf diesem Gebiet die besonders liberale Aktivität Goethes behaupten.[1] Trotzdem war Deutschland im 18. Jahrhundert eine Konstellation vorwiegend von Agrarwirtschaften. Das ist desto mehr der Fall in einem Kleinterritorium ohne große Städte wie Sachsen-Weimar-Eisenach; hier machten die Bauern fast zwei Drittel der Gesamtbevölkerung aus.[2] Die Einäugigkeit der Forschung führt dazu, daß die unerläßliche Basis für die Höhenleistung der städtisch-höfischen Kultur im Doppelgestirn Weimar und Jena – aber auch die Streitigkeiten mit Bauern – unerkannt bleiben. Die Wirtschaft beruhte auf der täglichen, drückenden Arbeit der sozial vielfältig abgestuften Bauern, deren politische Existenz praktisch nur in den Konflikten mit der Obrigkeit festgehalten ist – oft in Petitionen, auf denen die Bauern mit zackigen analphabetischen Unterschriften ausnahmsweise aus der Anonymität heraustreten.

Für die Städter im klassischen Weimar war das Bauerntum natürlich völlig präsent. Sie wußten sehr wohl, daß sie vom Schweiß der Bauern lebten; auch wenn sie nicht aufs Land gingen, sahen sie täglich den ›Landmann‹. Fronende Bauern versorgten den Hof in Weimar mit Lebensmitteln und anderen Naturalien, fuhren Brennholz für Beamte wie Goethe in die Stadt (auch für Einrichtungen wie die fürstliche Brauerei), errichteten und reparierten Kultur- und Repräsentationsstätten wie die Schlösser, den Ilmpark, Vorwerke und so weiter. Goethe selbst war sich dieser Basis der hohen Kultur durchaus bewußt. Er läßt sehr spät, in der ›Mummenschanz‹-Szene des erst posthum veröffentlichten *Faust II*, einen Holzhauer sagen:

> [...] wirkten Grobe
> Nicht auch im Lande,
> Wie kämen Feine
> Für sich zu Stande,
> So sehr sie witzten?
> Des seid belehret;
> Denn ihr erfröret
> Wenn wir nicht schwitzten.[3]

Aber auch schon in der Zeit seiner intensivsten amtlichen Tätigkeit verfügte Goethe über dieses Bewußtsein; er schreibt in einem Brief an Knebel vom 17. April 1782, in dem gleichfalls das Schwitzen ein Hauptmotiv bildet:

> So steig ich durch alle Stände aufwärts, sehe den Bauersman der Erde das Nothdürftige abfordern, das doch auch ein behäglich auskommen wäre, wenn er nur für sich schwizte. Du weißt aber wenn die Blattläuse auf den Rosenzweigen sitzen und sich hübsch dick und grün gesogen haben, dann kommen die Ameisen und saugen ihnen den filtrirten Safft aus den Leibern. Und so gehts weiter, und wir habens so weit ge-

bracht, daß oben immer in einem Tage mehr verzehrt wird, als unten in einem organisirt/beygebracht werden kann.[4]

Goethe erkennt hier und an anderen Stellen das »kläglich[e]« Elend der Bauern[5], die soziale Ungleichheit mit schonungsloser Schärfe, er bekennt sich mitunter sogar als »beschämt« wegen der eigenen privilegierten Lage.[6] Aber zweierlei bleibt aus Goethes Analyse der »Blattläuse« und der »Ameisen« ausgespart. Goethe benennt hier nicht eindeutig die Quelle des Übels; er vermittelt meist den Eindruck, daß schwelgende Hofleute das Problem verursachen, nicht aber der Staat. Und er erweckt hier und an anderen Stellen den Eindruck, daß die Bauern zwar elend, aber im Grunde zufrieden oder wenigstens passiv blieben; von Aufsässigkeit ist keine Rede, sondern die Bauern insistieren nur, daß ihre Leistungen anerkannt werden.

Der Eindruck bäuerlicher Passivität täuscht gründlich. Gerade mit Bezug auf den Bereich, auf den Goethe hier am deutlichsten anspielt – neben den Abgaben und den Weideprivilegien sind es die Fronen, die Dienste also, die der Bauer unentgeltlich oder nur für ein minimales Frongeld für feudale Herren zu leisten hatte, nachdem er »für sich« geschwitzt hat – reizten die Zustände im Herzogtum Sachsen-Weimar-Eisenach manchmal zu scharfem Protest, ja zu Widersetzlichkeit und Verweigerung. Und Goethe wußte das ganz genau, schließlich hatte er als Geheimer Rat häufig damit zu tun – was jedoch bis heute nur rudimentär aus den publizierten Dokumenten hervorgeht.

Entgegen der älteren Auffassung, bäuerliche Unruhen und Proteste hätten nach dem Bauernkrieg praktisch aufgehört, hat sich die Erkenntnis durchgesetzt, daß sie sich bis ins 18. Jahrhundert fortgesetzt hatten.[7] Dabei verfügte Thüringen über eine starke eigenständige Tradition von kaum zu überschätzender bäuerlicher Solidarität im rechtlichen Konflikt mit der staatlichen Obrigkeit. Rosalinde Gothe hat in ihrer Untersuchung zur Agrarwelt Sachsen-Weimars deutlich gemacht, daß die ländlichen Gemeinden ihre kollektiven Rechte – und individuelle

Konflikte wurden sehr oft wegen ihrer allgemeinen Bedeutung von der Gemeinde aufgegriffen und solidarisch getragen – mit geradezu erstaunlichem Selbstbewußtsein verteidigten und gegen Übergriffe des Staates zu schützen suchten.[8] Bäuerlicher Widerstand entstand überdies in den seltensten Fällen spontan, sondern war reflektiert organisiert worden und entlud sich meist nicht gewitterartig, sondern über größere Zeiträume.[9] Schon diese Organisierung deutet darauf hin, daß das bäuerliche Selbstbewußtsein einem ideologischen Moment entstammt. Bauern hatten in Deutschland schon seit dem 17. Jahrhundert eine Vorstellung der Unfreiheit entwickelt, in der sie lebten, und benutzten dafür Worte wie ›Sklaverei‹, wenn sie sie durch rechtliche Maßnahmen abzuschaffen versuchten.[10] Renate Blickle vertritt die These, daß die Ablehnung des Feudalismus durch die Aufklärung und später den Liberalismus – die »Sklaverei der Fron« wurde in Zeitschriften angegriffen und in literarischen Salons breit diskutiert – ihren Ursprung in Begriffen hatte, die viel früher von den Betroffenen selbst formuliert worden waren.[11] Und Andreas Würgler hat gezeigt, daß ländliche und städtische Unruhen maßgeblich zur Entstehung politischer Öffentlichkeit beitrugen.[12] Das heißt: Zentrale kritische Perspektiven und Träger der Aufklärung schuldeten ihre Entstehung möglicherweise nicht den Philosophen, sondern den ungewaschenen Bauern. Diese ideologischen Momente hatten auch in Sachsen-Weimar und Eisenach Fuß gefaßt. 1793 wurden regierungsintern Vorstellungen diskutiert, die die Fron als einen »vermeintlich der natürlichen Freyheit so sehr zu wider lauffenden sclavischen Zustand« hinstellten.[13] Die Französische Revolution war nicht der Ursprung, sondern lediglich ein verstärkender Faktor in der Entwicklung dieser Begrifflichkeit, die schon längst zu Protest und Widersetzlichkeit geführt hatte.

Die Weimar-Forschung hat hier versagt. Im Kapitel zur Landwirtschaft seiner grundlegenden Studie über Sachsen-Weimar behandelt Fritz Hartung nur die fürsorgliche Regierungspolitik, mit keinem Wort jedoch bäuerliche Proteste und Unruhen.[14]

Daß das Ziel dieser Proteste nicht in erster Linie der Landadel, sondern der Staat war, ist ein weiterer Tatbestand, der keineswegs aus den gängigen Forschungsäußerungen hervorgeht. Ohne hinreichende Kenntnis der Fakten behaupten Weimar-Forscher immer wieder, Goethe und Carl August seien im Laufe ihrer landwirtschaftlichen ›Reformtätigkeit‹ auf den Widerstand des grundbesitzenden Adels, auf »die aristokratische Reaktion« gestoßen.[15] Das ist nur halb wahr. Der größte und wichtigste grundbesitzende Adlige im Herzogtum war der Herzog selbst. Die Kammergüter sowie die Schatullgüter gehörten der fürstlichen Familie und bildeten den Grundstock für die staatlichen und fürstlichen Erträge. Noch in Goethes Todesjahr 1832 erhielt die großherzogliche Kammer 60 Prozent der jährlichen feudalen Lasten der Untertanen in Sachsen-Weimar[16], einen vergleichsweise enormen Anteil.[17] Mehr als ein Drittel der Güter im Weimarischen waren herzogliche Schatull- oder Kammergüter.[18] In Thüringen verfügten sie über zehn Prozent des gesamten Bodens, aber auch Bauern mit eigenem Besitz mußten dort Frondienste leisten.[19] Mit ihren ausgedehnten Privilegien waren diese herrschaftlichen Güter der bevorzugte Raum für Konflikte, weitaus häufiger als die adligen Rittergüter.[20] Sie stehen auch deswegen im Mittelpunkt der folgenden Ausführungen.

Zwischen den fronenden Bauern und dem feudalen Landesherrn Carl August standen mehrere Parteien, die in den Konflikten wechselnde Konstellationen bildeten und hier nacheinander ins Blickfeld gezogen werden sollen. Die Kammergüter waren verpachtet, so daß die *Pächter* den Teil des Ertrags erhielten, der über den an die Kammer abgegebenen Pachtzins oder Teilertrag hinausging.[21] Daher waren die Interessen der Pächter meist mit denjenigen der feudalen Wirtschaft und der sie stützenden absolutistischen Herrschaft eng verquickt, und die Bauern sahen sie meist nicht als Verbündete in Konflikten mit der Obrigkeit, sondern als das Gesicht der Herrschaft, mit dem sie sich fast täglich auseinanderzusetzen hatten. Die *Kammer* selbst war kein reines Finanzministerium im modernen Sinne.

Sie war für die Verwaltung der Kammergüter elementar verantwortlich und streng darauf bedacht, den Ertrag dieser Wirtschaften zu steigern. Daher übte sie meist Druck auf die Bauern aus, wenn diese Beschwerden einbrachten. Versuche in der Forschung, die Interessen der angeblich auf den Gewinn »ihre[r] eigenen großen Güter« achtenden Kammer vom angeblich nur das Landeswohl bedenkenden Herzog selbst zu distanzieren[22], sind zum Scheitern verurteilt. Die Kammer garantierte neben dem staatlichen auch das persönliche Einkommen Carl Augusts, indem sie sein Eigentum an Grund und Boden verwaltete.

Die Frage ist nun, wie die Interessen der Bauern vertreten wurden. Eine wichtige Instanz waren die *Gerichte* auf Reichsniveau, auf die wir noch zurückkommen werden. In Sachsen-Weimar selbst kamen jedoch außer den Vertretern der Bauern nur das Geheime Consilium und das Regierungskollegium in Frage. Wie das *Geheime Consilium* entschied, differierte von Fall zu Fall, wie wir sehen werden. Aber grundsätzlich ist daran zu erinnern, daß auch hier die Interessen des Staates – und damit auch der feudalen Ordnung[23], die den Staat finanziell sicherte – im Vordergrund standen. Beim wichtigsten Mitglied des Consiliums, dem Herzog selbst, ist dieser Tatbestand ohne weiteres deutlich; wollte er als aufgeklärter Monarch im Sinne des Gemeinwohls handeln, so stand dieser Vorsatz oft im krassesten Gegensatz zu seinen persönlichen Interessen.

Wo die Interessen der Geheimen Räte lagen, ist eine schwierigere Frage. Zweifellos meinten Männer wie Fritsch, Goethe, Schnauß und Schmidt, im Sinne der Gesellschaft und des Staates zu handeln. Aber die wirtschaftlichen Interessen des Staates – und der Gesellschaft als Abstraktum gesehen – mußten mit den Anliegen der protestierenden Bauern im Widerspruch stehen. Fritz Hartung schreibt in der richtigen Nuancierung, mit der von Goethe angepeilten Steuerreform verband sich »der Gedanke einer Belebung des wirtschaftlichen Lebens, die natürlich in erster Linie den Finanzen, daneben aber auch der Lage des einzelnen Untertans zugute kommen sollte«.[24] Die Untertanen und zumal die Bauern waren in solchen Überlegungen zwar vorhanden, aber immer sekundär. Das steht ganz auf der Linie zeitgenössischer Trends: Neue ökonomische Reformgedanken kollidierten mit den Interessen des Staates, zumal in einem Territorium wie Sachsen-Weimar, wo der Staat überdurchschnittlich von feudalen Lasten abhängig war. Außerdem sind auch bei den Geheimen Räten persönliche finanzielle Interessen auszumachen, und zwar nicht nur hinsichtlich ihres Gehaltes oder etwa der Brennholzzufuhr durch Fronbauern, sondern auch in ihren Stellungen als feudale Herren. Fritsch, dessen Vater in den Freiherrenstand erhoben worden war, besaß zwar ein Gut in Kursachsen, nicht in Sachsen-Weimar, aber er war von starkem ständischen Bewußtsein geprägt, das ihn nicht gerade für die Gravamina aufsässiger Bauern empfänglich machte – und in einem Konflikt der Jenaischen Landschaft mit dem Herzog bezog Fritsch eindeutig die Position der Adligen.[25] Der bürgerliche Rat Johann Christoph Schmidt, in gewissem Sinne Goethes Nachfolger im Geheimen Consilium (1784) sowie als Leiter der Kammer (1788), stammte aus einer sehr vermögenden Familie und kaufte außerdem im Jahre 1787 das Rittergut Großobringen, so daß Goethe 1788 den »trefflichen Rathgeber« in Finanzdingen dem Herzog als Kammerpräsidenten empfehlen konnte: »er ist ein Haushälter von Haus aus, ohne Ihre Finanzen in seinen Händen zu wissen, könnte ich nicht einen Augenblick ruhig seyn«, schrieb er aus Italien.[26] Goethe selbst kaufte erst 1798 ein Freigut in Oberroßla (bei Apolda), das er nach fünf Jahren wieder verkaufte, weil es sich nicht rentierte; das Gut war außerdem nicht mit feudalen Diensten (zum Beispiel Fronen) ausgestattet.[27] Als ihm als Bedingung des Ankaufs das Lehnsrecht vom Herzog feierlich verliehen werden mußte und er dadurch förmlich zum Vasall des Herrn wurde, wird er sich zweifellos nicht erst zu diesem Zeitpunkt innerlich mit dem feudalen System identifiziert haben. Somit kann keineswegs vorausgesetzt werden, daß das Geheime Consilium sich souverän für die Belange protestierender Bauern einsetzte, da diese Petitionen meist die Verminderung von feudalen Diensten betrafen, aus denen der staatliche Haushalt – und nicht zuletzt das Gehalt der Geheimräte – bestritten werden mußte.

Die andere mögliche institutionalisierte Interessenvertretung für die Bauern unter den Behörden in Sachsen-Weimar war die *Regierung*. Sie war für die Ausführung der Beschlüsse des Geheimen Consiliums verantwortlich, soweit diese rechtliche und ordnungsmäßige Angelegenheiten betrafen, und für die Verwaltung im Lande, soweit diese keine grundsätzlichen Beschlüsse des Consiliums erforderte. Die Regierung verstand sich als Justizbehörde; die Mitglieder waren ausgebildete Juristen, die einen starken Sinn für das Recht hatten, wie dieses durch sachsen-weimarische Gesetze (also Reskripte aus dem Geheimen Consilium, die Präzedenzcharakter hatten, und andere Erlasse) und das Reichsrecht festgelegt war. Mit der Frage nach der Stellung der Regierung kommen wir zum ersten einer Serie von Konfliktfällen zwischen der Obrigkeit und den Bauern, denn in diesem ersten Fall steht die Frage der Rechtsvertretung der Untertanen im Mittelpunkt einer scharfen innerbehördlichen Auseinandersetzung.

Fronen waren der vielleicht brisanteste Reibungspunkt zwischen Bauern und Obrigkeit. Im 18. Jahrhundert hatte man die legendäre Vorstellung, Fronen hätten ihren Ursprung als Gegenleistung der Untertanen für den Schutz gegen äußere Feinde durch die Ritter. Im modernen, bürokratisierten Staat hatte diese ohnehin fabelhafte Begründung längst ihren Sinn verloren, weil die Kriegsführung entlohnten Militärs übertragen worden war. So blieben Frondienste für zeitgenössische Kritiker nur als altertümliche Relikte auf dem Weg zu einer auf Steuern beruhenden Geldwirtschaft bestehen. Sie stammten in Thüringen nicht – wie in einigen anderen Gebieten – aus der Leibeigenschaft, die den Bauern lebenslänglich an den Boden band, aber sie wurden trotzdem (wie wir noch sehen werden) in gewissem Sinne als Sklaverei empfunden. Gerade mit Hinblick auf den entwürdigenden Charakter eines solchen unbezahlten Dienstes versuchten die Bauern regelmäßig, die Fronen in Steuern und andere Abgaben umzuwandeln.[28] Sie betonten immer wieder, wie sehr die Fronen sie von der Arbeit auf den eigenen Äckern abhielten, zumal die Dienste in Erntezeiten gehäuft vorkamen und manchmal mit aufwendigen Reisen zum Fronhof verbunden waren. Dabei waren Ackerfronen nicht einmal die umstrittenste Form der Fron, denn sie waren »gemessen«, d. h. durch alte Verträge und Rezesse genau festgelegt – zum Beispiel fünfzehn Tage Erntearbeit im Jahr. Viel lästiger und konfliktträchtiger waren die »ungemessenen« Fronen, also – so Rosalinde Gothe – »alle schwer meßbaren Leistungen, d. h. auch alle schwer planbaren Fronen: Baufronen (auch hier vor allem Spannfronen), Brennholzanfuhr, Futter- und Getreidetransporte, Vorspanndienste besonders in Kriegszeiten und die Jagdfronen. Eine Reihe weniger allgemeiner Arbeiten (zumeist Handfronen) kamen bei einigen Gemeinden noch dazu: Eisaufbrechen, Fischfangdienste, Flößen, Botengänge, Garten- und Weinbergfronen.«[29] Gerade Baufronen (zu denen auch Reparaturen gehörten) waren ein gewaltiger Zündstoff, betrafen sie doch meist Repräsentationsgebäude wie Schlösser (besonders während der Bauwut Herzog Ernst Augusts in den Jahren 1728 bis 1748, die auch enorme Staatsschulden hinterließ), Kirchen, Gefängnisse und andere Gebäude, deren Nützlichkeit für die Bauern nicht immer ohne weiteres einsichtig war. Und im Falle dieser »ungemessenen« Fronen versuchte die Kammer besonders im 18. Jahrhundert mehrfach, die Dienste zu ändern und zu steigern, was zu entsprechenden Auseinandersetzungen und Verweigerungen führte.[30]

Es ist vielleicht nicht abwegig, an dieser Stelle ein Dokument einzuschalten, in dem ausnahmsweise die Ansichten der Bauern zur Sprache kommen. Es stammt nicht aus der Zeit des hier primär zu behandelnden Streites aus dem Jahre 1781, sondern aus dem Zeitalter der Französischen Revolution. Aber die Konflikte hatten sich nach dem Anfang der Revolution allenfalls dahingehend geändert, daß das Geheime Consilium eher geneigt war, vorsichtiger in der kompromißlosen Verteidigung der herrschaftlichen Privilegien zu verfahren. Wenn sie diese Privilegien hier trotzdem rigoros behaupteten, so scheint ein Fall dokumentiert zu sein, der eher wie diejenigen im vorrevolutionären Weimar gestaltet war. Daß solche Fälle in den Weimarer Akten relativ selten vorkommen, ist kein Zufall, denn sie gelangten nur dann vor das Geheime Consilium, wenn die Bauern gegen eine Entscheidung der Kammer oder der Regierung an den Herzog appellierten; in vielen Fällen wird der Konflikt nicht überliefert sein, weil der Herzog nicht angerufen wurde. So steht diese Eingabe der Bauern in Riethnordhausen an Carl August als relativ seltenes Dokument der Bauernperspektive da:

> Wir sämtliche Hindersättler fallen Ew: Herzogl[ichen] Durchl[aucht] in tiefster unterthänigkeit zu Füssen. Vor einigen Tagen haben wir vor den H[errn] Pachter zu Pachstedt [= Bachstedt] gantzer 4 Tage Korn geschnitten und gebunden, wie selbiges Attestat [...] das mehrere besagen wird, da wir sämtliche Hindersättler nachhause gegangen sind, und mit selbiger Arbeit ferdig gewesen, sollten wir wieder noch ausserdiesen aufs frische nach Ringleben zum Gerstensamlen, als wir nun dieses nicht gethan so hat es der Pachter in den [sic] F[ürstlichen] Amte Grosenrutestedt [= Großrudestedt] angezeigt, worauf sogleich F[ürstliches] Amt daselbst jeden Hindersättler mit 21. Groschen Strafe den 28ten dieses Monats zu erlegen angesonnen und bey alle diesen haben wir, unsere eigene höchst nöthige Feldarbeit liegen gelassen, und den Pachter gefröhnet indem es doch vorbehaldene Tage sind.
> Da wir arme Hindersättler bey jetzigen sehr hartdrückenden umständen uns nicht zu helfen wissen als bey Ew: Herzogl[ichen] Durchl[aucht] um gnädigste Hülfe und Erbarmen anzuflehen;
> So wollen wir Höchst-Dieselben unterthänigst bitten an das F[ürstliche] Amt Grosenrutestedt den gnädigsten Befehl ergehen zu lassen das [sic] wir arme gedruckte Leute von der an-

gesonnenen Strafe befreyet werden möchten wir bitten zugleich noch unterthänigst um einen Canzleyschein diesen einstweilen dem F[ürstlichen] Amte vorzuzeigen bis Ew: Herzogl[ichen] Durchl[aucht] so gnädig sind und an das dasige Amt weitern Befehl ergehen zu lassen.

Sothane Höchste Gnade werden wir verehren in tiefster Ehrfurcht,

Ew: Herzogl[ichen] Durchl[aucht]
unterthänigste
die sämtliche
Gemeinde[31]

Die Petition ist von 49 Hintersättlern – den nicht spannfähigen, also den ärmsten Bauern – unterschrieben. Die Kammer berichtet, es scheine ihnen »zu Aufrechthaltung [sic] des Frohne-Systems bedenklich [...], Supplicanten etwas von der ihnen, wegen ihrer Renitenz zuerkannten und verdienten Strafe zu erlaßen.«[32] Mehr noch: dem Pächter wurde gleichfalls eine Strafe angedroht, »wenn er führohin [sic] die Straffälle der ungehorsamen Fröhner beym Amte unangezeigt laßen würde«. Federführend war dabei der Kammerpräsident und Geheimrat Johann Christoph Schmidt (der oben erwähnte Rittergutsbesitzer), der in seiner Doppelstellung die wirtschaftlichen Interessen der herzoglichen Kammer direkt im Geheimen Consilium vertrat. Dem grundsätzlichen Entscheid des Consiliums konnte eine spätere, nach wiederholtem Ersuchen der Bauern[33] erwirkte Verminderung der Geldstrafe[34] keinen Abbruch tun. Diese Bauern haben offenbar nicht prozessiert. Sie hatten gelernt, daß das »Frohne-System« nicht angetastet werden durfte.

Die Ereignisse des Monats Februar 1781 zeigen, daß das auch schon vor der Revolution der Fall war, und hier erfahren wir, was es mit der Sendung der *Regierung* als möglicher Garant bäuerlicher Interessen auf sich hat. Der Kammerpräsident von Kalb wandte sich an den Herzog und seine Räte mit einer Beschwerde über seine Kollegen in der Regierung. »Seit dem unglücklichen hiesigen Residenz-Schloß-Brande« im Jahre 1774, behauptet Kalb, »haben wir bemercken müßen, daß verschiedene Communen und privat Personen, welche gewußt, daß in selbigem sehr viele die herrschaftliche Gerechtsame betreffende Urkunden Acten und Nachrichten ein Raub der Flamme mit geworden, dieses Unglück benuzt, und sich theils ihrer Schuldigkeit zu entziehen, theils die herrschaftlichen Befugniße anzutasten und zu schmähen, wo nicht gar zu vereiteln gesucht, woraus denn verschiedene Irrungen und Proceße seit jener Zeit entstanden sind.«[35] Diese Auseinandersetzungen hätten sich so sehr radikalisiert, daß die Bauern durch Prozesse ermutigt seien, bei Konflikten um Weiderechte unter anderem »Thätlichkeiten an herrschaftlichen Schäfereyen und SchaafKnechten auszuüben«. Daher erließ die Regierung auf Vorschlag der Kammer ein »Verboth« der »Beeinträchtigungen herrschaftlicher Gerechtsame«[36], und zwar, wie aus dem betreffenden Reskript der Regierung hervorgeht, bei »empfindlicher Geld- oder Gefängniß-Strafe«.[37] Das heißt: Die Untertanen sollten eingeschüchtert werden, damit sie nicht mehr prozessierten oder Eingaben einreichten. Diese Verordnung, so führt Kalb weiter aus, habe jedoch die gegenteilige Wirkung hervorgebracht: Jetzt würden besonders die Fronen gehäuft verweigert und angefochten. Die Kammer habe bei der Regierung beantragt, dieses Verbot auf alle Gerechtsame zu erweitern, was jedoch von der Regierung abgelehnt worden sei, und deshalb appelliere Kalb an den Landesherrn.

Der Regierungskanzler war Achatius Ludwig Carl Schmid (1725–1784). Er war nach einer akademischen Karriere als Jurist in die Dienste der Herzogin Anna Amalia getreten und mußte 1776 im Geheimen Consilium dem Neuling Goethe weichen, um das Regierungspräsidium zu übernehmen, wo er der einzige bürgerliche Leiter eines staatlichen Kollegiums in Weimar war.[38] Vom Geheimen Consilium zu einer Stellungnahme aufgefordert[39], antwortet Schmid gereizt auf die »Beschwerde« der Kammer gegen seine Behörde.[40] Dabei vertritt er plakativ das

Prinzip, es sei für die Regierung »der grose Zweck unserer Bestimmung, Recht und Gerechtigkeit im Lande gleich [...] ohne Ansehen der Person aufrecht zu erhalten«. Denn das Recht des Untertans müsse »einem Justiz Collegium so heilig auf der einen, als das Landesherrliche Interesse auf der andern Seite, seyn [...], wenn der Unterthan nicht gedruckt [sic] und dadurch der Wohlstand eines Landes nicht gänzlich untergraben werden soll«.[41] Die Regierung habe wahrnehmen müssen, daß »wircklich in dem herkömlichen Frohnwesen Neuerungen und Bedruckungen der Unterthanen von Seiten der Herrschaftl[ichen] Pachter unternommen worden« seien, und Schmid fügt vier Akten bei – »deren noch mehrere aufzufinden uns nicht schwer fallen sollte« –, die solche Ausbeutung »unwidersprechlich zu Tage legen«.[42] Schmid argumentiert, daß eine von der Kammer verlangte Kaution in Prozeßfällen im damaligen deutschen Recht »unbekant ist, mithin auf eine die Unterthanen auch bey der gerechtesten Beschwerde über Bedruckungen intimidirende [= einschüchternde] Neuerung, welche mit Ew. Hochfürstl[ichen] Durchl[aucht] preißwürdigsten Eiffer vor Recht und Gerechtigkeit in Dero Fürstenthumen [sic] und Landen nicht zu vereinbaren seyn möchte, hinnaus [sic] lauffen würde.« Und er entwirft dann ein bedrückendes Bild der Ausbeutung der den herzoglichen Pächtern ausgelieferten Bauern:

> Wir brauchen nicht erst unterthänigst anzuführen, was für Schaden eine solche Intimidirung [= Einschüchterung] derer zum Theil mit schweren Frohnen, beladenen Unterthanen, bey denen sie sich und die Ihrigen ohnehin kümmerlich genug hinbringen müssen, und die keine Erschwerung leiden, wenn nicht am Ende Desperation [= Verzweiflung] und Auswanderung erfolgen sollen, anrichten würde, wenn Ew. HochFürstl[iche] Durchl[aucht] nur gnädigst erwägen wollen, daß sämtliche Frohnen verpachtet werden, die Pachter aber nach alter Erfahrung fast durch gehends geneigt sind, die ihnen verpachteten Gerechtigkeiten [= Vorrechte] unter dem Vorwand des Herrschafftlichen Interesse, das sie iedoch blos ihres eige-

nen Vortheils wegen suchen, auf das höchste zu treiben und sich mit dem Schweiß der armen Unterthanen zu bereichern. Nichts, als die Furcht vor der Gerechtigkeit, kan diese Leute noch einigermasen im Zaum halten, so wie auf der andern Seite dem mit Frohnen beladenen Unterthan bey seiner Last noch zum einzigen Trost gereichet, wenn er ohne Schwierigkeit rechtliches Gehörs versichert ist.

Eine so kühne Sprache wurde im Normalfall von den Untertanen selbst geführt, die in ihren Petitionen gerne die Unterdrückung hervorkehrten. Als Regierungseingabe an den Herzog ist sie ein fast unerhörter Fall von innerbehördlicher Zivilcourage.[43] Freilich: Schmid richtete seine Kritik vordergründig nicht gegen den Herzog, sondern gegen die Kammer, die offenbar versuche, die wirtschaftlichen Privilegien des Herzogs, »welche ohnehin schon in reicher Mase vorhanden sind, [...] noch von Tag zu Tag zu vermehren«, was sehr unklug sei, »weil solche am Ende zu einer der Freiheit und dem Eigenthum der Unterthanen, mit diesen aber auch zugleich dem Wohlstand des Landes höchst nachtheiligen Strenge ausarten würden«. In all diesen Argumenten steht der Adressat, der Herzog, als leuchtendes Leitbild da, als Landesvater, dessen »preißwürdigste[r] Eiffer vor Recht und Gerechtigkeit« die Interessen der Untertanen wahren und für eine Zurechtweisung des Kammerpräsidenten sorgen würde. Die Begriffe »Freiheit« und »Recht« zeigen, daß es hier um menschenrechtliche Fragen geht, wie sie von den damaligen Theoretikern definiert wurden; die »natürliche Freiheit« von unrechtmäßigen Belastungen wurde ja auch von Goethe thematisiert.[44]

Wenn Schmid an den »Eiffer« Carl Augusts und seiner Räte für Recht und Gerechtigkeit wirklich glaubte – wenn seine Formulierungen nicht nur schmeichelhafte Formeln waren, mit denen er den störrischen Herzog zum Guten zu beeinflussen und zu lenken suchte –, dann täuschte er sich gründlich. Nicht die Kammer, sondern er selbst wurde zurechtgewiesen. In einem

Reskript, das von Goethe mit verantwortet wurde, bekommt die Regierung eine demütigende Rüge vom Geheimen Consilium.[45] Der Kern des Rüffels: Die Regierung habe nicht nur in diesem Fall, sondern auch in ihrem »bisherigen Benehmen« – der Streit mit der Kammer war also keine einmalige Angelegenheit, was auch die Regierung bestätigt[46] – »eine allzuweit gehende Abneigung gegen die Herrschafftlichen Pachtern« gezeigt, eine Abneigung, die sie die Pächter »als bloß mit Bedruckungen [sic] derer Unterthanen, umgehende Leute anzusehen veranlaßet«. Man könne nicht behaupten, daß die Pächter »die ihnen verpachtete Gerechtigkeiten zu Bedruckung derer frohnpflichtigen Unterthanen aufs höchste treiben«, aber wenn sie dies versuchen sollten, so sei es die Aufgabe der Regierung selbst, »solcherley allzueigennützige Pachter durch die in Händen habenden Mittel in die gehörigen Schrancken zu weisen und darinnen zu erhalten«.

Das klingt durchaus vernünftig: Es scheint damit der Regierung die Vollmacht gegeben worden zu sein, die Pächter im Zaum zu halten. Und man dürfte hier vielleicht die Stimme des Geheimrats Goethe herauslesen, der 1771 seinen fiktiven Götz von Berlichingen die fantasierte Abwendung des Adligen Weislingen vom Hof ausmalen ließ: Weislingen werde dann »seine Güter eigennützigen Pachtern aus den Händen [reißen]«, so daß die Pächter hier paradigmatisch für feudale Ausbeutung und Mißbrauch stehen.[47] Trotz dieser Geste deutet der Tenor des auch vom *Götz*-Dichter getragenen Dokuments unverkennbar auf die Ablehnung der von der Regierung vertretenen Position, also der Verteidigung der Untertanen gegen die Übergriffe der Pächter. Das wird auch durch den Hinweis des Consiliums bestätigt, es sei ratsam, daß die Regierung in solchen Angelegenheiten mit der Kammer Kontakt aufnehme und sich besonders in »practisch-oekonomischen Kenntnißen« unterrichten lasse. Das bedeutet eine eindeutige Bevorzugung der Kammer und ihrer auf finanzielle Interessen ausgerichteten Perspektive vor der rechtlichen, die »Freiheit« der Untertanen schützenden Funktion der Regierung. Um diese Gewichtverschiebung zu unterstreichen, behandelt das Geheime Consilium diese Rüge nicht als vertrauliche Sache, sondern informiert auch noch die Kammer darüber: »In Ansehung jenes Vorurtheils gegen eine doch so nothwendige Classe von Menschen, als die Pachter – besonders auch in Rücksicht auf die Herrschafftlichen Güter ausmachen, haben Wir die Regierung eines andern und bessern belehret«[48] – und am selben Tag empfahl es mit fast denselben Worten, die Regierung möge in einem konkreten Fronkonflikt die Kammer konsultieren.[49] Zu guter Letzt besteht das Consilium darauf, die Regierung möge »die Justiz, wenn es darauf ankömmt, gerade durch ohne Rücksicht administriren [...]«[50] – genau das, was die Regierung selbst als ihre Aufgabe bezeichnet hatte: »Recht und Gerechtigkeit im Lande gleich [...] ohne Ansehen der Person aufrecht zu erhalten«. Aber die Vorstellungen von unparteiischer Justizpflege waren beim Geheimen Consilium und beim Regierungskollegium himmelweit verschieden.

Das Ergebnis dieser Auseinandersetzung war in gewissem Sinne zweideutig. Der Vorschlag der Kammer, ein Verbot des »Angriffs« auf herrschaftliche Gerechtsame zu erlassen, wurde nicht genehmigt, und die Kammer wurde angewiesen, nicht jede Fronverweigerung oder -anfechtung als einen solchen Angriff anzusehen.[51] Aber das Selbstverständnis der Regierung, als rechtlicher Schutz gegen »Bedruckungen« der Untertanen zu fungieren, wurde gelähmt. Die Regierung wurde durch den gereizten Befehl, in solchen Fragen die Experten in der Kammer heranzuziehen, darauf hingewiesen, daß wirtschaftliche Interessen der Herrschaft – in diesem Fall Fronprivilegien – vor den von der Regierung befürworteten Freiheitsrechten der Untertanen vorrangig zu behandeln seien.

Es ist auch von beträchtlicher Bedeutung, daß die Tendenz der Weimarer Herrschaft dahin ging, die Bauern zu »intimidiren«, damit sie den ihnen theoretisch zur Verfügung stehenden Rechtsweg über Reichsgerichte gar nicht erst beschritten. Im Gegensatz dazu kehren die älteren und neueren Reichshistoriker immer wieder die »im großen und ganzen friedlich[e] Konfliktkultur« (Georg Schmidt[52]) des Alten Reiches hervor und betonen dabei die Rolle der Reichsgerichte (vor allem des Reichskammergerichts in Wetzlar und des Reichshofrats in Wien, im Fall Weimar auch des Hofgerichts in Jena) als Garanten der Untertanenrechte. Dagegen ist, auch auf Grund der hier untersuchten Fälle, zweierlei einzuwenden. Erstens stellte sich in der Praxis vieles der Nutzung dieser Rechtskanäle in den Weg: Die Kosten der Prozesse, die Langwierigkeit der Verhandlungen, die Tendenz der Gerichte, für die Herrschaft zu entscheiden und so weiter.[53] Zweitens aber kann dieser Rechtsweg keineswegs der Rechtfertigung des absolutistischen Staates dienen, denn die Fürsten agierten fast immer *gegen* die Nutzung dieser Möglichkeit, und Entscheidungen, welche die Untertanenrechte erweiterten, gingen zu Lasten der Herrschaft.[54] Mit den raffiniertesten Kunstgriffen versuchten sie, ihn abzuschneiden oder zu erschweren. Ein effektiver Zugriff war die oben erörterte Kriminalisierung der Nutzung dieses Rechtsweges.

Ein anderer Trick war die Kriminalisierung des »Schriftstellers« der Beschwerden. Ein relativ gewöhnlicher Fall, an dem Goethe beteiligt war, zeigt die gängige Fronverweigerung und die Auswirkungen für die rechtliche Situation der Bauern. Im August des Jahres 1783, also zur Erntezeit, beschweren sich Bauern im Amt Allstedt, einer Exklave des Herzogtums weit nördlich von Weimar, wo auch später Auseinandersetzungen stattfanden. Von ihnen war verlangt worden, zwölf Stunden Fronarbeit am Tag zu leisten. Sie appellieren an den Landesherrn, dem Pächter zu befehlen, »wie er sonst, wenn sie vor 6 Uhr an die Frohne gegangen, zu thun gewohnt gewesen, für das Abladen [...] zu bezahlen«.[55] Der Hinweis, daß der Pächter »gewohnt gewesen« sei, die Fron partiell zu bezahlen, hatte rechtlichen Status: Das *Herkommen* (wie es in diesen Dokumenten explizit angeführt wird[56]), ein einmal eingeführter Gebrauch, hatte rechtlich den Anspruch der Permanenz. Zwar hatte auch die Kammer gute Argumente für ihre Position, aber der Fall war keineswegs so eindeutig, wie sie ihn darstellte – fast immer lag in solchen Fällen eine Erweiterung der Fronprivilegien der Herrschaft vor, wie sie auch in anderen Territorien durch das ganze Jahrhundert betrieben wurde.[57] Die Bauern versuchten, durch Eingabe eines Schreibens beim fürstlichen Amt das Reskript der Kammer außer Kraft zu setzen, und wurden deswegen beschuldigt, »eine vorsetzliche Bosheit und offenbare Wiederspenstigkeit« begangen, ein »ordnungswidriges und zügelloses Betragen« und besonders »durch ihre Widersezlichkeit gegen die Landesherrlichen Befehle« eine Art Landesverrat an den Tag gelegt zu haben. Daher fordert die Kammer, daß »nicht nur die Aufwiegler [...], sondern auch ihr Advocat, und zwar erstere mit Zuchthauß oder Amts Arrest bey Waßer und Brod, letzterer aber willkührlich bestraft werden möchten.« Ob die Bauern so drakonisch bestraft wurden, wie die Kammer es verlangte, geht aus der Akte nicht hervor – aber sie wurden jedenfalls dadurch bestraft, daß ihnen eine weitere Einkommensquelle entzogen wurde.[58] Das war möglicherweise eine effektivere Einschüchterungstaktik als die Einsperrung ins Zuchthaus bei Wasser und Brot.

Der »Advocat«, der »willkührlich« bestraft werden sollte, war im Grunde Schreiber. Dieser Kniff, die Bauern wegen angeblich ungerechtfertigter Beschwerden als »Aufrührer« und den »Konzipienten« der Schrift als Handlanger zu bestrafen, wenn ihr Gesuch abgelehnt wird, war im Alten Reich gleichfalls weit verbreitet[59] und ging in Weimar in die Zeit Anna Amalias zurück.[60] Durch diesen Zugriff wurde den Bauern natürlich jede Beschwerde unmöglich gemacht, denn der Verfasser einer solchen Schrift mußte nicht nur des Lesens und (Schön-)Schreibens kundig sein, sondern auch über den geläufigen Kanzleistil und die nötigen rechtlichen Kenntnisse verfügen. Übrigens wurde der Schreiber in einem anderen interessanten Fall aus den frühen Revolutionsjahren bestraft: Als die sachsen-eisenachische Gemeinde Urnshausen versuchte, ihre ›demokratischen‹ Befugnisse durch die Wahl eines Schultheissen auszuüben, weigerte sich die Regierung, »auf die mehresten Stimmen, oder auf einen bloßen Eigensinn der Gemeinde Rücksicht zu nehmen«, sondern wählte einen zuverlässigeren Kandidaten, schickte Truppen und drohte den aufsässigen Bauern wegen ihrer »aufrührerische[n] Widersetzlichkeit« mit Zuchthausstrafe. Als das Dorf zwei Jahre später gegen die Übergriffe dieses Schultheissen vorstellig wurde, reagierte das Geheime Consilium mit Bestrafung des Schreibers dieses neuerlichen Ansuchens.[61] Soweit das ›demokratische‹ Menschenrecht im Sachsen-Weimar-Eisenach der Jahre 1790–1792 – kommunale Versammlungsfreiheit und Wahlrecht waren eine immer wieder erhobene Forderung ländlicher Unruhen im ganzen 18. Jahrhundert, zumal in Goethes Heimatort Frankfurt[62], aber im ›liberalen‹ Weimar wurden sie noch gegen Ende des Jahrhunderts abgeblockt. Dadurch wurden die Beschwerden der Untertanen auf den Gnadenweg abgedrängt[63], aber auch dieser war versperrt, wenn der Schreiber kriminalisiert wurde.

An den bisher untersuchten Fällen (außer denjenigen ab 1790) war Goethe beteiligt. Die dargestellte amtliche Tätigkeit geschah, wie gewöhnlich, ganz im Rahmen eines Kollegiums, so daß Goethes spezifischer mündlicher Anteil nicht mehr feststellbar ist; überliefert ist nur seine Abzeichnung auf den Konzepten. Angesichts seines Wissens über die miserable Lage der Bauern ist man versucht, Goethe nur als widerwilligen Teilnehmer an solchen Praktiken zur Stützung eines fragwürdigen Wirtschafts- und Rechtssystems zu sehen. Das wäre allerdings Spekulation. Am Ende zählt sein Handeln, das ganz im Sinne des feudalabsolutistischen Systems geschah. Ging sein Handeln gegen seine Neigung beziehungsweise gegen sein Gewissen in dieser Angelegenheit, so entlastet ihn das kaum, auch wenn es häufig so dargestellt wird. Es scheint, die Zivilcourage, die man für Bürger des zwanzigsten Jahrhunderts fordert, wird von den Geistesgrößen der Kulturgeschichte nicht erwartet. Statt dessen wird von einer tragisch wirkenden Spaltung zwischen Denken und Handeln gesprochen. Dem sei, wie ihm wolle: Die modellhaft untersuchten Fälle von Fronverweigerung, Petition und deren Ahndung bilden einen Komplex, der einen weiteren Grund dafür abgegeben haben mag, daß Goethe ab Februar 1785 die Tätigkeit im Geheimen Consilium fast vollständig aufgab, eineinhalb Jahre vor der ›Flucht‹ nach Italien. Goethe leitete seit 1782 auch die Kammer, so daß er noch tiefer in diese wirtschaftlichen Zwänge verstrickt wurde. Es gibt kein Anzeichen dafür, daß seine Leitung einen mäßigenden Einfluß in diesen Angelegenheiten gehabt hätte.

Die Praktiken gingen nach Goethes Ausscheiden aus dem regelmäßigen Geschäft des Geheimen Consiliums und seinem Rücktritt aus der Kammerdirektion natürlich weiter. Im Mai 1786 wird dem Amt Dornburg nach einem Fronkonflikt um den Bau eines Gefängnisses aufgetragen, aufsässige Dorfgemeinden »zu Mit-Leistung der Bau-Frohnen [...] sträcklich, und, nöthigen Falls, durch Anwendung dienlicher Zwangs-Mittel, anzuhalten, und sich daran durch kein Protestiren, Leüteriren[64], Appelliren, oder anderes Einstreuen von Seiten derselben, behindern zu laßen [...]« – sich also durch keine rechtlichen Einwände beirren zu lassen.[65] Ein Jahr zuvor hatten sich die Müller im Amt Allstedt beschwert, sie seien zu Frondiensten angehalten worden, wovon sie »von je her, und seit undencklichen Zeiten [...] befreyet gewesen« – wiederum ein Hinweis auf das Prinzip des Herkommens, denn die Bauern setzen voraus, daß der Herzog »keine Neuerungen aufgebracht wißen wollen« – auch dies ein Codewort für die Einführung neuer Belastungen, die zu den brisantesten Streitigkeiten der Zeit führte.[66] Aber die Bauern wurden von der geistlichen Behörde (es ging um Baufronen an geistlichen Gebäuden) mit ihren Beweisen nicht einmal gehört.[67] Verantwortlich für das Verfahren gegen die Bauern war in diesem Fall das Weimarer Oberkonsistorium, dessen Vizepräsident Herder nicht unterzeichnete. Es unterschrieb der Oberkonsistorialrat Wilhelm Emanuel Gottlieb Hetzer[68]; vermutlich wurde das Vorgehen jedoch mit Herder abgesprochen, der in diesen Jahren praktisch als Präsident fungierte. Hetzer behauptet auf

Grund von beigefügten Akten, es sei »nichts geschehen, als was mit den Gesetzen und der Landes Verfaßung vollkommen übereinstimmet«, er warnt vor »der grösten Consequenz«, wenn den Müllern die Fron erlassen wird, und verlangt nicht nur die Zurückweisung des Antrags, sondern auch die Bestrafung des Schreibers. Das Geheime Consilium entscheidet ganz im Sinne des Konsistoriums: Die Verweigernden sollen »durch executivische ZwangsMittel« zur Fron gepreßt, dem Schreiber (der unvorsichtig genug gewesen war, seinen Namen unter die Schrift zu setzen) soll die Behörde »einen nachdrücklichen Verweiß, mit der Verwarnung geben laßen, daß, wenn er dergleichen Ungebühr wieder zu Schulden bringen werde, er eine noch ernstlichere Ahndung unausbleiblich zu gewärtigen habe«.[69] Die Akte endet – verständlicherweise – mit diesem Zupacken durch die Herrschaft. Auch die geistliche Macht stellte sich also ganz hinter die feudalen Privilegien, die sie selbst genoß, und das Geheime Consilium verbündete sich in diesem Sinne mit ihr. Im klassischen Herzogtum Sachsen-Weimar wurden ein weiteres Mal die Bauern durch »executivische Zwangs-Mittel« – ob durch Militär, Miliz (also andere fronende Bauern) oder einfach durch einen Pächter oder Beamten mit Peitsche, Stock oder Waffe, ist nicht mehr erkennbar – zur unbelohnten, auch im Rahmen des Feudalsystems rechtlich fragwürdigen Arbeit getrieben.

Nach dem Anfang der Französischen Revolution mußte die Obrigkeit vorsichtiger verfahren. In der Forschung findet man oft die Ansicht, die Bedrohung durch die Revolution sei eine Art Ausnahmesituation, die die Forderungen der Bauern künstlich steigerte. Die Implikation dieser Ansicht ist, daß die Auswirkungen der Revolution in Deutschland, soweit sie soziale Unruhe, Protest und Opposition potenzierten, eine grundsätzlich friedliche und zufriedene Bevölkerung gegen ihre landesväterlich gesinnte Herrschaft aufbegehren ließ, was sie im ›Normalfall‹ nie getan hätte. Diese verharmlosende Ansicht wird – allerdings nicht ohne Widersprüche – auch von den Regierungsmännern in Weimar selbst geäußert. Aber die Akten zeigen ganz deutlich, daß die hier schon untersuchten Beschwerden genau dieselben waren, die auch nach dem Anfang der Revolution eingebracht wurden. Natürlich bekamen sie jetzt eine ungewohnte Schärfe, manchmal auch mit expliziten Hinweisen auf das französische Vorbild, dem man zu folgen bereit sei. Aber das bedeutet, daß die Untertanen aus der Revolution lediglich neuen Mut und zum Teil neue, weitergehende Vorstellungen ihrer Rechte bekamen (darauf kommen wir noch zurück), nicht jedoch neue Beschwerden, Konflikte und Wut.

Die Weimarer Regierungsmänner wurden schon im zweiten Jahr der Revolution, im Sommer 1790, in Bedrängnis gebracht. Der Herzog war im Juni dem König von Preußen nach Schlesien gefolgt, wo er mit seinem preußischen Regiment Quartier bezog. Dort erfuhr er von den »gewaltigen Unruhen«[70] im benachbarten Kurfürstentum Sachsen, die Hunderte von Dörfern ergriffen und wahrhaft revolutionäre Züge angenommen hatten.[71] Carl August hat nun gehört, »daß das Feuer des Aufruhrs weiter um sich greifft« und benennt auch einen wichtigen Auslöser: »Das Wildpreth hat den anlaß gegeben sagt mann, die Bauren erzählte mann mir, sollen nun auch die Abgaben an manchen orten versagen.«[72] Das war womöglich eine arge Unterschätzung: Sächsische Bauern hatten sogar ihresgleichen mit dem Tode gedroht, wenn sie Frondienste leisten sollten, und forderten die Abschaffung des Adels.[73] Zum zweiten Mal fordert Carl August nun ängstlich Bericht über die Ereignisse von Fritsch, der selbst ein Rittergut in Sachsen hatte: »Ich erwarte hierüber baldige Nachricht von Ihnen.«

Das »Wildpreth« war tatsächlich ein heißer Konfliktstoff im 18. Jahrhundert. Die zu Repräsentations- und Vergnügungszwecken von Fürsten und Adligen veranstaltete Jagd brachte für die Untertanen unendliches Leid. Nicht nur waren Fronen damit verbunden, um die aufwendig inszenierte Jagd durchzuführen, sondern das dafür übers Jahr gehegte Wild durfte auch ungehindert das Getreide fressen und zertrampeln, ohne daß die

Bauern mehr tun konnten, als es immer wieder neu zu vertreiben. In einem der populärsten Gedichte des Jahrhunderts prangert Gottfried August Bürger diese Aspekte des Mißstands an, indem er einen Bauer mit unverhohlener Aggression folgende Zeilen »an seinen durchlauchtigen Tyrannen« adressieren läßt:

[...]
Wer bist du, Fürst, daß in mein Fleisch
Dein Freund, dein Jagdhund, ungebläut
Darf Klau' und Rachen haun?

Wer bist du? daß durch Saat und Forst
Das Hurra deiner Jagd mich treibt,
Entatmet wie das Wild?

Die Saat, so deine Jagd zertritt,
Was Roß und Hund und du verschlingst,
Das Brot, du Fürst, ist mein!

Du Fürst hast nie bei Egg' und Pflug,
Hast nie den Erntetag durchschwitzt!
Mein, mein ist Fleiß und Brot! –
[...][74]

Diese Mißstände – auch die Verletzung der Bauern bei der Jagdfron – waren in Sachsen-Weimar nicht unbekannt[75], und auch hier blieben die Untertanen keineswegs passiv angesichts der Wildschäden[76] und Fronarbeit. Zwar gab Goethe im Rollengedicht eines Bauern aus derselben Zeit wie Bürgers Gedicht (1776) einen ganz anderen Eindruck, den eines »Bäuerleins«, der sich »demütiglich« dem Herzog nähert und höchstens ironisch die Jagdmißstände andeutet (»Park« weist auf Wildgehege hin):

Denn wir bäurisch treues Blut
Sind doch immer euer bestes Gut
Und könnt euch mehr an uns erfreun
Als am Park und an Stutereien.[77]

Aber die Wirklichkeit in Sachsen-Weimar war viel konfliktträchtiger, als Goethes Bild eines relativ friedlichen »Bäuerleins« an einem Hoffest ahnen läßt.

Der Herzog hatte nämlich Wochen, bevor er von den *sächsischen* Unruhen erfahren hatte, eine Eingabe von den *eigenen* Bauern im Amt Bürgel bekommen – einem wegen des Jagdreviers von Goethe sehr geschätzten Gebiet östlich von Jena[78], das direkt an Sachsen-Altenburg (zu Sachsen-Gotha gehörig) und dem von Aufruhr betroffenen Kursachsen grenzte. Die Gemeinden wiesen darauf hin, daß Carl August schon zwei Jahre früher – also noch vor dem Anfang der Revolution – auf ihre Beschwerden hin Abhilfe versprochen habe, aber es sei noch nichts geschehen, und seitdem »leiden wir von Jahren zu Jahren den grösten Schaden an unsern FeldFrüchten.«[79] Die Bauern geben ein pathetisches Bild von den üblen Auswirkungen des unkontrollierten Wildstandes:

> Was vom Wilde nicht abgefreßen wird, wird zertreten, sogar die Cartoffeln, welche wir zu unsern Lebensunterhalt bauen, werden von dem Wilde ausgewühlt, gefreßen, und wir haben nach so vieler aufgewendeten sauern Mühe und Arbeit statt der Erndte, leere Felder. Erst vor kurtzen [sic] ist einem unserer Mitbürger, Christian Friedrich Schwaben, in Stadt Bürgel ein Stück [=Acker] WinterRübsen so abgefreßen worden, daß er das gantze Stück wieder umpflügen müßen, und ihm dadurch ein Schade, welchen er auf 25 Rtl. hoch bescheinigen kan, verursachet worden ist.
>
> Wir haben zwar unsere Früchte durch nächtliches Wachen gegen die Verwüstungen des Wilds zu erhalten versucht, allein wenn unsere Kräffte den Tag über durch Frohnen, und was uns nach deren Ableistung etwa an Zeit noch übrig bleibet, durch Bearbeitung unserer eigenen GrundStücke und Besorgung unserer Wirtschafften, gantz erschöpft worden, so müßen wir dem Schlaf, der einzigen Erholung für den unter harter Arbeit fast erliegenden Landmann, unterliegen, und dann ist alles verlohren.

Da wir uns solchergestalt in der traurigsten Lage befinden, nicht wißen, woher wir zu unsern und der Unsrigen nothdürfftigen Unterhalt in unserer ohnehin nicht sehr ergiebigen Gegend das Brod hernehmen, geschweige in der Folge Steuern und Gefälle erschwinden [sic] sollen, so bleibt uns nichts übrig, als Euer Herzoglichen Durchlaucht unser banges Anliegen wiederholt demütigst vorzutragen, und in dem festen Vertrauen auf Hoechst Dero Landesväterliche Huld und preißwürdigste Sorgfalt, mit welcher Hoechst-Dieselben das Glück und den Wohlstand Hoechst Ihro getreuesten Unterthanen mildest beherzigen[,] um gnaedigste Abstellung unserer nur mehr als zu gegründeten Beschwerden devotest zu bitten. [...]

Auch hier, wie in Goethes Gedicht, wird die Sache »demütigst« vorgetragen, aber welch Unterschied im Inhalt! Bei den wirklichen Bauern wird nicht nur die vorrangige Angelegenheit, die Zerstörung des Lebensunterhalts durch Wildfraß, ausführlich beschrieben, sondern auch Fronen, Steuern und Gefälle werden noch untergebracht. In den typischen Formeln untertänigster Loyalität bringen die Bauern eine verheerende Klage beziehungsweise Anklage gegen die Jagdlust des Herzogs zur Sprache.

Erst die Unruhen in Sachsen bewegen den Herzog, auf diese weimarische Beschwerde zu reagieren.[80] Auf die Gefahr des Aufruhrs führt er nun defensive Reformen durch. Das geschieht einmal in Berka – gleichfalls ein beliebtes Jagdrevier, dicht bei Weimar gelegen. Die Weisung des Herzogs macht anschaulich eine doppelte Reaktion auf Protest deutlich:

Es ist mir aus zwey Briefen des Geheimen Rath Schnauß ersichtlich gewesen, welche grobe Ungezogenheiten sich verschiedene Jenaische Studenten haben zu Schulden kommen laßen; wie daß auch Berkaische AmtsUnterthanen sich haben verlauten laßen, sie würden dem Exempel ChurSächsischer Bauern folgen und Herrschaftl[iches] Wildpret selbst erlegen

> das ihren Grundstücken vermeintl[ichen] Schaden thun sollte. [...]
> Was die Äußerungen Berkaischer AmtsUnterthanen [betrifft], so gebe ich hierdurch dem Geheimen Consilio auf, genaue Untersuchungen dahin anstellen zu laßen ob würckl[ich] solche aufwieglerische Drohungen von Bauern ausgestoßen worden sind, wer solche gethan, dann aber, wenn es sich würcklich ergiebt daß sich einige Unterthanen dergl[eichen] hätten zu Schulden kommen laßen, solche sofort in das Zuchthauß bringen zu laßen. Zugleich werde aber auch dem Cammerherrn von Wedel ernstl[ich] aufgegeben den Rethwildstand in denen Ettersburger, Bercka[er], Hetschburger, Puffarther und Tannröder Revieren auf die Hälfte des iezigen Vorrathes durch häufiges Pirschen während diesen Sommer und Herbst zu reduciren.[81]

Zwei Umstände sind hier besonders zu beachten. Erstens führt der Herzog die Jenaer Studentenunruhen – von denen noch die Rede sein wird – zusammen mit den Bedrohungen durch Bauern an. Dieser Zusammenhang wurde auch sonst von den Mitgliedern des Geheimen Consiliums hergestellt und bildet ein wichtiges Indiz dafür, daß sie auch bei den Bauern ideologische Elemente am Werk sahen. Zweitens verbindet Carl August harte Unterdrückung der freien Rede (Zuchthaus ohne Prozeß) mit einer gleichzeitigen defensiven Reform (Reduzierung des Wildstandes), die weiteren Protesten vorbeugen soll. Während in Teilen der marxistischen Forschung die *Reformen* heruntergespielt oder gar verschwiegen wurden[82], tendierten konservative Historiker andererseits dazu, die *Unterdrückung* zu ignorieren, so daß in beiden Fällen das Zusammenspiel dieser beiden Reaktionen verloren geht. An die Untertanen geht durch diese Doppelreaktion nämlich eine auffallend schizophrene Botschaft: ›Unruhige‹ Proteste, bei denen die Obrigkeit Protestierende namhaft machen kann, werden *vielleicht* zur Reform, *auf jeden Fall* zur Bestrafung führen. Das war natürlich keine sehr starke

Ermutigung zu Protesten in dieser Form und verhinderte jede wirksame Vertretung bäuerlicher Interessen im absolutistischen System – denn sonst konnte man nur von den meist wirkungslosen Ansuchen an den Herzog Gebrauch machen, die gleichfalls kriminalisiert wurden, wenn die Herrschenden sie für unbegründet hielten. Carl August machte in einem Begleitbrief an Schnauß vom selben Tag deutlich, daß in dieser Doppelstrategie die Bestrafung vor der Reform Priorität hatte: »Es ärgert mich sehr, daß Bauern in meinem Lande sich vom Kitzel der Unfolgsamkeit wollen antreiben lassen. Man ersticke nur die Keime, dann werden wohl die Übel nicht rege werden. / Der deutsche gemeine Mann ist mit dem Sinne der Subordination geboren. Diesen erhalte man nur und beweise ihm *tätig*, daß er sich irre, wenn es ihm auch nur einfällt, über Schwindeleien zu grübeln.«[83] »Schwindeleien« oder »Schwindelgeist« war ein gebräuchlicher Begriff für revolutionäre Ideen, der sich gegen freiheitliche Rechte wendete (auch bei Goethe)[84]; man ging – wahrscheinlich zu Recht – davon aus, daß die Bauern durch die Ereignisse in Frankreich ermutigt wurden, ihre Beschwerden in verschärfter, offensiverer Form vorzubringen.

Ein erschreckender Brief von einem mit Voigt befreundeten hohen Beamten in Dresden, der die sächsischen Unruhen detailliert beschrieb, bestätigte diese Auffassung.[85] Das Geheime Consilium schickt diesen Bericht an den Herzog mit einer eigenen Stellungnahme. Darin betonen die Räte – anwesend waren nur Schnauß (der das Konzept verfaßte) und Schmidt –, daß »bey der Liebe und Anhänglichkeit der Unterthanen«, die Carl August sich durch seine »preißwürdigste Vorsorge, Wohlthätigkeit und Menschen Liebe erworben« habe, »nicht leicht zu befürchten ist, daß ähnliche Exceße und Unruhen« in Sachsen-Weimar entstehen sollten, zumal »die ChurSächß[ischen] Unterthanen mit ungleich mehrern Lasten und Abgaben beschwehrt sind, als die hiesigen«.[86] Und sie behaupten, daß das, was der Berkaer Amtmann »von einigen bedrohlichen und rebellischen Reden der dortigen Unterthanen [...] gemeldet, bey der Untersuchung [...] nicht gegründet gefunden worden.« Kurz: im Herzogtum Weimar sei »noch alles ruhig«.

Diese Darstellung war in dem Sinne berechtigt, daß Kursachsen ein drückenderes Regime hatte als Sachsen-Weimar. Aber die Implikation, in Weimar sei alles ruhig und die Bauern im Grunde zufrieden, wird schon dadurch Lügen gestraft, daß das Consilium im selben Satz ein Übergreifen der Unruhen auf Weimar als möglich darstellt: »So könnte doch der mögliche Fall eintreten, daß die an ChurSachsen grenzende Aemter und Dorffschafften durch die Nachbarschafft, Nachahmungs-Schwindel und Ausbreitung des Empörungs-Geists angesteckt, oder durch ausgesendete Emißarien verleitet würden, gegen die GuthsBesitzer oder Pachter, von welchen sie hin und wieder, besonders in Ansehung der Frohnen und Triften wohl etwas hart gehalten werden mögen, mit ähnlichen Exceßen und Thätlichkeiten vorzuschreiten.« Diese Diagnose ist reichlich widersprüchlich. In einem Atemzug geben die Räte Mißstände bei den Frondiensten zu, im nächsten behaupten sie die »Liebe und Anhänglichkeit der Unterthanen«; einerseits gibt es offenbar gute soziale und wirtschaftliche Gründe auch in Sachsen-Weimar für »Exceße«, andererseits greifen die Räte auf die Verschwörungstheorie zurück, die bei solchen Unruhen nicht Unzufriedenheit im Inneren, sondern nur eine ›Ansteckung‹ von außen, ja die Tätigkeit von geheimnisvollen »Emißarien« der französischen Republik am Werk sieht.[87] In einem anderen Dokument wird das hier implizierte verschwörerische Element explizit: es sei möglich, so heißt es in einem streng geheimen Umlauf an die Amtmänner, daß »unruhige Köpfe [...] durch auswärtige Emißarien zur Nachahmung und Anzettelung ähnlicher Complotte [!] unter den Gemeinden angetrieben und dahin verbreitet würden, alte und neue vorgebliche Beschwehrden gegen die Obrigkeiten, Jäger, Pachter und Verwalter aufzusuchen und deren Abstellung unter bedrohlichen aufrührischen [sic] Reden zu verlangen«.[88] Indem man sich auf dieses verschwörungstheoretische Deutungsmodell stützte, konnte man sich überzeugen, daß keine durchgreifenden sozialen Reformen nötig seien, sondern nur die Überwachung von potentiellen Ruhestörern.

Trotzdem schlägt das Consilium ein maßvolles Vorgehen vor, nämlich für den Augenblick »von aller Untersuchung oder Bestrafung einzelner Unterthanen, wegen ihrer etwan bey Gelegenheit dieser oder jener Beschwerden ausstoßenden unbesonnenen oder gar rebellischen Reden oder andern kleinen Vergehungen, gänzlich zu abstrahiren [=abzusehen], vielmehr, wann dergleichen wider Vorhoffen dennoch vorfallen sollten, von den Beambten oder Gerichtsherrn, ihnen mit Glimpf und Liebe zuzusprechen, sie an die Wohlthaten, Vorsorge, Schuz und promte [sic] Justizpflege, welche ihnen in den hiesigen Landen überall angedeyhe, zu erinnern, dasjenige, was Ew. HochFürstl[iche] Durchl[aucht] ihnen zur möglichsten Erleichterung und Aufhelffung ihres NahrungsStandes und Unterstüzung in allen Nothfällen gethan, und zu thun nicht aufhören würden, vor Augen zu stellen, und sie zur schuldigen Pflicht und Danckbarkeit, auch Ruhe, Gehorsam und Ordnung zu vermahnen seyn möchten, weil sonsten, wenn ein und anderer unruhiger Kopf arrestiret würde, die Ursache darvon leicht auskommen und auffallen, auch andere anreizen dörfte, sich der Arrestate [sic] wie in ChurSachsen geschehen, anzunehmen und sich zusammen zu rotten, woraus nachhero ein Feuer entstehen könnte, welches, in Ermangelung der erforderlichen Zwangs-Mittel, nicht so leicht wieder zu dämpfen wäre.«[89] Dementsprechend wurde den Pächtern »aller Glimpf, Nachsicht und gute Behandlung der Unterthanen, besonders in Ansehung der dermaligen Frucht-Fuhren und andern Frohnen, so weit es ohne wesentlichen Präjudiz der diesfalßigen Gerechtsame selbst geschehen kan«, »scharf eingeprägt«.

Diese Maßnahmen klingen recht gemäßigt. Statt harten Zugreifens lieber vernünftiges Zureden; statt fortgesetzter Mißhandlung in der feudalen Wirtschaft lieber Nachsicht im Umgang mit Fronbauern. Wenn das Consilium die nötigen Verfügungen an die Amtmänner und die Pächter durch außerordentliche Maßnahmen der Geheimhaltung (sie sollen auch nicht in den Kanzleien bekannt werden!) durchführen läßt, »um allen Schein zu vermeiden, als glaube man, die herrschaftlichen Gerechtsame wären nicht allenthalten hinlänglich gegründet«[90], verrät es zwar einige Unsicherheit. Aber die Anweisungen an die Untergebenen scheinen den Geist der Liberalität zu atmen, auch wenn er aus Angst gespeist ist: Bestrafung wird erst recht Aufruhr verursachen, und das ohnehin lächerlich unzulängliche Militär (»in Ermangelung der erforderlichen Zwangs-Mittel«) reichte nicht aus, um diesen niederzuwerfen. Vernünftiger ist es, den Untertanen gut zuzureden. Dabei sollen auch die Geistlichen helfen: Herder muß (ohne zu verraten, daß eine Regierungsanweisung dahinter steckt) einen Hirtenbrief verfassen, der die Untertanen zum Gehorsam und zur Treue mahnt.[91]

Allerdings bleibt Überwachung die unerläßliche Voraussetzung dieser Maßnahmen. Der Herzog befiehlt – von allen Historikern, die diese Akte benutzten, geflissentlich ignoriert –, »in denen Schencken, durch gut gesinnte und treu erprobte Unterthanen, auf liederliche Wirthe, SteuerRestanten und dergleichen Zeug mehr, genaue Obacht nehmen zu laßen [...] ferner muß in den Dörfern und Land Städten genau gewacht werden, ob sich Winckelconventicel, ausser den Schencken, zusamen machen, um deren Zweck zu erforschen«.[92] So finden wir die für die Revolutionsjahre typischen Schnüffelmaßnahmen, die an der Universität Jena erst recht zur Blüte kommen sollten. Aber wenn man sich lediglich auf diese Akte stützt, so hat es völlig den Anschein, daß Historiker wie Fritz Hartung recht haben: »Die ganze Aufregung war unnötig gewesen«, behauptet er, denn »eine Spannung zwischen Regierung und Volk [...] gab es nicht« im »gut regierten Kleinstaat« Weimar.[93] Noch 1989 blieb diese Sicht der Dinge unangezweifelt: »Es lassen sich keine tiefgreifenden Einflüsse der Revolutionsereignisse auf die einfachen Volksschichten des Herzogtums [Sachsen-Weimar] feststellen.«[94]

Die oben zu Wort gekommenen Bauern im Amt Bürgel widerlegen dieses idyllische Bild. Der Herzog reagiert erst dann auf ihre Beschwerde über Wildfraß, nachdem er von den Unruhen im benachbarten Sachsen erfahren hat[95] – die Reformen, die er dann durchführt, sind also defensiver Natur, aus Angst vor dem Überschwappen der sächsischen beziehungsweise sachsen-altenburgischen Unruhen, hinter denen wiederum französische Umtriebe befürchtet werden, nach Sachsen-Weimar, wo die Unzufriedenheit mit Händen zu greifen war. Er verordnet nämlich, ganz ähnlich wie mit Bezug auf Berka, daß »der ganze Wildstand auf dem Waldecker Revier, bis auf die Rehe ausgeschossen werden soll«.[96] Der überhandnehmende Wildstand, der zu Jagdzwecken unterhalten wurde, war natürlich auch ein vorrevolutionäres Phänomen; Goethe, der selbst gern bei Waldeck jagte, schrieb, im November 1777 sei »eine Jagdpartie auf wilde Schweine, notgedrungen auf das häufige Klagen des Landvolks, im Eisenachischen unternommen« worden[97], und sein langer Weihnachtsbrief des Jahres 1784, in dem er dem Herzog mit kaum verhaltener Bitterkeit den ausufernden Wildstand dieser »wühlenden Bewohner des Ettersbergs« vorhält[98], ist in der Biographik bekannt (widerspricht aber seinem idyllischen Bild eines demütigen Bäuerleins). Im Jahre 1790 war die Situation noch gespannter; die »außerordentliche« Reduzierung des Wildstandes, die den Untertanen explizit »in die Augen falle[n]« soll[99] und damit den defensiven Aspekt von Öffentlichkeitsarbeit sichtbar werden läßt, kommt während der sich überstürzenden, von den sächsischen Unruhen genährten Ereignisse zu spät, um Protest zu verhindern.

Der demütige Duktus der schriftlichen Beschwerden verwandelt sich im geschützten oder vermeintlich geschützten Raum der Dorfschenken in eine ungleich schärfere und bedrohlichere. Der Amtmann in Bürgel berichtet nämlich in einem Privatbrief an Schnauß, daß in den Wäldern des angrenzenden Herzogtums Sachsen-Altenburg »außerordentliche Exceße verübet« worden seien: »Ganze Gemeinden gehen [...] auf die Jagd aus, und schiesen alles Wildpret, was ihnen nur vorkomt, darnieder [...] Da durch diese Beunruhigung der Wildhetze das Wild sich häufig in hiesige Gegend ziehet, und denen Feld-Früchten gar mercklichen Schaden zufüget; so wird hin und wieder in denen Schenkken und Zusammenkünften darüber heftig raisonniret [...].« Trotz Versicherungen, daß der Wildstand vermindert werden würde, wolle die »Gährung« im weimarischen Amt Bürgel »nicht nachlaßen.«[100] Man konnte die bequeme Ansicht hegen, daß diese Unruhen bloß eine Auswirkung der aus dem kursächsischen bzw. sachsen-altenburgischen ›Ausland‹ importierten Unzufriedenheit oder gar der einwandernden Hirsche seien – reproduzierten die Bürgeler Bauern doch in jedem Punkt die Klagen der sächsischen Rebellen, wie sie in einem Gedicht festgehalten sind, das eventuell auch im Weimarischen verbreitet wurde:

Ihr Bauern hier im Sachsenland
Erlegt das Wild mit eig'ner Hand,
Ihr tötet Hirsche, Reh' und Schweine,
Ein jeder spricht: die Jagd ist meine,
Ihr waget Leben, Gut und Blut.
Woher nehmt Ihr doch solchen Mut?
Ihr sagt, man hört nicht uns're Klagen.
Wenn wir es gleich dem Fürsten sagen,
Das Wild verwüstet Feld und Saat,
Wenn wir gleich wachen früh und spat.[101]

Aber wir sahen schon, daß die Wurzeln dieser Beschwerden nicht nur in die Zeit vor den sächsischen und sachsen-altenburgischen Ereignissen, sondern in die vorrevolutionäre Zeit zurückreichen; sie waren eine hausgemachte Weimarer Angelegenheit. Und obwohl die Agrarzustände in Kursachsen schlechter waren als in Weimar, schnitt Sachsen-Altenburg gegenüber den rückständigen Verhältnissen der Bauern in Sachsen-Weimar vorteilhaft ab[102], so daß von einer reinen ›Ansteckung‹ aus Altenburg nicht die Rede sein kann. Für die ungewohnte Schärfe des »Räsonnierens« und die Reaktion der Regierung darauf spielten die auswärtigen Ereignisse allerdings eine zentrale Rolle. Nach dem Eingang des Berichts ist die Regierung ängstlich bemüht, die ›Ausschießung‹ des Wilds mit panischer Eile – bei Umgehung der normalen behördlichen Praktiken – auszuführen.[103]

Einer der Jäger, der ausgesandt wurde, um das Wild zu schießen, berichtet nun detaillierter von einem der Raisonneurs, wie der Oberforstmeister von Wedel dem Herzog sofort mitteilt:

> Dato [= heute] meldet der so eben von Waldeck zurückberufene bey mir in Dienst stehende Jäger Gottlieb Stötzer, daß als er am 16. dieses nachdem er zuvor mit dem Waldecker Jäger Pursch Schwartz und dasigen Kreyser Fröhlich ein angeschoßen Stück Wildpret auf das angrenzende altenburgische Laußnitzer Revier gehegt und daselbst gefangen, er nachher mit vorbenannten in dem [sic] Gasthof in Bobeck um daselbst ein mal zu trincken gegangen woselbst er den Pachter Kellner von Kniebesdorf [= Gniebsdorf] vorgefunden, welcher folgende Reden öffentl[ich] und in Beyseyn einiger Bobecker Bauern geführt, daß er mehr Wildpret als sie angetroffen zu haben angäben [sic], und bey 50–60 Stück anzutreffen sich getraue wenn er mit seinen Dreschern hinnaus [sic] gehen und treiben wollte, worauf ihm der Kreyser Fröhlich erwiedert daß er solches mit Wahrheit nicht sagen könne, der Pachter demohnerachtet auf seine [sic] Aussage bestanden und hinzu gefügt daß er bey Nachtzeit geschoßen, und da ihn einer der anwesenden Bauern gesagt daß solches verboten wäre er darauf versichert daß er Bley im Gewehr gehabt, es erfolgte ja ohnedieß zur Zeit keine Hülfe, und die Districte wo dergl[eichen] vorzufinden besuchte der Ober Förster nicht, und wenn keine Änderung getroffen, und sein Rübessaame noch malen abgefreßen, würde er mit seinen Dreschern die ohnedieß wenig Acker hätten, rebelliren, worauf einer der anwesenden Bobecker Bauern gegen ihm[,] Stötzern[,] welcher

> eben solchen den Nahmen nach nicht kennt, jedoch bey widersehn erkennen würde[,] gesprochen[,] Wildpret hätten sie jederzeit und zwar sowohl aus denen Weimarischen als Gothaischen Forsten gehabt, dieß befremde ihn nicht, unterdeßen wenn der Pachter mit seinen Dreschern zu rebelliren anfienge, müsten sie ein gleiches thun.[104]

Diese »ungebührlichen Reden« (so der Titel der Strafakte zu Kellner) scheinen auf den ersten Blick gerade deswegen so erstaunlich, weil sie von einem Pächter stammen. Die Pächter der herzoglichen Kammergüter standen ja meist auf der Seite der bestehenden Ordnung, da sie von Frondiensten abhängig waren und die Bauern von ihnen oft »hin und wieder, besonders in Ansehung der Frohnen und Triften wohl etwas hart gehalten werden mögen«, wie das Geheime Consilium eingestand.[105] Kellner war dementsprechend einer der Pächter herrschaftlicher Güter, an die wenige Wochen früher der oben erwähnte geheime Umlauf gegangen war, in dem Kammerpräsident Schmidt Nachsicht in der Behandlung der Untertanen angemahnt hatte.[106] Aber die Pächter selbst waren in nicht unbeträchtlichem Maße Opfer des Systems: Zwischen den Bauern und der Herrschaft nahmen sie eine schwierige Mittelstellung ein, in der sie den Ertrag des Pachtgutes zu maximieren suchen mußten (was durch Kriegseinwirkung schwieriger geworden war[107]), um nach den Abgaben an den Herzog überhaupt ein eigenes Auskommen zu erwirtschaften.[108] Andererseits verfügten die Pächter über beträchtliche Privilegien; sie unterstanden zum Beispiel weder der Gemeindeordnung noch den normalen Regierungserlassen an die Gemeinden. Da der Pächter neben Fronarbeit oft über Lohnarbeit verfügte, wird er von Rosalinde Gothe als »das bürgerliche Element neuer Qualität im Agrarbereich« bezeichnet: »Er ist dem Wesen nach schon ein kapitalistischer Unternehmer.«[109] Auf Grund seiner Interessenidentifikation mit der Herrschaft ist eine solche »ungebührliche« Rede zwar ungewöhnlich, aber auf Grund des Mißstands – des von den Bürgeler Bauern eindringlich beschriebenen Wildfraßes – keineswegs unverständlich.

Es ist jedoch gerade die herrschaftliche Stellung des Pächters, die besondere Maßnahmen erforderte. Hatte der Herzog verordnet, solche Raisonneurs schlicht »sofort in das Zuchthauß bringen zu laßen«[110], so wird im Fall Kellner eine eigene Untersuchungskommmission gebildet, bestehend aus dem Oberforstmeister von Wedel und dem nur einige Monate später ins Geheime Consilium berufenen Regierungsrat Christian Gottlob Voigt.[111] Die Ernsthaftigkeit der Situation hatte einen anderen Aspekt. Das Dorf Bobeck, wo Kellner so frei geredet hatte, gehörte zu Sachsen-Weimar (Amt Bürgel), lag aber auf Altenburgischem Gebiet und unterlag zum Teil deren Gerichtsbarkeit und Besteuerung.[112] Daher überrascht es nicht, daß »einige Bauern aus dem Gothaischen«[113] – das heißt, aus Sachsen-Altenburg – bei der Auseinandersetzung im Gasthaus dabei gewesen waren, so daß Voigt eigens unterstreicht, es seien »mehrere Personen, auch aus fremder Herrschaft« anwesend gewesen.[114] In einer der Denunziationen wird außerdem behauptet, Kellner habe gesagt, seine Drescher seien früher »schon willens gewesen«, zu rebellieren.[115] Und im oben angeführten Bericht des Jägers heißt es auch, einer der Bauern in Bobeck habe gesagt, wenn Kellner und seine Drescher rebellieren wollten, »müsten sie« – die anderen Bobecker – »ein gleiches thun«. Kein Wunder, daß schon der ursprüngliche Brief Wedels um eine Untersuchung bittet, »zu Verhütung der Realisirung« einer Rebellion.[116] Daher die besondere Brisanz der Reden Kellners und des Bobecker Bauern. Nicht nur war zu befürchten, daß die benachbarten sachsen-altenburgischen Bauern eine aufrührerische Wirkung auf weimarische Untertanen gehabt hätten, die zu einem Aufstand hätte führen können, sondern es war auch umgekehrt der ›außenpolitische‹ Aspekt zu bedenken, in Sachsen-Altenburg könnte man die Meinung hegen, als würden sogar bei herzoglich-weimarischen Pächtern rebellische Reden toleriert! Die Strafakte Kellner ist also einer der vielen Fälle, in denen außenpolitische und innenpolitische Aspekte – zusammen mit dem Blick auf die öffentliche Meinung in Deutschland – einen kaum zu entwirrenden Knäuel von Ursachen und Wirkungen hervorbrachten.

Das Ergebnis dieses Vorgangs war vorauszusehen: Nach Verhör der Zeugen wurde Kellner mit viertägigem Arrest auf der Weimarer Hauptwache bei Wasser und Brot bestraft. Er mußte die Untersuchungskosten tragen, wozu auch Kosten für die Vorladung der Zeugen gehörte.[117] Diese Bestrafung war nicht drastisch, aber sie erreichte unzweifelhaft den angestrebten Zweck der Einschüchterung.

Wie wir sahen, gab es höchstwahrscheinlich andere Täter und Bestrafungen. Aber weil sie im Normalfall wohl Bauern oder andere einfache Untertanen betrafen, gehörten sie in die Kompetenz der Regierung und wären nur dann vor das Geheime Consilium gekommen, wenn die Bestraften sich an den Herzog gewandt hätten. Dieser Befund wird aus Ereignissen in Eisenach bestätigt, auf die wir im nächsten Kapitel zurückkommen werden; hier sind aus Briefen Straffälle belegt, die nicht in den Akten der Geheimen Kanzlei in Erscheinung treten. Somit ist die Ansicht von Fritz Hartung widerlegt, die andere Historiker gläubig und gerne übernehmen: »Die ganze Aufregung war unnötig gewesen; denn die Ruhe wurde nirgends gestört.«[118] Die Ruhe wurde nicht nur in Bürgel gestört, sondern auch in Jena und vielleicht auch – wie dem Herzog berichtet worden war – in Berka[119], einem bevorzugten Jagdrevier des Herzogs, wo die Untertanen schon seit vielen Jahren Anlaß zu Protesten gehabt hatten. Mit der Jagd waren besondere Fronen verbunden, auf die man auch in der Revolutionszeit nicht verzichtete. Eine Kommission stellte 1736 mehr als fünfzig verschiedene Fronarten in Berka fest; manchmal waren drei Fronen am Tag gefordert worden.[120] Schon im Jahre 1783 hatte die Weimarer Regierung außerdem über »einen zu Bercka angeschlagen gewesenen DrohZeddul« berichtet[121] – das war, wie wir sehen werden, eine bevorzugte Protestform im Weimarischen. (Auch aus Ilmenau war in diesen Wochen eine Beschwerde wegen Wildfraß eingegangen.[122]) So ist es durchaus als glaubwürdig anzusehen, wenn der Berkaer Amtmann 1790 berichtet, daß die Untertanen dem kursächsischen Beispiel folgen und das Wild selbst erlegen wollten.

So ist eine viel beachtlichere, doppelte Kontinuität zu konstatieren, als Weimar-Historiker wahrzunehmen geneigt sind: erstens zwischen den vorrevolutionären Bauernprotesten und -beschwerden einerseits und denjenigen im Revolutionszeitalter andererseits; zweitens zwischen den Unruhen im ›Ausland‹ und denjenigen in Sachsen-Weimar. Letztere waren zwar nicht so gravierend wie erstere, aber sie waren, entgegen der geläufigen Meinung, reichlich vorhanden und gründeten in bodenständigen weimarischen Zuständen. Das wird auch anhand weiterer Beispiele in den nächsten Kapiteln deutlich werden.

Zwei weitere Aspekte dieser Ereignisse verdienen Beachtung. Zum einen soll ein Bauer im Bobecker Gasthaus gesagt haben, Kellners eigenmächtige Erlegung des Wildes sei »verboten«, und Kellner soll darauf geantwortet haben: »es erfolgte ja ohnedieß zur Zeit keine Hülfe«[123], d.h. keine Verminderung des Wildbestandes durch die herzogliche Jägerei. Damit weist Kellner zwar nicht explizit, aber doch deutlich, auf das Prinzip der »Selbsthilfe« hin. Dieses Prinzip wurde sowohl von Goethe in *Götz von Berlichingen* (1773) wie auch von Schiller in *Wilhelm Tell* (1804) sehr positiv dargestellt. War sein Götz nach Goethes Aussage in *Dichtung und Wahrheit* »[d]ie Gestalt eines rohen, wohlmeinenden Selbsthelfers in wilder anarchischer Zeit«, die Goethes »tiefsten Anteil« erregte[124], von dem er sich aber später zu distanzieren suchte, so war mit Schillers Worten »die Hauptidee« des *Tell* »[d]as Nothwendige und Rechtliche der Selbsthilfe in einem streng bestimmten Fall«.[125] »Selbsthilfe« bedeutete jedoch Widerstand oder gar gewaltsame Empörung gegen die Obrigkeit; auch in Sachsen-Weimar wurden die Französische Revolution, die Jenaer Studentenunruhen des Jahres 1790 und der Aufstand Apoldaer Textilarbeiter des Jahres 1793 als »Selbsthülfe« bezeichnet.[126] Das Widerstandsrecht war zwar von politischen Theoretikern im 18. Jahrhundert im allgemeinen abgelehnt worden, erlebte aber im Zeitalter der Französischen Revolution eine bedrohliche Neuauflage, so daß es nicht wundert, daß dem Theaterdirektor Iffland folgende Stelle für eine Aufführung des *Tell* »bedenklich«[127] erschien:

Nein, eine Grenze hat Tyrannenmacht:
Wenn der Gedrückte nirgends Recht kann finden,
Wenn unerträglich wird die Last – greift er
Hinauf getrosten Muthes in den Himmel
Und hohlt herunter seine ew'gen Rechte,
Die droben hangen unveräuserlich
Und unzerbrechlich, wie die Sterne selbst –
Der alte Urstand der Natur kehrt wieder,
Wo Mensch dem Menschen gegenübersteht –
Zum letzten Mittel, wenn kein andres mehr
Verfangen will, ist ihm das Schwert gegeben –

Wie später bei Schiller, so findet man auch in den meisten Verlautbarungen von Bauern in Sachsen-Weimar eine merkwürdig hybride Vorstellung ihrer Rechte. In *Wilhelm Tell* sind zahlreiche Anspielungen auf die Französische Revolution vorhanden, und doch geht es bei Schiller nachdrücklich nicht um die Etablierung *neuer* Rechte im Sinne der bürgerlich-liberalen Prinzipien, die in den Vereinigten Staaten und in Frankreich (zum Teil nur vorübergehend und inkonsequent) geltend gemacht worden waren, sondern um die Erhaltung *alter* Rechte:

Die alten Rechte, wie wir sie ererbt
Von unsern Vätern, wollen wir bewahren,
Nicht ungezügelt nach dem Neuen greifen.
Dem Kaiser bleibe, was des Kaisers ist,
Wer einen Herrn hat, dien' ihm pflichtgemäß.

Aus Bauernsicht setzen sich die »alten Rechte« eindeutig aus dem komplizierten Gefüge von »hergebrachten Rechten, Privilegien und Gewohnheiten«, aus »Herkommen« und »Historie« zusammen (wie Goethes widersprüchlich gezeichneter Agitator Vansen im *Egmont* richtig sagt[128]), aus Verträgen, die im Laufe der Jahre im Feudalsystem geschlossen, erweitert, gebrochen, kommissarisch untersucht, neu verhandelt, verwandelt und erneuert worden waren – nur ansatzweise aus den neuen, aus Vernunftprinzipien und dem Naturvertrag hergeleiteten liberalen Rechten. Daher wollen die Bauern fast immer nur ihre Fronen und Dienste lediglich auf das in grauer Vorzeit vereinbarte Maß eingeschränkt und nicht erweitert, ihre Weiderechte und anderen Gerechtsame genaustens gewahrt wissen. Sie lehnen sich meist *gegen* entsprechende »Neuerungen« auf (auch in Sachsen-Weimar[129]), wenn diese gegen sie gerichtet werden, sie wollen das Bestehende – oder das Bestehende, wie es vor der von der Herrschaft aggressiv und hartnäckig betriebenen Erweiterung bäuerlicher Dienste ausgesehen haben mag – bewahren und schützen.[130] In dieser Hinsicht ist bei den Bauernbeschwerden und -unruhen ein Beharren, ein konservatives Element unübersehbar, und ihr Appell richtet sich außerdem immer nach einer Reform von oben, nicht nach einer Änderung der Souveränität nach unten hin. Aber die historische Forschung hat geltend gemacht, daß neue Elemente nicht zu übersehen sind, genauso wie in Schillers Stück. Da ist allein die Anregung zum Widerstand durch die Revolution nicht unbeträchtlich. Und man hat auch für andere Teile Deutschlands naturrechtliche Prinzipien in den Bauernrevolten festgestellt. Für diese wurde der Begriff »natürliche Freiheit« verwendet.[131] Auf diesen Terminus, wie er in Weimar besonders für Redefreiheit in Anspruch genommen wurde, kommen wir noch zurück; an diesem Punkt sei nur festgehalten, daß die »natürliche Freiheit« als Begründungszusammenhang angeführt wurde, als Weimarer Amtsuntertanen im Jahre 1793 Weiderechte forderten, und daß die Regierung diesen Anspruch mit dem neuen Geist der Revolution assoziierte.[132] Es ist keine Frage, daß dieser Geist den Bauern Mut einflößte.

Zuletzt aber noch ein Wort über die Sozialpsychologie des Protestes in Sachsen-Weimar. Ein Phänomen, auf das wir immer wieder stoßen werden, ist die Hartnäckigkeit des Protests bei den untersten Schichten und eine Ängstlichkeit ohnegleichen bei privilegierten Dissidenten. Als Faustregel kann gelten: Am einfachsten ließen sich die Intellektuellen einschüchtern, am schwierigsten die Bauern. Ein Pächter nahm eine Zwischenstellung ein. Daher ist folgende Szene im Gasthaus in Bobeck ganz verständlich: »Als ihm [= dem Pächter Kellner] der [herzogliche] Jäger Stötzer über dieses Raisoniren [sic] zu Rede gesezt; so sey der Pachter Kellner sehr darüber erschrocken gewesen und habe gebeten, er möchte es nicht weiter sagen und ihm zu gute gehen lassen; worauf sich die Bauern hätten vernehmen lassen, wenn es dem so angienge, würden sie ein gleiches thun müssen.«[133] Die Bauern hatten alte, institutionalisierte Formen für ihre Proteste, über die isolierte ›Raisonneurs‹ nicht verfügten. Sie hatten auch weniger zu verlieren als die Privilegierten. Der Pächter Kellner ist sogar möglicherweise (sieht man von den Entlassungsfällen Fichte und Oken ab, die jedoch keine strafrechtlichen Fälle darstellen, und von den Jenaer Studenten) der ranghöchste politische Dissident, der in Sachsen-Weimar dieser Jahre bestraft wurde. Dies ist sicher kein glänzendes Zeugnis für die Intellektuellen in Weimar und Jena, für den Oberkonsistorialpräsidenten Herder, für Professoren und Amtmänner, die sich leicht einschüchtern ließen, so daß es nicht erst zu Strafmaßnahmen kommen mußte. Diese Intellektuellen waren jedoch fast sämtlich Staatsdiener.

Die Bauern waren da viel aufmüpfiger. Und die Behandlung der Landleute durch die Weimarer Herrschaft ist kaum glänzend. Dies alles ist schwer vereinbar mit der idyllisch-paternalistischen Sicht eines Goethe, wenn er von seiner Liebe zu den unteren Schichten schreibt, also »zu der Classe von Menschen [...] die man die niedre nennt! die aber gewiss für Gott die höchste ist. Da sind doch alle Tugenden Beysammen, Beschränckheit, Genügsamkeit, Grader Sinn, Treue, Freude über das leidlichste

Gute, Harmlosigkeit, Dulden – Dulden – Ausharren in un – – ich will mich nicht in Ausrufen verlieren.«[134] Goethe erfuhr nicht selten, daß die Bauern alles andere als geduldig und harmlos waren. In derselben Zeit, in der er in *Wilhelm Meisters Lehrjahren* mit der Idee einer Aufhebung des feudalen Systems unverbindlich – aber für die Öffentlichkeit liberal – spielte, befürwortet er energisch die Entsendung des Militärs nach Ilmenau, um die widerspenstigen Bauern zur Annahme einer neuen, um fast das Vierfache höheren Steuerbelastung zu zwingen, das heißt, sie »hart anzugreifen«: »Wir müssen zum erstenmal recht derb auffallen, damit sie lernen was das heiße eine zehnjährig vorbereitete Anstalt auf Bauernweise retardiren zu wollen [...].«[135]

KAPITEL 3

»Scharffe Arzney« gegen »Freyheits Convulsionen«, oder: Wie man Eisenacher und Weimarer im Zaum hielt, als die Revolution einen Besuch abstattete (1792/93)

[...] man hörte vom Rechte der Menschen, das allen gemein sei
Von der begeisternden Freiheit und von der löblichen Gleichheit!
Hermann und Dorothea VI, 9f.[1]

Im Jahre 1792 kamen Krieg – und Revolution – nach Weimar. Daß nach der demütigenden Niederlage in der Schlacht bei Valmy im September 1792, bei der Goethe als Begleiter des preußischen Generals Carl August anwesend war, die Franzosen Mainz und Frankfurt besetzten und die Herzogtümer Sachsen-Weimar und Sachsen-Eisenach militärisch bedrohten, ist längst bekannt (wenn auch nur aus kaum mehr beachteten Spezialarbeiten). Die Auswirkungen auf die Bevölkerung sind jedoch fast vollständig unerforscht. Bis heute gilt unangefochten die Meinung, die Karl-Heinz Hahn stellvertretend für viele Forscher in der Nachfolge von Fritz Hartung äußerte: »Revolutionsenthusiasmus war vor allem bei Intellektuellen zu beobachten; die Masse der ländlichen und städtischen Bevölkerung aber, die sicher eine Änderung ihrer materiellen und rechtlichen Lebensbedingungen herbeisehnte, sah kaum eine Chance, so wie in Frankreich dem eigenen Willen Geltung zu verschaffen.«[2] Diese Aussage unterschlägt viele Gradationen zwischen Passivität und Revolution. Vor allem muß der hier implizierten Ansicht nachdrücklich widersprochen werden, daß die breite weimarische Bevölkerung in der Revolutionszeit zufrieden und duldsam gegenüber ihrer Herrschaft blieb.

Bei den folgenden Überlegungen muß immer im Auge behalten werden, daß die Revolution seit 1792 von Krieg begleitet wurde. Sie konnte von den Zeitgenossen deshalb immer nur vor dem Hintergrund militärischer Auseinandersetzungen gesehen werden.[3] Daher entstand eine besondere Ängstlichkeit im Umgang mit revolutionären Idealen, eine Ängstlichkeit, die am Anfang der Revolution nicht im selben Maße vorhanden gewesen war. Obwohl die Franzosen zunächst keineswegs die Aggressoren gewesen waren und die Errungenschaften der Revolution gegen den konterrevolutionären Angriff der preußisch-österreichischen Monarchien zu sichern suchten, entwickelte sich die Auseinandersetzung sehr schnell zu einem Eroberungskrieg, der auf viele deutsche Revolutionsfreunde ernüchternd wirkte. Trotzdem verlor die revolutionäre Ideologie keineswegs an Anziehungskraft, und dies gilt auch für die unteren Schichten. Was Otto Dann von den städtischen Unterschichten in Jena schreibt, läßt sich ebensogut auf andere unterste Untertanen beziehen: »Bei kritischen Anlässen im gesellschaftlichen Umgang mit den Herrschaftsschichten sollte es sich […] zeigen, daß diese Volksschichten den politisch-sozialen Kern jener fernen Ereignisse […] recht gut erfaßt hatten: daß sich dort ein Volk selbständig von seinen Herrschaftsklassen befreit hatte. Wenn in den 1790er Jahren Anlaß gegeben war zur Empörung über die eigene soziale Abhängigkeit und Unfreiheit, war man nicht mehr in dem Maße wie früher bereit, das hinzunehmen, und die spärlichen Quellen davon zeigen, daß revolutionäre Parolen aus Paris dabei oft eine Rolle spielten.«[4] Die Quellen – Otto Dann hat nur Jena im Auge – sind allerdings nicht »spärlich«, sondern sie wurden bisher lediglich ignoriert.

Am 22. Juni 1792 verließ Carl August Weimar, um als Befehlshaber eines preußischen Regiments an der Invasion Frankreichs teilzunehmen – um, mit den Worten des nunmehr wichtigsten Geheimrats Voigt, »ein tolles Volk in Schrecken setzen zu helfen, damit es nicht seine ruhigern Nachbarn mit in seine execrable Freyheit hineinziehen zu wollen, sich unterfange«.[5] Nachdem Goethe durch amtliche Aufgaben in Verbindung mit den Jenaer Studentenunruhen länger als geplant in Weimar bleiben mußte, schloß er sich im August dem Herzog in Frankreich an. Obwohl der Dichter nach dem mißglückten Feldzug, den er in späteren Jahren in *Campagne in Frankreich 1792* (1822) beschrieb, kurz vor Weihnachten wieder in Weimar eintraf, blieb der Herzog noch ein ganzes Jahr, bis Dezember 1793, bei der Armee.

Diese anderthalbjährige Abwesenheit Carl Augusts verschafft uns eine außerordentlich glückliche Quellensituation. Denn in dieser Zeit wurde manche Angelegenheit, die üblicherweise nur mündlich verhandelt wurde, in Briefen zwischen den Geheimräten und Carl August abgewickelt. Das ist gerade deswegen von besonderem Wert, weil die Akten selbst meist sehr spröde sind. In Briefen hingegen, die nicht unter den (für indiskret gehaltenen) Sekretären der Geheimen Kanzlei bekannt wurden und halbprivaten Charakter hatten, äußerten sich die Geheimräte und der Herzog relativ offen über die amtlichen Vorgänge und die politischen Ereignisse. Zwar sind diese Briefe, wie jede Quelle, mit Vorsicht zu verwenden. Vor allem findet man oft die Tendenz unter den Räten, gegenüber Carl August Probleme und Schwierigkeiten zu minimalisieren oder gar zu verschweigen. Aber viele Tatsachen, Motivationen und politische Stimmungen im Lande gehen aus den Briefen hervor, die in den Akten ausgespart werden. Diese Briefe sind nahezu vollständig erhalten, besonders diejenigen der Geheimräte in einem mehr als 1200 Seiten starken Folioband.[6] Obwohl diese Sammlung nicht unbekannt ist, wurde sie bisher nur ganz sporadisch aufgearbeitet. Das ist angesichts der unter Forschern berüchtigten, nach eigenem Zeugnis »schlechten Schreiberey«[7] Voigts, die auch seine Kollegen manchmal nicht entziffern konnten, nicht verwunderlich, denn Voigts Briefe sind die umfangreichsten und zugleich die aufschlußreichsten in diesem Bestand.[8] Weil Goethe und Carl August nunmehr den Sessionen fernblieben, war Voigt nach seinem Eintritt ins Consilium im August 1791 schließlich der »eigentliche Minister des klassischen Weimar« (Hans Tümmler[9]) und in Angelegenheiten innerer Ordnung eifrig engagiert. Aber in den bisherigen Anführungen einzelner Briefstellen in der Forschung ist ein ganz anderes Prinzip als der Umgang mit einer schwierigen Schrift am Werk: Es wurden lediglich Briefstellen herausgepickt, die ohne den Kontext – und ohne die unerläßliche Berücksichtigung der relevanten Akten – einen viel positiveren Eindruck der Weimarer Verhältnisse geben als gerechtfertigt ist.[10]

Der Krieg traf am härtesten das Fürstentum Sachsen-Eisenach. Erst 1741 an Sachsen-Weimar gefallen, grollte das ganze Land noch jahrzehntelang wegen des Verlustes des wirtschaftlich lukrativen Hofes. Sachsen-Eisenach besaß eine eigene Regierung und Kammer, die besonders konservativ waren und dem Geheimen Consilium in Weimar oft Kopfzerbrechen verursachten (Sachsen-Eisenach – und damit die Herrschaft in Weimar – besitzt den zweifelhaften Ruhm, im Jahre 1804 die letzte Hinrichtung auf dem Scheiterhaufen in Deutschland durchgeführt zu haben[11]). Auch der Adel und das Beamtentum machten sich bei der Bevölkerung oft unbeliebt.[12] Hinzu kam, daß Eisenach räumlich weit von Sachsen-Weimar entfernt war: Dazwischen lagen das kurmainzische Gebiet Erfurt und das Herzogtum Sachsen-Gotha. Daher war es besonders schwierig, gefährliche politische Entwicklungen von Weimar aus zu überwachen und zu kontrollieren – und in entlegenen Ämtern, die weit von der Stadt Eisenach entfernt waren, war die Aufsicht noch viel schwieriger.[13] Im Jahre 1792 befürchtete die Regierung, Eisenach würde von den Franzosen besetzt werden, die Frankfurt eingenommen hatten und weiter nach Osten vorzustoßen im Begriff waren. Diese Aussicht löste die Zungen der Opposition.

Über die nachfolgenden Ereignisse war die Forschung bisher nur durch einzelne, heute nahezu vergessene Zitatfetzen informiert, besonders durch eine Briefstelle, die – wieder einmal – dazu herhalten mußte, die Milde der Weimarer Regierung und insbesondere Goethes zu demonstrieren. Der Minister Voigt referiert am Heiligen Abend des Jahres 1792 an den Herzog über »Volksraisonnements zu Eisenach« und über die Empfehlung des gothaischen Ministers von Franckenberg, »daß wir, was nicht factisch wäre, ignorirten, uns nie furchtsam erwiesen, auch durch vergebliche Untersuchungen das Volk nicht reizten.« Und daran schließt sich der Satz, der als einziger aus diesem Brief in der Forschung bekannt ist: »Ich habe umständlich auch mit Goethe über dieses Capitel gesprochen; er ist auch der Meinung, das was etwa geschehen sey, (zumal es nirgends wider Dero höchste Person, sondern in Eisenach allenfalls gegen den etwas steifen Adel angestoßen,) diesmal zu vergessen.«[14] Diese Briefstelle wurde von marxistischer wie nationalkonservativer Seite gleichlautend interpretiert: »Auch Goethe [...] riet zur Mäßigung« (Helmut Holtzhauer[15]); »[...] ganz im Geiste des Bürgergenerals sprach sich Goethe auch jetzt dafür aus, daß man Kleinigkeiten übersehen solle« (Fritz Hartung[16]). Am Schluß von Goethes Stück *Der Bürgergeneral* (1793) heißt es nämlich über befürchtete, aber dann doch nicht eintretende revolutionäre Tätigkeit: »[...] so muß eine solche Kleinigkeit nicht gerügt werden; sie erregt nur Schrecken und Mißtrauen in einem ruhigen Lande.«[17] Voigts Brief spielt demgemäß eine nicht unbedeutende Rolle in der Interpretation dieses Propagandawerkes (auf das wir noch zurückkommen werden). Die Stelle scheint auf jeden Fall die liberale Gesinnung der Räte zu belegen. Und der gewagte Rückschluß von Goethes Stück auf die Wirklichkeit in Sachsen-Eisenach erlaubt Hartung den zusätzlichen Schluß, daß nur »Kleinigkeiten« vorgefallen seien.

Der Kontext widerlegt diese Eindrücke. Zunächst ist die sich direkt anschließende Briefstelle zu beachten, die die Begründung für Goethes (und wohl auch Voigts) Rat zur Mäßigung wiedergibt und die obige Stelle deswegen in einem etwas anderen Licht erscheinen läßt. Voigt erläutert die referierte Meinung

Goethes nämlich so: »Denn entweder haben wir einmal noch das Unglück einer feindl[ichen] Invasion, oder nicht. Im lezteren Fall fürchten wir uns wenig, da wir einen solchen Fürsten haben, namens dessen wir getrost gegen Unzufriedene angehen können, da er ihnen kein leid gethan, sondern sie mit so manchen Wohlthaten überhäuft hat. Erlitten wir aber eine Invasion, so würde die Verbitterung alsdann erst recht ausbrechen, und die bestraften *Maul*verbrecher würden nun *thätliche* Bösewichter werden.« Im Klartext: wenn die Gefahr einer französischen Invasion vorbei wäre, könne man schon zur »Strenge« greifen, wie der Herzog in seinem Brief, auf den Voigt hier antwortet, befohlen hatte – nämlich an einer Stelle, die Hans Tümmler aus seiner Edition des *Politischen Briefwechsels* Carl Augusts ausließ: »Glauben Sie mir, daß es nöthig ist, bey sehr vieler Vorsicht, in Eisenach dem ohngeachtet ernst zu zeigen damit die Gentelmans of the Mobb keine Existenz dorten bekommen; strenge, auf den rechten Fleck angebracht, ist eine wahre wohlthat in jetzigen zeiten.«[18] Goethe beziehungsweise Voigt meint nun, man könne diese Strenge »getrost« anwenden – d. h. man könne politisch durchgreifen –, da der Herzog im wirtschaftlich-sozialen Sinne fürsorglich regiere. Dies ist das klassische Argument für politische Unterdrückung im ›aufgeklärten‹ Absolutismus (wie auch in modernen totalitären Systemen). Der einzige Grund, warum die Minister nicht zur sofortigen Strenge raten, ist die Furcht: die »*Maul*verbrecher« würden es unter französischer Herrschaft nicht mehr beim Reden lassen, sondern sich an den herrschaftlichen Machtträgern rächen. (Hier hatte man gewiß die Vergeltung an den früheren Privilegierten in der neuen Republik Mainz im Auge, Ereignisse, die gewaltiges Entsetzen in Weimar auslösten.) Das alles relativiert den durch die bisher bekannte Briefstelle hervorgerufenen Eindruck der politischen Mäßigkeit Goethes und Voigts.

Aber auch andere Dokumente widerlegen die rosige Interpretation Holtzhauers und Hartungs. Um sie möglichst im Kontext zu betrachten, und um das Ausmaß des Protestes in Eisenach genauer nachzuvollziehen, sollen nun chronologisch die einschlägigen Ereignisse des Jahres 1792 verfolgt werden (ohne die Universität Jena und die bekannten Intellektuellen in Weimar zu berücksichtigen, die der Gegenstand weiterer Kapitel sein werden), um dann zu Voigts und Goethes Deutung der Situation zurückzukehren.

Zunächst war der Streitpunkt der häufige Durchmarsch preußischer Truppen auf dem Wege nach Westen, beginnend im Mai 1792. Die Durchmärsche würden, so erkannte auch Carl August, Eisenach »in nicht geringer Menge« treffen, und es ist von beträchtlicher Bedeutung, daß der Herzog schon im voraus, vor jeder Andeutung von Protest, Schwierigkeiten mit der eisenachischen Bevölkerung erwartet. Er empfiehlt Fritsch, diese Sache »mit großer Vorsicht, und möglichster Verschwiegenheit« zu behandeln.[19] Auch das Geheime Consilium sieht keine Möglichkeit, »die allemahl mit einem solchen Trouppen-Durchmarsch unzertrennlich verbundenen Beschwerden abzuwenden«.[20] Vielleicht ist deswegen eine Briefstelle Goethes, zumal wegen der politischen Bedeutung des Wortes »unruhig«, mit Hinblick auf Unruhen in der Bevölkerung zu lesen: »Bey uns ists unruhig, die Preußen marschiren ein und aus [...]«.[21] Mit den Durchmärschen – die mühsamen Vorbereitungen und die Durchführung sind in umfangreichen Akten detailliert überliefert – waren vielfältige Belastungen der Untertanen verbunden: besondere Kriegsfronen, Einquartierungen, Steuern und Abgaben an Lebensmitteln, Pferdefutter und anderen Naturalien. Die Einstellung der Untertanen zu diesen harten Auflagen war natürlich je nach politischer Haltung unterschiedlich, wie überhaupt zum Krieg gegen Frankreich. Aber es gibt deutliche Hinweise auf Unruhen in Verbindung mit den Durchmärschen in Sachsen-Eisenach. Hartungs Vorstellung, die Eisenacher Untertanen seien im Grunde friedlich und »keineswegs gegen die Obrigkeit oder auch gegen den Adel« aufgebracht[22], beruht auf einer bewußten Ausklammerung der überlieferten Zeugnisse. Zwar werden von der Eisenacher Regierung bei den Durchmärschen zunächst nur »klein[e] Irrungen und Beschwerden« gemeldet, »die jedoch größtentheils sogleich auf erfolgte Anzeige abgestellt worden sind«.[23] Aber im Winter, als die Durchmärsche nicht nachließen, hieß es: »[...] die allzuhäufig auf einander folgende DurchMärsche fangen an denen Unterthanen beschwerlich zu fallen«[24], und die Untertanen selbst klagten im nächsten Sommer, sie seien durch die »eben so häuffige als starke Durchmarsche [...] so hart mitgenommen worden, daß wir kaum die ordentlichen Abgaben entrichten koennen«.[25]

Die allgemeine Unruhe wurde viel schlimmer, nachdem die Franzosen im Herbst 1792 Mainz und Frankfurt besetzt hatten, und es hieß, sie bedrohten sogar Fulda, nicht weit von Eisenach entfernt. Man fürchtete, wegen der besonderen Antipathie der Revolutionäre gegen den Kurfürsten von Mainz wären sie geneigt, »einen Besuch in Erfurth abzulegen«[26], das mainzisches Gebiet war; der Weg dahin führte über Sachsen-Eisenach. So ist es sicherlich nicht übertrieben, wenn Schnauß im Oktober an den Herzog berichtet, daß die Eisenacher unter anderem durch die vielen Flüchtlinge »sehr in Furcht und Schrecken gesezt worden« und zum Teil schon aus der Stadt geflohen seien.[27] In einer Krisensitzung des Geheimen Consiliums mit einem sachsen-gothaischen Minister am 27. Oktober 1792 werden sogar Vorbereitungen auf eine französische Eroberung getroffen: Man wolle sich friedlich verhalten, da man den Eindringenden keine nennenswerte militärische Macht entgegensetzen könne[28], und – in völliger Verkennung der politischen Situation – den Franzosen nahelegen, »daß man an den politischen Verhältnissen gar keinen Theil habe, und [im Falle Sachsen-Weimar] keiner der Gründe vorhanden sey, weshalber französßischer Seits [...] die Reichsstadt Frankfurt mit Brandschatzung belegt worden, nemlich die Aufnahme und Begünstigung der französß[ischen] [adligen] Emigranten und die Eröffnung öffentlicher Anleihen für Oesterreich, auch Besitzung oesterreichischer Gelder und Effecten.«[29] Spätestens anderthalb Jahrzehnte später, bei der französischen Besetzung des Jahres 1806, sollten die

Weimarer erfahren, daß solche feinen Unterscheidungen im Kampf zwischen dem neuen Geist der Zeit und dem Monarchismus keine Gültigkeit mehr besaßen. 1792 wurden die Franzosen zwar noch zurückgedrängt, und der äußere Frieden in Thüringen blieb erhalten. Aber der innere Frieden wurde inzwischen erheblich gestört.

Unruhe kam schon im Sommer 1792 auf, als der Gedanke umging, daß Sachsen-Weimar Truppen zu einem Reichskontingent würde beitragen müssen, da der preußisch-österreichische Krieg zu einem alle deutschen Territorien verpflichtenden Reichskrieg erklärt werden sollte. Es ist bekannt, daß Goethe sich gegen dieses Ansinnen erklärte: »Ich habe mit Betrübniß gesehen daß das Geh[eime] Cons[eil] unbewunden diesen Krieg für einen Reichskrieg erklärt hat. Wir werden also auch mit der Heerde ins Verderben rennen – Europa braucht einen 30jährigen Krieg um einzusehen was 1792 vernünftig gewesen wäre.«[30] Das ist eine bedeutende Prophetie, bedenkt man, daß aus diesem Koalitionskrieg des preußisch-österreichischen Absolutismus gegen die französische Republik der weitere Verlauf der kriegerischen Auseinandersetzungen der nachfolgenden zwei Jahrzehnte und sogar in gewisser Hinsicht auch die schlimmsten Auswüchse der in die Defensive gedrängten Revolution hervorgingen. Aber der Beschluß war nun einmal gefaßt, mußte auch gefaßt werden, wollte Weimar nicht seine ganze Reichspolitik aufs Spiel setzen. Die große Frage war, ob Weimar seinen Beitrag zum Krieg »in natura« – d. h. als Truppenkontingent – leisten oder in einen Geldbetrag verwandeln sollte. Die Geheimräte rieten zur Geldalternative, da sie wußten, daß die Aushebung von Truppen für den Krieg gegen Frankreich Zündstoff barg.[31] Carl August wollte jedoch nur dann einen Geldbeitrag leisten, »wenn ein guter Handel zu machen sey«[32]; da er Anfang 1793 hörte, daß die Bevölkerung ihm treu sei, war es ihm lieb, »daß das gute Weimarische Volck sich mit der Idee, ihre Kinder ins Feld ziehen zu sehen, familiarisire«.[33]

Diese Hoffnung, Landeskinder statt Geld zu opfern, machte

die Rechnung ohne den Wirt. Gottfried August Bürger drückte das Ressentiment vieler Deutschen aus den unteren Schichten gegen den Krieg gegen Frankreich aus, wenn er fragt:

Für wen, du gutes deutsches Volk,
Behängt man dich mit Waffen?
Für wen läßt du von Weib und Kind
Und Herd hinweg dich raffen?
Für Fürsten- und für Adelsbrut
Und für's Geschmeiß der Pfaffen.
[...]
Was ging uns Frankreichs Wesen an,
Die wir in Deutschland wohnen?
Es mochte dort nun ein Bourbon,
Ein Ohnehose thronen.[34]

Dieses Ressentiment hatte sich offenbar auch im Weimarischen verbreitet. »Man merckt sehr deutlich«, hatte Geheimrat Schmidt schon im vorigen Sommer berichtet, »daß die auf dem Land herrschende Besorgniß, als ob das Reichs Contingent werde gestellt werden, und marschieren müßen, die jungen Leute gegen die Annahme der militar Dienste sehr abgeneigt macht.«[35] Und Voigt hatte im November unverblümt an Carl August geschrieben: »Was wir nun, wenn es wirklich zu einer Stellung kommt, und wir uns nicht etwa mit Geld losmachen können, wegen des Contingents anfangen werden, weiß der Himmel. Mit reeler Unzufriedenheit der Unterthanen werden wir zu kämpfen haben [...]«.[36] So scheint es die meisten weimarischen Untertanen nicht gelüstet zu haben, gegen die französische Revolution ins Feld zu ziehen – und auf Grund dieser »Unzufriedenheit« unter den Bauern wurde die Idee einer Kontingentstellung aufgegeben, trotz des finanziellen Notstandes, den der Aufwand für den Krieg herbeigeführt hatte. Die Untertanen mögen auch in früheren Kriegen nicht eingesehen haben, daß sie ihre Haut für die Konflikte der Dynastien untereinander zu Markte tragen sollten, aber die Berichte aus Eisenach lassen darauf schließen, daß in diesem Fall eine weit verbreitete Sympathie mit dem ›Feind‹ vorlag.

Ein wichtiger Beleg für diese Sympathie wenigstens in Eisenach ist ein gegen Ende November 1792 verfaßter Bericht des dortigen Kammerrates Johann Carl Salomon Thon.[37] Der Anlaß des Dokuments ist kennzeichnend. Auf Grund eines geheimen Berichts – auf den wir in einem anderen Kapitel zurückkommen werden –, in dem Revolutionsfreunde in Weimar denunziert wurden, reagierte der Herzog mit mehr Besorgnis über Eisenach (das in der Denunziation gar nicht erwähnt wurde) als über Weimar: »Könnten Sie auch in Eisenach erfahren wie dorten die Gesinnungen des Bürgers und gemeinen Mannes sind, und sie schrieben es mir zu, so wäre es mir sehr lieb; für dorten ist mir banger als wie für Weimar.«[38] Die scheinbare Gelassenheit gegenüber Weimar war auch nicht unproblematisch, wie wir sehen werden, aber Carl August tat wohl, sein Augenmerk vorerst auf Eisenach zu richten.

Thons Bericht an Voigt gibt aufschlußreiche Details über die dortige Situation. Besonders im Zusammenhang mit anderen Dokumenten rechtfertigt dieser Bericht keineswegs die Behauptung von Willy Andreas, daß in Eisenach lediglich »eine gewisse Erregung« vorhanden gewesen sei, und (in Übereinstimmung mit Fritz Hartung) daß »die Furcht vor den Franzosen größer gewesen sein mag als die Hoffnung auf die Freiheiten, die sie mitbringen würden.«[39] Thon stellt zwar die Lage Ende November als wieder relativ ruhig dar, aber am Anfang des Monats sei durch die Unzufriedenheit in Eisenach die Gefahr »sehr groß« gewesen. Er ist überzeugt: Wenn die Franzosen wirklich einmarschiert wären, wären sie »mit vollem Jubel [...] empfangen worden«.[40] Er schildert anschaulich die turbulenten Straßenszenen: »[...] schon war den Abend der ganze Markt voll von Bürgern, Weibern und Kindern, die laut ihre Freude über den nahen Einzug der Freyheits-Beschützer zu erkennen gaben, und laut mancherley Beschwerden recapitulirten.« Einem auswärtigen Besucher sei gesagt worden, »daß die Bürger mit Vergnügen die Franzosen erwarteten, damit sie ihren Bedrückungen ein Ende machen möchten. – Die Kinder, besonders vor den Thoren sangen: ›Es kommen die Franzosen, um zu prügeln die Großen!‹« Kurz, es sei möglicherweise »ein großer Umsturz« zu befürchten gewesen. Voigt faßt den Bericht für den Herzog zusammen: »In E[isenach] hat es sehr bunt gestanden unter dem gemeinen Volk.«[41] Das widerlegt gründlich die eingangs zitierte Behauptung Hahns: »Revolutionsenthusiasmus war vor allem bei Intellektuellen zu beobachten [...].«

Mit diesen Ereignissen erwies sich die Befürchtung des Geheimen Consiliums, daß die französischen Truppen die »für die öffentliche Ruhe so gefährliche Freyheits-Schwärmerey« in den weimarischen Landen verbreiten würden[42], als nicht unberechtigt. Aber die Auswirkungen dauerten viel länger an, als Thon und Voigt vermutet hatten; mit dem Nachlassen der Invasionsgefahr war die Bedrohung noch nicht zu Ende. Am 8. Dezember, nachdem Thon für Eisenach Entwarnung gegeben hatte, berichtet sein Chef, der Eisenacher Kammerpräsident Herda, an den Herzog, daß »der Geist der Unzufriedenheit und Rebellischer Gesinnungen wieder meiner Erwartung [sic] weiter um sich zu greifen scheinet«; es sei nämlich ein Drohbrief an die Tür eines Bürgermeisters gesteckt worden, eine Beschwerde in einer alten Angelegenheit, nämlich der Brandweinbrennerei und der damit verbundenen Getreideteuerung, die den Wohlstand der Bevölkerung empfindlich verringerten. »[D]ie Verfaßer« der Schrift fordern Abstellung der Mißstände, sonst würden sie »binnen 14 Tagen sich selbst Hülfe verschaffen« – hier wieder der schon erörterte Anspruch auf »Selbsthilfe«, auf das Widerstandsrecht. Der Zettel muß scharfe Worte enthalten haben: »Ich würde eine Abschrift davon hier beyzufügen nicht verfehlen,« schreibt Herda, »wenn nicht gewiße Ausdrücke und Aeußerungen darinnen enthalten wären, welche mir es bei dermaliger Crisi bedenckl[ich] machen, solche zu übersenden, und Ew: Herzogl[ichen] Durchl[aucht] damit zu beunruhigen: ich halte es für eine Frucht dieser hier gleichfalls unter dem gemeinen

Mann eingerißenen Clubs.«[43] Wenn die Armen – die Herda durch eilig eingerichtete Arbeitsbeschaffungsmaßnahmen im Straßenbau zu versorgen sucht – nicht bald mehr Brot bekämen, so befürchtet er »einen Aufstand«. Thon schickt Voigt eine (leider nicht überlieferte) Kopie des Zettels und sekundiert die Warnung Herdas: »Mangel und Theurung sind die gewöhnlichen und gefährlichen Gefährten des Aufruhrs«[44] – eine Mahnung, die Carl August beherzigt.[45] Allerdings schiebt Thon die ganze Aufregung auf die Abwesenheit des Herzogs, von dem die Untertanen mehr Fürsorge erwarten als von der Eisenacher Finanzbehörde.[46] Und dann berichtet er von neuen Entdeckungen ähnlicher handschriftlicher Flugblätter: »Sogar in Ostheim sind Zeddel gefunden worden, worin die Werthschätzer des Brodes und der StadtRath Drohungen erhalten, in denen selbst Custine paradirt« – das heißt, der Obrigkeit wurde mit der Rache des französischen Generals Custine gedroht, wenn sie Mißstände nicht abstellen sollte. Das Amt Ostheim und Lichtenberg, südlich weit entfernt vom Regierungssitz Eisenach gelegen (deswegen wohl »sogar«), wurde ganz besonders von den Durchmärschen in Mitleidenschaft gezogen, und die Einwohner – die auch einen langwierigen Prozeß gegen die Kammer führten – waren in dieser Zeit deswegen wohl besonders reizbar.[47] Im Winter wurde berichtet, daß durch Kriegseinwirkung »in denen Ober Aemtern so wenig ein entbehrlicher Vorrath an Getreyde vorhanden sey, daß vielmehr in selbigen Mangel und Theuerung zu befürchten stehen«.[48] Und tatsächlich wurden im Februar »einige heimliche Unruhen zu Ostheim wegen des hohen Brodttaxes und Mangels« gemeldet.[49]

Carl August reagiert gereizt auf die Berichte über Unruhen und verlangt am 8. Dezember eine Stellungnahme aus Eisenach, wie er an Voigt schreibt: »Im Betragen der Eis[enacher] Reg[ierung] muß ich bemercken daß sie mit dem Pöbel viel zu glimpfl[ich] umgeht; Sachen wie die sind, welche Thon bemerckt[,] hätten sollen strenge untersucht und sehr exemplarisch bestraft werden.«[50] Fünf Tage später kam es noch schlimmer; Carl August läßt sich verärgert gegenüber Voigt aus und streut dann einige allgemeine Bemerkungen über die angebliche Autoritätshörigkeit der Deutschen ein: »Ich habe daß G[eheime] C[onsilium] veranlasset untersuchungen über das Betragen der Eisenacher Bürger anstellen zu lassen; es ist höchst nöthig daß dieses geschehe, denn wirckl[ich] darf man daß Volck, welches in Deutschland so leichte gehorcht, nicht der festen Zucht entwöhnen lassen; ich erwarte mir sehr ernstl[ich] vom G[eheimen] C[onsilium] daß es die Sache nicht wie eine Kleinigkeit betrachtet, sondern die Reg[ierung] zu E[isenach] sträckl[ich] anhält das Betragen des Pöbels gründl[ich] zu untersuchen und die verbrecher gebührend zu bestrafen. Sorgen Sie dafür daß diese Angelegenheit mit aller Thätig[-], und Männlichkeit betrieben werde.«[51]

Fritsch hatte im Auftrag des Consiliums schon sofort nach Empfang der ersten, offiziellen Weisung vom Herzog[52] den Eisenacher Regierungskanzler Freiherr von Bechtolsheim um Auskunft gebeten.[53] Allerdings sind die Geheimräte sich bewußt, daß Bechtolsheim ein mögliches Amtsvergehen (zu große Nachsicht) dadurch zu leugnen suchen werde, daß er die Bedeutung der Ereignisse herunterspielen werde.[54] So kam es auch: Bechtolsheim erläutert am 19. Dezember, daß »eine allgemeine auffallende Ungebührnüß welche eine Ahndung verdienet, mir nicht bekannt worden«.[55] Aber er zählt Fälle auf, in denen angeblich nur »einige eintzelne Individua« Übertretungen begingen: Es hätten »namentlich der Glaßer Helmert, ein sonst nahrhafter und stiller Bürger, bey Gelegenheit einer Holtz-Anweisung, und der Hofmaurer Braun, wegen einer von ihm beyzutreibenden Geldbuße, unschikliche Reden verschuldet, welche man, bey jenem mit einem ernstlichen Verweiß, bey diesem als gröbere Vergehungen und eine Widersetzlichkeit gegen das Ober Amt, mit Arrest auf der Hauptwache bestrafet hat.« Offenbar waren einige »Individua« nicht mehr bereit, die üblichen Abgaben zu entrichten. Aber dann berichtet Bechtolsheim von weiter verbreiteter Widersetzlichkeit, nämlich, daß »einiger

SchwindelGeist bey wenigen halbverdorbenen Bürgern und Vorstädtern vorwalten mag, als ob, bey Eindringen frantz[ösischer] Truppen die herkommlichen [sic] Abgaben gantz cessiren [= aufhören], besonders die Fleisch und BierPfennige wegfallen müsten«, aber er betont die positive Einstellung der Mehrheit der »vernünftigen« Bürger. Außerdem kommt ein Vorfall in Kaltenwestheim zur Sprache, eine Auseinandersetzung zwischen der Obrigkeit einerseits und jungen Leuten, deren Eltern und Gemeindevorstehern andererseits, ein Konflikt, der »in Widerspenstigkeit ausgeartet« sei, die mit »einigen Tagen Arrest auf dem Nicolai Thor alhier, welches immer einen stärkeren Eindruk als Gefängnüß Strafe im Amte selbsten machet«, bestraft werden solle. Der Anlaß war die vom eisenachischen Oberkonsistorium verordnete Einführung eines Lesebuchs für Bauern, aber es wird mehr dahinter gesteckt haben, denn Kaltenwestheim hatte besonders unter den Durchmärschen gelitten.[56] »Ansonsten«, resümiert der Regierungskanzler, »ist mir gar nichts bekannt, so zu der hochgefälligst mir vorgelegten Frage auch nur im mindesten referiret werden könnte.« Bechtolsheim erfuhr offenbar viel weniger als der Kammerrat Thon – oder schützte sich durch Nichtwissen gegen den Verdacht unterlassener Strenge, wie Fritsch erwartet hatte.[57]

Trotz der Beschwichtigungen Bechtolsheims geht aus diesen Zeugnissen zum ersten Mal hervor, daß sich im Fürstentum Eisenach eine Art organisierte Opposition herausgebildet hatte – zwar primitiv organisiert, aber immerhin in »Clubs« und nicht nur, wie Bechtolsheim es darstellt, in den Aktionen »einige[r] eintzelne[r] Individua«. Der Drohzettel an den Bürgermeister wurde von mehr als einem Verfasser geschrieben, und auch in Ostheim und Lichtenberg sind wichtige Gemeindevorsteher, -mitglieder und Älteste an der »Widersetzlichkeit« beteiligt.

Mehr noch: Bestrafungen waren vorgenommen worden. Immer da, wo man Täter namhaft machen konnte, wurde Zuchthausstrafe verordnet. Der Bericht Bechtolsheims lag vor, als Voigt seinen Weihnachtsbrief an den Herzog schrieb, von dem wir ausgegangen waren. Wenn es dort heißt, auch Goethe habe geraten, vorgefallene Ereignisse zu »vergessen«, so sollte das nicht nur im Kontext der oben erörterten Einschränkungen gesehen werden, sondern auch der Tatsache, daß die gefaßten Täter *schon bestraft worden waren* – die Widersetzlichkeiten waren, mit dem Ausdruck des Herzogs, »schon abgethan«[58], so daß man nichts mehr zu unternehmen brauche, als wachsam zu sein. Es war offenbar fraglich, ob man mehr Protestierende belangen konnte – der Eisenacher Regierungskanzler Bechtolsheim konnte das auf jeden Fall nicht. Goethe rät also nur, das zu vergessen, was ohnehin nicht mehr zu ahnden war, nachdem die Eisenacher Regierung ihr Bestrafungsgeschäft mit »einem ernstlichen Verweiß« und »mit Arrest auf der Hauptwache«, im noch in der Untersuchungsphase befindlichen Fall mit »einigen Tagen Arrest auf dem Nicolai Thor« bereits durchgeführt hatte. Man solle – so Goethes Meinung – bloß keine unnützen Untersuchungen mehr einleiten, die vielleicht zum Aufruhr reizen und der Obrigkeit nach einem eventuellen französischen Sieg eine üble Bescherung verschaffen würden. Das ist die ganze Liberalität der Aussage Goethes – der nur mit der falschen Unterstellung für Milde plädiert, daß die Vergehen nicht gegen den Herzog, sondern »allenfalls gegen den etwas steifen Adel« gerichtet seien. In welcher Weise Proteste gegen Steuern, Fronen auf den herzoglichen Kammergütern und überhaupt der Ruf nach Freiheit nur den Adel betrafen, mag Goethes Geheimnis bleiben. Und dabei soll Goethe der besondere Experte in Sachen Eisenacher Volksstimmung gewesen sein – Voigt schrieb eine Woche vor diesem Brief, gleich nach Goethes Ankunft in Weimar: »Göthe hat mir versprochen, einige Dinge über das Eisenachische Volk zu sagen, die er bey seiner Herreise vernommen hatte. Ich will das auch mit zu Hülfe nehmen.«[59] Wenn Goethe tatsächlich gut informiert war, dann wird er von den ernstzunehmenden freiheitlichen Bestrebungen und von den vorgenommenen Bestrafungen gewußt haben. Auf jeden Fall hat ihn Voigt im verbürgten Gespräch unzweifelhaft informiert.

Besonders aufschlußreich ist der offizielle Vortrag des Geheimen Consiliums zu diesen Unruhen. Er wurde drei Tage vor dem Weihnachtsbrief Voigts verfaßt, so daß auch Goethes Einwirkung höchstwahrscheinlich in diesem Dokument ihren Niederschlag findet. Hier finden wir eine zuverlässige Darstellung der Bestrafungspolitik, die eine wichtige Unterscheidung vornimmt. Das Consilium sieht zwei Arten der kritischen Rede am Werk. Die erste sind »die gröstentheils lächerliche und aberwizige Urtheile und unsinnige Raisonnements, die von After-Politikern und Neuigkeitsträgern nach Anleitung der öffentlichen überall verbreitet werdenden Blätter und Zeitungen über die Kriegs-Operationen, gegenwärtige Lage der Sache, erträumte Plane, Verhältnisse und Absichten der Krieg führenden Mächte, in den Clubs, Schenken und anderen Zusammenkünften gefällt werden [...]«.[60] Diese ausdrücklich aus einer »schiefen Richtung des Verstandes« motivierten Reden »mit Schärfe zu ahnden, und ihre Zusammenkünfte zu verbieten«, könne »leicht zu noch stärkeren Raisonnements und Klagen über Einschränkung und Unterdrückung der natürlichen Freyheit Anlaß geben« und sollte deswegen unterbleiben.

Diese »Raisonnements« beinhalten nicht mehr und nicht weniger als einen bedeutenden Diskurs über Außenpolitik im öffentlichen Raum des Herzogtums Sachsen-Eisenach – denselben Diskurs, der im bereits erörterten Reskript aus dem Jahre 1779 strengstens untersagt worden war.[61] Das Consilium möchte aus Angst vor weitergehenden Protesten von der Bestrafung solcher Kritik absehen. Aber der imaginierte Grund dieser Proteste ist von grundlegender Bedeutung: Die Untertanen würden »Einschränkung und Unterdrückung der natürlichen Freyheit« ablehnen, wenn ihre Versammlungs- und Redefreiheit eingeschränkt würde. Ob das Consilium mit dieser Prognose Recht hat, wissen wir natürlich nicht. Aber es ist wenigstens ein Zeichen dafür, daß solche Gedanken im Volk eventuell in Umlauf waren, und auf jeden Fall war das Consilium selbst auf die Idee gekommen: Redefreiheit konnte auf Grund des Naturrechtes eingeklagt werden. Diese Vorstellung der »natürlichen Freiheit« war, wie wir sahen, in bäuerlichen Auseinandersetzungen mit der Obrigkeit schon vor dem Anfang der Französischen Revolution geltend gemacht worden, und zwar mit Bezug auf die vom absolutistischen Staat einseitig erweiterten Feudalprivilegien; kein anderer als Goethe hat ihre Geltung anerkannt.[62] Aber nunmehr werden nicht nur die älteren, sondern auch die neuen, liberalen Menschenrechte (Redefreiheit, Versammlungsfreiheit) im klassischen Herzogtum Weimar als Naturrechte geltend gemacht. Der Einfluß der Französischen Revolution liegt auf der Hand. Damit bringt das Geheime Consilium eine völlig neue Perspektive in die Diskussion. Es gesteht, wenn auch nur halbherzig, daß diese Menschenrechte im absolutistischen Staat beansprucht werden können. Die Forderung nach diesen Rechten kommt nach der Auffassung des Consiliums aus der Gesellschaft selbst. Das Consilium stellt sich diese Rechte als Anspruch der unteren Schichten vor, dem es sich beugen muß, wenn es Aufruhr verhindern möchte. Die ›Liberalität‹ ging, wie so oft, aus der Angst hervor. Es war eine Angst vor den neuen Ideen, die in Sachsen-Weimar offenbar Wurzeln gefaßt hatten.

Die ›Liberalität‹ der Obrigkeit hatte enge Grenzen, denn es ging bei dieser ersten Gattung von Vergehen nur um außenpolitische Diskurse. Die andere Art von freier Rede, die in diesem Dokument thematisiert wird, hat andere Inhalte: »Die etwann hin und wieder von einzelnen, unruhigen und unzufriedenen Köpfen geäußerte ungegründete und unerfindliche Beschwerden, aufrührerische und bedrohliche Reden über die inneren Landes-Angelegenheiten, Ordnungen, Dienste und Abgaben [...]«.[63] Das Consilium nimmt an, es seien solche Reden, die der Herzog unter den »Ungebührlichkeiten« verstanden habe, die er »scharf untersucht und bestrafft, auch für die Zukunft abgestellet wissen« wolle.[64] Es könnte auf den ersten Blick erscheinen, als unterscheide das Consilium auf der Grundlage der politischen Schärfe der jeweiligen Reden: »lächerliche und aberwizige Urtheile und unsinnige Raisonnements« einerseits, »aufrührerische und bedrohliche Reden« andererseits: hier also durch Naturrecht geschützte politische Meinungen, dort offener Landesverrat. Wichtiger ist aber der Unterschied im Inhalt. Denn es geht im einen Fall um Außenpolitik (den Krieg), im anderen Fall um Innenpolitik: »die inneren Landes-Angelegenheiten, Ordnungen, Dienste und Abgaben«. Diese Reden sind aus der Perspektive der Obrigkeit aufrührerisch, *weil* sie die Feudalordnung tangieren; in einer krisenhaften Situation ist jede ernsthafte Klage über innere Ungerechtigkeit von vornherein aufrührerisch und bedrohlich. Alle Kennzeichen der vorrevolutionären Unruhen sind da: die »unruhigen und unzufriedenen Köpfe« und die Beschwerden, die von der Landesherrschaft eigenmächtig als »ungegründet« definiert werden, wenn sie gegen Mißstände im Inneren gerichtet sind.[65] Jede ernsthafte Kritik wird für gefährlich erachtet, aber das Verbot war nicht neu, es verwendet genau dieselben Ausdrücke wie vor dem Anfang der Revolution.

Das Geheime Consilium fühlt sich gezwungen, in der gefährlichen Lage nachzugeben: Auch nicht alle Reden, die »aufrührerische«, weil innenpolitische Inhalte haben, sollen bestraft werden. Es unterscheidet zwischen den öffentlich bekannt gewordenen und den privat geäußerten. Letztere, die von »einzelnen, unzufriedenen oder schwärmerischen Malcontenten« stammen sollen und bloß »durch Unüberlegung, Überraschung, oder Furcht veranlasset worden«, als die Invasion der Franzosen bevorzustehen schien, sollen übersehen werden – aber ein Grund für diese Liberalität ist die Tatsache, daß »ein und anderer dergleichen Raisonneurs, sobald ihr Vergehen zur Wissenschaft der dasigen [d.h. Eisenacher] Regierung gekommen«, *bereits* »mit Verweisen und Arrest gestraft worden« seien.[66] Exemplarische Bestrafungen seien also schon durchgeführt worden, und man verläßt sich auf die abschreckende Wirkung. Wenn dagegen die Raisonnements »durch laute, tollkühne und wohl gar rebellische Reden und Anzettelungen im Publico bereits ausgebrochen und bekannt worden« seien, so sei es allerdings nötig, »dergleichen zu schädlichen Folgen und Thathandlungen leicht Anlaß gebende aufrührerische Reden[,] Pasquille und deren Verbreitung ungesäumt zu untersuchen und hart zu bestrafen«, denn sonst könnten »dergleichen Aufhezzungen leicht bey mehreren den Eingang der Französischen thörichten Grundsätze und Vorspiegelungen verschaffen«. Die freiheitlichen Begriffe sind es, die die Geheimräte abzuwehren suchen. Aber paradoxerweise beruft man sich hier auf die Freiheit in Sachsen-Weimar – oder die eingebildete Freiheit –, um den Ruf nach Freiheit abzuwehren. Wenn nämlich die erste Art von Rede – die »nur in leeren Worten bestehenden Vergehungen« – auch nur untersucht würde, dann würde das bekannt werden, und »dadurch dem unverständigen Volk [...] noch mehrere Veranlassung zu klagen über Freyheits Druk gegeben werden, statt daß es sich, bey ungestörten Raisonnements, in einen stärkern Genuß einer, nach Einbildung [!] des gemeinen Mannes, hierauf beruhenden Freyheit zu befinden glaubt, mithin bey einer zufriedenern Stimmung bleibt«. Die Originalfassung dieses Satzes, die von Voigt geändert wurde, vermittelte gleichfalls den Eindruck, als sei die Vorstellung von Freiheit eine bewußte Täuschung der Weimarer Regierung: Man sei »doch immer darauf bedacht gewesen, ihnen die Einbildung der natürlichen Freyheit nicht zu benehmen.« Der Sinn ist in beiden Fällen klar: Nur dadurch, daß man dem Untertan seine »leeren Worte« läßt, bleibt er in der glücklichen »Einbildung«, er genieße »Freyheit«, womit Voigt deutlich Redefreiheit meint. Dagegen wurden ernsthaftere Worte – also der *wirkliche* Gebrauch von Redefreiheit – geahndet und sollten es auch in Zukunft werden.

So relativiert sich der Eindruck der Milde, der der Nachwelt bisher durch selektives Zitieren überliefert wurde, beträchtlich. Hinterläßt die von Fritz Hartung und Helmut Holtzhauer angeführte Äußerung Voigts über Goethes Meinung die Vorstellung, daß alles, was an ungezügelten Reden vorgekommen sei, vergessen werden sollte, so zeigen die Dokumente eine andere Disziplinierungspolitik. Die ausfindbaren Täter waren schon in die Zucht genommen worden, und andere, die öffentlich aufgetreten waren und gegen die bestehende Ordnung gewirkt hatten, sollten gleichfalls »hart« bestraft werden. Lediglich die relativ belanglosen Gespräche über den Krieg und über die Annäherung der Franzosen dürften übersehen werden, weil die Untertanen sonst in der »Einbildung« einer vom absolutistischen Herrscher gnädig gewährten Redefreiheit gestört werden würden. Die andere Motivation des Geheimen Consiliums ist Angst – einerseits vor den Konsequenzen eines Aufruhrs, wenn Untersuchungen durchgeführt würden[67], andererseits vor der Rache der Rebellen, wenn die französische Armee Eisenach besetzen oder wenn ein »großer Umsturz« Erfolg haben sollte.

Diese elementare Furcht sollte nicht bagatellisiert werden. In den Vorstellungen der Geheimen Räte stand das ganze feudalabsolutistische System und damit die ganze Privilegienordnung, von der sie selber lebten, auf dem Spiel. Nur im nachhinein konnte man gelassen sein; im November und Dezember dagegen schien ein völliger Umsturz des Bestehenden bevorzustehen. Diese Ereignisse werfen ein neues Licht auf eine Stelle in Goethes später verfaßter autobiographischer Schrift *Campagne in Frankreich 1792*: Gerade in dieser Zeit, heißt es dort, hatte Goethe »leider zu bemerken, daß man im Vaterlande sich spielend mit Gesinnungen unterhielt, welche eben auch uns ähnliche Schicksale vorbereiteten.« Neben den »edle[n] Gemütern«, von denen in den nächsten Kapiteln die Rede sein soll, sieht Goethe auch »ganz schlechte Subjekte« am Werk, die »bittern Unmut zu erregen, zu mehren und zu benutzen strebten.« Damit meint Goethe doch wohl nicht nur das abstrakt verstandene ›Vaterland‹, wie bisher angenommen wurde, sondern die Unruhestifter in Sachsen-Weimar-Eisenach. Die psychologische Wirkung ist enorm: Er sieht »nach unserm unglücklichen Feldzug« nicht nur Frankreich, sondern »auch die Welt schon aus ihren Fugen«.[68] Schon die »Halsbandaffäre« des Jahres 1785, die das Ansehen der französischen Monarchie nachhaltig erschütterte, hatte auf Goethe eine so widerwärtige Wirkung gehabt, daß er Freunden »wie wahnsinnig vorgekommen« sei[69] – wie viel mehr mußte die drohende Revolution auf die Gemüter in Weimar wirken. Einen Eindruck der Krise, wie man sie in Weimarer Regierungskreisen empfand, gibt ein Brief von Schnauß an den Herzog vom 22. November (also vor Goethes Rückkehr nach Weimar) wieder: »Wann wir im geh[eimen] Consilio zusammen kommen und uns die größtentheils leidige, unangenehme und sich widersprechende öffentliche Nachrichten, privat Schreiben und Volcks Sagen mittheilen: So finden wir die Lage der Dinge so verwirrt und die wahrscheinliche Zukunfft mit einem so dicken Nebel verschleyert, daß uns der Verstand stille stehet.«[70]

Auch anderen stand der Verstand stille. Schnauß schreibt im nächsten Sommer an Carl August: »Die Anzahl der Irrenden und Wahnsinnigen nimmt immer mehr zu. Man hat im Waysen und Zuchthauß keinen Platz mehr. Die Soldaten-KinderSchule und die freye Schule müßen herausgezogen [sic] werden.«[71] Auch der Selbstmord scheint epidemisch zu werden.[72] Die Gründe für ein so kompliziertes Phänomen können natürlich nicht mehr einwandfrei festgestellt werden; Kriege werden oft von solchen psychologischen Grenzerscheinungen begleitet. (Daß unter ›Irren‹ auch politische Dissidenten verstanden wurden, ist möglich, aber nicht belegbar.) Aber auch die Revolution schuf psychologisch eine neue Situation. Mit der Annäherung der Franzosen war offenbar nicht bloß ein Wechsel monarchischer Herrschaft erwartet worden, wie das in anderen Kriegen der Fall gewesen war. Thons Bericht legt nahe, daß die Untertanen möglicherweise ganz schiefe Vorstellungen von der »Freiheit« der Franzosen hatten. Er schreibt, gegen Ende November habe man immer mehr vom »Betragen dieser Freyheits-Prediger in Deutschland« erfahren, d.h. der Franzosen, als sie in Deutschland vorrückten. »Man hörte, daß sie den Städten und Dörfern, die sie einnahmen, nichts mitbrachten, und daß sie [...] auf Ordnung und öffentliche Sicherheit sähen«, und das habe viele Anhänger der Franzosen ernüchtert.[73] Offenbar hatten einige Untertanen – wenigstens nach der Vorstellung Thons – eine völlige Auflösung der bürgerlichen Ordnung und Sicherheit erwartet und sogar begrüßt. Johann Heinrich Campe befürchtete dasselbe Phänomen, als er das einfache Volk im revolutionären Paris beobachtete, »wenn es, verblendet durch ein Mißverständnis, welches in dieser Sphäre so leicht Statt finden kann, sich nun auf einmal so befreit von allen seinen bisherigen Abgaben, ja vielleicht gar losgesprochen von aller *gesetzmäßigen Ordnung* halten […] wird«.[74] In ähnlicher Weise hatten offenbar auch manche Eisenacher Schwierigkeiten, den Begriff der Freiheit mit der Vorstellung der Ordnung zu vereinbaren. Wenn sie unter der anscheinend nahen Freiheit eine Art Anarchie verstanden, ist es nicht ganz verwunderlich, daß einigen der Verstand stille stand.

Aber diese psychologischen Phänomene werden für Weimar (und Jena) berichtet, nicht für Eisenach: »In Weimar fährt man fort, verrückt zu werden«[75], berichtet Voigt noch im nächsten Sommer (als allerdings die Franzosen Weimar nicht mehr bedrohten, wohl aber die Apoldaer Textilarbeiter sich zu regen begannen, wie wir sehen werden). Daß nicht nur in Eisenach, sondern auch in Weimar der »Freiheitsschwindel« ausgebrochen war, davon hatte man in der Forschung bisher keine Ahnung. Von dieser Ausbreitung revolutionärer Ideologie gibt ein Brief des Geheimrats Schmidt an den Herzog noch im frühen Dezember, als die Bedrohung einer Invasion schon verflogen war, lebhaften Eindruck: »Gebe doch der Himmel, daß die französische Truppen bald wieder von unsern Grenzen entfernt werden! Die Epidemia ihrer Begriffe scheint immer weiter um sich zu greifen, wozu die so häufig gelesene französische heillose Zeitungs-Blätter sehr vieles beytragen. Daß das Gift auch in hiesiger Gegend [=Weimar] heimlich würcke, davon habe ich neuerlich mancherley Spuren zu bemercken gehabt, und es scheint mir, als ob die Unterthanen, in Ansehung ihrer vorgesetzten Obrigkeiten, schon sehr freye GrundSätze zu haben anfangen. Wenigstens wird es sehr gut seyn, wenn man, zumahl bey Ew.

Hochfürstl[ichen] Durchl[aucht] Abwesenheit, hier und da leise auftritt.«[76] Zwei Wochen später schreibt auch Geheimrat Schnauß an Carl August: »An unglücklichen Raisonneurs über politische Händel Freyheits- und GleichheitsKappen p fehlt es wohl an keinem Ort und hier, wie man hört, unter Bürger und Bauern auch nicht. Es wird auch erst recht angehen, wenn die Contingents Mannschafft aus gehoben wird.«[77] Und am Heiligen Abend gibt er eine detailliertere Beschreibung der konkreten Beschwerden:

> Je mehr die falsche Aufklärung, die darauf sich gründende Freyheits- und Gleichheits Thorheiten, die Veracht- und Verspottung, ich will nicht sagen, blos der christlichen Religion, sondern auch des Glaubens an *einer* [sic] *Gottheit* p sich nach und nach bey gegenwärtigen Zeitläufften ausbreitet, desto mehr nehmen die frechen und aufrührischen [sic] Raisonnements unter Bürger [sic] und Bauern zu. Steuern, Zinnßen, Frohnen, Zoll, Geleit und dergl[eichen] sind Gegenstände, worüber sich dermalen eine Menge Unterthanen beschwehren und mit unter bedroheliche Reden führen sollen, die sonst niemals gehört worden.[78]

Man sieht: Die Beschwerden sind die alten, sie werden jetzt lediglich mit mehr Mut und Stirn vorgetragen, als vor dem Anfang der Revolution, und die Protestler sehen selbst, daß die französischen Ideen ihnen zur Seite stehen. Sie verkünden nicht bloß pathetische Freiheitsparolen, sondern verbinden sie mit detaillierten Forderungen. Die Vorstellung, daß Bürger mit Freiheitsmützen und Kokarden in Weimar herumliefen, als die Franzosen in Hessen vorzurücken schienen, widerspricht jeder Vorstellung einer zufriedenen und friedlichen Bevölkerung. Die Zahl dieser ›unruhigen Köpfe‹ kann nicht klein gewesen sein, spricht doch Schnauß von »eine[r] Menge Unterthanen«. Auch das Kernland der Weimarer Klassik und ihrer paternalistischen Regierung war vom Freiheitsfieber ergriffen worden, und zwar keineswegs nur in abstrakter Schwärmerei, sondern mit konkreten, selbstbewußten Beschwerden gegen ihre angeblich väterliche Herrschaft.[79]

Im Sommer 1793 ereignete sich ein Aufstand der Strumpfwirker in Apolda, der in der Forschung mit Stillschweigen übergangen wurde.[80] Wieder einmal sind es vorrevolutionäre Beschwerden, die den Anlaß zu Unruhen geben. In Apolda stellten frühkapitalistische Unternehmer (die Verleger) den Strumpfwirkern das Rohmaterial zur Verfügung und vertrieben die Strümpfe. Die Verleger konnten einen Jahresverdienst von mehr als 5000 Talern erzielen, was die höchsten Gehälter in Weimar – auch der Geheimräte – um ein Mehrfaches übertraf; die Wirker verdienten höchstens 78 Taler im Jahr, die Spinnerinnen sogar nur 21.[81] Aber sehr viele waren arbeitslos. Schon 1760 und 1773 war es zu Tumulten gekommen; der letzte war durch ein Husarenkommando niedergeschlagen, Arbeiter waren mit einigen Monaten Zuchthaus bestraft worden.[82] Am 27. April 1784 brachen wieder einmal Unruhen aus, als der Arbeitslohn von den Verlegern vermindert wurde. An den nachfolgenden amtlichen Vorgängen war Goethe bis zu seinem weitgehenden Ausscheiden aus dem Geheimen Consilium im Februar 1785 beteiligt. Die Regierung konstatiert Verantwortung auf Seiten der Verleger und verordnet, daß der Arbeitslohn festgesetzt werde (aber auch vermindert werden könne).[83] Ein Vorschlag des Consiliums (den Goethe nicht mehr mit verantwortete), den armen Strumpfwirkern zum ermäßigten Preis Brot zu verkaufen, wurde von der Kammer abgelehnt, mit dem Argument, daß das Getreide nicht ausreiche, und »daß die Fabrikanten [=Arbeiter], alhier [d. h. im Amt Weimar], zu Sulza, Bercka, Tannroda, Lobeda, Remda, Vogelsberg und anderer Orten, hiesiger Fürstl[icher] Lande, sich in den nehmlichen Umständen, wie die zu Apolda, befinden, und auf diese Gnade gleichen Anspruch machen würden«.[84] Auch acht Jahre später wird bestätigt, es gäbe »zu Magdala, Büttelstedt, Tannroda, ja selbst hier [d. h. in Weimar] und in Jena viele Fabricanten, die eben so dürftig, als die Apoldaische sind«.[85] Mehr als ein Drittel der etwa 600 Apoldaer Arbeiter fanden im Jahre 1793 keinen Absatz für ihre Ware, waren mithin praktisch arbeitslos.[86] Die Regierung selbst widerlegt die Unterstellung, daß die Arbeiter nur durch Faulheit an den Bettelstab geraten seien: »Das geringe Arbeitslohn reicht auch bey einem fleißigen – stets beschäftigten – Fabricanten kaum zu den [sic] nothdürftigsten Unterhalt, und die mindeste Unterbrechung des Verdiensts durch Krankheit, Mishelligkeiten mit dem Verleger, oder sonst, sezt den arbeitsamsten Mann zurück.«[87] Das Elend war mit Händen zu greifen, nicht nur in Apolda, sondern in vielen anderen Gemeinden.

Am 10. und 11. Juni 1793 brachen dann Unruhen in Apolda aus, bei denen es »zu allerhand Thätlichkeiten und andern unangenehmen Auftritten gekommen« ist[88]: Zwei Verleger wurden mißhandelt, »der erstere unter Geschrey, Schimpfen und Schmähen mit grosem Tumult in seinem Hauße umrungen und aus demselben abgehohlet, lezterer aber im Manufactur Collegio selbst beym Haaren [sic] herum geschleift«.[89] Die Regierung mahnt die Verleger, den vereinbarten Arbeitslohn zu bezahlen, und hält die Strumpfwirker dazu an, »sich bis zu Einlangung anderweiter Resolution ruhig zu verhalten«.[90] Aber die Verleger berichten, die Arbeiter »sagten uns und denen hiesigen Gerichten ins Gesicht, daß sie sich nicht bey demselben [d. h. bei dieser Verordnung] beruhigen würden und wir uns in Acht zu nehmen hätten, weil wir auf keinen Fall sicher wären«. Die Unternehmer versichern deshalb, wenn nicht ein Soldatenkommando entsandt und die Gewalttätigkeiten untersucht würden, seien sie »weder in Ansehung unserer Person noch unsers Eigenthums gesichert [...], zumal da einige derer Rädelsführer unter denen Fabricanten blos darauf auszugehen scheinen, das angezündete Feuer zu unterhalten und wo möglich zu vergrösern«.[91] Sie sind deshalb nach Weimar »geflüchtet«.[92] Das Haus eines Verlegers wird unter unklaren Umständen abgebrannt.[93]

Das Geheime Consilium stellt fest, daß die Schuld für die Unruhen beim Manufakturkollegium liege, das einen »bedrohliche[n]« Erlaß gegen das Betteln verarmter Arbeiter erlassen habe[94], sowie bei den Verlegern, die die Arbeiter »gedrückt und dadurch zu den Unruhen Anlaß gegeben haben«[95] und versucht haben, sie »mit ihrer Arbeit sitzen zu laßen, als wodurch sie nur suchten, sie in einen solchen Nothstand zu sezen, daß sie die Waaren um den Preiß geben müßten, welchen sie ihnen selbsten vorschreiben«.[96] Zunächst wird für Ordnung gesorgt. Ein Kommissar wird beauftragt, »die vorgegangenen Ungebührnisse, ohne jedoch vorerst so lange es nicht schlechterdings die Nothwendigkeit erfordert, mit Arretierung der an der Spitze stehenden Excedenten [= Exzesse Verübenden] vorzuschreiten, zu untersuchen, vor allen Dingen aber Friede zu gebieten, und alle Gewaltthätigkeiten und SelbstHülfe zu untersagen«. Damit »vorerst einiger Ernst demonstrirt werde«, wird die Ruhe durch ein Husarenkommando wiederhergestellt.[97] Aber neben diesen Disziplinarmaßnahmen werden auch wenigstens »palliativ[e]«[98] Reformen zugunsten der Arbeiter durchgeführt und die Verleger zur Bezahlung des größten Teils der Untersuchungskosten verurteilt.[99] Allerdings erscheint die Motivation hinter einigen dieser Reformen eher in einem Bestreben zu liegen, effektive Öffentlichkeitsarbeit für das Herzogtum zu leisten, also das Gesicht zu wahren. Voigt schreibt an den Herzog: »Verschiedene der verarmten und zum Theil lüderlichen Fabricanten glauben damit zu drohen, wenn sie wegzögen. Ob ihnen das gleich am Ende gar nicht zu wehren seyn möchte, da niemand bey uns leibeigen ist, so wollen wir doch möglichst *allen Eclat zu vermeiden*, und die Menschen vorerst zu beruhigen suchen, wozu verschiedene Maasreguln proponirt worden sind.«[100] Die Menschen wurden offenbar beruhigt, und der Eklat blieb aus; die Episode ist nicht einmal in Apoldaer Lokalgeschichten überliefert. Obwohl es ausdrücklich gar nicht im wirtschaftlichen Interesse des Herzogtums war, die Arbeitslosen am Auswandern zu hindern[101], wurde dies wegen des Ansehens in der Öffentlichkeit unterbunden. (Trotz dieser Maßnahmen wurden im November wieder »neue Unruhen« gemeldet.[102])

Die Reaktion auf Unruhen im Lande war also nicht nur Bestrafung, sondern auch – wie wir im vorigen Kapitel anhand der Fronen sahen – defensive Reform. Im Herbst 1792 wird der defensive Aspekt fast peinlich evident. Reformen wurden offenbar für so nötig gehalten, daß sie in Abwesenheit des Herzogs sogar eigenmächtig vom Geheimen Consilium unternommen wurden, wie ein Brief Voigts an Carl August vom 17. Dezember zeigt: »Hier ist alles manierlich und ruhig. Wir haben itzt bey dem G[eheimen] Cons[ilium] eine schickliche Gelegenheit ergriffen, die bittende Bürgerschaft darin zu besänftigen, daß wir ihre Fabricate, so wie Ew. [Durchlaucht] solche bey den [sic] Geleite freygegeben, auch bey dem RathsZoll frey machen. Das wird uns die hies[igen] Bürger, die es gar nicht [für] möglich angesehen haben, sehr verbinden, besonders wenn wir auch die *Triftsachen* noch gut durchbringen, daß die Cammer besteht, und der gemeine Mann sich freut.«[103] Die Untertanen wurden also sogar mit dem unerwarteten Geschenk einer Reform bedacht – so wirksam war der Geist der ›Widersetzlichkeit‹ (der aus anderen Dokumenten hervorgeht und Voigts Bericht über Manierlichkeit und Ruhe widerlegt). Aber obwohl erst die Widersetzlichkeit Reformmaßnahmen hervorbrachte, die (besonders im Fall Apolda) von der Obrigkeit als berechtigt und nötig angesehen wurden, wurde sie bestraft.

Meist ging der Antrieb zur Reform – wie auch zur Bestrafung – vom Herzog aus. Schon auf Herdas Brief reagiert Carl August mit Vorschlägen, die die problematischen Auswüchse der Brandweinbrennerei vermindern sollten.[104] Thon hatte sich sehr ausführlich mit dem Problem der Fronen beschäftigt und dieses als eine Hauptquelle der Unruhe bezeichnet. Carl August schreibt, daß Thons Bericht »den anlaß giebt das Frohnwesen im Eisenachischen näher zu besehn, daß gewiß sehr im argen liegt«.[105] Er benennt konkrete Mißstände und fordert vom Geheimen Consilium Vorschläge für eine Sanierung der Fronen und Überwachung des Wildstandes. Dies ist allerdings derselbe Brief, in dem er schreibt, daß die Eisenacher Regierung »mit dem Pöbel viel zu glimpfl[ich] umgeht; Sachen wie die sind, welche Thon bemerckt[,] hätten sollen strenge untersucht und sehr exemplarisch bestraft werden.«[106] So finden wir die auch oben bei Fronverweigerung und -protest festgestellte Kombination von *gelegentlicher* defensiver Reform und *unausbleiblicher* Bestrafung der Protestierenden, eine Politik, die die Opposition auf Dauer einschüchtern mußte, auch wenn sie nie völlig verebbte.

Daß aber auch ›Reformen‹ schnell an eine Grenze stießen, zeigen die Auseinandersetzungen um Fronen im Herzogtum Eisenach in diesen Jahren. Der Herzog hatte die Rechnung ohne den Wirt gemacht; die Fronreform mußte zurückgestellt werden, da der Feldzug in Frankreich alle Mittel verschlungen hatte. Daher wurden seine Vorschläge zur Sanierung des Fronwesens in Sachsen-Eisenach gar nicht ausgeführt.[107] Aber die Untertanen ließen nicht locker. Im Sommer des Jahres 1793 erbaten die Anspänner (die besser gestellten Bauern) des Amtes Eisenach die Umwandlung der Fronen in eine Geldabgabe. Dies war ein zeitgemäßes Reformanliegen, das den Vorstellungen vieler liberaler Denker entsprach: eine Modernisierung der Leistungen der Untertanen gegenüber dem Staat. Es erschien nicht erst während der Französischen Revolution, ja, man könnte Weimar als Nachzügler in dieser Frage bezeichnen, erwog doch der bayrische Kurfürst schon 1665 eine ähnliche Maßnahme.[108] Und Weimar hatte 1788 mit einem Schatullgut einen bescheidenen Anfang gemacht.[109] Thon, der im November über die Stimmung im Herzogtum Eisenach berichtet hatte und dort die Beschwerden über Fronen als besondere Ursache der Unruhen hervorgehoben hatte, wurde nun wegen seiner ausgedehnten Kenntnisse auf diesem Gebiet um Bericht gebeten. Thon verfaßte mit der ihm eigenen Tüchtigkeit sofort eine ausführliche Denkschrift, in der er auch auf die Ursprünge der Fronen einging und erläuterte, warum die Untertanen sie für »beschwerlich, hart, grausam, unerträglich« hielten.[110] Fronverweigerungen und Prozesse seien für alle Beteiligten lästig. Trotz vielfältiger Schwierigkeiten sei die Verwandlung der Fronen in eine Geldabgabe im Prinzip »sehr zu empfehlen«. Auch die Eisenacher Regierung, mit Bechtolsheim an der Spitze, sieht »bey der dermahligen Stimmmung der Unterthanen, wo die Hauptsächlichsten Beschwerden eben aus dieser Quelle entspringen, welche sie leicht zu Unruhen verleiten«, nur Vorteile einer solchen Aktion.[111] Nur die Kammer, die für diese Fragen zuständig ist, äußert in ihrem Bericht an den Herzog Bedenken, unter anderem, weil die Besoldung von Beamten direkt von Froneinkünften abhängig sei[112], aber diese Hürde war nicht unüberwindlich, sollte doch eine Geldabgabe die Fron ersetzen. So ist es nicht verwunderlich, wenn das Geheime Consilium im November 1793 in Abwesenheit des Herzogs trotz »eine[r] Menge Schwierigkeiten« beschließt, mit dem Oberamt Eisenach einen Versuch mit der Fronverwandlung zu machen und an Thon dazu den Auftrag erteilen läßt.[113] Thon meldet dann allerdings Bedenken, ein einziges Amt vorzunehmen, statt die Verwandlung im ganzen Herzogtum Eisenach durchzuführen, weil die Obrigkeit »mit den andern Aemtern in unübersehbare Widersprüche und Unannehmlichkeiten gerathen würde«, was ohne weiteres einleuchtet. Er möchte auch nicht »das Zutrauen der Unterthanen« zu ihm durch halbherzige Maßnahmen aufs Spiel setzen und drängt auf eine umfassende Reform.[114] Inzwischen haben die Untertanen sogar ihr Angebot einer die Fronen ersetzenden Geldabgabe um einen ansehnlichen Betrag erhöht.[115] Unter solchen Umständen ist vom relativ liberalen Geheimen Consilium zu erwarten, daß es die Reform anpacken würde.

Inzwischen war aber der Herr wieder vor Ort. Am 14. Februar 1794 gibt Carl August der Eisenacher Kammer zu verstehen, daß die Kammer »die Aufheb- oder Verwandelung der Frohn-Dienste, im Allgemeinen nicht aus dem Gesichts-Punckt betrachtet, woraus solche, Unserer Überzeugung nach, Innhalts der Beylage, anzusehen ist«. Er teilt dann mit, daß er »auf die vorgeschlagene commißarische Angreifung des Frohn-Systems im ganzen Fürstenthum einzugehen, nicht gesonnen« sei. Sein Brief, die Beilage und die Akten sollen laut Befehl des Herzogs in einem besonderen Faszikel aufbewahrt werden[116] – aus Gründen der Geheimhaltung, wie im folgenden deutlich wird. Die vom Herzog mitgeschickte Beilage ist ein handschriftlich überlieferter Aufsatz mit der Überschrift *Über Aufhebung oder Verwandelung der Frohn-Dienste im Allgemeinen*. Entgegen der Formulierung »im Allgemeinen« geht der ungenannte Verfasser jedoch am Ende der Schrift auf die spezielle Frage der Fronen in Eisenach ein, so daß die Schrift in weimarischen oder eisenachischen Regierungskreisen entstanden sein muß. Der Aufsatz ist eine unter damaligen Umständen nur als reaktionär zu bezeichnende Auseinandersetzung mit dem Reformvorhaben. Der Tenor der Schrift geht am klarsten aus der gegen Anfang geäußerten Feststellung hervor, »daß die Frohn-Dienste an sich eine so verderbliche Anstalt nicht sind, als sie die klagenden Frohnpflichtigen oder die bequemeren und unzufriedeneren unter ihnen zu schildern geneigt sind.« Der Verfasser bemüht sich, die Argumente gegen diesen »vermeintlich der natürlichen Freyheit so sehr zu wider lauffenden sclavischen Zustand« zu widerlegen – er verwirft also die im letzten Kapitel erörterte naturrechtliche Begründung der Reformen. Es soll im Umgang mit den Untertanen nirgends der Eindruck aufkommen, »als ob man selbst die Frohnbarkeit für einen ungerechten oder unbilligen Druck ansehe.« Der Verfasser möchte statt Reform lieber Öffentlichkeitsarbeit unter den Untertanen betreiben (wie wir das auch als Reaktion auf die Unruhen des Jahres 1790 sahen):

> Vielmehr ist auch diese Gelegenheit zu benutzen, dem Volcke auf dem Lande begreiflich zu machen, daß seine Lage verhältnißmäßig glücklicher ist, als es manche Unzufriedene wähnen möchten, besonders unter der Administration einer LandesHerrschafft, die sehr geneigt ist, zu Beförderung des allgemeinen Wohlstandes immerfort mit zu wircken und nach Erfordernis zur Erleichterung und Unterstüzung beyzutragen, wenn sie gleich weder ihre rechtmäßige Befugniße und Vortheile aufgeben, noch sonst die Kräfte vermindern laßen könne, welche erforderlich sind, den Aufwand einer guten

Landes Verwaltung zu bestreiten und den vielen hieraus folgenden Ansprüchen Genüge zu leisten.[117]

Mit dieser Zurückweisung der Argumente um die Verwandlung der Fronen war die große Reform zu den Akten gelegt; die nächsten Dokumente stammen aus dem Jahre 1808, also aus der Zeit der französischen Besetzung, als die Sache endlich wieder in Gang kam.[118]

Wer der Verfasser dieser Schrift war, ist nicht mehr festzustellen; es ist deutlich ein regierungsinternes Papier, also nicht die Kopie eines gedruckten Dokuments.[119] Ganz abgesehen von der Verfasserschaft bleibt ein Rätsel bestehen: Carl August hatte im Herbst 1792 das Reformvorhaben Herdas ausdrücklich begrüßt, Herdas frühere willkürliche Handhabung der Fronen gerügt und mit beachtlicher Detailkenntnis eine konsequentere Behandlung gefordert.[120] Er hatte im Januar 1793 offenbar nur auf Drängen der Räte sein Reformprojekt aufgegeben. Warum machte der Herzog im Februar 1794 die in dieser Schrift vertretenen reaktionären Meinungen nun zu den seinen? Was war seit November 1792 passiert, als Carl August mit fast panischer Ängstlichkeit eine Reform der Fronen zu fördern schien?

Die Antwort scheint ganz einfach: Der Druck auf den Herzog hatte nachgelassen. Denn von allen Seiten wurde die Sanierung der Fronen zu den großen Weltereignissen in Beziehung gesetzt, die jetzt gelassener gesehen wurden. Der Zusammenhang zwischen Fronreform und Revolution war Carl August schon kurz nach dem Sturm auf die Bastille deutlich. Denn Thon teilt die erstaunliche Auskunft mit, daß der Herzog ihm bereits am 3. August 1789 mündlich befohlen habe, »das Frohnwesen in allen Fürstl[ichen] Aemtern [d. h. in Sachsen-Eisenach] zu untersuchen, und das Resultat mit Vorschlägen zur Verwandlung der Frohnen eines jeden Amts abgesondert unterthänigst vorzulegen«.[121] Das war genau die umfassende Reform, die Thon jetzt, im Herbst 1793, für erforderlich hält, die der Herzog jedoch ablehnt. Aber am 3. August 1789 erschien die Revolution noch nicht so schrecklich. Nach einem Brief an seine Mutter am selben Tag zu urteilen, in dem Carl August geradezu eine euphorische Begeisterung für die (wohl mißverstandene) Revolution an den Tag legt[122], verordnete er offenbar in einem Anfall von Reformfreudigkeit – sicherlich durch mäßige Angst vor den Auswirkungen der Revolution motiviert – eine ausgedehnte Fronverwandlung in Sachsen-Eisenach. Daß er dies nur mündlich tat, statt wie üblich und ordnungsgemäß in einem Reskript, zeigt wahrscheinlich, daß er Widerstand erwartete, wohl von der Eisenacher Kammer und vom Adel, so daß er die Weisung vertraulich mitteilte. Daß er es trotzdem tat, ist ein – bisher unbekanntes – Zeugnis für seine von defensivem Reformvorhaben geleitete erste offizielle Reaktion auf die Ereignisse in Paris.

Wenige Monate später und erst recht im Jahre 1792 hatte der Herzog jedoch eine völlig andere Einstellung zur Revolution.[123] Die anfangs nur geringe Furcht hatte sich angesichts der Gewalt in Frankreich, der Ausweitung der revolutionären Bewegungen nach Deutschland und des drohenden Krieges enorm gesteigert. Einen Eindruck dieser Angst geben Äußerungen in Briefen des Herzogs an Fritsch nach der Ermordung des schwedischen Königs Gustav III. im März 1792: »Die Geschichte des Königes von Schweden ist erschrecklich; das Metier fängt an gefährlich zu werden […]«[124], heißt es, und eine Woche später kolportiert Carl August weitere Gerüchte über die existentielle Bedrohung europäischer Monarchen durch die Revolutionäre:

> Von der Schwedischen Catastrophe wißen Sie mehr als ich Ihnen schreiben kan; der König ist mit einer Windpistole bleßirt worden; ob er lebt od[er] tod ist, blieb mir noch unbekannt; der K[önig] v[on] Preußen ist durch anonyme briefe von Straßburg auß, die an den Gr[afen] Herzberg gerichtet waren, gewarnet worden sich mit seinen Speisen in acht zu nehmen, und der Kayserinn v[on] Rußland soll beygebracht worden seyn sie hätte einen Französischen Koch in ihrer Küche der

> einen Bruder unter denen Jacobinern besäße. [...] in Berlin vermuthet mann nicht nur sondern glaubt gewiß der K[önig] v[on] Schweden sey durch anstiften der Franzosen ermordet worden.[125]

Die Revolution, die am Anfang als eine Art Verfassungs- und Wirtschaftsreform im Rahmen der Monarchie erschien, hatte sich in den Augen des Herzogs in ein brutales Monstrum verwandelt, und Carl August und seine Räte wurden besonders nach der Kriegserklärung gegen Frankreich im April 1792, den Ereignissen der ›zweiten Revolution‹ am 10. August, den Septembermorden, der Hinrichtung des Königs im Januar 1793 und dem Anfang der Schreckensherrschaft im Sommer 1793 nicht müde, die Revolutionäre als wilde, unvernünftige, blutdürstige Tiere zu kennzeichnen.[126] Die Revolution wird nicht mehr als Chance zur Reform gegenüber den beharrenden Kräften im Lande gesehen – wenn sie es je war –, sondern als eine explosive Bedrohung, die deutsche Untertanen aufzuwiegeln vermochte.

Es ist völlig klar, daß die »unruhigen Köpfe« in Sachsen-Weimar und Eisenach im Herbst und Winter 1792 Impulse von der Revolution erhielten, und daß die Regierung dies erkannte. Aus allen Fällen, die im letzten und in diesem Kapitel dargestellt wurden, geht hervor, daß erst diese wirkliche oder nur eingebildete Bedrohung zu Reformen führte, die vor dem Anfang der Revolution nie richtig in Angriff genommen worden waren. Das ist genauso für die Verminderung des Wildbestandes in Bürgel der Fall, die schon Jahre vor dem Anfang der Revolution versprochen worden war, aber erst unter dem Eindruck der französischen Ereignisse und der sächsischen Unruhen mit überstürzter Eile vorgenommen wurde, wie auch für die Maßnahmen zur Besserung der Lage der Textilarbeiter in Apolda und die von Carl August angeregten Fronverbesserungen.

Nach dem Anfang des Jahres 1793 bahnte sich jedoch wegen der nachlassenden Gefährdung durch die französischen Truppen und wahrscheinlich wegen der sich radikalisierenden Ereignisse in Frankreich eine Veränderung der Stimmung in Weimar an. Die Zeugnisse bis zum Herbst des Jahres 1793 sind allerdings zweideutig. Einerseits finden sich viele Zeugnisse, die auf eine loyalere Haltung der Untertanen gegenüber der Obrigkeit hindeuten. Die Geheimräte berichten an den Herzog, daß das Volk jetzt auf die Franzosen schimpfe[127], und daß »der einfältige Freyheits Schwindel seinen Einfluß auf die ehrlichen Thüringer verlohren hat«.[128] Die Bürger einiger Gemeinden beschließen sogar einen freiwilligen Geldbeitrag zur Kriegsführung gegen die Franzosen.[129] Angesichts der sich offenbar anbahnenden militärischen Erfolge gegen Frankreich kann Voigt Ende März an einen Jenaer Professor schreiben: »Lassen Sie uns nun auch in Weimar und Jena ruhiger schlafen.«[130] Voigt berichtet im August von einer guten Ernte und setzt verschönernd hinzu: »Der gemeine Mann erkennt es immer mehr, wie glücklich er ist, die Früchte seines Fleisses in Ruhe und in dem Schutz der Gesetze genießen zu können.«[131]

Andere Zeugnisse belegen jedoch kontinuierliche Unzufriedenheit. Nur anderthalb Monate vor Voigts idyllischem Bericht hatte Geheimrat Schnauß in einem einzigen Brief das erörterte Ansuchen der Eisenacher Bauern um eine Fronreform sowie den »Aufstand« der Apoldaer Strumpfwirker gemeldet.[132] Im Februar 1793, nachdem die Nachricht von der Hinrichtung Ludwigs XVI. in Weimar eingetroffen war, schrieb Schnauß dem Herzog:

> Das französische Revolutions Gifft breitet sich immer weiter aus; öffters bekommen ganze Dorffschafften und Herrschafften Freyheits Convulsionen, welche nicht anders, als durch scharffe Arzney curirt und allenfalls in eine lähmende Gicht verwandelt werden müßen. Es schleicht diese Pest in [sic] Finstern und wird bis zu einer unerwarteten Explosion durch die Emißarien, Philosophen, Phantasten p unterhalten. Man darff dahero einer scheinbaren Ruhe nirgends trauen und das Land vom Militare entblößen, weil sonsten alle Mittel fehlen, der-

gl[eichen] Tollköpfe im Zaum zu halten und sie nach Würden zu belohnen.[133]

Ein Jägerdetachement bleibt demgemäß in Weimar zur »Verhinderung besorglicher Ungezogenheiten der durch das franzößische Freyheits Gifft hin und wieder angesteckten Unterthanen«.[134] Auch ein Amtmann aus dem entlegenen Amt Allstedt »zeigte ängstlich an, daß so viele aufrührische Reden so wohl von durchreißenden Franzoßen, als auch selbst von Unterthanen, geführt würden.«[135] Die Apoldaer Unruhen wurden gleichfalls durch die Brille der französischen Ereignisse gesehen. Schnauß schreibt: »In Apolda fangen die Fabrikanten an, Sich von dem Freyheits- und Gleichheits Teufel verführen zu laßen [...]«, und er nennt die Textilarbeiter »sansculottes«[136] oder, wie Voigt diese Bezeichnung für die Revolutionäre eindeutscht, die »ohnbehoßten«.[137] Die Bauern scheinen im Aufwind der Revolution fast außer Kontrolle zu geraten. Carl August bezeugt, »die jezigen ohnehin harten ZeitUmstände« machten einen Zwang zur Baufron an der Wartburg »ganz unthunlich«.[138] Die weimarischen und eisenachischen Untertanen ließen sich offenbar nicht so schnell von ihren freiheitlichen Hoffnungen abbringen, auch nachdem der französische König guillotiniert worden und die militärische Gefahr anscheinend verflogen war. Das »Revolutions Gifft« muß sich sehr ausgebreitet haben, zeugt doch Schnauß davon, das es »ganze Dorffschafften und Herrschafften« ergriffen habe. Trotzdem scheint die Anstekkung durch den Revolutionsgeist nach dem Sommer 1793, als der französische Terror die meisten Revolutionsanhänger entsetzte und die Apoldaer Unruhen beendet worden waren, erheblich vermindert, wenn auch keineswegs beseitigt worden zu sein.

Auch die Forderung der Bauern im Eisenacher Oberamt, die Fronen in Geldabgaben zu verwandeln, wurde wiederholt mit der revolutionären Ansteckung in Verbindung gebracht. Das geschah vor allem durch den siebzigjährigen Geheimrat Schnauß, der übrigens aus Eisenach stammte und als Experte für dortige Angelegenheiten galt. Schon in der ersten brieflichen Meldung des Ansuchens an den abwesenden Herzog schreibt Schnauß: »Die sämmtlichen Anspänner des Ober Amts Eisenach wollen auch von der so sehr belobten und Appetit erweckenden Freyheit etwas genießen [...].«[139] Potentiell noch viel beunruhigender war folgende Stelle in der Denkschrift Thons über die Fronsache: Es »dürfte dieser Umstand sehr zu beherzigen seyn, daß, wenn sich ietzt in Ansehung der Frohnen nicht überhaupt auf eine billige Art verglichen wird, in den nächsten Jahren manche Arten derselben, ohne Entschädigung, wegfallen möchten«![140] Ein Leser der Schrift im Geheimen Consilium unterstrich die Stellen »in den nächsten Jahren« sowie »ohne Entschädigung« mit Rötel, und nicht ohne Recht: Thon deutet damit an, daß entweder die Franzosen Thüringen besetzen und die soziale Ungleichheit abschaffen, oder die Untertanen selbst rebellieren und die bestehende Ordnung umstürzen würden. Auch an anderer Stelle legt er euphemistisch nahe, daß die früher für unmöglich gehaltene Verwandlung der Fronen in eine Geldabgabe nunmehr, »nach verschiedenen wichtigen Ereignißen im Allgemeinen«[141], als machbar erscheine – die Revolution erscheint hier als Antrieb zur Reform.

Aber der anonyme, von Carl August approbierte Aufsatz stellt die stärkste, extremste Verbindung zwischen dem Fronansuchen und der Revolution her, und zwar mit negativem Vorzeichen. Der Verfasser setzt sich mit Thons Prognose einer Abschaffung der Fronen von unten her auseinander – und stellt die Prognose selbst als aufrührerisch dar:

> Wollte man sagen, die Frohnherrschaft müße sich zu einigem Verlust bequemen, weil zu besorgen sey, die Naturalfrohnen giengen, besonders in dem Geist der itzigen Zeiten, doch endlich ganz verloren, so würde man mit dieser Aeusserung, (wenn man solche auch nur geheim hielte, und nicht bekannt werden ließe, wie doch das Gegentheil zu befürchten) einer Widersezlichkeit und einem allgemeinen Angriff auf Eigen-

thum, einer willkührlichen Bereicherung durch physische Gewalt, selbst entgegen sehen, und dieses Ereigniß als ein unvermeidliches Übel voraussezen wollen.

Eben diese Besorgniß würde sich aber auf alle und jede öffentliche Prästationen [= Abgaben] verwenden laßen, und die Möglichkeit eines völligen Umsturzes der Landes-Verfaßung prognosticiren. Ein solcher Gedancke aber, wenn man ihn gar öffentlich äußern wollte, müste auf die Opinion des Volckes wirken, und es wäre daher, um der weit aussehenden Folgen willen, sehr bedencklich, ja es würde unverantwortlich seyn, denselben in Gang zu bringen.[142]

Die Tendenz ist klar: Schon die Diskussion über die Einschränkung herrschaftlicher Privilegien (wenn die Verwandlung der Fronen in eine Geldabgabe überhaupt eine solche Einschränkung war[143]) würde eine politische Büchse der Pandora öffnen, würde den »Umsturz« der bestehenden Ordnung einleiten. Eine reaktionärere Position ließe sich kaum denken.

Wie der Herzog bis zum Februar 1794 zu einer solchen harten Linie übergegangen sein kann, ist kaum mehr einzusehen. Ein bedeutender Faktor ist jedoch wahrscheinlich der Einfluß von Schnauß, der am hartnäckigsten die verderbliche Einwirkung revolutionärer Ideen auf die Forderungen der Untertanen darstellte. Als verstärkende Faktoren kamen gewiß die Rückeroberung von Mainz durch die alliierten Truppen (unter Beteiligung von Carl August und Goethe) und der Terror in Frankreich hinzu: Im Laufe des Jahres 1793 wurde die Revolution offenbar nicht nur militärisch besiegt, sondern sie verlor wegen ihrer Extremformen ihren Glanz für ehemalige Anhänger. In diesem Klima meldete Schnauß dem Herzog am 4. November 1793 Beschwerden in Weimar, besonders über die lästigen Weideprivilegien der fürstlichen Kammergüter:

Auch die hiesigen Bürger machen der Cammer vielen Verdruß, da sie größten theils aus dem Grund der natürlichen Freyheit die CammerGüther zu Oberweimar, Tieffurth, Lüzendorff, Gaberndorff und Cöttendorff aus der hiesigen Stadtflur, in welchen [sic] sie seit undencklichen Jahren die Koppel Trifften ausgeübet, verdrängen wollen. Man hat schon viel nachgegeben; Sie sind aber nicht darmit zufrieden. Sie möchten gerne alles besömmern und zu Krautländer [sic] machen. Wo sollen aber die Heerden der CammerGüther hin? Das wunderbarste ist, daß sie ihre unerfindliche Prätensionen und Forderungen einem [sic] rechtlichen Erkenntniß nicht unterwerffen wollen, sondern deren Willfahrung, als eine Gnade, von Ew. Hochf[ürstlicher] Durchl[aucht] verlangen. Wie kann aber Höchstdenenselben zugemuthet werden, den hiesigen Trifft Genoßen, in welche auf einmal der Freyheits- und Revolutions Geist gefahren zu seyn scheint, ohne Rechts Grund ein so großes Opfer auf Kosten der CammerGüther zu bringen?[144]

Schnauß stellt die Sache so dar, als hätte der Revolutionsgeist die Weimarer Untertanen aller Vernunft beraubt und sie zu Extremisten gemacht. Und tatsächlich wollen sie sich nicht mehr dem Diktat des Herkommens (»seit undencklichen Jahren«) oder einer Untersuchung der Rechtslage unterwerfen, sondern erheben auf der Grundlage der »natürlichen Freyheit« Anspruch auf neue Rechte (der Bauer verstand das Verbot, seine Felder im Sommer zu nutzen, statt sie den herzoglichen Schafen zu überlassen, als »Einschränkung in dem freien Gebrauch seines Eigentums«[145]). So mußte in der veränderten politischen Situation nach dem Anfang des Terrors ein weimarischer Untertan, der (wenigstens nach den Vorstellungen von Schnauß) an solchen revolutionären Idealen festhielt, wie ein Wahnsinniger – allerdings ein gefährlicher Wahnsinniger – erscheinen. In seinem nächsten Brief kommt Schnauß auf das Ansuchen der Eisenacher Bauern zu sprechen, und fragt sich, »ob es rathsam sey«, es zu genehmigen. »Die Unterthanen, besonders die Bauern«, schreibt Schnauß, »fühlen Sich; die Wörter Freyheit und Gleichheit klingen ihnen doch gar lieblich in die Ohren und sie studieren darauf, den Druck, unter welchen [sie] an manchen Orten, besonders von den Cammern und den Edelleuten, gehalten worden, nach und nach zu heben und zu vermindern, welches man ihnen zwar nicht verdencken kan, aber alle Vorsicht anwenden muß, daß sie nicht zu weit greiffen.«[146] Mißstände werden zugestanden, aber der Tenor bleibt abwehrend, und die Beschwerdeführenden erscheinen als Jakobiner. Die Antwort des Herzogs auf diesen Brief ist erhalten: »Die Angelegenheiten wegen des Frohnwesens im OberAmt Eisenach [...] werde ich nächstens selbst in Weimar berichtigen.«[147] Nachdem der Herzog kurz vor Weihnachten 1793 vom Feldzug in der Pfalz zurückgekehrt war, ist das nächste Dokument in der Angelegenheit der Fronverwandlung sein schroff ablehnendes Schreiben mit der reaktionären Beilage im Februar 1794.

Einen Eindruck der Motivationen des Herzogs gegenüber den Beschwerden und Protesten der Untertanen in dieser Zeit gibt ein Billet an Voigt nur zwei Wochen nach seiner Ablehnung der Fronreform:

> Hier überschicke ich Ihnen ein paar leute, die mir bey kommendes Schreiben, so eben eingehändiget haben. Auf mein befragen, sagen sie aus, daß bey einer heute erfolgten publication sie beysammen gewesen wären, und dieses anliegen vorzubringen sich verabredet hätten; der Innhalt des Gesuchs ist aber von so großen belang daß ich aufmercksam auf das Petitum [= Gesuch] selbst, und auf die zusammenkunft der Unterschriebenen zu werden, nicht umhin konnte: Die Schultheißen hie zu lande sind gewiß von der richtigkeit ihres Gesuches und deren folgen zu sehr unterrichtet als daß sie nicht einsehn solten daß ihr Gesuch für die lasten den stärcksten einfluß hätte, würde es Ihnen [sic] gewährt, und gewöhnl[ich] sind diese leute zu billig gesinnt als daß sie en masse, dergl[eichen] grobe foderungen aufstellen solten ohne dazu aufgehezt zu seyn; ich vermuthe also eine aufhetzung, und einen aufhetzer der sie versammlet, und beredet hat, das Gesuch anzubringen von dem die rede ist. Suchen Sie der Sache auf den

Grund zu kommen, dieser Vorfall ist der Mühe werth daß mann ihn in ein ordentliches licht, und in einen etwas zerlegten zustand bringe.[148]

Es handelte sich hier offenbar um Bauern aus dem eisenachischen Amt Kraienberg, deren Gesuch um Erlaß einer Steuer zwei Tage später abgelehnt wurde[149] (in diesen Tagen erregte auch eine andere Bauerndeputation den Zorn Carl Augusts[150]). Auffallend ist hier die verschwörungswitternde Denkweise des Herzogs. Hinter solchen Forderungen »en masse« müssen »aufhetzer« stecken, die Bauern sind sonst zu ruhig und obrigkeitstreu (»Der deutsche gemeine Mann ist mit dem Sinne der Subordination geboren«, hatte der Herzog 1790 geschrieben[151]), als daß ihnen weitgehende Forderungen einfallen sollten. Auch für diesen Verschwörungsverdacht war wohl der Einfluß von Schnauß bestimmend; wie wir sahen, hatte er schon ein Jahr früher über das »französische Revolutions Gifft« geschrieben: »Es schleicht diese Pest in [sic] Finstern« – das war ein Codebegriff für die heimliche Wirkung von geheimbundartigen Agenten[152] – »und wird bis zu einer unerwarteten Explosion durch die Emißarien, Philosophen, Phantasten p unterhalten.«[153] Wie schon 1790[154], wird die Schuld auf einige wenige Intellektuelle geschoben, die eventuell in Geheimbünden organisiert und gar von Frankreich als Emissarien verschickt worden seien. Diese firmierten als Agenten eines fabelhaften, »berüchtigten Club de la Propagande«, wie der gothaische Minister Franckenberg einmal an Fritsch schrieb[155]: angeblich ein von Frankreich aus kontrolliertes Agentennetz, das über unsägliche Geldsummen verfüge, um Europa von innen her zu revolutionieren.[156]

Diese Angst vor Verschwörungen lähmte die notwendige Reformtätigkeit. Ohne sich mit Reformen der bestehenden Verhältnisse beschäftigen zu müssen, konnten die Regierenden bequem nur die »Emissarien« belangen, da es in der Bevölkerung selbst keine eigenständige Unzufriedenheit gäbe. So scheint das Fazit zwiespältig. Die Taktik der Weimarer Herrschaft gegenüber Protest und Opposition war, wie vor der Revolution, doppelgesichtig: durch Reform ermutigte man Protestierende, durch Bestrafung entmutigte man sie. Weil ›Reform‹ nie zwangsläufig aus Protest resultierte, sondern nur (dem Wesen des ›aufgeklärten‹ Absolutismus gemäß) sporadisch und willkürlich durchgeführt wurde, so überwog die Einschüchterung der Untertanen durch die konsequente Anwendung von Bestrafung und Verbot. Mehr noch: die Ereignisse der Jahre 1792–1793 belegen ein eindeutiges Phänomen. Wenn der Druck von unten – vom Volk – und von außen – von Frankreich – nachläßt, so verfliegt das Interesse des absolutistischen Herrschers an grundlegenden Reformen, und gegenläufige Tendenzen behalten die Oberhand. Die Verschwörungsmentalität führt jedoch auch einen noch rückständigeren Faktor ein. Wenn der Druck von unten als Fremdkörper gesehen wird, der die ruhige Bevölkerung von außen beziehungsweise von den Intellektuellen her infiziert, dann wird von jeder Reform abgesehen, da Polizeiaktionen die Ruhestörer fassen und den sozialen Frieden wiederherstellen können.[157]

Die Grenzen liberaler ›Reform‹-Tätigkeit zeigen sich nirgends deutlicher als bei Goethe. Weniger als drei Monate, nachdem Carl August das Experiment der Fronablösung gestoppt hatte, stand eine andere Maßnahme zugunsten der Untertanen zur Diskussion: Ein Kammergut im Amt Ilmenau sollte zerschlagen, also aufgeteilt und an die Bauern verkauft werden, um deren Produktivität und Wohlstand zu verbessern. Goethe schreibt im Mai 1794 beschwörend an Voigt: »Mit lebhafter Überzeugung habe ich den Herzog gebeten *jetzt* nicht sich in die Zerschlagung der Güter einzulassen. Soll es ja geschehen so nimmt man in einigen Jahren viel mehr daraus. Sie sind meiner Meynung, bestätigen Sie ihn drin.«[158] Hans Tümmler vermutet als Grund für Goethes ablehnende Haltung den »Einfluß des revolutionären Zeitgeschehens in Frankreich«.[159] Goethes Votum zeigt frappierende Ähnlichkeit mit dem Hinweis des Consiliums im Dezember 1792, der Herzog möge »nicht *eben itzt*« die eisenachische Fronablösung durchführen[160], so daß es vielleicht nicht unberechtigt ist, auch in diesen früheren Ereignissen Goethes Einfluß zu sehen und insgesamt Tümmlers Ansicht zu bestätigen. Aber wir sahen, daß bei der Ablehnung der Reform im Dezember 1792 die infolge des Koalitionskrieges verschlimmerte Finanzlage des Herzogtums entscheidend gewesen war.[161] Das war freilich auch ein politischer Faktor, denn die finanzielle Ausbeutung der Untertanen für den Kampf gegen die Revolution hatte sich als äußerst gefährlich erwiesen.[162] Der finanzielle Aspekt hatte höchste Priorität: Zur Aufrechterhaltung des feudalen Systems, des höfischen Repräsentationsaufwands und der staatlichen Sicherheit war es notwendig, die wichtigste produktive Schicht, die Bauern, bis aufs Blut auszusaugen. Während der finanzielle Erfolg der Fronverwandlung für den Staat ungewiß war, wirkte sich die Zerschlagung der Güter sehr günstig aus; deswegen konnte der Herzog diese befürworten, obwohl er jene ablehnte. Und so hat Rosalinde Gothe überzeugend argumentiert, daß Goethe an der besagten Briefstelle nur deswegen für einen Aufschub der Zerschlagung plädiert, weil die am Ende des letzten Kapitels erwähnte drastische Steuererhöhung in Ilmenau noch nicht perfekt war: »in einigen Jahren« (so Goethe) würde der Staat viel mehr bei der Aktion kassieren.[163] Goethe stellte also die Interessen der Untertanen den Einkünften der Kammer nach: Da die revolutionäre Bedrohung nachgelassen hatte, durften die Bauern auf ihre Reform warten, bis der Staat sein Militär, seinen Hof und die Versorgung der Fürstendiener gesichert hatte. Der Herzog hatte aber schon im Mai 1793 die Zerschlagung des Gutes befohlen, und sie wurde gegen Goethes und Voigts Widerstand durchgeführt.[164] So finden wir bereits im Jahre 1794 das Phänomen, das die Forschung meist nur für die Zeit nach 1815 erkennen wollte: Der Herzog war die treibende Kraft hinter der Reform, Goethe bremste.[165]

Aber von konsequenter Reform zu sprechen, ist irreführend. Die Zerschlagung der Güter kam nicht nur den Untertanen, sondern auch der Staatskasse zugute, und gerade die teure

Kriegsführung der 1790er Jahre, die die innere Sicherheit in Weimar ernsthaft gefährdete[166], dürfte zu den Zerschlagungen in diesem Zeitraum geführt haben, die als Geldquelle besonders attraktiv wurden. Aber der Druck war auch direkt. »Die treibende Kraft« für die Güterzerschlagungen »lag nicht in den Reformvorstellungen Goethes, des Herzogs oder der Beamten«, schreibt Rosalinde Gothe, sondern es handelte sich »um eine Reihe von Einzelaktionen, reagierend jeweils auf einen Druck von unten«, und daher könne man »noch nicht von Reformen sprechen«.[167] Und wenn die Regierung oder das Consilium diesen Druck der Untertanen für außergesetzlich hielt (auch wenn er gewaltlos blieb), wurden nicht nur diese quasireformerischen Einzelaktionen durchgeführt, sondern auch Maßnahmen gegen die Bauern, die sie erzwungen hatten. So blieb das Janusgesicht der ›Reform‹ in Weimar bestehen. Es entbehrt nicht der Ironie, daß Goethe, der sich gegen die Zerschlagung der Güter gestellt hatte, ausgerechnet diese gegen seinen Protest durchgeführte, zaghafte Reform in seiner ›Öffentlichkeitsarbeit‹ vor der Weimarer Freitagsgesellschaft verwenden wollte.[168]

Wir sahen, daß Geheimrat Schmidt für die Unzufriedenheit der Untertanen nicht nur Emissäre, sondern auch die in Weimar »so häufig gelesene französische heillose Zeitungs-Blätter« verantwortlich machte.[169] Das Geheime Consilium legte dem Herzog im Dezember 1792 nahe, daß die Untertanen in Weimar »nach Anleitung der öffentlichen überall verbreitet werdenden Blätter und Zeitungen« über Politik räsonnierten. Die Zeitungen scheinen in Weimar tatsächlich »häufig gelesen« worden zu sein. Denn im November hatte der sachsen-weimarische Kammerrat Franz Ludwig Albrecht von Hendrich den Geheimratsenior Fritsch vor diesen Zeitungen gewarnt, welche »die guten Gesinnungen der Unterthanen verrücken«; er hebt eine »Meynzer Freyheits Zeitung« heraus, die »allen Eindruck zu machen scheint«; der elsässische Dichter Gottlieb Conrad Pfeffel »würzt« diese Zeitschrift »durch kleine gefällige, auf Menschen Rechte,

Freyheit, Frohn und Trifft Bedrückungen, gerichtete Gedichte, die gewiß auf die Herzen, wenigstens der Unzufriedenen, kräftigen Eindruck machen werden.« Auch andere Zeitschriften werden verbreitet, die »ein unvermerckliches Gift in die Seelen der ohnehin schon nur zu sehr aufgeklärten LandesEinwohner verbreiten«. »Mit welcher Wonne«, schreibt Hendrich, wurde ein im Straßburger *Kriegsboten* abgedruckter, den preußischen König kritisierender Brief »von den hiesigen Bürgern öffentlich und heimlich gelesen!«[170] Fritsch teilt dann in einem Votum mit, daß diese Sache im Consilium schon erörtert worden sei, und er bestätigt, daß der »gemeine Mann« auf solche Zeitschriften »sehr begierig« sei; auch Schnauß erwähnt eine Schrift, die »von Bürgern, Soldaten und Taglöhnern gelesen« werde. Damit wird die Auffassung widerlegt, diese Zeitungen seien nur »unter den Gebildeten« gelesen worden.[171] Gerade wegen der Verbreitung revolutionärer Meinungen ›nach unten‹ mußte aus der Perspektive der Regierung etwas unternommen werden, und deshalb ist auch die Ansicht zurückzuweisen, trotz der hier zitierten Klagen sei »unter der Regierung Karl Augusts von ängstlicher Sorgfalt zur Fernhaltung bedenklicher Presseerzeugnisse nichts zu verspüren«.[172]

Genau das Gegenteil geht aus dieser Akte hervor. Die Regierung sieht allerdings ein, daß ein weimarisches Verbot allein nichts bewirken werde, da die begierigen Untertanen die Schriften auch im nahen Erfurt besorgen könnten. Deshalb bemüht sich das Consilium am Reichstag in Regensburg um ein Verbot der Versendung solcher Zeitungen durch die Reichspostämter.[173] Der sachsen-weimarische (und preußische) Reichstagsgesandte Graf Görtz entgegnet auf den ihm mitgeteilten Auftrag, daß die nötigen Verfügungen zwar schon seit Jahren in Kraft seien, aber durch Versendung der Zeitschriften in Briefen und Paketen umgangen würden. Sein Brief nimmt am Schluß eine überraschende Wendung:

> Bey solchen Umständen möchte nun also, um jenem Übel in Ew. [Durchlaucht] Landen einigermaßen zu steuern, wol,

> nebst den dawider äußerst geschärftesten Verbothen und Verordnungen, das kräftigste und ausgiebigste Mittel noch dieses seyn, daß in Ew [Durchlaucht] Residenz Stadt und Universitaet sich die geschicktesten und den größten Eingang und Beyfall habenden Federn befinden, dieselben dazu aufgemuntert und gebrauchet werden möchten, denen durch dergleichen verführerische Brochures und Blätter p bey schwachen Personen und dem gemeinen Mann sich einschleichen könnenden verderblichen Grundsäzen entgegen zu arbeiten, und mittelst widerlegender Aufstellung ächter Begriffe von Menschen Rechten und Bürgerpflichten, Gehorsam und Treue gegen den Landesherrn und durch eine auf Religion, Vernunft und Tugend sich gründende Aufklärung allen üblen Eindrücken entweder zuvor zu kommen, oder solche wieder zu verdrängen.[174]

Läßt man vorerst die Empfehlung von »äußerst geschärftesten Verbothen und Verordnungen« außer acht, so scheint dieser Vorschlag einen beachtlichen Geist der liberalen Gesinnung zu atmen. Öffentlicher Diskurs soll auf die Vernunft der Untertanen wirken und sie von der Revolutionsbegeisterung abbringen. Freilich wird hier kein herrschaftsfreier Kommunikationsraum geschaffen. Werden gegensätzliche Schriften verboten, so kann der Untertan sich nicht durch ungehinderten Vernunftgebrauch frei für die rationeller erscheinende Alternative entscheiden. Der Vorschlag hat deshalb eher den Charakter der Bevormundung als denjenigen des mündigen öffentlichen Vernunftgebrauchs in einer sich neu formierenden bürgerlichen Gesellschaft. Es wird vielmehr Propaganda statt einer abwägenden Darstellung der ganzen Problematik gefordert. Der Geheimrat Schnauß reagiert wohl auf diesen Vorschlag, wenn er einen Monat später an den Herzog mit Bezug auf die »unglücklichen Raisonneurs über politische Händel« schreibt: »Verbothe und Strafen zwingen es nicht; Wann doch ein guter Schrifftsteller dem armen, Verkehrten und wahnsinnigen Volck in einem öffentlichen allgemein bekannt zu machenden Zuruf die Augen öffnete und zeigte, daß die glatten und verführischen [sic] Worte der Franzosen lauter Betrug, Arglist und Boßheit und ihr Freyheits-Plan nichts, als Unsinn und Thorheit, sey.«[175]

Die Aufgabe ist klar, und Menschenrechte stehen im Mittelpunkt. Schon in den Zeitschriften, die unterdrückt und dann durch Gegenschriften bekämpft werden sollen, geht es unter anderem um »Menschen Rechte, Freyheit, Frohn und Trifft Bedrückungen«, und die Konteroffensive soll nach den Vorstellungen von Görtz »ächt[e] Begriffe von Menschen Rechten und Bürgerpflichten, Gehorsam und Treue gegen den Landesherrn« verbreiten.[176] Wenn Görtz nun von den auch in der Residenz Weimar ansässigen, »geschicktesten und den größten Eingang und Beyfall habenden« Schriftstellern, Schnauß von »ein[em] gute[n] Schriftsteller« spricht, der diese politische Aufgabe übernehmen soll, dann ist der Gedanke an den bekanntesten von ihnen, den Geheimrat Goethe, nicht weit von der Hand. In seiner Antwort auf den Brief von Schnauß geht der Herzog nicht auf den Vorschlag ein.[177] Aber Goethe kam etwa zwei Wochen nach dem Eintreffen von Görtz' Brief wieder in Weimar an – und zwar just am Abend des Tages, an dem Schnauß den Vorschlag an Carl August weitergab; Goethe besprach mit anderen Kollegen Angelegenheiten in Görtz' Geschäftsgebiet auf dem Reichstag.[178] Wird man Goethe bei dieser Gelegenheit oder in den Wochen darauf nicht von Görtz' ›literarischem‹ Vorschlag informiert haben?

Goethe schrieb nur vier Monate nach der Aufforderung durch Schnauß ein Theaterstück, *Der Bürgergeneral*, das erstaunlich viele Impulse aus der bisher erörterten politischen Szene in Weimar aufnimmt. Auch wenn Goethe diese Themen eigenständig verarbeitete und nicht als Auftrag, läßt sich sein Stück im Kontext der politischen Ereignisse nicht nur in Deutschland überhaupt (wie bisher, mangels Kenntnisse über die lokale Situation, behauptet wurde), sondern konkret in seinem Blickfeld in Sachsen-Weimar-Eisenach sehen.

Die Handlung des nicht gerade tiefsinnigen Stücks läßt sich knapp zusammenfassen. In einem ungenannten deutschen Dorf verkehrt »der Edelmann« recht vertraulich mit dem vergnügten, neuvermählten Bauernpaar, Röse und Görge, da er mit ihnen aufgewachsen ist. Das Paar wohnt bei Röses Vater Märten, der sich über die Französische Revolution und über Röses angeblich mangelnde Fürsorge für ihn seit der Hochzeit Sorgen macht. Der Barbier Schnaps, dessen Wissen der einfältige Märten bewundert, überzeugt diesen durch Wichtigtuerei und einige französische Militärrequisiten, er sei in der Stadt von Geheimemissären der Jakobiner zum »Bürgergeneral« ernannt worden (der Witz des Titels besteht darin, daß traditionell nur Adlige Offiziere werden durften). Es sei seine Aufgabe, »die Revolution« im Dorfe anzustiften. Indessen flüchtet der mutige Bürgergeneral vor dem von der Feldarbeit zurückkehrenden Görge und hört von einem Versteck aus zu, wie dieser von den Schelmereien des Barbiers erzählt. Nach dessen Abgang demonstriert Schnaps anhand der Bestandteile eines Frühstücks, das er durch Drohung mit einem Säbel erpreßt, die Prinzipien der Freiheit und Gleichheit. Görge kehrt zurück und haut auf Schnaps ein, der jedoch entflieht. Der durch den Lärm herangelockte Richter vermutet hier den »Sitz der Rebellen« und will »ein Exempel statuier[en]«, wird jedoch von der Ankunft des Edelmanns daran gehindert. Dieser kommt der Sache durch geduldige Fragen auf den Grund, beruhigt den Richter und schickt die Bauern wieder an die Arbeit.[179]

Die Forschung ist längst zu der Ansicht gekommen, daß diese Komödie auf sehr einseitige Weise die französischen Ideale karikiert; sie gilt im allgemeinen als Propagandastück.[180] Goethe selbst hat seine diffamatorische Absicht unverhohlen ausgesprochen: Es solle ihm angenehm sein, »wenn es zum Schiboleth dient thörige oder tückische Unpatrioten in Deutschland zu entdecken«.[181] Die Forschung hat die Ansicht Goethes bereitwillig übernommen, daß er – mit den Worten Reiner Wilds – mit dem *Bürgergeneral* nur »das Übergreifen revolutionärer Ideen *nach Deutschland*«[182] im allgemeinen attackiert. Aber die Aufhellung der brisanten Zustände in Sachsen-Weimar-Eisenach macht es mehr als wahrscheinlich, daß er dortige Untertanen mit dem Werk treffen wollte. Wir wissen nun auch, daß Goethe konkrete Anregungen aus amtlichen Kreisen haben konnte, das Werk zu schreiben: von Görtz und Schnauß. Diese hatten sich wohl eher einen Aufsatz als ein Theaterstück vorgestellt, aber letzteres war eben Goethes Stärke (obwohl er auch regelrechte Propagandaschriften über die Jenaer Studentenunruhen schrieb, wie wir im nächsten Kapitel sehen werden).

Als propagandistisches Stück spielt *Der Bürgergeneral* eine andere Rolle als diejenige, die ihr meist zugeschrieben wird: »[...] ganz im Geiste des Bürgergenerals sprach sich Goethe auch jetzt [d. h. im Dezember 1792] dafür aus, daß man Kleinigkeiten übersehen solle« (Fritz Hartung[183]). Zwar könnte man das Stück so verstehen, daß Goethe damit den Herzog, der ja im Herbst 1792 die Aufrührer »sehr exemplarisch bestraft« wissen wollte, zur Mäßigung bewegen wollte, statt, wie es im Stück heißt, »ein Exempel [zu] statuier[en]«. Das bedeutet aber nicht, daß die theatralischen Vorgänge der amtlichen Praxis entsprechen, wie Hartung und Holtzhauer nahelegen. Goethe wollte keineswegs alle »*Maul*verbrecher« (parallel zum fiktiven Bürgergeneral) laufen lassen, sondern wußte, daß die auffindbaren Unruhestifter schon bestraft worden waren, und daß weitere Verfolgung die Situation nur verschlimmern würde, besonders wenn einmal eine Revolution oder eine französische Besatzung Sachsen-Weimar heimsuchen sollte. Nicht nur wird dadurch die Liberalität der politischen Haltung Goethes beträchtlich eingeschränkt, sondern die Botschaft des *Bürgergenerals* wird damit in noch größerem Maße propagandistisch, als sie bisher erschien. Denn wenn der sachsen-weimarische Geheimrat in einem Theaterstück großzügig empfiehlt, Kleinigkeiten zu übersehen, so legt er damit beim Publikum den Schluß nahe, daß sein Herzog tatsächlich in diesem Sinne handelte: Die Fehlschlüsse Hartungs und Holtzhauers zeigen, daß man noch in unserem Jahrhundert sehr leicht diese Parallele zwischen der realabsolutistischen weimarischen und der in der Komödie nahegelegten Liberalität ziehen konnte. Das war vermutlich auch bei Goethes Zeitgenossen der Fall; das Stück wurde zwar anonym publiziert, aber es sprach sich (wie immer) schnell herum, daß Goethe der Verfasser war. Damit gab Goethe den falschen Eindruck, daß Weimar diesen reinen Geist der großzügigen Nachsicht in politischen Belangen besaß. Das kann aber nur mit vielen Abstrichen behauptet werden. Vor allem, wenn man bedenkt, daß oppositionelle Zeitschriften, die ein anderes Bild der feudalabsolutistischen Wirklichkeit – und von Menschenrechten – gaben, in Weimar verboten wurden, so daß die Einseitigkeit des öffentlichen politischen Diskurses in Weimar schon mit der Publikation einer Schrift wie Goethes *Bürgergeneral* gegeben wird: Abweichende Ansichten wurden nicht zugelassen.

Desto auffallender ist, daß die Figuren in Goethes anderem Propagandastück aus dieser Zeit, *Die Aufgeregten*, Zeitungen, die das Revolutionsgift verbreiten, ungehindert lesen dürfen.[184] Aber die Wirkung ist verheerend: Zeitungsleser, so wird hier impliziert, vernachlässigen ihre ureigentlichste Verantwortung gegen Familie und Gesellschaft.[185] So sollte Goethe auch im Ende 1794 entstandenen Entwurf zur *Zweiten Epistel* schreiben:

> Ich kenne nur Eine
> Ganz verderbliche Schrift, die allen Menschen die Köpfe
> Ganz und völlig verrückt, die allen mit heftigen Reden
> Und Geschichten die Seelen zerstört, so daß man die klügsten
> Nicht zu kennen vermag
> […]
> Du verstehst mich, ich meine die Zeitung und sage dir redlich,
> Sie ist die gefährlichste Schrift indem sie die Tollheit
> Die Verruchtheit der Menschen, den Leichtsinn, die Dummheit und
> Was nur jeden Plan der Vern[unft] zerstört so deutlich darlegt.
> […]

Wär ich ein Fürst ich ließe sogleich aufrühirische Schriften
Alle kaufen und teilte sie aus damit sich ein jeder
Satt dran läse damit nichts tolles könne gesagt sein
Was man nicht läse bei mir.
[...]
Eine gefährliche Schrift
Und kannst du diese verbrennen
So ist allen auf einmal[,] den großen und kleinen geholfen
Denn mit größrer Begierde wird keine gelesen
Willst aber du die Meinung beherrschen, beherrsche durch Tat sie
Nicht durch Geheiß und Verbot [...][186]

Was vielleicht als Dialog gemeint war, zeigt Goethes zwiespältige Haltung: »Verbothe und Strafen zwingen es [= das Volk] nicht«, meinte Schnauß, und Goethe stimmt zwar wohl damit überein, aber Zeitungen seien manchmal doch »gefährlich«, »aufrührisch«, durch sie würden »allen Menschen die Köpfe / Ganz und völlig verrückt« (genauso wie sie nach dem Zeugnis von Hendrich »die guten Gesinnungen der Unterthanen verrücken«). Es ärgert das dichterische Ich offenbar, daß Obrigkeiten die Zeitungen genehmigen: »Aber Kaiser und Reich privilegiert sie.«[187] Die Zeitungen, um die es in Sachsen-Weimar der Jahre 1792/93 ging, waren allerdings nicht von Kaiser und Reich privilegiert, sondern von ihnen verboten. Goethe stimmte *solchen* Verboten vermutlich zu. Aber offenbar behagte es ihm grundsätzlich nicht, zu Verboten zu greifen. Er nimmt den Diskurs seiner Amtskollegen auf, um sie teils ironisch zu behandeln, teils zu bestätigen. Diese zwiespältige, vorwiegend negative Haltung gegenüber Zeitungen hatte er schon seit seiner Jugend: Zeitungslektüre ist oberflächliche, unselbständige Lektüre, die die grundsätzliche Unmündigkeit der Menschen zeige.[188] Die von Hendrich und anderen bezeugte revolutionäre Bedrohung durch im Herzogtum Weimar verbreitete »aufrührische« Zeitungen muß diese Haltung verstärkt haben. Geht es um *politische* Mündigkeit, um von Kaiser und Reich *nicht* privilegierte Zeitungen, so muß Goethes Haltung viel eindeutiger negativ geworden sein. Sie gehörte zum in diesem Zeitraum reichsweit »wachsenden Mißtrauen der traditionalen Eliten gegen die Publizistik«.[189]

Mit den Ergebnissen dieser Untersuchung im Auge, liest man *Die Aufgeregten* völlig anders. Sie spiegeln ziemlich genau die ›revolutionäre‹ Situation, wie sie sich in den ersten Revolutionsjahren in Sachsen-Eisenach herauskristallisierte. Bei Bürgern und Bauern werden nicht in erster Linie die neuen Ideen der Revolution ›importiert‹, sondern man stülpt sie älteren Konfliktpunkten über, die seit Jahrzehnten in den Auseinandersetzungen zwischen Herrschaft und Gemeinden schwelten. Die Verletzung der ›alten Rechte‹ wird genau angezeigt: Im Zentrum des Werkes steht ein Prozeß wegen der brisantesten Beschwerde überhaupt, der Ausweitung von Frondiensten.[190] Aber der Mißbrauch der Jagd stand in den Vorstellungen der Untertanen den Fronauseinandersetzungen kaum nach, und auch dieser wird im Stück vorgeführt (S. 159). Der Fronprozeß kommt nicht vorwärts, einmal, weil das Reichskammergericht selbst nicht vorwärts kommt (S. 144), aber vor allem deswegen, weil der »Rezeß«, das Original eines Vertrags zwischen der Herrschaft und der Gemeinde, verlorengegangen ist und die Kopie im Besitz der Kommune von der Herrschaft nicht anerkannt wird (S. 145 f.). Solche Konflikte um Dokumente waren gang und gäbe in deutschen Territorien der frühen Neuzeit; Untertanen im Weimarischen prozessierten eifrig, als sie vermuteten, viele Dokumente seien im Schloßbrand des Jahres 1774 (der übrigens möglicherweise durch einen »Bürger Auflauf« verursacht wurde![191]) vernichtet worden.[192] Das Resultat dieser im Stück dargestellten Misere ist eine Verweigerung der Straßenbaufron (S. 153 f.) – im letzten Kapitel wurde gezeigt, daß Fronverweigerungen schon vor 1789 im Weimarischen, wie in anderen Territorien, verbreitet waren, daß sie jedoch in der Revolutionszeit überhandnahmen. Somit auch hier eine konsequente

Verarbeitung nicht nur deutscher, sondern auch sachsen-weimarischer Zustände.

In den *Aufgeregten* stellt sich jedoch heraus, daß das Dokument nicht vernichtet worden ist, sondern vom korrupten Amtmann auf die Seite gebracht wurde, um persönliche Vorteile daraus zu ziehen. Dieser Amtmann identifiziert sich völlig mit der feudalen Ordnung. Er möchte im Konflikt um die Straßenbaufron nicht »einen Fingerbreit nachgeben, wenn die Rechte und Befugnisse meiner gnädigen Herrschaft bestritten werden« (S. 154). Diese Figur könnte eine konkrete Weimarer Persönlichkeit karikieren, den oben erwähnten Kammerrat von Hendrich, Goethes Nachfolger in der Leitung der Wegebaukommission.[193] Voigt berichtet in einem Brief vom 15. Okt. 1792 an Goethe über Hendrichs überstürzte Einführung einer »chokanten« Erhöhung der Straßensteuer in Ilmenau, die den Bauern bisher als Möglichkeit offengestanden hatte, ihre Straßenfron abzulösen. Das Resultat waren Unruhen (»große motus«[194]) und Fronverweigerung, weil die Abgabe einem alten Abkommen mit den Untertanen widersprach: »[...] in dem Rezeß ist noch dazu versprochen, die Wegegelder nicht zu erhöhen, und an den Wegen wird nichts gearbeitet, sondern vom Gericht bis an die dicke Eiche und rote Heide liegt alles im Argen und ist kein Stein gelegt.«[195] Auch in Goethes Stück beschwert sich die Gräfin über die schlechten Wege und bekommt vom Amtmann zur Antwort, seit der Prozeß um den verlorengegangenen Rezeß vor dem Reichskammergericht ausgefochten werde, sei »seit einem Jahre an keine Wegebesserung zu denken«, daher »blieben die Steine liegen« (S. 154). Der Streik Ilmenauer Bauern gegen eine ungerechte Ausweitung der »Rechte und Befugnisse« der Weimarer Herrschaft scheint also den Weg in die Literatur gefunden zu haben. Aber auch andere solche Konflikte könnten die Grundlage dieser literarischen Darstellung abgegeben haben, etwa einer im Jahr 1777, an dem Goethe beteiligt war.[196]

Die Karikatur der Figur des Amtmanns scheint eine recht humanitäre Haltung bei Goethe zu demonstrieren. Dieser Haltung schließt sich auch die fiktive Gräfin an. Nachdem sie in Paris gesehen hat, »daß die menschliche Natur auf einen unglücklichen Grad gedrückt und erniedrigt, aber nicht unterdrückt und vernichtet werden kann«, nimmt sie sich eine mildere Handhabung ihrer Gerechtsame vor: »Zu keiner Ungerechtigkeit will ich mehr schweigen, keine Kleinheit unter einem großen Scheine ertragen und wenn ich auch unter dem verhaßten Namen einer Demokratin verschrieen werden sollte« (S. 160f.) Diese Stelle nannte Goethe in einem späteren Gespräch mit Eckermann »mein politisches Glaubensbekenntnis jener Zeit«.[197] Aber Goethe hatte schon 1781 der Rüge des Regierungskanzlers Schmid zugestimmt, der es für die Pflicht der Regierung gehalten hatte, »Recht und Gerechtigkeit im Lande gleich [...] ohne Ansehen der Person aufrecht zu erhalten«, und der gemeint hatte, das Recht des Untertans müsse »einem Justiz Collegium so heilig auf der einen, als das Landesherrliche Interesse auf der andern Seite, seyn [...], wenn der Unterthan nicht gedruckt [sic] und dadurch der Wohlstand eines Landes nicht gänzlich untergraben werden soll«.[198] Diese Worte hätten ebensogut der fiktiven Gräfin in den Mund gelegt werden können, so genau passen sie zu ihrer humanen Einstellung. Aber Goethe hatte sie im Jahre 1781 abgelehnt, und es ist fraglich, ob er 1792 nicht dasselbe getan hätte, wenn er solche schmutzigen Angelegenheiten seit 1785 nicht lieber seinen Kollegen im Consilium überlassen hätte – die mit Strenge und Ernst zupackten. Insofern also auch *Die Aufgeregten*, wie *Der Bürgergeneral*, suggerieren, daß die Ansichten der fiktiven Gräfin diejenigen der liberalen Geheimräte und des Herzogs widerspiegeln, führen sie die Leser in die Irre. Sie sind auf jeden Fall ein weiteres Zeugnis für den Widerspruch zwischen Goethes amtlichem Handeln und den in einigen Werken ausgesprochenen Idealen. Insofern man dieses Nachgeben der Privilegierten als Bestandteil von »Goethes ›Idee von Weimar‹« bezeichnen kann[199], so darf die Differenz zwischen dieser Idee und der Wirklichkeit von Weimar nicht vergessen werden.

Aber auch ein anderer Aspekt der beiden Revolutionskomödien verdient in diesem Zusammenhang Beachtung. In beiden wird der Konflikt zwischen Untertanen und einem Gutsherrn beziehungsweise einer Gutsherrin ausgetragen, nicht einem territorialen Landesherrn. Der Fürst wird in beiden Werken von jeder Kritik verschont, ist aber auch nicht mehr das Ziel reformerischer Hoffnungen. Diese Verlagerung der Reformwünsche auf den gutbesitzenden Landadel kann sicherlich als eine Hinwendung Goethes vom Ideal des ›aufgeklärten Absolutismus‹ hin zu einem neuen und zugleich älteren Ideal, das man als ›aufgeklärten Feudalismus‹ bezeichnen könnte.[200] Aber auch dieses Ideal bleibt nur literarisch fixiert, es widerspricht Goethes amtlicher Praxis, die nach wie vor mit der absolutistischen Staatsmacht eine Symbiose einging. Und es dient dazu, gleichsam die Kritik der Zeit vom Fürsten abzulenken, von dessen Interessenwahrung ja die Konflikte der Stücke nicht ausgehen. Der Herzog von Sachsen-Weimar hatte einen enormen Anteil am herrschaftlichen Besitz des Territoriums, und daher stammten die meisten Konflikte zwischen Untertanen und Herrschaft aus dem Druck der staatlichen Behörden auf die Bauern. Auch in diesem Aspekt entwirft Goethe in beiden Stücken ein gesellschaftspolitisches Bild, das seiner Umgebung nicht verpflichtet ist, sondern durch das ein weiteres Mal die wirklichen Zustände im Herzogtum Weimar verschleiert wurden.

Teil II

Studenten, Professoren, Intellektuelle

KAPITEL 4

»Die neueste Jenaische Klugheit«, oder: Wie Studenten und Professoren überwacht und eingeschüchtert wurden

Sahen sie rechts und links sich um, die gesendeten Späher
Hermann und Dorothea V, 190

In den vorhergehenden Kapiteln zeigte sich das erstaunliche Selbstbewußtsein der Bauern und zum Teil auch der Bürger im Konflikt mit der Obrigkeit. Dieser Mut, überlieferte Rechte einzuklagen, gründete auf der traditionellen Anerkennung dieser Rechte sowie der korporativen Eigenständigkeit kommunaler Institutionen: Wer besser organisiert ist, kann politisch besser agieren. Kommen wir in diesem Abschnitt zu der eigentlichen ›Intelligenz‹ im Herzogtum Sachsen-Weimar, so ändert sich dieses Bild graduell. Denn diese Schichten verfügten weniger als die traditionellen Stände über eigene, durch herkömmliche Übereinkunft garantierte Organisations- und Institutionsformen. Daher waren sie weitgehend auf die Übernahme beziehungsweise Konzipierung neuer Menschenrechtsansprüche angewiesen und dem Zugriff des Staates ausgesetzt, der diese Rechte nicht anerkannte. Wir wenden uns zunächst einer Mischform zu, der Studentenschaft. Sie besaß zwar ein ausgeprägtes Standesbewußtsein und eine entwickelte Organisationsform, aber weder der Stand noch seine Organisationen wurden von der Herrschaft anerkannt. So besaßen sie den notwendigen korporativen Rückhalt, ohne daß er rechtlichen Status hatte. Daraus resultierten härtere Konflikte, als etwa zwischen Staat und unorganisierten, weithin individuell agierenden Intellektuellen möglich waren. Aber der Erfolg der Auseinandersetzungen blieb im Gegensatz zu vielen Konflikten zwischen Bauerntum und Obrigkeit weitgehend aus.

Die Universität Jena war in vieler Hinsicht ein Fremdkörper im Herzogtum Weimar. Sie lag zwar auf weimarischem Gebiet, unterstand jedoch den vier ernestinischen Herzögen von Coburg, Meiningen, Gotha und Weimar – den sogenannten »Nutritoren« oder »Erhaltern«. Allerdings steuerte Weimar nicht nur die meisten Mittel zur Unterhaltung der Universität bei, sondern hatte auch die wichtigste Stimme in universitären Angelegenheiten – der Herzog von Weimar war nominell der Rektor, so daß an der Universität selbst ein Prorektor die Verwaltung führte. Trotzdem mußten alle Nutritoren den meisten Vorgängen zustimmen. Dieser Zustand erschwerte die Handhabung der herrschaftlichen Aufsicht auf die Universität erheblich; Goethe beschwerte sich im Jahre 1807, daß die Jenaer »bei ihrem vierherrischen Zustande sehr zum Unherrischen geneigt sind«.[1] Verstärkt wurde diese Eigenständigkeit durch den rechtlichen Status der Universität als selbständige Korporation, die sogar aus eigenen Gütern Einkünfte bezog und deren Angehörige den normalen Abgaben und anderen Belastungen Jenaer Stadtbürger nicht unterworfen waren. Allerdings bestand eine bedeutende Symbiose zwischen Studenten und den Stadtbürgern, die von ihnen wirtschaftlich abhängig waren; der beträchtliche ökonomische Vorteil der Universität für Sachsen-Weimar bestimmte weitgehend die herzogliche Bildungspolitik.

Langfristig läßt sich in diesem Zeitraum eine schleichende Unterhöhlung der Universitätsautonomie durch den weimarischen Staat feststellen, wobei Goethe später eine entscheidende Rolle spielen sollte – weder er noch Carl August noch Voigt hatten viel Respekt für die Eigenständigkeit der »Academie«.[2] Studenten und Professoren ließen diese Entrechtung nicht ohne Protest über sich ergehen.[3] Außerdem nahmen sie an den vielfältigen Bewegungen politischer Opposition der Zeit teil.

Aus der immensen Anzahl von Zusammenstößen zwischen Jenaer Studenten und der weimarischen Obrigkeit wählen wir einen paradigmatischen Fall aus. Im Unterschied zu den anderen Gegenständen dieser Untersuchung konnten die Studentenunruhen des Jahres 1792 einige Aufmerksamkeit der Forschung beanspruchen. Die Teilnahme Goethes sorgte schon für Interesse, obwohl seine Mitwirkung keineswegs intensiv erforscht wurde.[4] Aber das Jenaische Studentenwesen war außerdem als Brutstätte der ›Urburschenschaft‹ ein bevorzugter Gegenstand der älteren Burschenschaftshistoriker.[5] Gerade deswegen kann leicht der falsche Eindruck entstehen, es handele sich bei den maßgeblich beteiligten studentischen Organisationen schlicht um Burschenschaften. Trotz bedeutender Kontinuitäten lagen im Jahre 1792 die Burschenschaften jedoch nicht nur weit in der Zukunft, sondern auch die älteren, nach regionaler Herkunft ihrer Mitglieder benannten Landsmannschaften (zum Beispiel der Niedersachsen oder der »Mosellaner«) standen nicht im Zentrum der Wirren. Denn neben diesen älteren und künftigen Verbindungstypen waren in den 1740er bis 1770er Jahren sogenannte »akademische Orden« entstanden: echte Geheimbünde, die freimaurerische Bräuche (etwa Logen und Hochgrade) zum Teil übernahmen. Gerade Jena war »eines der großen Zentren der Ordensbewegung«.[6]

Besonders bedenklich an diesen akademischen Orden war der Verschwiegenheitseid sowie der Umstand, daß sie die Landsmannschaften unterwanderten und kontrollierten.[7] Absolutistische Obrigkeiten reagierten allergisch gegen jeden geheimen Freiraum, der ihrer Aufsicht versperrt war und in dem sich eventuell politische Opposition bilden konnte. Gerade die Tatsache, daß die jungen Männer auch nach ihrer Studentenzeit – sehr oft als Beamte – noch Mitglieder bleiben konnten und sich gegenseitig bei staatlichen Versorgungen unterstützten, unterschied diese Orden von den Landsmannschaften und machte die

Ordensmitglieder für den in Geheimgesellschaften angestrebten Einfluß auf die Politik anfällig – und für Regierungen desto bedenklicher.[8] In Weimar erkannte man deutlich nicht nur politische Implikationen, sondern auch die Wirkung der Orden über Studentenkreise hinaus, wie ein Brief des Ministers Voigt bezeugt: »Denn wirklich gehen die jungen Leute aus den StudentenOrdens mit Anlagen zu demokratischer Schwärmerey heraus, und treten sicherlich in ihrem Vaterland damit auf, sobald sich Gelegenheit dazu zeigt. Denn wirklich werden einige der StudentenOrden noch über die Zeit der Academischen Jahre hinaus fortgesetzt, und am Ende würden einmal die Professoren selbst darunter gehören«.[9] Besonders verdächtig war, daß diese Orden sich überregional, also über die Landesgrenzen hinweg ausbreiteten, so daß auch der Einfluß auf die ›große‹ Politik unberechenbar war. Und da – wie Voigts Brief besagt – auch manche Hochschullehrer den Orden angehörten oder sie begünstigten, zugleich aber die akademische Disziplin ausübten, waren die Versuche staatlicher Kontrolle erheblichen Schwierigkeiten ausgesetzt.[10]

Die Strategie der Weimarer Regierung war von Anfang an von Mißtrauen gegen Geheimgesellschaften und zumal akademische Orden geprägt. Im Februar 1767, also acht Jahre vor der Alleinherrschaft des Herzogs und der Ankunft Goethes in Weimar, wurden akademische Orden in Jena durch alle vier für die Universität verantwortlichen Herzogtümer – auf die Initiative Sachsen-Weimars – erneut und aufs schärfste verboten. Die Verschränkung der nichtstudentischen Maurerei mit den Studentenorden war schon aus dem veröffentlichten Mandat selbst ersichtlich, das ein umfassendes Berufsverbot für renitente Studenten wie auch Beamte vorsah.[11] Goethe wußte von diesem Verbot und befaßte sich schon in den späten 1770er Jahren mit solchen Fällen, was aus der Ausgabe der *Amtlichen Schriften* nicht hervorgeht, sondern nur aus den Akten.[12] Die Akten zu den ersten Verboten in den 1760er Jahren zeigen, daß bei dieser Unterdrückung nicht etwa studentische Unsitten, sondern eminent politische Gründe geltend gemacht wurden: Die Unterwanderung staatlicher Behörden durch Geheimbündler. So mußten spätere Geheimgesellschaften im Bewußtsein der Weimarer Regierenden gefährliche Implikationen bergen. Außerdem hatten Attacken gegen die freimaurerische Strikte Observanz nach zeitgenössischen Zeugnissen in den Jahren vor 1782 zu einem verstärkten Mißtrauen der Regierenden geführt. Neuere Forschungen machen wahrscheinlich, daß die Überwachung der Freimaurerei in Weimar spätestens 1781 durch Goethe einsetzte, als der Plan bekannt wurde, die Leitung der heiß umstrittenen und politisch für bedenklich angesehenen Strikten Observanz nach Weimar zu verlegen. Auch der im Februar 1783 erfolgte Eintritt Goethes und Carl Augusts in den Illuminatenorden, der Fürsten und Staaten abzuschaffen beabsichtigte, steht offensichtlich unter diesem Zeichen des Verdachts.[13]

Mit dem Verbot und der Verfolgung des Illuminatenordens seit 1784 verband sich die im vorigen Kapitel erörterte weitreichende Verschwörungstheorie, die diesem Geheimbund und darüber hinaus auch der Maurerei nicht nur politische Opposition, sondern auch konkret die Urheberschaft der Französischen Revolution anlastete (diese Verschwörungstheorie war bis zum 20. Jahrhundert um Juden und Sozialisten ergänzt worden und bildete einen Grundpfeiler nationalsozialistischer Ideologie, der auch die Freimaurerei in Deutschland und den besetzten Ländern zum Opfer fiel[14]). In den Jahren der Französischen Revolution wurden auch die akademischen Orden zum Gegenstand dieses Verdachts. Allerdings waren sie tatsächlich dem Einfluß revolutionärer Ideen ausgesetzt.

Die Ereignisse des Jahres 1792 haben ihren Ursprung in einer Reformbewegung der Studenten, die das überhandnehmende Duellwesen abschaffen wollten. Das Duell hatte eine wichtige symbolische Bedeutung für die Studenten. Damit ahmten sie Sitten der militärischen Offizierskaste nach und sahen ihre »akademische Freiheit« – das heißt ihre Autonomie – gewährt, da der Zweikampf »auch bei den *Officieren* für das *Mittel* galt, *unabhängig von den Militärgerichten, ihre Ehrenstreitigkeiten unter sich auszumachen*«, in der Formulierung eines Wortführers der Reformstudenten, Heinrich Stephani.[15] Aber Stephani machte gegenüber den Jenaer Studenten geltend, daß »die akademische Freiheit, aus welcher der Zweikampf auf Universitäten entsprungen sey, klar aufgefaßt, nicht darin bestehen könne, gesetzlos zu handeln, sondern in bloßer männlicher Unabhängigkeit von dem akademischen Senate, der sie in altpedantischer Weise nicht als freie junge Männer, sondern noch als unmündige Knaben unter seiner Zucht halten wolle, ihre persönlichen Ehrenangelegenheiten unter sich zu schlichten und abzumachen«.[16] Die Studenten könnten diesen Zweck – so Stephani – daher besser als durch Duelle, nämlich durch »*Ehrengesetze*« und Bildung eines »*Ehrengerichtes aus ihrer Mitte*« erreichen. Der Zweikampf galt für sie also als das Fanal ihrer Autonomie, das Zeichen der Freiheit schlechthin, die sie eifersüchtig verteidigten. Aber er war doch nur ein Symbol, und sie waren bereit, darauf zu verzichten, wenn sie diese ›akademische Freiheit‹ auf andere Weise erhalten konnten.

Die Gruppe der Reformstudenten versuchte allerdings, die Autonomie durch sehr fragwürdige Mittel zu konservieren. Sie wollten nicht nur studentische Ehrengerichte zur Schlichtung vorkommender Streitigkeiten etablieren und Duelle abschaffen, sondern auch die bisherigen Orden und Landsmannschaften eliminieren, um an ihre Stelle neue, »natürliche« Landsmannschaften zu setzen.[17] Dies hätte jedoch die Preisgabe des bisherigen, durch das Arkanum gewährleisteten Freiraums der völlig unabhängigen studentischen Organisationen bedeutet, die gerade deswegen gesetzlich verboten waren, da Carl August nach den Worten Paul Ssymanks »keinerlei selbständige Organisation seiner Untertanen« wünschte.[18] Die neuen, »natürlichen« Landsmannschaften sollten nämlich staatlich approbiert und überwacht werden. Diese Idee war nicht neu. Schon im Jahre 1786 hatte der Jenaer Professor Justus Christian Loder zur Lösung des Ordensproblems »[d]ie öffentliche Privilegirung der Landsmannschaften, unter gewissen Einschränkungen, und unter specieller Aufsicht der Academie« vorgeschlagen.[19] Dieser Vorschlag wurde damals trotz der Unterstützung mehrerer Professoren[20] nicht verwirklicht, obwohl Goethe, in seiner letzten erhaltenen amtlichen Schriftengruppe vor der italienischen Reise, in der er die Vorschläge verschiedener Professoren erwog, Loder – als Vertrauter und Leibarzt des Herzogs der ›heimliche Kanzler‹ der Universität[21] – als besonders vertrauenswürdig hervorhob.[22] Der Gedanke, Geheimgesellschaften durch staatliche Kontrolle und Überwachung in den Griff zu bekommen, war auch die leitende Idee bei der Schließung der Jenaer Freimaurerloge und der Öffnung der Weimarer Loge unter Aufsicht des Geheimrats Fritsch im Jahre 1764, wahrscheinlich auch beim Beitritt Carl Augusts und Goethes zur freimaurerischen Strikten Observanz und zum Illuminatenorden in den Jahren 1780 bis 1783, und nachweislich bei der Neugründung der Weimarer Loge im Jahre 1808.[23] Kein Wunder, daß dieselbe Idee im Jahre 1792 eine Verlockung für die Regierung darstellte.

Die Auseinandersetzungen des Jahres 1792 brauchen hier nicht detailliert nachgezeichnet zu werden, da sie in älteren – heute allerdings meist unbeachteten – Forschungsarbeiten mehr oder weniger adäquat dargestellt wurden. Entscheidend für ein Verständnis der studentischen Motivationen, die zu einem ›Auszug‹ eines großen Teils der Studentenschaft aus Jena am 19. Juli führten, ist jedoch das Verbot der akademischen Orden am 2. Februar und die begleitenden Umstände. In seinem Gutachten vom Januar 1792 greift Goethe die Idee des studentischen Ehrengerichts auf und vertritt sie vor dem Geheimen Consilium.[24] Dreimal macht er in seiner Schrift geltend, daß die Regierung »vernünftige« junge Menschen zur Beurteilung studentischer Händel einsetzen solle. Sein Vorschlag, Studentenangelegenheiten »vernünftigen« beziehungsweise »wohl denckenden« Studenten zu überlassen, läßt aufmerken. Denn Goethe hatte auch 1786 vorgeschlagen, *politisch zuverlässige* Universitätsangehörige für die Kontrolle studentischer Disziplinangelegenheiten heranzuziehen. 1786 war es wieder einmal um die »Aufsicht« über die Landsmannschaften und Orden gegangen.[25] Goethes Plan ging damals dahin, das bisher gegen die Orden zaghaft vorgehende, fünfköpfige Organ der akademischen Gerichtsbarkeit, das concilium arctius (den engeren Rat), durch vier neue Mitglieder, die er namentlich anführt, »auszudehnen« und ihm »die Aufsicht auf die Landsmannschafftlichen Verbindungen [...] zur Hauptpflicht« zu machen.[26] Dieser Vorschlag wurde verwirklicht.[27] Solche Bestrebungen schlicht als Goethes Beitrag zur »akademischen Selbstverwaltung« zu bezeichnen, wie das aus nahezu allen ideologischen Perspektiven getan wird[28], übersieht den eindeutig affirmativen Kontrollimpuls hinter diesen Vorschlägen: Nur staatstreue Universitätsangehörige (die von Goethe vorgeschlagenen neuen Mitglieder waren seine und des Herzogs »besonderen Vertrauensleute«[29]) sollten die ›Selbstverwaltung‹ im Sinne der Regierung ausüben. Da das bestehende Gremium als unzuverlässig angesehen wurde, ergänzte man es nach Goethes Vorschlag einfach um neue, loyale Mitglieder, womit Weimar »einseitig« »in die Universitätsverfassung einschnitt«.[30] Echte akademische Selbstverwaltung wurde in Weimar von jeher argwöhnisch betrachtet.[31]

Auch in Goethes Gutachten vom Januar 1792 ging es darum, die Kontrolle durch die Weimarer Herrschaft hinter der Fassade akademischer Selbstverwaltung zu wahren. Goethe möchte ausdrücklich Studenten begünstigen, die im »Intresse« der Landesherrschaft wirken würden.[32] Damit wurde die Obrigkeit durch zuverlässige, sprich: vereinnahmte Studenten vertreten. Die Reformstudenten, welche nach Goethes Vorschlag gefördert werden sollten, hatten offenbar schon ihre Zuverlässigkeit demonstriert, nicht nur dadurch, daß sie die neue Art von Landsmannschaften vorschlugen. Bisher unbeachtete Akten zeigen, daß wenigstens zwei der vier Studentenführer später ihre Kommilitonen in den Geheimorden denunzierten.[33] Daher ist es logisch, daß Goethe sich auf sie verläßt; offenbar wußte er von ihrer loyalen Haltung, die auch aus ihren Schriften deutlich genug hervorging.

Das andere Anliegen Goethes ist jedoch ein scharfes Verbot der akademischen Orden. Dabei betont er ihr revolutionäres Potential durch den Hinweis auf die Impulse aus Frankreich: »Jede Geheime Gesellschaft wird in unsern Tagen [!] gefehrlicher weil der Allgemeingeist des Augenblicks [!] mit Tausend Zungen aus spricht daß man kein Gesez zu halten brauche in das man nicht ganz freiwillig consentirt [= eingewilligt] habe. Kein Staat soll keine geheime Verbindung dulten, alle öffendliche beginstigen« (so in der Rechtschreibung des Dieners Götze nach dem Diktat Goethes).[34] Goethe befürchtet nicht weniger als die Souveränität freier Bürger gegenüber der Autorität einer aus ihrer Perspektive illegitimen Staatsmacht, in die sie nicht eingewilligt haben – er fürchtet den Keim der Demokratie. Weimarische Untertanen und die anderen in Jena Studierenden schienen eine kühne Sprache zu sprechen, die man zu derjenigen Appianis in Lessings Trauerspiel *Emilia Galotti* (II, 10) in Parallele setzen könnte: »Der Befehl des Herrn? – des Herrn? Ein Herr, den man sich selber wählt, ist unser Herr so eigentlich nicht […]«.

Aber die Parallele zum Ausspruch eines fiktiven Adligen in einem vorrevolutionären Theaterstück kennzeichnet sehr treffend die zwiespältige politische Konsequenz des studentischen Standpunkts im revolutionären Zeitalter. Die Argumentation der Studenten speist sich aus dem Geist der Revolution, ist aber selbst nicht programmatisch revolutionär – trotz eines Hinweises der Ordensstudenten auf das Recht auf »Gewalt«[35], den Goethe mit seiner Wendung »Gewalt gegen Gewalt« wohl im Blick hat[36], trotz ihrer Forderung nach einer eigenen »Gesetzgebung«[37], einer *»eigene[n]* […] *Justizpflege«*[38], die Goethe mit der Formulierung »Gesez gegen Gesez« eindeutig im Auge hat. Die Argumente der Studenten bleiben Vorstellungen ständischer »Ehre« verhaftet, bei denen sie sich an das Offiziersethos anlehnten. Aber es weht sehr wohl der Wind neuer Begriffe, sogar einer idealistischen Mündigkeitsvorstellung – die Studenten beziehen sich ausdrücklich auf Kant.[39] Sie wollten eben »als Männer und nicht mehr als Schüler behandelt werden«.[40]

Kein Wunder, daß sich die Studenten auf Kant berufen, der 1784 die Frage *Was ist Aufklärung?* mit der berühmt gewordenen Formulierung beantwortet hatte: »Aufklärung ist der Ausgang des Menschen aus seiner selbst verschuldeten Unmündigkeit.«[41] Aber die Debatte um Aufklärung und Mündigkeit bewegte die Gemüter nach dem Anfang der Französischen Revolution auf eine neue Weise, denn die Umwälzung wurde als Befreiung aus *politischer* Bevormundung angesehen. Nicht wenige Schriftsteller erwogen die brisante Frage, ob die Aufklärung zur Revolution geführt habe[42], und das Wort von dem »mündig gewordenen« Volk der Franzosen war gang und gäbe.[43] Wenn sich die Studenten also auf den »Geist der neuen Schöpfung, welcher überall in der Welt um uns her neue Gestalten hervorbringt« beziehen und damit eindeutig die Revolution meinen, gleichzeitig die Bevormundung ablehnen, dann ist ihre Berufung auf Mündigkeit und explizit auf »Aufklärung«[44] mit deutlichen politischen Implikationen verknüpft.

Der rechtliche Status der Studenten war allerdings durch Unmündigkeit gekennzeichnet. Die Universität funktionierte als Elternersatz, und die sachsen-weimarischen »Landeskinder« an der Universität mußten die (allerdings recht unregelmäßige) Aufsicht durch einen eigens dazu ernannten »Inspector« aus der Professorenschaft über sich ergehen lassen, der auch auf Ordensbeziehungen und sogar auf fleißigen Kirchenbesuch achten sollte.[45] Schließlich waren sie junge Leute, und die Stellung zwischen Jugendlichen und Erwachsenen war und bleibt ein Grundproblem in der Einstellung von Universitätsbehörden und Regierungen zu Studenten.

Im vorliegenden Fall scheint es jedoch, daß die Unmündigkeit der Studenten von Regierungsmitgliedern betont beziehungsweise übertrieben wurde, um eine besondere Behandlung der Studenten zu rechtfertigen. In einem Brief setzt sich Voigt zum Beispiel mit den studentischen Unruhen an der Universität auseinander. Voigt möchte nicht, daß die Studenten hart bestraft werden, da sie beim Auszug vom 19. Juli 1792 gewaltlos geblieben waren. Sie haben allerdings einiges verübt, was im Normalfall strafbar wäre, aber Voigt verwendet ein verblüffendes Argument, um sie zu schonen: »Diese Menschen sind den Unmündigen und Säuglingen gleich zu achten; man kann sie nicht in dergleichen Verirrungen, die das gemeine Beste nicht stören, wie Bürger und Bauern oder andere Unterthanen behandeln.«[46] Auch in der Propagandaschrift, die Goethe und Voigt als öffentliche Darlegung der Regierungsansichten zu den Unruhen verfaßten, heißt es, die Studenten hätten sich bei diesen Unruhen in einem »Irrthum« befunden, »durch den sie ihre Eltern und Vorgesetzte betrüben«. Und in dieser Situation, heißt es weiter, »tritt alsdann die Person des Vormundes in die Stelle des Richters«. Die »Eltern« würden aus der Darstellung der Ereignisse durch die Regierung urteilen können, ob man »Ernst und Nachsicht in rechter Maaße zu verbinden gewußt« habe[47] – genau wie ein verständnisvoller Hausvater.

Die Studenten scheinen sich, wenn man diese Aussagen zusammennimmt, in einem rechtsfreien Raum zu bewegen. *Wenn* sie keine Gewalt verwenden, so könne man sie nicht nach den üblichen, für reguläre Bürger bestimmten Gesetzen richten. Ja, man richtet sie überhaupt nicht mehr, sondern »in die Stelle des Richters«, der ja nach den Prinzipien des Rechtes urteilt, tritt der Staat als Vormund, praktisch als Vater. Man behandelt sie, kurz gesagt, wie Kinder, oder mit Voigts Worten wie »Unmündige und Säuglinge«, weshalb der Hinweis auf das Urteil der »Eltern« sich auch in Briefen der Geheimräte häuft. Diese Argumentation von Goethe und den anderen Geheimräten ist nichts Neues. Sie vertritt lediglich die Vorstellung, eine Schule oder Universität funktioniere rechtlich *in loco parentis*, an Stelle der Eltern, wodurch sie bestimmte Prinzipien wahren muß, die nicht auf (relativ) mündige Bürger anzuwenden sind. In diesem Zusammenhang kehren wir von den Ereignissen im Juli 1792 zu Goethes Gutachtenentwurf vom Januar zurück. Er wurde einem Diener diktiert, aber am Schluß setzte Goethe eigenhändig eine einzige, indirekte Frage hinzu: »In welche Classe der Menschen die Studierenden gehören.«[48] Möglicherweise spielt Goethe hier auf das grundsätzliche Problem der Unmündigkeit der Studenten an. Goethe fragt nicht, in welche Klasse von *Bürgern* die Studenten gehören, oder zu welchem *Stand* sie gehören – da wären die Dinge viel einfacher. Es geht offenbar um etwas Grundsätzliches, um eine Art anthropologische Konstante – genauso wie in Voigts späterer Formulierung: »Diese *Menschen* sind den Unmündigen und Säuglingen gleich zu achten« (meine Hervorhebung). Goethes Frage läßt sich durchaus im Sinne der grundsätzlichen Trennungen der alteuropäischen Gesellschaft erklären. Die »Classen von Menschen«, wenn sie nicht ständisch definiert werden, werden nach dem Verhältnis zum Hausvater bestimmt. Lediglich der Hausvater ist mündig; Frauen, Kinder und Gesinde sind unmündig, rechtlich von ihm abhängig. Studenten müßten eigentlich als Männer zur Klasse der Mündigen gehören, sind aber noch keine Hausväter und Bürger, werden hier also auf Grund ihrer Zwischenstellung und ihres Alters zu den Unmündigen gerechnet. Daß jedoch diese Materie überhaupt von den Geheimräten thematisiert werden mußte und offenbar sogar die grundsätzliche Frage Goethes veranlaßte, zeigt, daß das Ergebnis nicht ohne weiteres als selbstverständliche rechtliche Situation vorauszusetzen war.

Studenten als unmündig zu definieren, war freilich problematisch. Die Universität als Stätte eines kritischen, freien Denkens über komplizierte intellektuelle Fragen setzt ja erwachsene, sprich: vernünftige, geistig mündige Menschen voraus. Und Goethe selbst erwähnt ja die »vernünftigen« Studenten, welche die Regierung in den Ehrengerichten zur Urteilsfindung über andere, vermutlich ›unvernünftige‹ Studenten heranziehen sollte und die sich in staatlich genehmigten öffentlichen Verbindungen organisieren sollten. »Vernünftige« Studenten, so können wir seinen Ausführungen entnehmen, sind diejenigen, die sich vor allem nicht an geheimen Verbindungen beteiligen.

Schon die erste Erwähnung der »vernünftigen« Studenten geschieht in diesem Kontext. Nach ausführlichen Erörterungen der Unrechtmäßigkeit von Geheimgesellschaften kommt Goethe zu dem Schluß: »Kein Staat soll keine geheime Verbindung dulten, alle öffendliche beginstigen.« Schon im nächsten Satz heißt es dann: »Sehr erwünscht ist jene Verbindung vernünftiger junger Leute in diesem Augenblick, sie sprechen daß deutlich aus was von vielen Vernünftigen schon lange gedacht und ausgeübt wird, sie sind auf alle weise zu begünstigen.«[49] Er meint damit die von ihm propagierte *öffentliche* Studentenverbindung. Solche Verbindungen sind zu »begünstigen«, nicht jedoch die »geheime[n]«. Die Vernunftfähigkeit der Studenten wird daran gemessen, ob sie zu den öffentlichen oder den geheimen Verbindungen neigen.

Goethes Einteilung in vernünftige und unvernünftige Menschen ist nichts Neues in den Überlegungen des Geheimen Consiliums und seiner Mitglieder im Umgang mit Opponenten. Schon in vorrevolutionärer Zeit, aber dann auch viel später, wurde namentlich die Geistesfähigkeit von vermeintlichen Gegnern des Consiliums in Frage gestellt. Ein ehemaliger Beamter, der die Geheimräte beleidigte, wurde 1783 von Goethe als »Wahnsinnige[r]« bezeichnet[50]; auch dem Professor Oken, der die weimarische Garantie der Pressefreiheit etwas zu wörtlich nahm, attestierte Goethe im Jahre 1816 »Wahnsinn«, später abgemildert zu »partielle[m] Wahnsinn«, der »dem Staate schädlich ja verderblich ist«[51]; und Carl August ließ sich über die »ephemer[e] Geistes kranckheit« Fichtes aus, d. h. dessen prorevolutionäre Haltung.[52] Politischen Opponenten wurde also die Vernunft abgesprochen, sie wurden sozusagen zu Unmenschen gemacht, um die Maßregelung zu rechtfertigen. Dies ist natürlich ein Phänomen, das auch in anderen Zeiten zu beobachten ist, besonders in Kriegszeiten, wo der Feind gerne zum Tier oder zum Unmenschen herabgewürdigt wird – und zwar nicht erst in unserem Jahrhundert, sondern gerade durch die Weimarer Geheimräte im selben Jahr wie die Studentenunruhen, als die französischen Revolutionäre nicht nur als »ein tolles Volk«[53], sondern auch als Tiere, Wilde und Unmenschen bezeichnet wurden.[54] Politische Gegner werden auf diese Weise so weit herabgewürdigt, daß ihre Verfolgung in der Vorstellung der Herrschenden legitimiert werden kann.

Nun scheint es sich in diesem Fall gerade umgekehrt zu verhalten: Voigt und Goethe verwenden den Begriff des Unmündigen, um Nachsicht den so Bezeichneten gegenüber zu begründen. Aber es dürfte ohne weiteres einleuchten, daß die Studenten sich auf diese Weise, wie angedeutet, in einem rechtsfreien Raum befanden, in dem sie dem Wohlwollen des Herzogs ausgeliefert waren, und daß ihnen dieser Zustand nicht nur zum Vorteil, sondern auch zum Nachteil gereichen konnte. Wenn sie nicht wie normale Bürger bestraft werden sollten, dann, so scheint der Parallelschluß zu sein, sollten sie auch nicht dieselben bürgerlichen Rechte genießen. Und ich sehe in dieser Gedankenkonstruktion die Rechtfertigung der Geheimräte für rechtlich fragwürdige Bestrafungen der Studenten sowie für eine Überwachungsaktion, die im Herzogtum Weimar ihresgleichen sucht.

Voigt unterhielt durch den Jenaer Stadtkommandanten, Major von Bentheim, eine kleine Armee von bezahlten Spitzeln unter Studenten und Professoren. Einige der betreffenden Dokumente, aber nicht alle, wurden in den *Amtlichen Schriften* Goethes veröffentlicht; auch die publizierten sind bis heute kaum beachtet worden. Das Codewort für Spitzelberichte sind »Privat-Nachrichten« oder ähnliche Wendungen.[55] Voigt hält sich sehr viel auf dieses Informationsnetz zugute. Einmal behauptet er, »daß zu Jena unter Professoren und Studenten nichts, was zu wissen in der Sache gut ist, vorgehen wird, ohne daß ichs erfahre. Beide Theile sind mit mir zufrieden, und beide geben mir Notizen; wovon ich eine ganze Menge erhalten habe.«[56] Daher wird er einmal ungeduldig, wenn C. A. Böttiger eine falsche Nachricht kolportiert, daß nämlich die Studenten sich mit dem französischen Nationalkonvent in Verbindung setzen wollten. Nachdem sich das als Falschmeldung herausgestellt hatte, meint Voigt entrüstet: »[...] Böttger, hatte sich diese Nachricht aufbinden lassen, die ich gewiß eher, als er, geholt haben würde.«[57] In diesem Fall, wie offenbar in vielen anderen, holte sich Voigt seine Informationen von einem Professor, seinem Neffen Gottlieb Hufeland.[58] Aber vor allem Major von Bentheim gibt seine »Nachrichten« in einem ständigen Informationsfluß an Voigt weiter, so daß der Minister äußerst gut über alle Pläne der Studenten informiert ist. Voigt schreibt einmal: »Meine Privat Acten in den Jenaischen Dingen sind einer Hand stark [...].«[59] Diese aus Spitzel- und Denunziantenberichten bestehenden Akten sind nicht überliefert; bisher konnte nur ein einziger solcher Bericht aus Jena aufgefunden werden.[60] Major von Bentheim war über die Legalität dieser Tätigkeit beunruhigt und suchte durch den Herzog Rückendeckung, was ihm gelang.[61]

Daß Goethe in Spitzelangelegenheiten verwickelt war, geht aus wenigstens einem Brief hervor, der schon 1892 in der Weimarer Ausgabe und dann in den *Amtlichen Schriften* publiziert wurde, aber die Bedeutung wird nur dann deutlich, wenn man den Brief im Kontext anderer Dokumente sieht. Voigt hatte aus eingelaufenen Informationen berichtet, daß die »Jenaischen Jacobiner« wieder einen Auszug organisierten.[62] Schon an der Front mit Carl August, wo er als ›Reisegeheimrat‹ fungiert, meldet Goethe an Voigt, der Herzog habe ihn gebeten, »wegen der Jenaischen heimlich fortdaurenden Unruhen Ihnen aufzutragen: daß Sie doch ja genaue Erkundigung fortsetzen mögen um zu erfahren: wo und wie es hängt und wer diejenigen sind die dieses Fieber unterhalten. Durchl[aucht] genehmigen auch ein und andre *baare Auslage* wenn Sie nöthig finden sollten durch diese und jene Mittel der Wahrheit näh[er] zu kommen.«[63] Der Hinweis auf eine Geldzuwendung kann durch eine andere Stelle der publizierten *Amtlichen Schriften* entschlüsselt werden. Voigt hatte nämlich ein paar Wochen früher in einem Privatbrief referiert, daß Major von Bentheim vor dem Geheimen Consilium erschienen sei und sich beschwert habe, »daß ihm die Haltung seines Spions« zu viel Geld koste. Voigt hatte wegen dieser und anderer Ausgaben Bentheims empfohlen: »Wenn Ew. Durchl[aucht] dem alten Mann, der sich doch wider die Jacobiner sehr gut benimmt, etwa 50 r oder 100 Gülden Douceur als Entschädigung (doch in der Stille, um ähnliche Ansprüche zu verhüten) machen lassen könten, so wäre es sehr gut angewendet.«[64] Die Vergütung Bentheims war so empfindlich gewesen, daß das Consilium keinen förmlichen Vortrag zu machen gewagt hatte[65], da er unter den Kanzleiangestellten bekannt geworden wäre. Aus den Akten geht nun hervor, daß Carl August – wahrscheinlich vom gerade beim Regiment angekommenen Reisegeheimrat Goethe beraten – dem Major von Bentheim am 27. August »eine Belohnung seines Betragens« auf ungewöhnlichem Finanzwege genehmigte.[66] Warum der Herzog (laut Goethe) aber am 10. September meint, daß es in Jena noch »heimlich fortdaurend[e] Unruhen« gebe, erscheint auf den ersten Blick rätselhaft, denn der Herzog war eine Woche früher auf Grund von Voigts Berichten von »der völligen Wiederherstellung der Ruhe« in Jena überzeugt.[67] Aber Goethes Brief[68] deutet wieder einmal darauf hin, daß der Herzog unabhängig von Voigt Informationen über die Lage in Jena bekam[69] und daher weitere »Erkundigungen« forderte. Goethe wußte nicht nur vom Spitzelwesen und gab die Weisung des Herzogs darüber weiter, sondern schöpfte für Entscheidungen im Geheimen Consilium daraus. Im Vortrag vom 20. Juli 1792 zum Beispiel, den Goethe signierte, da er in der betreffenden Sitzung anwesend war und den Vortrag mit verantwortete, wimmelt es von Hinweisen auf die Privatbriefe und Nachrichten, durch welche die Geheimräte über die geheimsten Absichten und Pläne der Studenten genauestens informiert waren.[70]

Diese Taktiken sind aber nicht erst im Zeitalter der Französischen Revolution zu konstatieren. Im Jahre 1786 wurden die Jenaer Professoren aufgefordert, dem Geheimen Consilium Vorschläge zur Steuerung des Ordensunwesens zu unterbreiten.

Obwohl Goethe sich seit mehr als einem Jahr von den laufenden Sessionen des Consiliums entfernt gehalten hatte, wurde er zur Begutachtung dieser 82 Blatt umfassenden Briefe von 21 Professoren herangezogen. Einer schrieb: Wenn man die Studenten nicht »in der beständigen Furcht der Entdekkung« halten könne, so müßte »die Akademie gute, treue Spione haben«.[71] Solche Spione hielten die Pedelle[72], aber diese Gewohnheit war offenbar in Verfall geraten; ein anderer Professor setzt voraus: »Wenn die Pedellen gehörig wachsam wären und so, wie ehedem, ihre Beyläufer und Spione hielten und gut belohnten, so müßte durch sie sehr vieles zu erfahren seyn«, aber gerade die ärmlichen Verhältnisse der Pedelle »hinder[n] sie taugliche Kundschafter in hinlänglicher Anzahl zu halten«.[73] Daher schlägt man eine Geldzulage für die Pedelle vor.[74] Aber ausgerechnet ein Jurist, der Professor Johann Ludwig Eckardt, benennt die ganz offensichtlichen Mißbräuche einer (bestehenden!) Abhängigkeit von Spitzeln: »Man hat ferner verschiedenes schlechtes Gesindel an der Hand und belohnt es sogar, damit es bald gegen diesen, bald gegen ienen denunciren muß, als ob er unter einer Landsmannschaft sey. Der Student darf nicht nach seinem Denuncianten fragen [...]«.[75] Ganz zu schweigen von den moralischen Auswirkungen, die der talentierte Orientalist Professor Eichhorn benennt, indem er auch den bisher unbekannten Umstand deutlich macht, daß Prorektoren (also Professoren) nicht nur unter dem städtischen »Gesindel«, sondern auch unter den Studenten Spitzel beschäftigten: »Prorectoren haben zuweilen die schwere Verantwortung auf sich, daß sie junge unverdorbene Herzen, welche der Universität zu einer natürlichen Bildung durch die weiseste und vorsichtigste Behandlung anvertraut sind, so unweise und muthwillig verderben, daß sie sich ihrer Empfohlnen als Spione bedienen.«[76] Was Herder bei einem vorgeschlagenen Überwachungsplan für die Professoren 1794 befürchtete, nämlich daß der »Same der Horcherei, des Auflaurens, des Verläumdens gleichsam mit Fleiß ausgesäet« werde[77], war spätestens seit den 1780er Jahren offenbar längst gegenüber den Studenten passiert. Dieses Spitzelwesen ist zwar nicht mit den persönlichkeitszersetzenden Taktiken unseres Jahrhunderts gleichzusetzen, ließ jedoch nach zeitgenössischem Zeugnis die Integrität der so verwendeten Studenten nicht unberührt. Eichhorn meinte, Menschen, die Studenten zu Spitzeln machten, seien in der Lage, »einer ganzen Reihe von jungen leichtsinnigen Leuten durch so einen Gebrauch das Herz zu vergiften«. Denn: »Der Regel nach verräth kein Student von *edler Denkungsart* den andern *außergerichtlich*«.[78]

Da Goethe diese heute noch unveröffentlichten Gutachten gelesen hatte, als er im April 1786 sein eigenes schrieb, fällt ein neues Licht auf seine schon publizierte Äußerung über »die *Aufsicht* auf das Betragen der iungen Leute«; er schreibt dazu: »Fragt sich ob man die Anzahl der Pedellen vermehren, oder den gegenwärtigen etwas zulegen solle?«[79] Beide Maßnahmen waren in den Gutachten der Professoren vorgeschlagen worden, um die Spionage durch Pedelle und ihre bezahlten Informanten zu fördern.

So scheint es, daß der in den Augen der Geheimräte besondere Status der Studenten als Unmündige besondere Maßnahmen rechtfertigte, deren Rechtmäßigkeit in den Augen mehrerer Professoren – auch Juristen – umstritten war. Es darf allerdings nicht außer acht gelassen werden, daß es in all diesen Dokumenten um Geheimorden ging, die in der grandiosesten Verschwörungstheorie aller Zeiten als Urheber der Französischen Revolution figurierten. Gerade mit Bezug auf die Studentenunruhen in Jena schrieb Minister Voigt in diesen Tagen: »Die *Orden* sind doch nur der einzige itzige Verderb; sie stellen demokratische Clubs vor, aus denen, wie in Frankreich, sich das brausende, die Anarchie befördernde Wesen, mit den jungen Leuten in ganz Deutschland verbreiten wird, wenn nicht in Zeiten Einhalt geschiehet.«[80] Die Verschwörungstheorie erscheint in den Überlegungen der Räte jedoch in einer eigenen Variante. Im allgemeinen war die Verschwörungstheorie dazu geeignet, soziale und politische Probleme dadurch zu minimalisieren, daß man Unruhe auf die Tätigkeit einiger weniger ›Verführer‹ abwälzte. In Frankreich sowie in Deutschland sei das angeblich zufriedene Volk durch einige Aufwiegler zum Aufstand gebracht worden, die aus Geheimgesellschaften hervorgingen – die Agitatoren. So brauchte man keine Reformen sozialer und politischer Mißstände durchzuführen, sondern nur Polizeiaktionen, um die Agitatoren zu fassen. Das Volk selbst war unschuldig, glücklich, aber eben auch unmündig – es ließ sich durch Agitatoren ›verführen‹. Diese Ansicht wird auch von Goethe in zwei Theaterstücken vertreten, in denen er sich mit den Folgen der Französischen Revolution in Deutschland auseinandersetzte.[81] Aber auch im Umgang mit den Studenten in Jena finden wir sozusagen die Mikrovariante dieser Verschwörungstheorie. In Goethes und Voigts Propagandaschrift über die Unruhen des 19. Juli heißt es, man finde dabei »mehr Überredete als Verführer, und mehr Dahingerißene als Selbstwirkende«[82] – es gab also durchaus Verführer, aber sie waren eine kleine Minderheit. Die »unerfahrene Jugend«[83] (so Goethe wieder) lasse sich ja leicht verführen, da sie nicht über die nötige Vernunft und Erfahrung verfüge, um die Nichtigkeit der betreffenden Ideen und die Motivationen der Aufwiegler zu erkennen. Während des Fichte-Streits 1798 sprach auch der Herzog von »unmündigen« Studenten, »die keinen begriff von Menschl[ichen] verhältnißen, von den [sic] was nothwendig, gut, an- oder unanwendbar ist, haben«.[84] Daher wird wiederholt in den Dokumenten der Geheimräte darauf hingewiesen, daß die Studenten »blos verführet«[85] seien, oder in einer verwandten Gedankenkonstruktion, die auch eine Wirkung *von außen* bezeichnet, daß die Studenten lediglich von einer Krankheit »angesteckt« seien (Schnauß: die »von dem allgemein eingerißenen Schwindel Geist angesteckten Studenten«).[86] Nebenbei sei angemerkt, daß auch freisinnige Professoren als Verführer erscheinen, wenn sie, der Meinung der Geheimräte nach, in ihren Vorlesungen politische Meinungen verkünden (dazu unten mehr).

Freilich verstrickten sich die Mitglieder des Geheimen Consiliums mit diesen Ansichten in vielfältige Widersprüche. Der wichtigste ist, daß (abgesehen von den Professoren) einige Studenten natürlich die Verführer spielen mußten – in den besagten Unruhen wurde tatsächlich eine Handvoll relegiert, einer sogar für ein Jahr auf der Leuchtenburg bei Jena eingesperrt. Es erübrigt sich fast zu sagen, daß diese Studenten einfach als schlechte Menschen bezeichnet werden – »elend[e] Menschen«, in Goethes Formulierung. Aber als elende Menschen sind sie wenigstens vollwertige Menschen, die die »unerfahrene Jugend« zu verführen im Stande sind, und dadurch scheiden sie als Unmündige und Verführte aus. Immer da, wo der Ernst der Lage betont wird, erscheinen diese bedrohlichen Untertanen eben nicht mehr als Kinder. Gerade im Zusammenhang mit seiner Erörterung über die angebliche Ordensverschwörung, die in Frankreich eine Revolution hervorgebracht habe, betont Minister Voigt – in demselben Brief, in dem er von den »Unmündigen und Säuglingen« geschrieben hatte –: »Die Sache ist nicht bloß Kinderey.«[87] Auch bei Goethe kreuzen sich diese Diskurse, wenn er vom Auszug des 19. Juli schreibt: »Es scheint daß wir in unsern Gegenden wenigstens das Bild jener größern Übel [d. h. der Französischen Revolution und ihrer Auswirkungen] nicht entbehren sollen, es ist nur gut daß es diesmal nur eine Kinderkranckheit [!] ist von der hoffentlich die größte Anzahl der Patienten geneßen wird.«[88] Voigts Auffassung der Orden als »demokratische Clubs« widerspricht seiner Auffassung der Studenten als »Säuglinge«. Als Demokraten entwerfen sie die eigenen Gesetze, sie weigern sich (mit Goethes Worten), Gesetzen zu gehorchen, in die sie »nicht ganz freiwillig consentiert« haben, sie erproben also politische Mündigkeit.

Auf diese Weise sind in der Behandlung der Studentenunruhen des Jahres 1792 eine eigenartige Auffassung von Studenten als Kindern und eine weit wirkende Verschwörungstheorie zusammengekommen. Mit dieser Konzeption sollten die wohl außerordentlichsten Überwachungsmaßnahmen gerechtfertigt werden, die Jena vor dem zwanzigsten Jahrhundert erfahren hat.

Und wir dürfen nicht vergessen, daß ein wichtiger Zweck von Überwachung fast immer auch Einschüchterung möglicher Opposition ist. Wenn Klaus Epstein recht hat, daß die frühen Auseinandersetzungen zwischen Staatsmacht und Geheimgesellschaften den Anfang moderner polizeistaatlicher Ordnungsmentalität darstellen, sollten auch die Überwachungsmaßnahmen im klassischen Herzogtum Weimar entsprechend aufgefaßt werden.

Wir haben gesehen, daß Goethe in seinem Gutachten vom Januar 1792 eine staatlich überwachte studentische ›Selbstverwaltung‹ zulassen wollte, aber nicht die Orden, die kein Staat »begünstigen« solle. Konsequent fordert er: »Man zerstöre alle geheime Verbindungen, es entstehe daraus was wolle«; Jena müsse »von den Ordensverbindungen gereiniget« werden.[89] Was Goethe in der nächsten Session des Consiliums, in der diese Angelegenheit erörtert wurde, auf Grund dieses Schemas vortrug, ist nicht bekannt. Sicher ist nur zweierlei: Der Vorschlag zur Einrichtung studentischer Ehrengerichte und staatlich genehmigter Landsmannschaften wurde erörtert, aber nicht verwirklicht; Voigt war von Anfang an dagegen[90], und er muß Goethe für naiv gehalten haben, diesen Plan gefördert zu haben. Denn man hatte zum Beispiel längst die Erfahrung gemacht, daß akademische Orden zweierlei Verfassungsdokumente führten, eine für die Mitglieder verbindliche sowie eine Scheinverfassung, die man im Fall der Verfolgung der Obrigkeit zeigen konnte. Die Regierung erteilte den Studenten aber keinen abschlägigen Bescheid, sondern schleppte die Sache monatelang hin.

Goethes Vorschlag, die Orden zu »zerstören«, griff das Consilium jedoch ohne Umschweife auf – genauso wie es seine Forderung vom 1. Juni 1786 nach einem verschärften Reskript gegen die Orden und Landsmannschaften sofort umgesetzt hatte. Die Gutachten der Professoren hatte man rechtsmäßig eingesammelt, und auch sie rieten zur Härte. Im Durchgreifen nur wenige Wochen nach Goethes Gutachten war die verzögerte Entscheidung über die studentischen Reformvorschläge nicht etwa irrelevant, sondern gehörte zum geradezu zynischen Kalkül des Herzogs. Heinrich Stephani sah die Situation ziemlich genau, als er später schrieb, die Regierung habe gemeint, daß »strenge Gewalt das geeignetste Mittel sey, und jetzt gegen die Orden – die Schutzstätte der Duelle und der akademischen Freiheit – um so anwendbarer, als ein ansehnlicher Theil der Studirenden sich für Abschaffung des Zweikampfes öffentlich erklärt habe, und daher um so williger sich der akademischen Schulzucht unterwerfen werde«; davon überzeugt, legte die Regierung den Reformplan »ad acta, und versuchte, die geheimen Orden mit *Gewalt* auszurotten, wähnend, damit sey dann Alles gewonnen!!«[91] Es war aber noch schlimmer, als Stephani wußte. Notizen Voigts nach einem Gespräch mit Carl August zeigen, daß man mit diesem Schlag die Spaltung unter den Studenten funktionalisieren wollte, um das Ordenswesen zu vernichten. Es sei beim Herzog »die Idee entstanden«, berichtet Voigt, ob man nicht während der Beratschlagungen der vier verantwortlichen Höfe über das Gesuch der Studenten »und bey der itzigen Gährung unter den Studenten, bey ihrem Mistrauen untereinander selbst, [...] durch eine schleunige Ausübung der Gesetze die Ordensverbindungen, wo nicht gänzlich umstürzen, doch wenigstens erschüttern solle. Die starcke GegenParthey« – also die staatstreuen Befürworter der Ehrengerichte – »wozu sich über 200 Studenten, exclus[ive] der Landskinder, schriftlich bekannt hätten, würde hierdurch so viele Unterstützung erhalten, daß so leicht kein neuer Orden wieder emporkommen werde.« Was hier angedeutet wird, schreibt Voigt dann ausdrücklicher, daß es nämlich darauf ankam, die Studenten gegeneinander auszuspielen: »Wenn das alles gut ausgeführt werden solle, müsse es, wie man glaube, bald geschehen, ehe etwa beyderley StudentenPartheyen wieder zusammen sich vereinigten.« Der Herzog will schnell zupacken: »Die Sache [...] könne vielleicht in Einem [sic] Tage, ohne viel Zeit zum Besinnen zu lassen, ausgeführet werden. Man will zu Jena nicht einmal Unruhen hieraus befürchten; indeß werde auch dadurch einige Furcht erregt werden können, daß man um jene Zeit Husaren Patrouillen dort blicken lasse, auch allenfalls zur Zeit der Ausführung der Sache ein Commando Husaren in der Nähe behalte.«[92]

So einfach konnte man die Orden allerdings nicht »zerstören«. Aus der am 2. Februar erfolgten Aktion[93] gingen die weiteren ›Exzesse‹ des Jahres 1792 wie eine Kette von unglücklichen Folgen hervor. Nicht nur die Studenten behaupteten das konsequent[94], sondern auch die offizielle Untersuchungskommission gab zu, daß »wohl die ohnlängst erfolgte Aufhebung der Ordens Verbindungen guten Theils zu den letztern Unruhen [vom 10. Juni] Gelegenheit gegeben haben mag [...]«.[95] Die Reformpartei unter den Studenten wurde zunehmend unzufrieden, weil ihre Forderungen unbeachtet blieben, und die Orden gewannen nach der versuchten Zerstörung an Stärke. Jeder neue Versuch, die Studenten gegeneinander auszuspielen, schlug nun fehl.[96] Durch eine Reihe von Ereignissen führten die Unruhen vom 10. Juni zum großen Auszug der Studenten am 19. Juli. Diese Ereignisse im Detail zu verfolgen, würde nur das Bild ergänzen, das Jens Riederer schon gezeichnet hat: »Ein durch Revolutionsfurcht und Wille zur ›Demonstration von überlegner Gewalt‹ [so Goethe] überreagierender Staat, der einen wenig glücklich agierenden Rektor zur Härte trotz friedlicher Studentenpetitionen zwang, hatte die Gegensätze eskaliert und damit den Ausmarsch maßgeblich provoziert.«[97] Riederer unterschätzt möglicherweise die studentische Gewaltbereitschaft, die sich offenbar schon wenige Tage nach dem Ordensverbot vom 2. Februar entlud[98] und sich am 10. Juni in einem ernsthaften Tumult Bahn brach, zu dem wir noch zurückkehren werden. Aber die Reaktionen des Consiliums schaukelten die Krise hoch, die es mit dem Verbot selbst eingeläutet hatte. Rein taktisch gesehen hätte man, so behaupten die Studenten mit Recht, »mehr allmählig zu Werke schreiten und weniger gewaltsam dabey verfahren müssen«, denn eine »Animosität gegen diejenigen, die diese Aufhebung [der Orden] bewürkten« sei leicht vorauszusehen gewesen.[99] Der Forscher Paul Ssymank meinte 1913, »die weimarische Regierung wollte den Kampf mit allem Nachdruck führen und schreckte dabei vor der Anwendung von Mitteln nicht zurück, die nicht gerade einwandfrei waren«[100], vor einem »mindestens rechtsbedenkliche[n] Vorgehen« (Riederer).[101] Der Befund, daß die Regierung bei der ganzen Sache die Studenten gegeneinander ausspielte, macht das Bild wiederum etwas dunkler, als diese Forscher es malen. Von ihnen unbeachtet blieb auch die nach den obigen Ausführungen kaum verwunderliche Tatsache, daß man die loyalen Studenten sogar zur Denunziation der Verdächtigen ansetzen wollte.[102] An diesen Ereignissen war Goethe wahrscheinlich stärker beteiligt, als es die *Amtlichen Schriften* erkennen lassen.[103]

Das Ergebnis der Ereignisse des Jahres 1792 war für die Studentenschaft, wie leicht vorauszusehen ist, nicht gerade günstig. Schon die mäßigen Reformstudenten gingen leer aus. Der Herzog entschied, zur Schlichtung der Ehrenstreitigkeiten kein studentisches Ehrengericht, sondern einen Friedensrichter zu ernennen, und die Wahl fiel auf keinen anderen als den alten Stadtkommandanten und Spitzelorganisator Major von Bentheim.[104] Das war ein weiterer Schritt zur Aufhebung der hergebrachten Autonomie der Universität. Einen Schritt weiter ging das Geheime Consilium, als es im Jahre 1795 einem Vorschlag Goethes folgte, dem Stadtkommandanten von Jena – statt wie bisher dem Prorektor – »die Sorge für die äußere Ruhe und Sicherheit« der Universität zu übertragen.[105] Auch die Orden hatten einen tödlichen Schlag erlitten. Die Ordensverfolgung zeitigte im ganzen Reich nach dem Sommer 1792 einen Rückgang an Mitgliederzahlen, der nicht mehr wettgemacht werden konnte.[106] Denn in diesem Jahr wurde das oben erwähnte reichsweite Verbot von akademischen Orden von Sachsen-Weimar angeregt und im nächsten Jahr durchgesetzt.[107]

Über das Reichsgesetz sind die Studenten in Jena betroffen.[108]

Ein Grund dafür könnte sein, daß die Studenten sich immer den Herzog – und Goethe – als ihre Gönner vorgestellt hatten. Beim Auszug vom 19. Juli 1792 trugen sie eine Fahne mit der Aufschrift »Vivat Carl August!«[109] Sie hatten die Aufhebung der Orden am 2. Februar sogar irrtümlich nicht dem angeblich »milden« Geheimen Consilium, sondern dem Prorektor zugeschrieben.[110] Wir sahen aber, daß Goethe im Januar vorgeschlagen hatte: »Man zerstöre alle geheime Verbindungen, es entstehe daraus was wolle«[111], und der Herzog folgte seinem Rat: »Die Orden müssen auf alle mögliche Weise ausgerottet werden«.[112] Wie konnten sich die Studenten so schwer über die Herrschaft in Weimar täuschen? Erstens wußten sie nicht, daß Goethe und der Herzog seinerzeit Illuminatenmitglieder gewesen waren und sich gegen eine mögliche Entdeckung dieser Tatsache in dieser von der Verschwörungstheorie beherrschten Zeit mit einer harten Linie gegen Geheimgesellschaften prophylaktisch wehren mußten.[113] Zweitens hatte der Herzog zwei Jahre früher das Militär nach einem Zusammenprall mit den Studenten bestraft (dazu weiter unten). Drittens aber hatte die Herrschaft in Weimar in der Öffentlichkeit gezielt die Vorstellung propagiert, sie sei besonders aufgeklärt. Alle drei Gründe haben mit dem öffentlichen Ansehen des Herzogtums zu tun. Und dieses Image bedingt wiederum elementar das wirtschaftliche Wohl des Landes, was gerade am Beispiel der Universität Jena deutlich wird. Die Stadt war von der Anwesenheit der 900 Studenten ökonomisch abhängig. Mit Bezug auf die Studentenreformen befand sich die Regierung in einem Dilemma. Die Studenten hatten das Vorhaben im Januar 1792 sogar durch Publikation ihrer Eingabe an Carl August bekannt gemacht. Dies machte in ganz Deutschland Sensation und wurde sogar im revolutionären Frankreich registriert.[114] Aber die Publikation hatte mit zwei unscheinbaren Ausdrücken auf die Weiterexistenz der Orden hingewiesen, und *diese* Bloßstellung »in einem öffentlichen Blatt«[115] trug maßgeblich zur Motivation der Regierung bei, die Orden zu unterdrücken.[116] Denn offenbar nur durch beide

Maßnahmen, die Abschaffung der Duelle und die ›Reinigung‹ Jenas von den Orden, erhoffte man sich noch vor dieser Publikation »einen unglaublichen Zuwachs« an Studenten (Goethe).[117] Man achtete also peinlich auf die öffentliche Meinung, was ja auch die gegen die Darstellung in einer studentischen Druckschrift gerichtete Propagandaschrift Goethes und Voigts veranlaßte.

In unserem Zusammenhang interessieren vor allem die rechtlichen Aspekte, wie sie von den Studenten selbst, von Professoren und sogar von einer anderen Regierung zur Sprache gebracht wurden.[118] Der erste Anklagepunkt der Studenten ist eher quasirechtlicher Natur. Sie beschwerten sich, daß die Orden inoffiziell zugelassen und sogar seit spätestens 1763 (damals war jedoch auch eine bedeutende Inkonsequenz der Regierung zu konstatieren gewesen[119]) gefördert, dann plötzlich verboten worden waren. Sogar der Prorektor machte in offener Senatssitzung vom 2. Februar, in der die Maßnahmen gegen die Orden beschlossen wurden, dasselbe Argument geltend.[120] Offiziell waren Landsmannschaften sowie Orden mehrmals verboten worden. Die Regierung ging im Jahre 1792 allerdings selektiv vor. Sie kümmerte sich gar nicht um die Landsmannschaften, die ja die Vorschläge zur Abschaffung der Duelle vorgebracht hatten, die der Herzog durch Ernennung der Kommission legitimiert hatte.[121] Goethe hatte ja nur die Orden erwähnt, und auch dem Herzog kam es lediglich darauf an, die »4 Studenten Orden« zu vernichten.[122] Im Weimarer Ratssaal war man so sehr von den Geheimorden besessen, daß man erwog, ob »die Profeßoren zu befehligen wären, in ihren öffentlichen Vorlesungen [...] auf schickliche Art von dergleichen schädlichen Verbindungen die jungen Leute abzumahnen«[123] – die Neuauflage eines Projekts aus dem Jahre 1789.[124]

Dementsprechend entnahm man den weitschweifigen Dokumenten über die Abschaffung der Duelle schließlich überhaupt nichts als den beiläufigen Hinweis auf die Fortexistenz der Orden.[125] Es ging nunmehr nicht mehr um – so eine Aktenüberschrift ursprünglich – »Die Abschaffung der Duelle und Ordens-Verbindungen zu Jena«, sondern – so die revidierte Fassung – um »Die Abschaffung der Ordens-Verbindungen zu Jena«[126] – obwohl die Forschung nach wie vor meist nichts als die Duellangelegenheit und andere »rohe Studentensitten« am Werk sieht.[127] Kein Wunder, daß die Duellgegner sich hintergangen fühlten. Aber auch die Ordensstudenten klagten, die jetzt verbotenen Orden seien bisher toleriert worden.[128] Die Obrigkeit bestritt diese Argumente nirgends in den überlieferten Dokumenten. Dieses Verfahren ist um so auffallender, als das Consilium das Recht der Studenten, sich auf dem Markt zu versammeln, allein aus dem Gewohnheitsrecht herleitete und dieses anerkannte[129], in diesem Fall aber außer Kraft setzte. Das Gefühl der Studenten, hintergangen worden zu sein, schürte die Flamme der Unzufriedenheit. Und im Laufe der Auseinandersetzungen machten die Studenten nicht nur Inkonsequenz in der Haltung gegenüber den Orden, sondern auch Verletzung eines von ihnen neu formulierten vereinsrechtlichen Prinzips geltend: »Vergesset nicht, daß es erkannte Wahrheit unsers Zeitalters ist«, behaupteten sie kühn, *»der Staat kann Verbindungen seiner Bürger nicht verbieten, wenn diese nichts dem Wohl des Staates Nachtheiliges hervorbringen«*.[130] Ein weiteres Mal forderten sachsen-weimarische Untertanen weitreichende Rechte, die die Regierung nicht anerkannte.

Es gibt auch andere Beschwerden der Studenten. Nach den Studentenunruhen des Jahres 1790, als Soldaten unprovoziert auf die Studenten einschlugen, soll die Regierung versprochen haben, keine Truppen mehr nach Jena zu verlegen, aber nunmehr erschienen sie wieder.[131] Das Verhalten der Soldaten trug nun auch im Jahre 1792 nach explizitem (aber natürlich geheim gehaltenem) Eingeständnis des Geheimen Consiliums zur Steigerung der Krise bei[132], und der Einzug des Militärs am 14. Juli – dem Bastilletag – provozierte die Studenten und führte erst zum großen Auszug einige Tage später.[133] Daher ist diese

Beschwerde nicht belanglos. Sie betrifft auch den elementaren Ehrenkodex der Studenten, die sich ja für einen höheren Stand als einfache Soldaten hielten und sich eher mit dem Ethos der Offiziere identifizierten. Der Staat hatte 1790 dieses Ehrverständnis der Studenten im Ansatz anerkannt.[134]

Für die Studenten und auch für unsere Fragestellung viel wichtiger sind jedoch zwei weitere, miteinander verwandte Beschwerden, weil sie anerkannte Menschenrechte betreffen. Bei der ersten ging es um »die fortdauernden unregelmäßigen und größtentheils höchsttadelnswürdigen Strafen« in der Zeit seit der Einreichung des Plans zur Abschaffung der Duelle.[135] Aus einem Auszug aus den Kommissionsakten geht hervor, daß einige der relegierten Studenten nur durch das Zeugnis eines Spitzels, des griechischen Studenten Cyriacus Polizo, belastet wurden, die Teilnahme an den Ereignissen jedoch leugneten.[136] Die Frage, ob man die Studenten auf bloßen Verdacht hin relegieren oder sonst bestrafen könne, wenn sie nicht durch Beweismaterial überführt werden konnten, war nicht neu (wie auch die Praxis der nachlässig geführten ›Beweisführung‹[137]). In den oben erwähnten Gutachten des Jahres 1786, die Goethe gelesen hat, wurde dieses Problem von mehreren Professoren erörtert, insbesondere der Vorschlag, daß ein Student nach der unbelegten Aussage von drei Professoren bestraft werden könne.

Die Meinungen der Professoren tendierten im Jahre 1786 gegen dieses Verfahren. Der Mediziner Ernst Anton Nicolai trug die selbstverständlichen Argumente gegen summarische Bestrafung vor: »Dem höchstungerechten Verfahren, daß Studenten unverhört und nicht überführt bestraft und wohl gar relegirt werden, davon Exempel vorhanden sind, ist mit aller Macht zu steuern. Auch das wäre höchst ungerecht, daß ein Student, den 3 Profeßoren für ein Taugenichts halten, fortgeschafft werden sollte […]. Auf diese Weise könnte mancher unschuldiger verdammt werden.«[138] Auch der Theologe Eichhorn weist darauf hin, daß Studenten nach diesem Verfahren Ungerechtigkeiten und den Launen der Professoren ausgesetzt wären; fadenscheinige Behauptungen könnten Unschuldigen großen Schaden zufügen.[139] Professor Ulrich, der 1792 als Prorektor von den Studenten unbarmherzig attackiert werden sollte, lehnte die auf bloßen Verdacht hin erteilte Bestrafung gleichfalls ab.[140] Der Jurist Eckardt, dessen oben angeführter Protest gegen das studentische Denunziationswesen an seine Verurteilung dieses unrechtmäßigen Verfahrens geknüpft war, kritisiert den Umstand, daß die Prorektoren meist keine Juristen seien und die Untersuchungen deswegen von »unfähigen« Leuten geführt würden.[141] Der Mediziner Gruner tritt dieser Meinung bei: Fachfremden Prorektoren sollte jeweils ein Jurist zum Assistenten beigegeben werden – obwohl Gruner bereit ist, die Hauptschuldigen auf halbe Beweise relegieren zu lassen, und er scheint andere Senatsmitglieder zu tadeln, die »einen vollständigen Beweis, wie bei criminellen Untersuchungen, fordern«.[142] Auch andere befürworten den effektiveren Weg des Rechtsbruchs. Der Theologe Griesbach gibt zu, daß »ohne Ungerechtigkeit die gesetzmäßige Strafe an niemand vollzogen werden kann, der nicht vollständig überführt ist«, aber wegen der Schwierigkeiten, die Studenten zu belangen, schlägt er vor, »daß man unnütze und übelgeartete Studenten, die man sonst wohl noch dulden würde, ohne viele Umstände mittelst des consilii abeundi [›Rat zu gehen‹, gemilderte Relegation] von hier entfernen, sobald eine überwiegende Wahrscheinlichkeit da ist, daß sie Beförderer Landsmannschaftlicher Verbindungen seyen«.[143] Das Ergebnis der Auseinandersetzungen war, daß sich das summarische Verfahren im Senat nicht durchsetzen konnte – die Mehrzahl der Professoren stellte sich dagegen. Aber gerade wegen der Zurückhaltung der Professoren fordert der Mathematiker Wiedeburg, der Herzog selbst solle (entgegen der Autonomie der akademischen Gerichtsbarkeit) den Befehl geben, Verdächtige ohne Untersuchung zu entfernen.[144] Konnte man sich also nicht vor dem demokratischen Forum des akademischen Senats durchsetzen, appellierte man an die autoritäre Staatsmacht. Goethe sollte dann im Jahre 1795 sogar einen juristischen

Präzedenzfall für Verfahren gegen »verdächtige aber nicht überführte Personen« beibringen[145], so daß anzunehmen ist, daß er auch schon 1786 für diese Maßnahme war. Mit solchen Vorschlägen, schreibt Jens Riederer, »griff er tief in die traditionelle Verfassung der Akademie ein. Er wies damit in eine Richtung, die auch auf anderen Gebieten der weimarischen Universitätspolitik künftig immer stärker zum Tragen kommen sollte: eine zunehmende Demontage der Korporativautonomie der [Universität] und deren allmähliche Umwandlung in eine landesherrliche Staatsanstalt.«[146]

Im Jahre 1792 ergriff das Geheime Consilium nun gerne die Initiative in der unrechtmäßigen Bestrafung »durch bloße Machtsprüche«, wie die Studenten es formulierten.[147] Schon im März verordnete man die Verweisung von der Universität auf »gegründeten Verdacht« hin, »ohne alle weitere Untersuchung«.[148] Obwohl auch den meisten angeblichen Übeltätern vom 10. Juni nichts nachgewiesen werden konnte, wurde zur Relegation geschritten. »Durch diese Verfügung«, so erklärte Carl August dem gothaischen Herzog, »würde die Academie jener schädlichen Subjecte, die man des begangenen Excesses nicht völlig überführen kann, entlediget werden.« Diese Strafen, so heißt es weiter, müßten offiziell durch den akademischen Senat erfolgen; die Regierung könne zur Ausführung der Strafen eine Kommission zum Senat schicken, um der Sache mehr »Nachdruck« zu geben.[149] Obwohl die Professorenschaft später um einen Kompromiß zwischen den Studenten und der Regierung bemüht war[150], scheint sie 1792 in dieser rechtlichen Frage, die die Gemüter im Jahre 1786 so sehr bewegt hatte, kleinlaut beigegeben zu haben. Sie ließ sich verspätet – nach allen großen Vorfällen und Bestrafungen des Sommers – lediglich dazu bewegen, zwei diesbezügliche Bitten der Studenten weiterzugeben, nämlich daß »künftig den Prorectoren die nicht selbst Juristen sind, ein Rechts-Gelehrter beigegeben werden möge«, und »daß sie nicht auf blosen Verdacht beurtheilet werden«.[151]

Wie oben angedeutet, erhielt die Situation eine besondere

Schärfe dadurch, daß die Relegationen oft auf Spitzel- und Denunziationsberichte hin durchgeführt wurden – genau die Situation, auf deren Unrechtsstatus Professor Eckardt schon 1786 hingewiesen hatte. Die Studenten faßten die Verwendung von Denunziationen deshalb sehr scharfsinnig als Menschenrechtsfrage auf. Und sogar die Weimarer Herrschaft erkannte, daß der Hauptanlaß des Tumults vom 10. Juni vor allem durch den Studenten Polizo – angeblich ein Führer der Duellgegner[152] – gegeben wurde, der »durch eigene Unbehutsamkeit sich den Verdacht zugezogen hat, als wenn er die Ordens-Glieder anzuzeigen und in Strafe zu bringen pflege«[153] (Polizo wurde als »der Schuhu, auf den die Raben alle zufliegen«[154], in aller Stille von Jena weggeschafft, das Geheime Consilium gab nach den Worten Paul Ssymanks also »den bisher geschützten Spion endlich auf«[155]). Über solche »Horcher und Spione« beschweren sich die Studenten wiederholt.[156] Sie waren sich über die politischen Folgen heimlicher Überwachung sicher im klaren: Spitzel haben eine lähmende Wirkung auf keimende Opposition, wie sie aus den akademischen Orden hätte hervorgehen können.

Aber handelte es sich bei den Orden überhaupt um Opposition, wie die Regierung annahm, als sie sie zu Brutstätten für Jakobiner stempelte? Die Ereignisse in Frankreich und ihre Auswirkungen auf Deutschland spielten eine bis heute unterschätzte Rolle im Selbstverständnis der Jenaer Ordensstudenten.[157] Ohne die Kenntnis der bisher unbeachteten Dokumente bleiben Äußerungen der Weimarer Minister – etwa Voigts Hinweis auf »unsre Jacobiner zu Jena«[158] oder Goethes Spruch, daß die studentischen Aktionen »wenigstens das Bild jener größern Übel« in Frankreich abgeben[159] – weitgehend unverständlich. Diese Äußerungen scheinen *nur* von Auswirkungen einer übertriebenen Verschwörungstheorie bei den Geheimräten zu zeugen, statt *auch* von den eigentlichen Motivationen der Studenten. Zwar ist zu unterscheiden zwischen Revolutionsideologie im engeren Sinne und freiheitlichen Reformbestrebungen in der geistigen Dynamik der Revolutionszeit. Immer da, wo die Räte von direkt revolutionären Absichten der Studenten schreiben, gehen sie fehl und sind wahrscheinlich von der großen, gerade damals grassierenden Verschwörungstheorie beeinflußt. Voigt und der Herzog gehen in dieser Richtung am weitesten. Im Zusammenhang der »Ordens Einwirkungen« in den Jenaer Ereignissen schreibt der Minister: »In Frankreich ist doch bloß durch Maurerey und Clubbs das Freyheits Unwesen verbreitet worden; die Ordens bereiten die jungen Leute darauf zu [...]«.[160] Die Frage ist, wie die politischen Anschauungen der Studenten selbst aussehen, unabhängig vom übertriebenen Verdacht der Regierung.

Daß es unter den Studenten in Jena beträchtliche Sympathie mit der revolutionären Bewegung gab, steht außer Frage. Offenbar durch Überwachung der Post wußte man, daß Stephani selbst »wöchentlich mehrmalen nach Strasburg [schreibt]«; ein gothaischer Minister habe ihm im Gespräch angeblich »bald sein Jacobiner Wesen abgemerkt«.[161] Die Studenten sangen außerdem Revolutionslieder und trugen Kokarden.[162] Das scheint auf den ersten Blick nicht ausschlaggebend zu sein, betrifft es doch nur Symbole und eine offenbar recht oberflächliche Revolutionsbegeisterung ohne offensichtliche Konsequenzen für politisches Handeln. Diese Phänomene sollten allerdings nicht bagatellisiert werden. Symbole und eine wenn auch verzerrte Revolutionsrezeption können ein erhebliches Politikum sein, indem sie zur Theoriebildung und zum Handeln anleiten können, auch wenn diese keine revolutionären Ausmaße annehmen.

Indessen bleiben solche symbolischen Bilder und Handlungen schwache Indizien, wenn keine weiteren Belege vorliegen. Die Studenten selbst hinterließen allzu wenig an zuverlässigen Zeugnissen ihrer Meinungen. Ausnahmen sind Dokumente der Studentenorden. In Statuten des Constantistenordens zum Beispiel, die in den frühen Revolutionsjahren entworfen wurden, hieß es, die Constantisten seien die »Elite der Menschheit«, und müßten an der Aufgabe mitarbeiten, »die Entwickelung der gesellschaftlichen Verhältnisse des Menschengeschlechts zu jenem

Grade der Reinheit zu befördern, dessen Möglichkeit die edleren Seelen unter allen Himmelsstrichen jetzt nicht mehr bloß ahnden, sondern als gewiß erreichbar ansehen«. Diese Gedanken wurden meist zwar verschwommen-abstrakt formuliert, tangierten jedoch gelegentlich den Kernbereich absolutistischen Machtmonopols: Es hieß, die bestehenden Staatsverhältnisse sollten zwar geehrt und alle damit verbundenen Pflichten erfüllt werden – aber nur »so lange diese nicht in zu auffallenden Widerspruch treten mit den höheren Pflichten der Menschlichkeit und den ursprünglichen Forderungen des Naturrechts.«[163] Damit wurde das im Naturrecht lebhaft diskutierte Widerstandsrecht – wie übrigens in einer schon 1767 beschlagnahmten Ordensschrift in Jena[164] – implizit konzeptualisiert. Das Constantistendokument wurde offenbar auch in Jena adoptiert, da dieser Orden schon längst dort etabliert war.[165]

Einen besseren Anhaltspunkt gibt eine im Mai 1792 gedruckte *Rede über die wohlthätigen Zwecke akademischer Orden*, die desto überzeugender als Darlegung der Meinungen von Ordensstudenten ist, als sie von einem Ordenssenior verfaßt und anonym publiziert wurde. Der Verfasser der *Rede* setzt sich mit einer Identitätskrise der geheimen Studentenorden auseinander. Er versucht, seine ›Brüder‹ zu überzeugen, daß Duelle dem aufgeklärten Zeitalter nicht mehr entsprechen. »Ein anderer Wirkungskreis öfnet sich uns, der uns *wahre* Ehre verspricht, unserer Thätigkeit einen *höhern Stoff* zur Bearbeitung darbietet [...]«.[166] Sein Programm scheint bescheiden genug zu sein. Man möchte den »*zwey Hauptgebrechen* [...] auf den Akademien« abhelfen: »das eine ist *Mangel an weiser Leitung der Thätigkeit* unserer Mitbrüder; das andere *Mangel an Anstalten für sittliche Bildung*« (S. 19). Beim ersten Punkt sieht der Verfasser das Hauptproblem im Ansammeln nutzlosen Fachwissens: Die Studenten »überladen [...] sich mit zu vieler Nahrung, zu deren nöthigen Verdauung sie keine Zeit haben. So bliebt ihre eigene Thätigkeit ungeübt, so sammlen sie blos Kenntnisse, die das Eigenthum anderer sind, mit dem Gedächtnisse ein, und bleiben leer an jenen durch eignes Nachdenken und eigene Thätigkeit erworbenen Kenntnissen, zu denen uns der Vortrag auch des besten Lehrers nichts als fruchtbaren Stoff liefern kann. So kommen sie nur mit schweren Heften beladen, mit auswendig gelernten Gedanken anderer, von denen sie nicht Rechenschaft geben können, oft mit einem durch viele Mühe gesammelten Vorrath an Kenntnissen, die sie im wirklichen Leben nicht gebrauchen können, und größtentheils unbekannt mit jenen, welche dem jetzigen Bedürfnisse der Menschheit angemessen sind, in das Vaterland zurück, und sehen Zeit, Kosten, Mühe, und was noch schmerzhafter ist, die Hoffnung, eine nützliche Rolle auf dem grossen Schauplatze der Welt zu spielen, auf immer verlohren!« (S. 19f.). Es ist die typisch moderne Klage über Fachidiotie, verbunden mit aufklärerischer Kritik an theoretischem Wissen, das in der praktischen Erfahrungswelt keinen Nutzen bringe. – Die »sittliche Bildung« soll nach den Vorstellungen des Verfassers vor allem dann nützen, wenn der Student »in die Dienste des Staates entlassen« wird; »die Ausbildung des feinen Gefühls der Sittlichkeit, die geläuterten Grundsätze himmlischer Weisheit [...], die sie allein erst zu Wohlthätern der Menschheit machen können« (S. 20) – das soll im reformierten Orden gefördert werden.

Entscheidend in der Beurteilung dieser Überlegungen ist die Tatsache, daß die anvisierten Maßnahmen zur Förderung von Mündigkeit und Selbstdenken unter den Studenten im geheimen, vor staatlichem Zugriff geschützten Raum durchgeführt werden sollen. Die Schrift endet mit einem Aufruf an die Ordensbrüder, »*unsern Orden die Schule der Weisheit* und *nützlicher Thätigkeit für akademische Jünglinge* werden« zu lassen (S. 21), und dieses Modell auf andere Orden und schließlich »die sämmtlichen Studirenden« zu erweitern (S. 22). Nun mußte spätestens diese Aufforderung bei der Regierung aufmerken lassen. Denn einen Geheimorden als »Schule der Weisheit« zu definieren, griff zurück auf andere, brisantere Geheimbundmodelle. Nachdem der Illuminatenorden 1784/85 offiziell aufgehoben worden war, wurden viele seiner Schriften beschlagnahmt und 1787 von der bayrischen Regierung publiziert. Sie lösten einen riesigen Skandal aus und waren nach dem Zeugnis Schillers auch im Weimarischen »sehr das Gespräch der Welt«.[167] Und nicht etwa versteckt in diesen Dokumenten, sondern geradezu in der Hauptschrift, der berühmten *Anrede an die neu aufzunehmenden Illuminatos dirigentes* des Ordensgründers Adam Weishaupt, heißt es an der Kernstelle: die »bevorstehende Revolution des menschlichen Geists« könne nur durch »die dauerhaftesten Mittel« erzielt werden. »*Diese Mittel sind geheime Weisheitsschulen, diese waren vor allzeit die Archive der Natur und der menschlichen Rechte, durch sie wird der Mensch von seinem Fall sich erholen, Fürsten und Nationen werden ohne Gewaltthätigkeit von der Erde verschwinden, das Menschen Geschlecht wird dereinst eine Familie, und die Welt der Aufenthalt vernünftiger Menschen werden. Die Moral allein wird diese Veränderungen unmerkbar herbeyführen.*«[168] Diese Stelle verbirgt kein Revolutionsprogramm, sondern ein geschichtsphilosophisches Projekt, das für die Zeit typisch war: Welt und Menschen sollen durch Veredelung ihrer sittlichen Empfindungen umgeschaffen werden, zunächst der Empfindungen der politischen Entscheidungsträger. Die Grenzen politischen Denkens in Deutschland lassen sich hier sehr gut erkennen – auch der Jenaer Geheimagent der Französischen Republik gelangte zwei Jahre später nicht über eine ähnliche »ausgesprochen freimaurerisch-illuminatische Vorstellung« hinaus, nämlich daß die angeblich revolutionsbegeisterten Jenaer Studenten, die nach dem Studium »an der Spitze der Regierungen stehen« sollten, »die Revolution von oben machen« würden.[169] Weiter als solche Illusionen ging ›revolutionäre‹ Ideologie in Jena offenbar nie. Aber das politische *Potential* geheimer Diskussionszellen, so utopisch und langfristig es sich gab, war jedem Zeitgenossen deutlich, und gerade deswegen stürzten sich die Vertreter der Verschwörungstheorie, die in den Illuminaten den Impuls zur französischen Revolution sahen, auf die Sätze Weishaupts. Auch Goethe bezog sich vermutlich auf diese Konzeption, wenn er die Geheimbündler in seinem 1792 erschienenen Cagliostro-Drama *Der Groß-Cophta* sich selbst als »Schüler der Weisheit« bezeichnen läßt.[170]

Wenn nun der Verfasser der *Rede* seinen geheimen »*Orden die Schule der Weisheit*« werden lassen will, analog zum Verfasser der *Anrede*, der in seinem Orden »*geheime Weisheitsschulen*« verkörpert sehen will, wenn diese Weisheit nicht quietistisch-philosophisch orientiert ist, sondern die Mitglieder in »Dienste[n] des Staates« zu »Wohlthätern der Menschheit« machen will, genauso wie Weishaupt bekanntlich die Strategie erfand, seine Ziele durch Besetzung der höchsten Beamtenstellen zu verwirklichen – dann scheint es nicht abwegig, hier einen direkten Einfluß illuminatischer Vorstellungen zu sehen. Das ist um so denkbarer, als im Sommer 1789 das Gerücht in Jena umging, eine Studentenverbindung habe Pläne, »*den Illuminaten-Orden wieder herzustellen*«.[171] Die Weimarer Regierung hatte offenbar Wind davon bekommen, denn im April war ein Versuch, eine neue ›Freimaurerloge‹ in Jena zu gründen, unterbunden worden.[172] Goethe trieb dieses Verbot voran; er wollte, daß dadurch »allen geh[eimen] Verbindungen ein harter Stoß versetzt wird«.[173] J. J. C. Bode war in Weimar noch als Illuminatenchef aktiv geblieben, allerdings jetzt unter tieferer Deckung, aber man kannte ihn ja, und er war an der Gründung dieser ›Freimaurerloge‹ beteiligt, so daß man annehmen konnte, daß sie (wie viele Freimaurerlogen) eine legale Tarnloge für illuminatische Werbeaktivitäten sein sollte.

Es ist also möglich, daß Bode nach dem Verbot dieser Freimaurerloge an das Vehikel eines akademischen Ordens dachte, um seine Zwecke in Jena zu erreichen (denkbar auch, daß der radikalere Nachfolger der Illuminaten, die ›Deutsche Union‹, in diese Umtriebe verwickelt war).[174] Verbindungen zwischen akademischen Orden und dem Illuminatenorden in Jena blieben bisher ungeklärt, obwohl wir wissen, daß mehrere Studenten Illuminaten waren.[175] Bei einem ehemaligen Studenten sind wir auf festerem Boden. Aus neu entdeckten Dokumenten geht hervor, daß der Magister Gottwert Heinrich Loeber (Löber) Illuminat und gleichzeitig der am 2. Februar 1792 relegierte Ordenssenior der ›Schwarzen Brüder‹[176] war, also eines Ordens, der für einen der gefährlichsten gehalten und von Voigt in diesem Jahr sogar der illuminatischen »Giftmischerey« bezichtigt wurde.[177] Vielleicht war dieser Illuminat Loeber der Verfasser der *Rede* (er wurde auch verdächtigt, der Verfasser einer anderen Schrift nach dem Ausmarsch der Studenten vom 19. Juli zu sein[178]). Denn trotz seiner Relegation tauchte er laut Denunziationen Ende Mai in Jena wieder auf, im selben Monat also, in dem die *Rede* gehalten wurde, traf sich mit anderen ›Brüdern‹ am Ort der Ordensversammlungen und pflegte in diesen Tagen sogar offenen Umgang mit einem der Professoren[179] – möglicherweise dem berühmten Philosophen Carl Leonhard Reinhold, Führer der Illuminatengruppe in Jena, der Studenten für den Bund warb.[180]

Auch wenn der Illuminat Loeber die Schrift nicht verfaßte, war ihre Planung brisant und mußte an illuminatische Ideologie erinnern. Allein die Initiative zu mehr Mündigkeit und Selbstdenken aus dem Schoß eines Geheimordens wird bedenklich erschienen sein, da man immer den Verdacht hegen mußte, daß *politische* Mündigkeit angepeilt wurde.[181] Wollten die Studenten angeblich nur für »moralische Bildung auf den Akademien« sorgen (S. 20), so konnte man sich an den Ausspruch Weishaupts erinnern: »Die Moral ist also die Kunst, welche Menschen lehrt volljährig zu werden, der Vormundschaft los zu werden, in ihr männliches Alter zu tretten, und die Fürsten zu entbehren.«[182] Wollten die Studenten in Geheimgesellschaften dazu ausgebildet werden, zu »Wohlthätern der Menschheit« zu werden, so hätte ein argwöhnischer Regierungsbeamter im Geiste einer Briefstelle Goethes aus dem Jahre 1783 antworten können: »Und aufrichtig, wenn man vernünftig und wohltätig seyn will und weiter nichts; so kann das ieder für sich und am hellen Tage in seinem Hauskleide«[183] – dazu bedurfte es also eines Geheimbunds nicht. Kein Wunder, daß man nicht nur die Schrift sofort beschlagnahmte, sondern in der Suche nach dem Verfasser sogar alle Jenaer Buchdrucker vorlud, die zwar sämtlich leugneten, sie publiziert zu haben, aber auf Grund von Papier und Druckschrift Spekulationen über den mutmaßlichen Drucker anstellen mußten.[184] Ein weiteres Mal wird damit übrigens belegt, daß es mit der berühmten Rede- und Pressefreiheit in Sachsen-Weimar und zumal an der Universität Jena nicht viel auf sich hatte.

Fassen wir zusammen: Im Jahre 1792, aber auch schon vor dem Anfang der Revolution, wurden elementare juristische Prinzipien von der Weimarer Herrschaft massiv verletzt, als sie Studenten überwachen, sich gegenseitig denunzieren und ohne ausreichendes Beweismaterial bestrafen ließ. Damit wurde potentielle Opposition eingeschüchtert und paralysiert. Diese Unterdrückung entsprang zum Teil wirtschaftlichen Erwägungen, die letztlich auf der Erhaltung der bestehenden Privilegienordnung basierten. Dabei spielte die ›Öffentlichkeitsarbeit‹ eine entscheidende Rolle, da die öffentliche Meinung einen entscheidenden Einfluß auf diese wirtschaftlichen Faktoren hatte.

Die Ereignisse des Sommers 1792 hinterließen Spuren in den Niederungen der Weimarer Klassik. In dem im vorigen Kapitel besprochenen Revolutionsstück Goethes, *Die Aufgeregten*, finden wir Reflexe dieser Ereignisse. Die erste Konzeption des Werkes fiel offenbar mitten in die Auseinandersetzungen um den Auszug der Jenaer Studenten am 19. Juli. In ihnen sahen Goethe und die anderen Räte am 25. Juli den »Revolutions-Geist« wirken[185], und vier Tage später schreibt er allem Anschein nach schon an dem Schauspiel.[186] Auch die Studenten betrachtete Goethe ja als zu Unrecht ›Aufgeregte‹, also Aufständische, »rohe und unruhige Subjeckte«[187], die Unheil in ein friedliches Land brachten. Die Figur des Magisters, der den »seligen Taumel« bewundert, »der eine große Nation in dem Augenblick ergriff, als sie sich zum erstenmal frei und von den Ketten entbunden fühlte«,[188] erinnert an den relegierten Ordenssenior und Illuminat Loeber, der gleichfalls Magister war und möglicherweise eine reißerische *Rede* hielt. Und in ähnlicher

Weise wie der Hofmeister eines Grafen, der Duellgegner Heinrich Stephani, ist auch dieser Magister Hofmeister eines jungen Grafen.[189] Goethes fiktiver Magister ist der Intelligenzler, der seine »Feder« – aus niedrigen Motiven – der Sache der Bürger dienstbar machen will.[190] Gerade diese Verbindung zwischen Intelligenz und den unteren bis mittleren Schichten ist es, die in Jena für Panik sorgt. Man habe, schreibt Voigt nur zwei Tage vor Goethes Brief über die Entstehung der *Aufgeregten*, »besonders die lüder[lichen] Jenaischen Bürger gewissermaßen zu fürchten«, und daher sei »die künftige Verstärkung des Militärs mit dem Wohl der Academie und der Stadt unzertrennlich«.[191] Diese Furcht vor Jenaer Bürgern im Bunde mit Studenten ging in vorrevolutionäre Zeiten zurück.[192] Der Herzog sah auch die Bauernunruhen des Jahres 1790 zusammen mit den Studentenunruhen desselben Jahres.[193] Gerade das Paktieren der Intellektuellen mit den unteren Schichten oder ihr Einfluß auf sie war die größte Gefahr in den Augen der Geheimräte und des Herzogs. Das geht auch aus der Behandlung Jenaer Professoren hervor, der wir uns nun zuwenden.

Wegen der »Lehrfreiheit, welche in Jena uneingeschränkt herrschte«[1], gilt die Universität heute noch als Hort der durch den Herzog gesicherten »geistigen Freiheit«[2], der »Weimarer Liberalität«[3] in Geistesdingen. An diesen Topos des Zweigestirns Weimar-Jena sind wir heute längst gewöhnt, er stammt schon aus der Zeit Carl Augusts. »Weimar und Jena«, schrieb Bertuch 1789 an Carl August, »sind dermalen zwey der Hellsten LichtPunckte von Teutschland, wo die Sonne frey scheinen darf, die alle Welt für Freystätten der Wahrheit, gesunden Vernunft und Wißenschaften hält, und als deren edlen Freund und hohen Beschützer der ganze beßere Theil der Nation Eur[e] Durchl[aucht] kennt, liebt und verehrt, und Ihrem Nahmen und Geiste in den Jahrbüchern der Geschichte unserer Zeit, gewiß ein würdiges Denckmal für die Nachwelt stiften wird [...]«.[4] Auch der Minister Voigt hielt die Universität für »eine Art geistigen Freyhafens«[5], und bekanntlich unterstrich Schiller im Jahre 1787 die Autonomie der Universität und begründete sie in der unter die vier ernestinischen Herzogtümer geteilten Souveränität über die Universität, die sie »zu einer ziemlich freien und sichern Republick« mache, »in welcher nicht leicht Unterdrückung Statt findet. [...] Die Profeßoren sind in Jena fast unabhängige Leute und dürfen [=müssen] sich um keine Fürstlichkeit bekümmern. Diesen Vorzug hat Jena unter den academien voraus.«[6] Auch ein Radikaler wie Rebmann erteilte Jena das Prädikat der »vollkommene[n] Freiheit, zu denken, zu lehren und zu schreiben [...]«.[7]

Jena war aber ein besonderer Gegenstand des Verdachts, der Überwachung und der Einschüchterung, wie wir anhand der Studenten schon sahen. In der zwiespältigen Haltung der Weimarer Herrschaft gegenüber Intellektuellen als angeblichen Aufhetzern nahmen die Professoren eine bevorzugte Stellung ein, da sie in den Vorstellungen der Herrschenden einen übermäßigen und politisch gefährlichen Einfluß auf die Studenten hatten. Dabei erklärt sich diese Haltung – das wurde schon deutlich – zum Teil daraus, daß die Regierenden die Studenten oft für Unmündige hielten, die einem solchen Einfluß besonders ausgesetzt sind. So schrieb Carl August zum Zeitpunkt der Entlassung Fichtes, seine philosophischen Ideen zu publizieren ginge noch an, sie aber in Vorlesungen »jungen unmündigen, meistens sehr schwachen und ungeformten Seelen zu inculquiren [= aufzudrängen] [...] finde ich äuserst unvorsichtig, und wohl noch etwas mehr.«[8] Daher bestand die Politik den Studenten gegenüber in väterlichem Paternalismus, den Professoren gegenüber in Einschüchterung ihrer liberalen Regungen.

Vor allem der Herzog hegte einen tiefen Argwohn gegen Professoren, diese »sehr eingeschrenckte, an ihrem platz und einnahme hängende raçe«[9], und neigte dazu, fast alle Probleme studentischer Widersetzlichkeit auf ihr Konto zu buchen. Im November 1792 ließ sich Carl August in giftigen Äußerungen über Georg Forster aus. Dieser war Professor der Naturgeschichte gewesen, bevor er zum führenden Revolutionär in Mainz wurde und daher den Verdacht des Herzogs gegen Professoren zu bestätigen schien. Carl August knüpft diese Wut jedoch an verallgemeinernde Äußerungen über ›Gelehrte‹:

> Allen Gelehrten klebt so gewaltig die Sucht[,] einfluß in Staats Sachen zu haben, an, da discreditiren sie nun ihr ganzes Geschlecht. [...] Dieses ist leider der Gang der jetzigen Dinge, wodurch, wie in den Ritterzeiten, wieder der Haß gegen die Gelehrten aufsteigen wird (welcher sich schon öffentl[ich] zeigt) und am ende die Wißenschaften darunter leiden werden.
>
> Alles Unglück schiebt mann jetzt denen sogenannten *Professers* [sic] in die Schue, und im Grunde, in einem etwas groben Verstande genommen, ist es nicht zu leugnen daß diese leute unendlichen Schaden gestiftet haben.[10]

Zum Beweis seiner These nennt Carl August dann andere Mainzer Revolutionäre, die Professoren gewesen waren. An der zitierten Stelle distanziert sich der Fürst nur halbherzig von der Auffassung, »alles Unglück« sei den Professoren anzulasten. Noch eindeutiger ist seine Aussage im nächsten Frühjahr, als es darum ging, das Verbot von Studentenorden auf dem Reichstag durchzusetzen: »Die Idee das Reichs Conclusum wegen der Orden, auch auf die Profeßoren zu erweitern ist *ganz vortreffl[ich]*. Diese Claße ex cat[ed]rischer [= berufsmäßiger] theoretiquer in der Staats Kunst, die aus Eitelkeit, Herrschsucht, und unbekanntschaft menschlicher Practic *zerstörung* lehren, verdienen ein solches öffentl[iches] blame, denn sie sinds die die jungen Köpfe verderben [...]«.[11] Und noch zwei Jahre später, nachdem die schlimmste Bedrohung durch die Französische Revolution verflogen war, hieß es dunkel: »Der Augenblick rückt gewiß heran wo es sich zeigen wird daß mann die profeßoren und Schrift gelehrte sichten müße.«[12] Auch Voigt besorgte, die »gens de lettres« mögen vielleicht »zu Volksbewegungen beitragen«[13] – ein deutliches Bekenntnis zu der Ansicht, daß an der Wurzel sozialer Unruhe Intellektuelle zu finden sind.

Der Herzog trug dem vertrauten Geheimrat Voigt deswegen auf, nicht nur die Studenten, sondern auch die Professoren zu überwachen. Es ging dabei vor allem um deren angebliche Geheimbundtätigkeit; Carl August befahl während der Auseinandersetzungen des Sommers 1792, »fleißig aufzupassen, um einen oder den andern Professor zu entdecken, der die OrdensTollheiten auf eine Art, über die man an ihn kommen könnte, begünstigen möchte.« Voigt meint dazu: »Aber freilich sind dergleichen Vögel immer zu schlau um sich fangen zu lassen, so gut man auch aufstellen mag.«[14] Dieser Verdacht schien auch durch Spitzelberichte bestätigt zu sein, in denen von verschwörerischer Zusammenarbeit zwischen Studenten und Professoren die Rede war.[15] Daher erstreckte sich das Informantennetz genauso dicht über die Professoren wie über die Studenten.[16]

Die akademischen Orden bargen beträchtlichen Zündstoff für eine Obrigkeit, die in den Revolutionsjahren zunehmend nervös geworden war. Ein besonders aufschlußreiches Zeugnis dafür entstammt dem Vorwort zum *Sendschreiben einiger studirenden Jünglinge zu Jena an ihre Brüder auf den übrigen deutschen Akademien, die allgemeine Abschaffung der Duelle und Gründung einer wahren akademischen Freiheit betreffend* (Jena 1792), in dem unter der Anrede »Deutsche Brüder!« Studenten an anderen deutschen Universitäten aufgerufen werden, sich der Antiduellbewegung anzuschließen:

> Die goldenen Tage brechen für Europa an, seitdem die Menschen durch das Licht der Philosophie aus dem thierischen Schlummer geweckt, mit reger Kraft anfangen, die Vernunft auf den ihr gebührenden Thron der Gesetzgebung zu erheben, der bisher ein Raub der Willkür und noch öfters der schrecklichsten Vorurtheile war. Ueberall regt sich der Geist der Nationen, die göttlichen Rechte derselben geltend zu machen, und selbst Fürsten steigen von dem Throne der Willkür herab, um ihr ehrerbietig Platz zu machen, und fühlen sich groß durch diese That in den Jahrbüchern der Menschheit.[17]
> Ja sogar in allen Ständen unseres großen guten Vaterlandes greifet der Eifer immer weiter um sich, alles von der Vernunft Gemißbilligte, und würde es durch ein Alter von mehrern Jahrhunderten geheiliget, auf immer aus ihrer Mitte zu verscheuchen, und überall eine sittlichere Verfassung zu begründen. Ueberall verkündigen uns gewaltige Gährungen, durch höhere Einsicht unserer Natur und unserer Bestimmung in den Köpfen der Menschen bewirkt, die Zeit, wo eine allgemeine sittliche Schöpfung die Erde zum Himmel umbilden wird.
> Wir, deutsche Brüder, sollten nichts zu diesem großen Werke beitragen? [...] Wir glückliche Zeitgenossen einer Philosophie, welche die reinsten Principien zur Gesetzgebung aufstellte, und dadurch den Grund zur höchsten Sittlichkeit leg-

> te [d. h. des Kantianismus], sollten bei dem allgemeinen Streben um uns her zur Veredlung der Menschheit nur allein keinen Drang empfinden, auch unter uns die Vernunft als höchste Gesetzgeberin einzuführen[?] [...] Leset und fühlet, daß wir, so lange wir noch jenem Vorurtheile [d. h. dem Duell] huldigen, keinen Anspruch auf sittliche Bildung haben, sondern uns auf der untersten Stufe der Menschheit befinden, die unmittelbar an thierische Rohheit grenzt.[18]

Schon der Hinweis auf die bisherige »Willkür« der Fürsten, auf »göttlich[e] Rechte« mußte bedenklich erscheinen, und die Forderung, »alles von der Vernunft Gemißbilligte, und würde es durch ein Alter von mehrern Jahrhunderten geheiliget, auf immer [...] zu verscheuchen«, ließ sich mühelos auf Adel und erbliche Monarchie beziehen, genauso wie die »gewaltige[n] Gährungen« eine bekannte Formel für die Französische Revolution waren.

Noch ein Zeugnis also aus studentischen Kreisen, das die Beunruhigung im Ratssaal in Weimar gewiß mit verursachte und dort das Wort von den »Jacobiner[n] zu Jena« veranlaßte. Indessen läßt die Sprache der Studenten aufmerken: Sie erinnert verblüffend an das wichtigste philosophisch-ästhetische Projekt der deutschen Klassik, Schillers *Über die ästhetische Erziehung des Menschen in einer Reihe von Briefen*, das im nächsten Jahr konzipiert wurde. Schillers Auseinandersetzung mit der Französischen Revolution im 5. Brief zeigt erstaunliche Parallelen zu dieser Stelle auf, aber in Form einer Gegendarstellung. Begrüßen die Studenten die zeitgenössische Bestrebung, »die Vernunft auf den ihr gebührenden Thron der Gesetzgebung zu erheben«, so sieht die Menschheit auch nach Schillers Worten in der Revolution die »*physische* Möglichkeit, [...] das Gesetz auf den Thron zu stellen [...]«, die »Monarchie der Vernunft« herzustellen.[19] Weit davon entfernt jedoch, diese Möglichkeit anzuerkennen, glaubt Schiller, daß die Revolution bloß »das Unvermögen und die Unwürdigkeit« der Franzosen gezeigt habe, so daß

»das liberale Regiment der Vernunft da noch zu frühe kommt, wo man kaum damit fertig wird, sich der brutalen Gewalt der Thierheit zu erwehren [...]« (so im Entwurf des ursprünglichen Briefes an den Prinzen Augustenburg).[20] Gerade in der Rede von der »Thierheit« möchte ich einen Reflex der Jenaer Zustände erkennen. Zwar erscheint die »thierische Rohheit« in der oben angeführten studentischen Schrift bloß als Formel für das Duell. Bei Schiller benennen die Ausdrücke »Verwilderung«, »Rohigkeit«, »rohe gesetzlose Triebe [...], die sich nach aufgelöstem Band der bürgerlichen Ordnung entfesseln und mit unlenksamer Wut zu ihrer tierischen Befriedigung eilen« (so die Endfassung, S. 319 ff.) jedoch viel mehr: Die extreme Erniedrigung des Menschen in den revolutionären Ereignissen, eine Verwilderung, die jede politische Reform von vornherein zum Scheitern verurteilte.

Aber war es wirklich nur die Revolution in Frankreich, die diese Reaktion bei Schiller hervorrief? Am 8. Juli 1792 unterschrieb Schiller zusammen mit acht anderen Jenaer Professoren einen Brief an den Herzog, in dem militärische Hilfe gegen die Studenten verlangt wird, und zwar unter Drohung, die Universität sonst zu verlassen.[21] Dieser Brief ist in der Schiller-Forschung bisher unbekannt geblieben.[22] Der Verfasser ist nicht mehr eindeutig eruierbar, aber der 1789 berufene junge Orientalist Paulus war ein Hauptbeteiligter.[23] »Paulus ist unter den hiesigen Profeßoren mein vertrautester und bester Freund«, hatte der Dichter zwei Jahre früher über den schwäbischen Landsmann geschrieben[24], so daß Schiller, obwohl er als Vorletzter unterschrieb, nicht ganz unbeteiligt gewesen sein wird. Schiller war kein Außenstehender im Kampf gegen die studentischen Demonstranten. Als im akademischen Senat ein Professor um Amnestie für die Studenten bat, mit dem Argument, »daß ja aus einem Studenten alles werden könne«, antwortete Schiller, »das sei eben ein Beweis, daß die Studenten noch nichts seien. Man werde besser tun, wenn man das Ansehen und die Würde des akademischen Senats streng behaupte, durchaus nicht nachgebe, und den Studenten nur unter der Bedingung einer bescheidenen Aufführung Erlaubnis zur Rückkehr gebe. [...] Schiller sprach damals laut über das Benehmen Ulrichs und für bessere Besetzung des Prorektorats.«[25] Auch bei der Abfassung des zur »Strenge« aufrufenden Briefes weniger als zwei Wochen vor dieser Senatssitzung dürfte Schiller also nicht passiv geblieben sein. Jedenfalls pflichtete er mit seiner Unterschrift den darin enthaltenen Ansichten bei.

Man hatte am 10. Juni einen kleinen Aufstand in Jena erlebt: Von einem Gasthof um die Ecke von Schillers Wohnung ausgehend[26], demolierten etwa 60 bis 70 Studenten Haus und Garten des Prorektors Ulrich, der nach eigener Aussage »Gefahr lief, laternisirt zu werden, und meine armen Kinder in ihren Betten im ersten Schlummer von einem Steinregen getödtet zu sehen«.[27] Dann zogen sie zur Wohnung des verhaßten Spitzels Polizo, den sie mit einem Degen verletzten und halbnackt auf der Straße herumschleppten. Schon die Attacke gegen Polizo bestätigt den Bericht Ulrichs, daß es sich bei den Tumultuanten hauptsächlich um die »seit Aufhebung der Orden noch immer äußerst misvergnügten OrdensBrüder« handelte. Sie drohten, wenn innerhalb von vier Wochen die »academisch[e] Freyheit« nicht erreicht wäre, so würden sie Ulrichs Wohnung anstecken und ihn ins Feuer werfen. So meinte Ulrich abschließend, daß »unsere Personen und Eigenthum ganz der Discretion ungezogener Studenten preiß sind«, und bittet um schleunigen Beistand.[28] Noch mehr: Nach der Denunziation eines Perückenmachers sollen Studenten gedroht haben, »daß es den Professoren Schnaubert und Schütz eben so wie dem ProRectori ergehen und dem Professori Loder sein Präparaten Cabinet ruinirt werden sollte ›auch, wenn es nicht besser würde, die Stadt nicht verschont werden sollte‹.«[29]

Es wurde im nächsten Monat aber nur wenig besser, verstärkt seit dem für Studentenorden heiligen Johannistag (24. Juni), und offenbar durch Abwesenheit des Herzogs seit dem 22. Juni mit motiviert.[30] Ulrich behauptet, die Professoren könnten ohne militärische Unterstützung sogar keine Untersuchung anstellen, »ohne nicht sofort gleichen Mißhandlungen oder Beschädigungen ausgesezt zu seyn«.[31] Der von Schiller mit unterzeichnete Brief entwirft das Bild einer – so das Geheime Consilium – »abschrekkende[n] Anarchie von Uebelgesinten«. Die Professoren berichten, daß sich jeden Abend etwa fünfzig Studenten »im dissolutesten halb verkappten Aufzug, den Pedellen also, wie diese behaupten, unkenntlich«, versammeln, um Unfug zu treiben – anfangend damit, daß sie den Inhalt von Nachttöpfen zum Fenster hinauswerfen, mit dem gleichzeitigen Ruf »Kopf weg!«. Das sei dann die Losung für »Gelerm«, das die ganze Nacht durch dauere und die Professoren um ihren Schlaf bringe. Aber auch am Tag trotzen die Studenten den Lehrern: »Selbst wenn man des Tages über die Strassen geht, begegnet man drohenden, hohnlachenden Gesichtern, welche laut sagen: daß es blos von ihrer Discretion abhange, ob die nächste Nacht ohne die gewaltsamste Störungen, ohne Insolenzen und Gefahren für uns und unsere Familien vorbeigehen solle. Wir müssen sogar laute Drohungen öffentlich hören, ohne daß uns die Klugheit, so lange wir ohne hinreichenden Schuz sind, darauf loszugehen erlaubt.« Die Gefahr »eines neuen Studententumults« sei hoch, und zu dessen »Verhütung« schlagen die Professoren vor, »ein Commando auch nur von 20. gut berittenen Husaren hieher zu legen, welches [...] auf den Fall irgend eines Studentenzusammenlaufs [...] den Befel hätte, sogleich auf dem Marktplaz sich zu versammlen, von da aus jedem unbefugten Attrouppement [=Aufmarsch] nachzusezen, nach geschehener Abwarnung unter den unruhigen Haufen zu sprengen, mit dem flachen Säbel um sich zu schlagen, die widersezliche sogleich fest zu halten, dabei aber jede Gewalt mit ähnlicher Gewalt auch auf den Fall zu vertreiben, daß Studenten sich mit Schießgewehren unnüz machen wollten [...]«. Bloß die »übergrosse Nachgiebigkeit gegen Unruhige« habe den Verfassern »die gegenwärtige unerträgliche Abhängigkeit von der Willkühr solcher Unbesonnenen zugezogen«.

Auf Grund dieses Schreibens der Professoren greift das Geheime Consilium zu den vom Herzog vor seiner Abreise autorisierten »ernstlichen Maasregeln«[32] und erklärt regelrechtes Kriegsrecht[33], was die Situation freilich nicht verbesserte, sondern wegen der resultierenden Reibereien zwischen Studenten und Militär zum Auszug vom 19. Juli führte. So sehen wir Schiller nicht etwa abseits stehen, sondern mitten in den Auseinandersetzungen zwischen der Staatsmacht und den Geheimorden. Zum Glück wurde bei einer großen Demonstration bewaffneter Studenten am 17. Juli die Empfehlung der Professoren nicht beachtet, nach »Abwarnung« der Studenten Gewalt zu brauchen, und nach mehreren Zeugnissen wurde eine blutige Auseinandersetzung um ein Haar vermieden.[34] Schillers spätere Kritik an »beiden Seiten«[35], also auch an der Regierungspolitik, wird daher wohl eher durch die in seinen Augen zu große Nachgiebigkeit als umgekehrt übermäßige Strenge (die er ja selbst in der Senatssitzung gefordert hatte) veranlaßt worden sein. Für die Literatur- und Kulturgeschichte interessieren jedoch die Parallelen zum 5. der *Ästhetischen Briefe*. War dort, wie wir sahen, die Rede von »der brutalen Gewalt der Thierheit« (im Entwurf), von »Verwilderung«, »Rohigkeit«, »rohe[n] gesetzlose[n] Triebe[n] […], die sich nach aufgelöstem Band der bürgerlichen Ordnung entfesseln«, so wird auch in der Eingabe der Professoren »die Roheit und Verwilderung«, die »rohest[e] Sittenlosigkeit«, die »Rohigkeit« des »gesezlosen Haufen[s]« angeprangert.[36] Daß die »bürgerliche Ordnung« in Jena aufgehoben worden war, spricht aus jeder Zeile des Professorenbriefes.

An den betreffenden Stellen der *Ästhetischen Briefe* geht es implizit um die Französische Revolution, aber explizit um ein breiteres Phänomen, die »gegenwärtig[e] Menschheit« (6. Brief), »das jetzige Zeitalter«, und zwar um die Zustände in »den niedern und zahlreichern Klassen« (5. Brief). Schiller bezieht sich auf Frankreich, aber seine Schlüsse wären recht willkürlich, wenn er sie nur nach den dortigen Ereignissen gemodelt und nicht verallgemeinert hätte. Er hatte im Juni und Juli 1792 die

Auflösung der »bürgerlichen Ordnung« vor der eigenen Haustür erlebt, bevor sich die schlimmsten Vorfälle revolutionärer Gewalt in Frankreich ereignet hatten. Er war bekanntlich durch die am 1. Februar 1793 im Weimarischen eingetroffene Nachricht von der Hinrichtung des französischen Königs zutiefst erschüttert, und sein ursprünglicher Brief an Prinz Augustenburg, die später zu den *Ästhetischen Briefen* führte, ist vom 9. Februar datiert. Aber Schiller hatte schon im November eine Privatvorlesung in Ästhetik angefangen[37], die die Thematik der *Briefe* höchstwahrscheinlich prelüdierte. Zu diesem Zeitpunkt wird er wohl von den beunruhigenden Ereignissen in Eisenach gehört haben, aber mit Sicherheit hatte er die Unruhen in Jena aus nächster Nähe erlebt und kommentiert. Und Jena war als relativ billiger Studienort dafür bekannt, daß der größere Teil der dort Studierenden aus armen Verhältnissen stammte[38], so daß Schillers Bild der »niedern« Klassen auch durch seine Jenaer Umgebung geprägt sein könnte.

Neuere Forschungen haben überzeugend geltend gemacht, daß Schillers *Ästhetische Briefe* in einigen zentralen Aspekten eine Entgegnung auf die Illuminatenbegeisterung seines Gönners, Prinz Friedrich Christian von Augustenburg, darstellen.[39] Diese Erkenntnisse werden durch die vorliegende These nicht widerlegt, aber doch wesentlich ergänzt. Den durch Jens Baggesen unternommenen Versuch, Schiller für die Illuminaten zu werben, konnte ich durch Baggesens ungedrucktes Tagebuch wahrscheinlich machen; die versuchte Werbung geschah aber drei Tage *nach* dem entscheidenden Brief an den Augustenburger am 13. Juli 1793[40], in dem das Projekt umrissen wird. Bereits ein Jahr früher hatte Schiller einschneidende negative Erfahrungen mit Geheimorden in Jena gemacht, die möglicherweise durch Illuminaten beeinflußt und in einem Fall von einem Illuminaten geleitet waren. Da etwa ein Fünftel aller Jenaer Studenten Mitglieder der akademischen Orden waren[41], ist es fast sicher, daß Studenten aus der Ordens- beziehungsweise der Duellgegnerpartei in seinem Ästhetikseminar anwesend waren, und sehr gut möglich, daß sie angesichts der politikkritischen Themenstellung Schillers die Ansichten vertraten, wie wir sie aus dem *Sendschreiben* beziehungsweise aus der *Rede* kennen. Ihnen wird Schiller seine pessimistischen Meinungen über die »Verrohung« im gegenwärtigen »Zeitalter« entgegengesetzt haben, wie sie nicht nur aus den *Ästhetischen Briefen*, sondern auch aus dem Brief hervorgehen, den er im Juli 1792 unterzeichnet hatte. Auf diese Weise erlebte Schiller vielleicht eine Konfrontation mit Geheimbündlern, die möglicherweise mit mehr Aufladung verbunden war als das spätere Gespräch mit Baggesen und durch die Verknüpfung mit roher Anarchie mehr zu seinem politikverdrossenen Projekt beigetragen haben dürfte als die mutmaßliche versuchte Werbung des Illuminaten.

Der sittliche Aufbruch besonders der Duellgegner verbreitete eine Hochstimmung unter ihnen, die zu einer desto tieferen Enttäuschung führte, als die Regierung die Reformen nicht verwirklichte. Goethe soll gegenüber den Duellgegnern gesagt haben, »daß man die Eingabe nur für das Werk einiger bessern Köpfe hielt, daß selbe dem noch rohen [!] Geiste des großen Haufens aber nicht entspräche; und es sey eine Maxime der Regierungskunst: ›die Menschen nicht so zu behandeln, wie sie seyn sollten, sondern wie sie wirklich sind.‹« Die Regierung sei – so Stephani – also von der Meinung überzeugt, »die Studirenden seyen für diese Idee nicht reif«.[42] Schiller hätte dem vermutlich zugestimmt; was er von den Franzosen schrieb, könnte sehr gut auch auf die Dämpfung der hochfliegenden Hoffnungen der Studenten gemünzt sein: »Der Moment war der günstigste, aber er fand eine verderbte Generation, die ihn nicht werth war […]«.[43] Gerade in Jena erlebte Schiller die politische Grundlage für den Kulturpessimismus, der ihn zum ästhetischen Programm der Weimarer Klassik führte.

Es ist allerdings sehr die Frage, ob Schiller autonom zu dieser Meinung gelangte, oder ob nicht ein leiser Druck mitgeholfen hat, ihn entschieden auf die Seite der Weimarer Herrschaft zu bringen. Bekanntlich wurde Schiller im August 1792 zum

Ehrenbürger der Französischen Republik ernannt, vermutlich auf Grund einer oberflächlichen Interpretation früherer Dramen wie *Kabale und Liebe* (1784) oder besonders der europaweit berühmten *Räuber* (1781). Am 12. November schrieb Voigt an den Herzog, Schillers »Erhebung zum Franzößischen Bürger zieht ihn [sic] manchen scherzhaften Vorwurf zu.«[44] Diese ›Scherze‹ stammten offenbar von der konservativen Charlotte von Stein.[45] Darin spielte sie wohl auf das Hauptwerk Schillers an, das zu dieser Ernennung geführt hatte. Auf die Frage Charlotte von Kalbs, ob Schiller das französische Bürgerrecht angenommen habe, erwiderte Frau von Stein, dieses möge jetzt wohl »das Banditenrecht« sein. Frau von Stein bezeichnete offensichtlich gern die Franzosen als Banditen oder Räuber. Über Herders Revolutionsmeinungen fragt sie: »Ist's möglich, daß man den Triumph der Räuber den Triumph der Vernunft nennen kann?« Wenn Schiller sich tatsächlich über diese Bezeichnung der Franzosen als Räuber »entsetzte«, wie Frau von Stein später schrieb[46], dann hatte das wohl einen näherliegenden Grund als seine Parteinahme für die Revolution, die um diese Zeit schon längst verflogen war, wenn es sie je gegeben hatte. Die Scherze spielen auf konkrete Ereignisse in Jena an, und zwar auf eine für Schiller kompromittierende Weise, die ihn sehr wohl entsetzen konnte: Die Studenten hatten ein Lied aus den *Räubern* »zum Signal der Tumulte angenommen« – so im kollektiven Professorenbrief, den Schiller selbst unterschrieb![47] Dieses »bekannte Freiheitslied aus den Räubern« (Schnauß[48]) – mit dem einschlägigen Strophenanfang: »Ein freies Leben führen wir« (IV, 5) – wird in fast jeder amtlichen Beschreibung der Ereignisse erwähnt, durch die Jenaer Studenten sogar umgedichtet und zwei Jahre später auch in Erlangen, spätestens 1796 auch in Göttingen adoptiert, in Leipzig schließlich als revolutionäres Volkslied verboten.[49] (Auch Schillers berühmte Ode »An die Freude« wurde später von den Schwarzen Brüdern, die vielleicht mit den Illuminaten verbrüdert waren, in Erlangen zur Bundeshymne erwählt.[50])

Die Geheimräte halten ihre Scherzhaftigkeit in engen Grenzen, weniger aber ihre Vorwürfe. Verärgert bemerkt Schnauß in einem Brief an den Herzog über das Räuberlied: »Schiller hätte auch etwas Besseres machen können«.[51] Und an einer Stelle im Brief des Professors Paulus, wo es heißt, die Studenten würden jeden Abend als Auftakt zum Unfug »ihre Raeuber- und Sauflieder anstimmen«, unterstreicht Voigt demonstrativ das Wort »Raeuber«.[52] Fazit: Schiller hatte tatsächlich »besonderen Anlaß« sich im Brief vom 8. Juli »von den Tumultuanten zu distanzieren«, wie Herbert Koch feststellt.[53] Vielleicht halfen die scherzhaften Vorwürfe dazu, ihn auch von den französischen ›Räubern‹ und ihren (nach Auffassung der Regierung) Stellvertretern in Jena zu distanzieren und trugen womöglich ihren Teil zum theoretischen Projekt der Weimarer Klassik bei, wenigstens zur Verurteilung der »Verrohung« des Zeitalters.

Wieviel die Geheimräte von ihrem Ärger bei Schiller selbst durchblicken ließen, läßt sich nicht mehr feststellen.[54] Aber Schiller blieb offenbar ein unberechenbarer Faktor, auf den sie ein Auge haben mußten. Dabei kam ihnen Schiller selbst ungewollt entgegen, so daß Geheimrat Goethe unauffällig herangezogen werden konnte. 1979 publizierte der damalige Direktor des Goethe- und Schiller-Archivs in Weimar, der Historiker Karl-Heinz Hahn, einen recht brisanten Artikel, der bis heute – ob wegen der Thematik, der DDR-Herkunft oder wegen des unscheinbaren Titels, bleibe dahingestellt – fast vollständig ignoriert wurde.[55] Hahn kommt auf Grund einer akribischen Analyse der Handschriftenüberlieferung zu der These, daß Goethe eine regelrechte »Akte Schiller« einrichtete, als er in seinem allerersten Brief an Schiller (1794) dessen Einladung zur Mitarbeit an der neuen Zeitschrift *Die Horen* beantwortete – keine private, sondern eine amtliche Akte. Hahn macht geltend, daß der Verdacht gegen die Professoren in Jena, von denen mehrere am Zeitschriftenunternehmen beteiligt waren, in dieser Zeit so stark war, daß Schillers Projekt von den Weimarer Geheimräten von Anfang an argwöhnisch beobachtet wurde. So steht der Anfang des später zum Freundschaftsbund gewordenen Verhältnisses zwischen Goethe und Schiller offenbar unter dem Zeichen des politisch bedingten Mißtrauens, das in dieser Zeit bei der Weimarer Herrschaft grundsätzlich gegenüber der Universität, ihren Studenten und Professoren bestand – möglicherweise verstärkt gegenüber dem *Räuber*-Dichter. In dieser Zeitschrift wurden auch die *Ästhetischen Briefe* veröffentlicht, welche die – so in einem Brief Schillers an Herder – »strengste Separation« zwischen der Poesie und der »wirklichen Welt«[56] theoretisch zu begründen versuchen und den Verdacht der Regierung entkräften mußten. Im Programm der *Horen* schreibt Schiller, man werde nur das behandeln, »was *rein menschlich* und über allen Einfluß der Zeiten erhaben ist«, in einer Zeit, wo nirgends vor dem »allverfolgenden Dämon der Staatskritik Rettung« zu finden sei.[57]

Dieses ästhetische Postulat der Autonomie der Kunst wurde schon längst als verdeckte Parteinahme für das Bestehende dekuvriert – angefangen bei den zeitgenössischen Kritikern, die ausgerechnet Goethes Beiträge als hereingeschmuggelte antirevolutionäre Politik enttarnten.[58] Aber die Ideologie der Kunstautonomie ist nie als Reflex bodenständig sachsen-weimarischer Zustände oder Mißstände erkannt worden. Es erscheint nur folgerichtig, daß der von der Weimarer Herrschaft argwöhnisch beäugte Dichter des »Tumult Lieds«[59] der studentischen Geheimorden in seiner Programmschrift fordert: »Mitten in diesem politischen Tumult« – das heißt den »Zeitbegebenheiten« – solle die neue Zeitschrift »für Musen und Charitinnen einen engen vertraulichen Zirkel schließen, aus welchem alles verbannt sein wird, was mit einem unreinen Parteigeist gestempelt ist.«[60] Ob Schiller durch Scherze der Frau von Stein und den Ärger der Geheimräte, oder durch das peinliche Absingen seines Tumultliedes während der Studentenunruhen zu dieser Politikfeindlichkeit und damit auch zum Projekt der Weimarer Hochklassik mit getrieben wurde, wissen wir nicht; alle diese Faktoren spielten wohl eine Rolle.

Der Verdacht der Geheimräte ging wahrscheinlich noch weiter. Unter den angekündigten Mitarbeitern der *Horen* befand sich der Fabeldichter Gottlieb Conrad Pfeffel[61]; vor seinen in einer Revolutionszeitung publizierten Gedichten, die »auf Menschen Rechte, Freyheit, Frohn und Trifft Bedrückungen« gerichtet seien und »auf die Herzen, wenigstens der Unzufriedenen« in Sachsen-Weimar, »kräftigen Eindruck machen werden«, wurde das Geheime Consilium im November 1792 gewarnt, wie wir sahen.[62] Auch der Jenaer Historiker Carl Ludwig Woltmann sollte zu den *Horen* beitragen; später wurde er nach dem Zeugnis eines Zeitungsartikels, der seinen Weg vor das Geheime Consilium fand, (fälschlich) beschuldigt, revolutionsfreundliche Vorlesungen gehalten zu haben.[63] Und auch die Jenaer Professoren Hufeland und Fichte standen in Schillers Mitarbeiterverzeichnis – ihrer Einschüchterung werden wir im folgenden nachgehen; über Fichte hat Goethe im Zusammenhang mit der Einrichtung der Akte Schiller auch eine Akte angelegt.[64] Fichtes – aber auch Hufelands – Beteiligung an den *Horen* wäre für die Regierung Grund genug gewesen, die Überwachung Schillers durch Goethe zu motivieren.[65]

Professor Gottlieb Hufeland

Der Druck auf Schiller muß eine Hypothese bleiben, nicht jedoch die Einschüchterung anderer Professoren durch die Weimarer Herrschaft.

Der Jurist Gottlieb Hufeland[66] ist ein gutes Beispiel für diese politische Einschüchterung. Im Jahre 1791 betonte Goethe ostentativ die »Geistesfreiheit«, die Hufeland in Jena genieße[67], und im folgenden Jahr hatte Hufeland die Stirn, Gebrauch von dieser ›Freiheit‹ zu machen, indem er Vorlesungen über die revolutionäre Verfassung in Frankreich ankündigte. Hufeland gilt seitdem als Zeuge der geistigen Freiheit an der Universität, soll er doch »mit Freimuth in seinen Vorlesungen die Glaubens- und Denkfreiheit« verteidigt und »diesem Freimuthe auch in seinen Vorträgen über die Geschichte der französischen Revolution treu« geblieben sein.[68] Das scheint die zeitgenössische Behauptung zu stützen: »der Staatsrechtslehrer [in Jena] unterwirft selbst die Rechte seines Fürsten dem Rechte der Menschheit. Jeder Denker trägt die Resultate seiner Spekulationen ungehindert seinen Schülern vor«.[69] Dem Professor wurde angeblich das Menschenrecht zugestanden, über Menschenrechte zu lehren.

Die Quellen erzählen eine ganz andere Geschichte dieser Vorlesung zur französischen Verfassung (nicht der »Geschichte der französischen Revolution«). Zunächst drückt Voigt Interesse an diesem Plan seines Neffen Hufeland aus – allerdings in der Annahme, daß die Vorlesungen »Warnungen« gegen das Beispiel der revolutionären Verfassung enthalten würden.[70] Es ist nicht ganz deutlich, wie Hufelands Vorlesungen ausfielen; die Ironie will es, daß sie wahrscheinlich eher konservativ getönt waren, wenn wir aus dem Kommentar zu seiner 1791 erschienenen Übersetzung einer französischen Schrift über Staatsverfassungen Rückschlüsse ziehen können. Hier heißt es, nichts sei »natürlicher, als daß man bey der Vergleichung dieser Resultate [d. h. der Überlegungen über zweckmäßige Staatsverfassungen] mit der in dem Staate, worin man lebt, wirklich bestehenden Verfassung nicht alles vollkommen in der letztern finden, daß man Verbesserung des unvollkommnern, das hie und da auch wohl ohne Vergleich schlecht ist, wünschen wird, und daß man wohl selbst wird Hand anlegen wollen«. Dieser Gedankengang scheint den oben zitierten Zeitgenossen zu bestätigen, der meinte, der Staatsrechtslehrer in Jena unterwerfe die Verfassungen des jeweiligen Landes den Rechten der Menschheit. Aber ganz dem (späteren) Verlangen Voigts gemäß *warnt* Hufeland gegen diese »natürlichen« Wünsche und Bestrebungen, die eigene Verfassung zu bessern, so gut diese Wünsche an sich auch sein mögen: »[...] daß dieser edle Eifer fürs Beßre, zumal in dieser höchst wichtigen Angelegenheit, uns nicht zu weit treibe!« Für Hufeland ist »die Ehrfurcht vor der einmal bestehenden Staatsverfassung, die Gewohnheit, gewissen Personen in gewissen Aemtern, nach einer gewissen Weise zu gehorchen, [...] oft die vornehmste, immer eine sehr bedeutende, Stütze der Ruhe, des Glücks und andrer guten Erfolge in einem Staate«. So endet er mit anerkennenden Zitaten aus Aristoteles und Edmund Burke gegen Revolutionen und für Reformen »von oben herab«.[71]

Hufeland scheint somit kein Radikaler gewesen zu sein, so daß es heute schwer einzusehen ist, warum er in der Folge ins Kreuzfeuer der Kritik geriet. Es scheint allein die Tatsache gewesen zu sein, daß er über Politik ›räsonnierte‹; schon die in der angeführten Schrift nur als theoretische Möglichkeit erwähnte Unzufriedenheit mit der eigenen Staatsverfassung mußte im Zeitalter der Französischen Revolution einen Landesherrn irritieren. Eine Beschwerde über Hufelands Vorlesung tauchte am 7. Oktober 1792 am Schluß eines Briefes des kursächsischen Konferenzministers Friedrich Ludwig von Wurmb an Fritsch auf: Er meldet die entrüstete Auskunft durch mehrere Ungenannte, daß in Jena »öffentlich über die Französische Constitution gelesen werde«, und bittet Fritsch, er möge »auch dasigen Gelehrten die nöthigen Schranken zu sezen sich angelegen seyn laßen.«[72] Aber dieser Hinweis war nicht der erste und entscheidende; wie in anderen Fällen denunzierte man – entweder Wurmb selbst oder andere – den Übeltäter direkt bei Carl August, der schon im Sommer aus dem Feldlager an Voigt geschrieben hatte: »Mancherley habe ich über die Hufelandische Vorlesung die Revolution in Franckreich bet[re]fl[ich] hören müßen; da mann den Geist des Augenblicks nicht vor den Kopf stoßen darf, so suchen Sie Huflanden dahin zu bewegen daß er die Sache nach und nach einstelle, und ihr eine andere wendung und richtung gebe«.[73] Angesichts dieser »sehr zweydeutige[n] Urtheile« über die Vorlesungen, die das Ohr des Herzogs an der Front in Frankreich erreichten[74], verfaßt Carl August einen Mahnbrief an Voigt, den dieser wiederum in einem Brief an

Hufeland wörtlich zitierte. Der Herzog scheint erfahren zu haben, daß Hufeland nicht unbedingt zugunsten der Revolution lehrt. Aber die öffentliche Blamage bestimmt nun die Politik des Herzogs, da man schon aus einem Artikel in der *Hamburger Zeitung* ersehen werde, daß in Jena eine Vorlesung über die Französische Revolution gehalten werde, und »da die Welt gewöhnl[ich] aus Bequemlichkeit, und gewohnt immer das Böseste zu glauben gewiß nicht urtheilt, daß Hufeland die französische Revolution verwerfe.«[75] Der Herzog versichert zwar, Voigt brauche »keine Sorge« zu haben, daß der »Despotismus« in Weimar eingeführt oder die »Denckensfreyheit« in Jena eingeschränkt werden würde. Aber die Bedingungen, die er dann stellt, entleeren diese Versicherung jeglicher Bedeutung:

> welche einschränckung aber hoffentl[ich] entstehn wird und muß, ist diese, daß Gelehrte die ihr lebetage mit Administrationen von Ländern[,] nicht einmahl von einem Bauern Guthe, zu thun gehabt haben, also nichts davon verstehn, weil die Administration gewiß eine Kunst ist die durch erfahrung gelernt werden muß, daß diese, will ich sagen, nicht auf leere Abstractionen [hin] Grundsätze in die Welt schreiben werden, die wahr scheinen, weil sie so wenig wie Gespenster Geschichten juristisch widerlegt werden können, und daß diese Gelehrten sich nicht, wie Wieland sich ofte äußerte, künftig für Lehrer des Volcks und der Regenten ansehn werden, und jeden Gedancken, den eine Indigestion ihnen sugerirt für einen Göttl[ichen] Berufen ansehn werden, das Volck gegen scheinbare unterdrückungen aufzurufen, und Regenten, neu erfundene pflichten einzuschärfen; Ein jeder Gelehrter wird hoffentl[ich] künftig bey seinen leisten bleiben, und sich wehren, erkennen zu geben, daß die triebfeder seiner Gespinnste entweder der hunger, od[er] die überzeugung sey, daß wenn er herrschte, die Sachen gantz anders gehen würden.[76]

Hier sehen wir zum zweiten Mal bei Carl August die Ansicht, daß Intellektuelle nicht über die nötigen Kenntnisse verfügen, um über Politik zu urteilen: sie seien bloße »theoretiquer in der Staats Kunst« und zwar lediglich »ex cat[ed]risch«, das heißt auf Grund der Autorität ihres Amtes, nicht auf Grund ihrer berufsmäßigen Kenntnis »menschlicher Practic«, die den Gelehrten völlig abgehe.[77] Sie haben nicht einmal mit der Verwaltung eines Bauerngutes zu tun gehabt, geschweige denn mit derjenigen eines ganzen Landes. Ihnen fehlt die empirische Erfahrung, die sie allein zum Umgang mit der Welt der Politik befugen würde; es sind nur spanische Schlösser, die sie aufbauen, leere Abstraktionen, die in sich schlüssig sein mögen und daher unwiderlegbar, aber wenig mit der Wirklichkeit zu tun haben.

Diese Haltung scheint unter Staatsmännern weit verbreitet gewesen zu sein. Im weimarisch-eisenachischen Territorium wurde sie im nächsten Jahr im oben besprochenen Frongutachten des Eisenacher Amtmannes Johann Carl Salomo Thon in erstaunlich gleichlautender Formulierung vertreten. Die Schriftsteller, die über Fronreformen schreiben, seien »ModePhilosophen«, schreibt Thon, »die in abstracto auf ihren Studierstübgen Welten umformen und regieren wollen, allein in concreto selbst als Dorfschulzen ihre Mitnachbarn zu Narren oder Bettlern, sich selbst aber lächerlich machen würden«, sie lieben es, »nichts als allgemeine Begriffe von der Menschheit, von natürlicher Freyheit und von andern paradiesischen Eigenheiten zu predigen.«[78] Der Fürst und der Amtmann wehren mit ängstlicher Geste die Aufklärung ab, den Anspruch, von theoretischer Warte aus über jede menschliche Angelegenheit und zumal über Menschenrechte zu urteilen. Dabei versuchen sie, die »metaphysische«, rationalistische Seite der Aufklärung mit der empirischen zu konfrontieren und der weltfernen Theorie die lebensbezogene Praxis vorzuziehen. Die Ablehnung der Theorie geht jedoch mit der Abwehr einer spezifischen Idee einher: des Naturrechts (Thon: »natürlich[e] Freyheit«), auf Grund dessen sich die Intellektuellen berufen fühlen, dem Regenten »neu erfundene pflichten einzuschärfen« und sogar »das Volck gegen scheinbare unterdrückungen aufzurufen«, wenn der Regent nicht dem

Gesellschaftsvertrag gemäß handelt. Wir haben aber gesehen, daß der Herzog keineswegs leugnete, daß es Mißstände in seinem Land gab. Er ordnete selbst eine Sanierung des Fronwesens an (er hob diese Weisung allerdings wieder auf). Was er hier kategorisch verwirft, sind nicht Reformen, sondern die Befugnis der Untertanen, über Mißstände zu urteilen und Reformen überhaupt zu thematisieren, geschweige denn zu fordern. Carl August erkennt wohl, daß diese bedrohliche Tendenz zum Räsonnieren über politische Angelegenheiten nur in der Volkssouveränität enden konnte. Daher mußte jede Regung politischer Mündigkeit unterdrückt werden. Und die Theoretiker, die in diesem Sinne am gefährlichsten waren, saßen nach seinen Vorstellungen auf den Lehrstühlen.

Die Taktik gegenüber Hufeland sollte Schule machen. Angeblich zum ›Schutz‹ von Hufelands eigenem ›Rufe‹ verlangt Carl August, daß die Vorlesungen über die Französische Verfassung – die er von Anfang an persönlich überprüft hatte[79] – veröffentlicht werden sollen.[80] Dieser angebliche ›Schutz‹ verbirgt eine sehr effektive Unterdrückungsmaßnahme, die unter dem Schein der ›Publizität‹ den Schriftsteller dazu bewegt, Zensur zu internalisieren – und die Regierung damit vom Vorwurf der Zensur befreit und in der öffentlichen Meinung rettet. Sofort nach Erhalt des Briefes von Carl August über ›Gelehrte‹ schreibt Voigt an Hufeland und zitiert diesen Brief ausführlich.[81] Offenbar ließ sich Hufeland – dessen Briefe an Voigt größtenteils leider nicht erhalten sind – die widersprüchliche Meinung des Herzogs dann nicht so schnell gefallen und sprach das Thema Pressefreiheit an, denn Voigt antwortet: »Ueber Serenissimi Meinung, wegen Preßfreiheit, ließe sich wohl pro und contra disputiren; aber daß es in Sachen des Volkes nicht gut sei (wegen des Mißbrauchs) alle Abstractionen von Menschenrechten und Gleichheit dem Volke als unverjährbare Befugnisse, die es nun geradezu reclamiren könne, vorzustellen und hierzu die Preßfreiheit zu benutzen, das ist wohl richtig genug.«[82] Wie immer wird die Einschränkung der Pressefreiheit durch deren

»Mißbrauch« (der oft als »Preßfrechheit« firmierte) gerechtfertigt – obwohl der einzige Sinn der Pressefreiheit darin besteht, Meinungen, die von der Regierung für gefährlich gehalten werden, zu schützen.

Auf Selbstzensur wollte man sich daher doch nicht ganz verlassen, wie man durch die Idee der Publikation der Vorlesungen wohl nahegelegt hatte. Denn Voigt übernimmt die Verantwortung dafür, die Druckfassung direkt zu zensieren und dem Professor zu sagen, welche Interpretation der Revolution und ihrer Institutionen akzeptabel sei. Er schreibt an Hufeland: »Aus Ihrer ersten Vorlesung wünsche ich wohl das verwischt [d. h. für die Druckfassung], was eine allzulebhafte Billigung des franz[ösischen] Aufstandes sein möchte, oder gar als eine Aufmunterung angenommen werden könnte, diesem Beispiele nachzufolgen.«[83] Voigt warnt im selben Brief auch unmißverständlich, daß die Jenaische *Allgemeine Litteraturzeitung*, die Hufeland mitherausgab, ihre »Freymüthigkeit« etwas modifizieren solle, »um die Lebenstage dieses trefflichen Instituts möglich zu verlängern«. Die berühmte *ALZ* hatte schon längst Konfliktfälle mit dem Herzog erlebt, die meist dadurch geschlichtet wurden, daß eine von einem Geheimrat entworfene Berichtigung publiziert wurde (die jedoch in der Zeitung lediglich als Mitteilung der Herausgeber erschien, so daß die Zensur für die Leserschaft unsichtbar wurde).[84] Die Zensur, die es in Sachsen-Weimar angeblich nicht gab, wurde hinter den Kulissen gehandhabt, gelegentlich durch Anfragen der Herausgeber bei den Geheimräten (auch Goethe), ob man bestimmte Werke rezensieren dürfe und wie.[85] Bei einer dieser Gelegenheiten, in der sich der Herzog von Braunschweig beleidigt fühlte, erwähnt Carl August 1790 die den Herausgebern (Hufeland war immer beteiligt) »mehrmahls empfohln[e] Vorsichtigkeit,«[86] so daß es mehr direkte Eingriffe der Herrschaft in die Redaktionstätigkeit gegeben haben muß, als heute noch aus den Akten und anderen Dokumenten deutlich wird.[87] Dies war eine ideale Methode, um Zensur zu üben und sie gleichzeitig vor den Zeitgenossen zu verstecken, so daß die Legende der Geistesfreiheit in Jena unangefochten florierte.

Was die weiteren Ereignisse im Jahre 1792 betrifft: Hufeland war jetzt eingeschüchtert worden. Voigt gibt ihm sogar den Auftrag, bei Studenten, die Beziehungen zur französischen Regierung gehabt haben sollen, »ein wenig nachzuspähen« (und diese Information hat Voigt selbst offenbar von seinen Spitzeln).[88] Wir wissen nicht, ob Hufeland diesem Wunsch entsprach, aber auf jeden Fall richtete er seine Vorlesungen nunmehr völlig den Vorstellungen des Herzogs und des Geheimrats Voigt gemäß ein. Zwar befand er sich im März 1794 wieder in Schwierigkeiten, weil ein positiver Nekrolog über Forster in der *ALZ* erschien[89], aber es ist keineswegs klar, daß Hufeland, der nur einer der *ALZ*-Herausgeber war, persönliche Verantwortung für diese Publikation trug. Nachdem er Hufeland wegen dieses Fehltritts zur Verantwortung gezogen hatte, konnte Voigt an Goethe schreiben: »Ich denke denn doch, daß nie wieder etwas Ähnliches vorkommen soll und daß hierdurch die Absicht erreicht sein wird«.[90] Einige Monate später unterstützt Hufeland eifrig Goethes Zensur der Zeitschrift.[91] Er hatte bewiesen, daß er dem Wunsch des Herzogs entsprechen konnte, bei den »Leisten« eines Gelehrten zu bleiben, statt sich in Staatsangelegenheiten einzumischen. Freilich bedeutete diese Vereinnahmung, daß er zur Einmischung frei war, solange sie auf der Seite der Regierung erfolgte. Denn Voigts Briefe zeigen, daß die Weimarer Regierung ihn nunmehr dazu verwendete, politischen Druck auf andere Professoren auszuüben, und während des Atheismusstreits sollte Hufeland ganz im Sinne der Obrigkeit gegen Fichte wirken.[92] In Fichtes Augen war Hufeland »ein niederträchtiger Höfling und Speichellecker«.[93]

Auch auf die abstrusesten Disziplinen mußte das Auge gelenkt werden, war doch die Revolution in Frankreich in den Augen der Herrschenden aus der Philosophie hervorgegangen, wie Voigt es nach den Septembermorden ausdrückte: »die Metaphysik in Frankreich [hat] sich in Blutdurst verwandelt«.[94] Einer der Kollegen, auf den Hufeland Druck ausübte, war Carl Christian Ehrhard Schmid, ein damals bekannter Kantischer Philosoph und Theologe, dessen *Wörterbuch zum leichtern Gebrauch der Kantischen Schriften* (1786, 4. Auflage 1798) heute noch mit Gewinn verwendet wird. Schmid machte eine ähnliche Wandlung wie Hufeland durch. Noch 1791 war er trotz angestrengter Versuche der ernestinischen Herzogtümer, ihn als Dozent in Jena zu erhalten, einem Ruf als Professor der Philosophie an die Universität Gießen gefolgt.[95] Dort wurde er jedoch bald in einen Skandal verwickelt: Er gab im Frühjahr 1792 anonym zwei dogmenkritische Schriften heraus – eine von ihnen hatte ihm kein anderer als der spätere Dichter Novalis im Manuskript geschenkt.[96] Die Schriften wurden konfisziert, nach einer aufwendigen Untersuchung durch die Behörden im April 1793 vom Gerichtsdiener feierlich zerrissen und auf den Misthaufen geworfen.[97] Schmid wurde schwer bestraft; außer einer empfindlichen Geldbuße erhielt er eine Art »Lehr- und Berufsverbot«, wie Christine Haug, die die hessischen (aber nicht die weimarischen) Vorgänge detailliert untersucht hat, feststellt.[98] Trotzdem wurde Schmid genau um die Zeit wieder nach Jena berufen, als das Urteil in Gießen vollstreckt wurde. Doch wohl ein klarer Fall der bekannten Weimarer Liberalität, wie der Historiker Fritz Hartung meinte?[99] Schon ein Jenaer Kollege führte Schmids Berufung »zum klaren Beweise des ungeheuren Contrasts« an, »der zwischen Jena und Gießen ist. In Jena war und ist er geschätzt, geliebt, belohnt und beschüzt; in Gießen ward er verachtet, gehaßt, gekränkt und unterdrückt«, Schmid beweise daher die »mit so vieler Weisheit hier erhaltene Freyheit zu denken und zu schreiben«.[100] Im neunzehnten Jahrhundert machte sich dann diese Meinung breit: Carl August, »nicht achtend der wider [Schmid] von anderer Seite her erhobenen Verdächtigungen«, habe dem Professor »eine heimatliche Stätte zu freiem Denken und Lehren an Jenas Hochschule geboten [...].«[101]

Diese rosige Ansicht scheint auf den ersten Blick durch die erstaunliche Tatsache untermauert, daß Voigt von Anfang an von dem Gießener Skandal wußte, als er die Berufung betrieb – und er suchte den Trubel offenbar auch dann noch vor dem Herzog zu verstecken, als Schmids Berufung nach Jena fast perfekt war. Zunächst bat Hufeland anscheinend seinen Onkel Voigt, Schmid zu helfen. Gegen diesen lief aber schon eine schwerfällige Universitätsuntersuchung, und die Prognose war nicht gut. Ein von der Obrigkeit beauftragtes Gutachten der Gießener theologischen Fakultät hatte den Querkopf zu einem Atheisten gemacht und (in seinen eigenen Worten) gegen ihn sogar ein »Kanzelverbot« durchgesetzt, »welches nicht blos mir zugeschickt, sondern, um den Eindruck recht schlimm zu machen, im ganzen Lande an alle Pfarrer übersendet worden, so daß ich nun hier ein berüchtigter und verdächtiger Mensch worden bin.« Damit nicht genug; er wurde außerdem noch »als Theilnehmer an den französischen Unruhen angeschwärzt«.[102] Schon im Juli 1792, als die bewußten Studentenunruhen in vollem Gang waren, schrieb Voigt an Hufeland, es sei »nicht klug«, daß Schmid »in seiner Lage« – das heißt im konservativen Territorium Hessen-Darmstadt – diese Bücher habe drucken lassen; »aber was hilft das Hinterdreinreden! Helfen soll man, so weit man kann, einem so trefflichen Manne. Das politische Verhältniß scheint dieses *hier* unmöglich zu machen. Seit dem Marsch der Preußen ist die Aristocratie mächtiger als jemals, sie ist sogar intolerant geworden. Man muß die Sache so eine Weile hinhalten. Gesetzt, daß Schmid auch völlig Recht geschieht im Urtheil des Verstandes, so wird doch die jetzige Politik ihm Unrecht geben. Daß man hier Jemanden, der vom Darmstädter Hof verfolgt wird, öffentlich in Schutz nehme (was durch eine Berufung geschehen würde), daran ist nicht zu denken. Es müßte in allen Fällen erst Gras über die Sache gewachsen sein.«[103] Voigt spielt hier auf eine besondere Schwierigkeit an: Der Landgraf Ludwig von Hessen-Darmstadt war der Bruder der regierenden Herzogin Louise in Weimar. Und Hessen-Darmstadt war berüchtigt wegen seiner vom Landgrafen protegierten reaktionären Kreise – insbesondere zwei der rabiatesten Verschwörungstheoretiker der Zeit, des Regierungsdirektors Ludwig Adolf Christian von Grolman (der die Verfolgung Schmids und des Verlegers Krieger anstrengte) und des Oberhofpredigers Johann August Starck.[104]

Trotzdem wollte Voigt anscheinend helfen, wohl nicht nur als Gefallen für Hufeland, sondern weil er Schmid, der ja in Jena gewirkt hatte, offenbar wirklich respektierte und ihn für die Universität, die man damals nach allen Kräften aufbaute, zu gewinnen suchte. Man befürchtete, Schmid würde sonst an die Reformuniversität Göttingen gehen, mit der Jena in hartem Konkurrenzkampf lag.[105] Daher wagte man es, Schmid sogar in der krisenhaftesten Zeit, den turbulenten Novembertagen des Jahres 1792, nach Jena zu berufen. Das konnte wohl nur deswegen geschehen, weil die Darmstädter Entscheidung über eine Bestrafung von Schmid noch ausstand. In einem Brief an den Herzog deutet Voigt Schmids Schwierigkeiten lässig an: Schmid sei in Gießen »gewaltig ennuyirt, weil es dort wenig Studenten und eine unleidliche Orthodoxie giebt«.[106] Solche verschleiernde Formulierungen waren wie gemacht, um den wenigstens in Glaubenssachen liberal sich gerierenden Herzog, der außerdem Voigts Ehrgeiz für die Universität teilte, für Schmids Berufung zu gewinnen: Es mußte dem Stolz des Landesherrn schmeicheln, daß Schmid von der Universität seines konservativen Schwagers so schnell wieder nach Jena zurückflüchten wollte.[107]

Allerdings hatte die religiöse Liberalität in Weimar – die immerhin eine realere Grundlage als die politische hatte[108] – eine Grenze. Wie in Preußen machte sie vor den unteren Schichten halt, wo man *politische* Auswirkungen des Unglaubens befürchtete.[109] Und trotzdem: Voigt versichert, daß Schmid auch die Stelle als Jenaer Stadtprediger vortrefflich einnehmen könne, denn es sei »in den *itzigen* Zeiten eine heilsamere Sache, als jemals, solche Volkslehrer zu haben, deren Beyfall und fleißige Abwartung des PredigtAmts gute Gesinnungen bey dem gemeinen Mann erhalten hilft.«[110] Gerade der Bedarf eines guten – aber politisch einwandfreien – Stadtpredigers in Jena scheint eine Hauptmotivation für die Berufung Schmids gewesen zu sein.[111] Wie konnte man aber sicher sein, daß der als Jakobiner verschrieene Gelehrte, dem man in Hessen-Darmstadt »die Canzel [...] gänzlich zu untersagen« für gut befunden hatte[112], ein politisch zuverlässiger Prediger für den gefährdeten »gemeinen Mann« und ein staatstreuer Lehrer der von Geheimorden zersetzten Studentenschaft wäre? Da Schmid früher in Jena gelehrt hatte, kannte man ihn natürlich. Aber das reichte offenbar nicht aus, um mit ihm sicherzugehen. Eine mögliche Erklärung ist, daß Voigt von Hufeland vielleicht noch nicht erfahren hatte, daß Schmid auch politisch angeschwärzt worden war. Da jedoch Religionskritik so gefährlich wie politische Umtriebe sein konnte, bestand wie im Fall Hufeland die eigentliche Abwehr der Gefahr darin, Schmid einzuschüchtern.

Die Einschüchterung geschah in drei Schritten. Für den ersten ist der entsprechende Brief Voigts – wie fast seine ganze Korrespondenz mit Schmid – nicht überliefert. Aber ein Antwortbrief Schmids gibt einen deutlichen Eindruck von der Warnung, die Voigt ihm gegeben haben muß: »Ich erkenne«, schreibt Schmid, »den mir gegebenen Rath den Umständen so angemessen, daß ich ihn sicher befolgen werde, sobald der Anlaß sich zeigt[.]«[113] Dieser »Rat« hatte sicherlich eine vorsichtige, kirchentreue Haltung zum Zweck. Die Berufung wurde im März offiziell, nachdem die anderen ernestinischen Herzogtümer zugestimmt hatten.[114] Voigt mußte nach Erhalt eines Briefes von Schmid dem Herzog melden, Schmids Entlassung habe sich in Darmstadt »verspätet«.[115] Voigt wird den Grund von Schmid erfahren haben (er wußte ja seit Monaten vom Eklat in Gießen), obwohl er ihn dem Herzog noch verheimlicht; erst nachdem Carl August – auf Ersuchen Schmids hin – den darmstädtischen Landgrafen um Beschleunigung des Rücktrittsverfahrens bittet[116], bekommt das Geheime Consilium in Weimar ein böses Schreiben, in dem der Landgraf den ganzen Skandal um Schmid detailliert ausbreitet. Die von Schmid »gesuchte Dienstentlaßung« sei zwar vor Erhalt des Briefes von Carl August »bereits ertheilt gewesen«, aber der Landgraf könne sich nicht enthalten, »einen Vorgang zu bemerken, der sein Dienstentlaßungs Gesuch begleitet und die wirkliche Ertheilung des Abschieds in etwas aufgehalten hat.«[117] Und dann referiert Landgraf Ludwig seinem Schwager die Episode um die beiden Schriften, »deren allgemein berüchtigter Inhalt und Zweck auf wahre Gotteslästerung, Zerstörung der Religion und Auflösung der heiligsten Bande der bürgerlichen Gesellschaft gerichtet ist, und von deren giftigen [sic] Einfluß in einem Zeitpunct, wo dergleichen verderbliche Grundsäzze in einem benachbartem [sic] Reich die greuelvollsten Würkungen hervorgebracht hatten und auch auf teutschen Boden verpflanzt werden sollten, alles zu befürchten war.« Schmids religiöse Kritik wird vom darmstädtischen Landgrafen hier direkt an die politische geknüpft, nämlich an die Französische Revolution (das benachbarte Reich wird in internen Darmstädter Regierungsakten weniger kokett als Frankreich bezeichnet[118]) und deren Auswirkungen in Deutschland. Diese Schlußfolgerung des Landgrafen Ludwig hatte durchaus ihre Berechtigung. In einer der beiden von Schmid herausgegebenen Schriften, *Meditationes philosophicae de Deo, Mundo, Homine* (1717), legt Theodor Ludwig Lau dar, Geistliche hätten ein religiös-politisches System installiert, das menschliche Furcht zur Herrschaftsstabilisierung mißbrauche; er entwirft eine anarchistische Utopie, die unter anderem radikale Denk- und Meinungsfreiheit einfordert.[119] Schmid kann also durchaus als politischer Dissident angesehen werden, wie es die darmstädtische Regierung auch tat.

Durch die Berufung nach Jena wurde Schmid die Blamage erspart, in Gießen seines Amtes zeitweise enthoben zu werden. Er konnte sich glücklich schätzen, in Jena gelandet zu sein. Aber der Preis war seine politische Freiheit. Es ist wichtig zu sehen, daß der zweite Schritt der Einschüchterung offenbar noch vor dem Eintreffen des landgräflichen Schreibens erfolgte und also nicht unter außenpolitischem Druck geschah.[120] Schmid war im Weimarischen schon angekommen, und er hatte auf dem Weg nach Jena einen Besuch bei Voigt abgestattet. Der Geheimrat schrieb danach an den Herzog: »Heute Mittag habe ich den Prof. Schmidt aus Gießen bey mir gehabt, der hier durchging. Ich habe ihn ein wenig mit der neuesten Jenaischen Klugheit zu imbuiren [d.h. vertraut zu machen] gesucht.«[121] Was diese »Klugheit« war, geht ohne weiteres aus dem Fall Hufeland hervor: politische Konformität. Die Einschüchterung wurde aber in einem dritten Schritt deutlicher. Voigt mußte angesichts des offiziellen Schreibens des Landgrafen nun den Herzog (der im Feld war und es nicht bekommen hatte) über die Details informieren. Ganz am Schluß eines vierseitigen Briefes läßt er das Thema leise anklingen: »Schmidt hatte in Giessen noch Verdruß, über eine mit widerlegender Vorrede herauszugebende naturalistische Schrift. Der H[err] Landgraf hat diese Orthodoxie seiner Academie in einem Schreiben an Ew. Durchl[aucht] in Antwort zu erkennen gegeben. Schmidt handelte nicht prudent und hätte sich nach den Sitten des Landes richten sollen.« Voigt versichert jedoch: »Er wird es nicht wieder thun.«[122] Dem Schreiben aus Darmstadt hatte Voigt den Hinweis auf *politische* Implikationen von Schmids Heterodoxie entnommen, die Warnung vor den »greuelvollsten Würkungen« freiheitlichen Denkens. Er schreibt nun an Hufeland unmißverständlich: »[...] warnen Sie ihn und sagen Sie ihm, daß man auch hier mit demokratischen Aeußerungen, seitdem die Franzosen toll für Freiheit geworden, kein Glück macht. [...] Das Schiff unseres Freundes ist nun im Hafen eingelaufen; für dessen *Sicherheit* hat er nun selbst zu sorgen«.[123]

Diese nachdrückliche, durch Hufeland auszurichtende Warnung wirkte offenbar bei Schmid. Durch den Ausdruck »auch hier« bezieht sich Voigt auf die Ereignisse in Gießen, wo Schmid entlassen werden sollte, und droht ihm so mit Entlassung auch aus dem Lehramt in Jena, für den Fall, daß er demokratische Parolen von sich geben sollte. Dieses »auch hier« ist für eine Beurteilung dieser Ereignisse von großer Bedeutung, denn es besagt, daß Schmid im angeblich liberalen Jena nicht anders behandelt werden würde, als im reaktionären Hessen-Darmstadt, wenn er im oppositionellen Sinne schreiben oder lehren sollte. Zwar versprach man in Jena nicht öffentlich, Denunziationen zu honorieren, wie das in Darmstadt geschehen war, und eine so strenge universitäre Zensurordnung wie in Gießen existierte in Jena nicht.[124] Doch auch in Jena förderte die Regierung Denunziationen (allerdings nicht öffentlich), »auch hier« wurden Spione bezahlt, und eine für die Öffentlichkeit unsichtbare Selbstzensur trat an die Stelle der offiziellen Zensur. Die Taktik war anders – sie nahm vor allem Rücksicht auf die öffentliche Meinung –, aber die Wirkung war in Jena dieselbe wie im berüchtigten Hessen-Darmstadt. Schmid erregte nach seiner Übersiedlung kein Aufsehen in politischen (oder religiösen) Angelegenheiten. Eine erste Meldung von Voigt nach Semesteranfang war so positiv, daß der Herzog antwortete: »es freut mich daß Schmidt [sic] so gut einschlägt«[125], und auch Goethe, der den Herzog bei der Belagerung von Mainz begleitete, schrieb wenige Tage später an Voigt: »An Schmidt haben wir einen trefflichen Mann.«[126] Wie Hufeland blieb auch Schmid bei seinen philosophischen und theologischen »Leisten«, wenigstens dann, wenn die Preisgabe seiner ›demokratischen‹ Phantasien damit verbunden war, aber er fühlte sich frei, sich im Sinne des status quo in die Politik einzumischen. Er bekehrte sich so gründlich zur guten Sache der Obrigkeit, daß er 1795 Fichtes angeblich »rechtswidrige Plane zu Befreiung und Beglückung der Völker« angriff.[127]

Nicht nur in Hessen-Darmstadt, sondern auch für den berühmten Fall Fichte hat die Episode um Schmid einen wichtigen Präzedenzcharakter. Denn man hatte im Fall Schmid einen liberal sich gebärdenden Professor nach Jena berufen, und zwar trotz deutlicher Anzeichen, daß er revolutionäre Anschauungen hegte. Genau dasselbe geschah bei Fichte. Fast alle bisherigen Darstellungen der aufsehenerregenden Entlassung Fichtes betrachten sie isoliert und achten nicht auf seine *Berufung*. Und alle verfahren ohne Kenntnis der Taktik in den vorangegangenen Berufungen von Hufeland und besonders Schmid.[128] Fichte wurde jedoch genauso wie Schmid eingeschüchtert und ging sogar einen politischen Pakt mit der Obrigkeit ein. Nach dem Urteil der Regierenden brach er jedoch diesen Vertrag.[129]

In Weimar wußte man, mit wem man es zu tun hatte. Höchst unwahrscheinlich wirkt die Annahme in der Forschung, daß Goethe die aufsehenerregenden revolutionsfreundlichen Schriften Fichtes übersah, als er ihn zur Berufung nach Jena empfahl; Goethe wäre damit fast der einzige in der Geisteswelt Weimars und Jenas, der nicht von Fichtes Revolutionsbegeisterung wußte.[130] Aber auch wenn er nichts wußte, gilt dies nicht für andere in der Weimarer Regierung. Schon während der ersten Verhandlung über eine mögliche Berufung von Fichte hatte Voigt an Hufeland geschrieben: »ist er klug genug seine demokratische Phantasie (oder Phantasterei) zu mäßigen?«[131], so daß klar wird, daß die Regierung meinte, Fichte würde wie Hufeland und Schmid seine politischen Absichten unterdrücken, nachdem er nach Jena kam. Bald danach warnt Hufeland den noch in Zürich wohnhaften Philosophen wegen dieses politischen Verdachts in Sachsen-Weimar gegen seinen »Demokratismus«, und er weist darauf hin, daß er der Obrigkeit (das heißt Voigt) versichert habe, daß Fichte politische Themen wie ein braver Gelehrter – ohne Bezug auf die konkrete Wirklichkeit – behandeln und sich auch sonst politisch mäßigen werde: »Ich habe aber auf dies Alles dadurch geantwortet, daß Sie die demokratische Partei nur in Rücksicht des *Rechtes* und ganz in abstracto in Schutz nähmen, daß bei den Vorlesungen, die vorzüglich Ihre Beschäftigung ausmachen würden, wenig von diesen Fragen die Rede seyn würde, und daß Sie Mäßigung, Klugheit und Kälte genug hätten, unnütze und am unrechten Orte angebrachte Aeußerungen zu vermeiden«.[132] Die Versicherungen Hufelands haben den Charakter einer Verpflichtung Fichtes, da sie praktisch gesehen einen Teil der Verhandlungen über die Berufung bildeten. Sie entsprachen völlig dem Auftrag, den Voigt Hufeland kurz vor Fichtes Ankunft in Jena gab, nämlich Fichte politisch kaltzustellen: »benutzen Sie dies Zutrauen und berathen ihn, damit er nirgends Prise giebt, besonders helfen Sie, daß er die Politik, als eine danklose Spekulation, bei Seite läßt«.[133] Trotz dieser Maßnahme plant Voigt – ganz im Sinne seiner Überwachung der Professoren und Studenten im Jahre 1792 sowie seiner Zensur von Hufelands Vorlesungen – Fichtes Vorlesungen zu besuchen.[134]

Fichte war kühner als Hufeland oder Schmid; die massive Einschüchterung scheint zunächst wenig auf ihn gewirkt zu haben. Kurz nach seiner Ankunft in Jena begrüßt er unbekümmert die Möglichkeit einer französischen Übersetzung seiner revolutionsfreundlichen Schrift *Beitrag zur Berichtigung der Urtheile des Publikums über die französische Revolution*[135] – übrigens durch einen französischen Geheimagenten unter den Jenaer Studenten![136] Bereits wenige Wochen später hatte er seine Freiheit in Verhandlungen mit dem Geheimen Consilium jedoch beträchtlich eingeschränkt. Die Denunziationen hatten sich gehäuft. Die Geistlichkeit, der Amtmann und der Bürgermeister Jenas beschwerten sich bei der Weimarer Regierung, Fichte habe in einer Vorlesung prophezeit, daß es in zwanzig oder dreißig Jahren keine Könige oder Fürsten geben würde.[137] »In ganz Teutschland bin ich jezt das allgemeine Stichwort«, beklagte Fichte, »und es werden allenthalben wunderliche Gerüchte von mir herumgeboten«[138]; auch der Gothaer Hof stimmte in den

Protest gegen den unbequemen Philosophen ein.[139] Goethe war zu diesem Zeiptunkt bereits mit der Aufgabe betraut worden, auf Fichtes Vorlesungen ein wachsames Auge zu halten (er sollte die gedruckten Fassungen sammeln).[140] Nach den Denunziationen tut Voigt in einem Brief an Goethe den Vorschlag, »Fichten im Vertrauen darüber einen Vorhalt« zu tun.[141] Möglicherweise verwendete das Geheime Consilium Böttiger, um Fichte zu warnen.[142]

Am 24. Juni 1794, weniger als einen Monat nach seiner Ankunft in Jena, schrieb Fichte an Goethe in der Absicht, sich den Schutz des Herzogs gegen seine Verfolger zu sichern, und Fichte war bereit, einen Preis für diese hohe Protektion zu bezahlen. Der Brief ist ein Meisterwerk subtilsten Kompromisses; im aggressivsten Ton geschrieben, legt er trotzdem die Grundlage zur Kooperation mit der Regierung. Zunächst weigert er sich, seine Verfasserschaft des *Beitrags* einzugestehen; »*Anerkennen* werde ich auch keine anonyme Schrift. [...] Wer anonym schreibt, will [seine Schriften] nicht anerkennen«. Aber da die ganze Welt jetzt wußte, daß Fichte der Verfasser war, so macht er in seinem Brief an Goethe das Beste aus einer schlechten Situation und treibt ein groteskes Versteckspiel: »Wenn man es verlangt, so will ich versprechen, daß *eine gewiße anonyme Schrift nicht fortgesezt* werden soll; ja ich will sogar versprechen binnen einer beliebigen Zeit *keine anonyme Schrift über politische Gegenstände zu schreiben.*« Und obwohl er auf absolute Lehrfreiheit insistiert (»Ich *soll*, und *werde* sagen, was ich nach meiner besten Untersuchung für wahr *halte* [...]«), so traf es sich immerhin, daß das, was er lehren wollte, mit den Wünschen der Obrigkeit aufs schönste übereinstimmte, wie er versichert: »Es wird in meinen Vorlesungen zu seiner Zeit auch *von der Achtung gegen eingeführte Ordnung*, u. s. w. die Rede seyn; und diese Pflichten werden mit nicht geringem Nachdrucke eingeschärft werden«.[143]

Goethe verstand den Subtext dieses Briefes. Er ließ sich später alle seine Briefe mit Bezug auf Fichtes Entlassung zurückgeben und vernichtete sie, aber seine Antwort auf Fichtes Brief –

mit der Einladung zum entscheidenden Treffen mit ihm – ist zufällig überliefert (die Tinte schlug auf die Rückseite eines anderen Dokuments durch). Er gibt trotz der Unvollständigkeit und der milden Wendungen einen Eindruck von der Art von Kompromiß, der zustande gebracht wurde: »Damit Sie aber für die Zukunft ausdrücklicher gesichert seyn mögen; so wünsche ich mit Ihnen zunächst [?] Ihr ganzes Verhältniß zum Publikum zu bereden wozu die Fürstlichen [?] Erhalter [?] Sie berufen haben mit Ihnen durchzusprechen, von Ihnen zu hören welchen Gang Sie im Leben zu gehen gesonnen sind und Ihr Vertrauen mit Wort und That erwiedern«.[144] Euphemistischer konnte der Druck auf Fichte kaum formuliert werden. Fichte erhielt im entsprechenden Gespräch mit Goethe den Schutz, den er gesucht hatte.[145] Voigt konnte nach einem abermaligen Gespräch mit Fichte versichern: »[Fichte] ist ein sehr gescheuter Mann, von dem schwerlich etwas Unbesonn[en]es oder Gesellschaftwidriges kommen kann«.[146]

Spätere Ereignisse zeigen deutlich, daß Fichte diesen Schutz und Kompromiß dadurch erlangte, daß er seine politischen Anschauungen und seine Meinungsfreiheit preisgab. Einige Monate später befand er sich wieder in Schwierigkeiten, als eine zweite Auflage des *Beitrags* veröffentlicht wurde (obwohl Voigt alles Mögliche unternahm, um die Drucklegung zu verhindern). Goethes Behauptung, daß die Publikation dieser zweiten Auflage dem widersprach, was Fichte in ihrem ersten Treffen »ihm verheißen habe«, sowie die Tatsache, daß dies auch dem Herzog gemeldet wurde[147], sind schlagende Belege dafür, daß Fichte im Gespräch mit Goethe tatsächlich ein solches Versprechen gemacht und so seine Freiheit preisgegeben hatte. Im Zusammenhang mit dieser zweiten Auflage weist Voigt wieder auf das Rumoren der Verschwörungstheorie an verschiedenen Höfen und den damit verbundenen Druck auf Weimar hin: »In den Cabinetten geht es überhaupt mehr über die Schriftsteller her als man von außen glauben kann und jeder Anlaß würde benutzt werden, unsere angebliche Jacobinerei zu verschreien«[148] – damit weist er auf die auswärtigen Mächte hin, die für Fichtes Sicherheit in Jena tödlich sein sollten. Die zweite Auflage des *Beitrags* konnte nur deswegen veröffentlicht werden, weil Fichte seine Verfasserschaft abstritt, und diese Episode markiert auch das Ende von Fichtes politischem Engagement in Jena. In seiner Theorie des Naturrechts verwarf Fichte nunmehr demokratische Prinzipien.[149] Rebellion wird in Fichtes neuem System nur dann erlaubt, wenn das *ganze* Volk gegen ein ausgeklügeltes (aber völlig unrealistisches) System der Machtkontrolle aufbegehrt, und Fichte nennt dieses revolutionäre Szenarium »unmöglich« oder wenigstens »das allerunwahrscheinlichste« (S. 456). Das Volk soll seinen kollektiven Willen dem Herrscher unterwerfen: »Eines jeden Wille ist nur sein Privatwille, und der einzige Ausdruck des gemeinsamen Willens ist eben der Wille der Obergewalt« (S. 447). Obwohl liberale Elemente im *Naturrecht* vorhanden sind, gibt Fichte keine Andeutungen darüber, wie sie konkret einzuführen seien; er weist nur darauf hin, daß er diese ganze Sphäre der »Politik« in einem künftigen Werk behandeln werde und daß der Übergang zu einer besseren Gesellschaftsordnung »allmählich« vor sich gehen müsse und nicht »durch einen Sprung« (S. 302). Ein Student Fichtes meinte, er habe »keine Lust in diesem Staat zu leben und andre meinen dasselbe. Ich denke mir ihn als *sehr strenge*, diesen Staat« (S. 305). Ein Rezensent bemerkt, daß Fichtes System das Handlungsgewicht des Staates von einer soliden Legislative in den Verantwortungsbereich der exekutiven Autorität verlagert, was der Rezensent angesichts der zeitgenössischen Zustände für unzumutbar hält (S. 306). Ein anderer Rezensent urteilt, daß durch Fichtes Weigerung, die Gewaltentrennung zuzulassen, »dem Despotismus Thor und Thür geöffnet« werde (S. 310). Die Schrift kann auch für die damalige Zeit nur als rückwärtsgewandt bezeichnet werden.

So wird deutlich, daß Fichte mit dem *Naturrecht* das liberale Lager verläßt. Genauso bedeutend ist jedoch Fichtes Wandlung in Hinsicht auf Stil und Publikum: Der *Beitrag* wurde in einem engagierten Stil und für ein breites, ausdrücklich ungelehrtes Publikum geschrieben, aber in Jena läßt er diese Absicht einer populären Publikumswirkung fahren.[150] Er konzentriert sich jetzt auf abstrakte Philosophie, die *Wissenschaftslehre*, die von so großer Bedeutung für die Romantiker werden sollte, und er beugt sich völlig dem Wunsch des Herzogs Carl August, daß solche »Abstractionen« nicht in »die Welt« der politischen Praxis eingeführt würden.[151] Letztendlich behielt Fichte seinen Ruf als Radikaler, vor allem wegen des späteren berüchtigten »Atheismusstreits«, der ihn 1799 seinen Lehrstuhl kostete. Aber diese Kontroverse ergab sich nicht aus einem etwaigen Radikalismus Fichtes im Jahre 1799, sondern noch aus seinem Ruf in der Zeit *vor* seiner Ankunft in Jena 1794, und somit aus unvorhersehbaren Verzerrungen seiner theologischen Ansichten aus politischer Absicht: »*Ich bin ihnen ein Democrat, ein Jacobiner*; dies ist's«, schrieb Fichte über den Atheismusstreit; »Es ist nicht mein Atheismus, den sie gerichtlich verfolgen, es ist mein Demokratismus. Der erstere hat nur die Veranlassung hergegeben«.[152] Fichte hätte wohl schreiben müssen: mein ehemaliger Demokratismus. Er versuchte, sich vom Vorwurf des Demokratismus und Jakobinismus zu distanzieren[153], aber das half ihm nicht; man wollte ihn unbedingt loswerden. Erst 1985 wurde bewiesen: Der berüchtigte Brief Fichtes, der nach der Darstellung der Weimarer Regierung sie dazu ›gezwungen‹ habe, ihn zu entlassen, hatte nach einem ausdrücklichen Hinweis Voigts in einem Brief an Goethe nur den »Anlaß« gegeben, den die Räte längst gesucht hatten, den unbequemen Philosophen »wieder loszuwerden«.[154] Wenn Goethe behauptete, man sei bis zum Erhalt von Fichtes Brief dem Philosophen gegenüber »gut [...] gesinnt« gewesen, man »bedauerte« die Entlassung[155], so wird diese von Forschern unkritisch aufgegriffene Darstellung[156] durch die Quellen eindeutig widerlegt und als eifrige herrschaftliche Öffentlichkeitsarbeit entblößt, die sofort nach der Entlassung eingesetzt hatte, in einem Artikel in der *Allgemeinen Litteratur Zeitung*.[157]

Die Einschüchterung, die den Professoren widerfuhr, war nicht neu. Auch schon vor der Französischen Revolution hatte man sie geübt, aber auf direktere Weise. Im Jahre 1781 äußerte sich der Medizinprofessor Christian Gottfried Gruner in einer lateinischen Promotionsrede abfällig über ein Lieblingsprojekt des Herzogs, das Jenaer ›Accouchierhaus‹, d.h. Gebärhaus. Es war zur Verhütung von Kindesmord eingerichtet worden: Ledige Mütter, so hoffte man, würden sich hier ohne Schande entbinden lassen können und der Versuchung des Kindesmordes entkommen, der aus Furcht vor der öffentlichen Blamage entstanden sein soll. Gruner stellte jedoch Mängel in dieser Einrichtung fest. »Es möge die öffentlichen Häuser nicht mehr geben«, sagte er in seiner Rede, »die den Gebärenden eher verhaßt als angemessen sind. Es ist kein Segen, was denjenigen, die es nicht wollen, gewaltsam aufgedrängt wird.«[158] Obwohl er diese Kritik im weiteren abmildert, erregte sie Aufsehen in Jena, so wenigstens nach dem Zeugnis von Gruners altem Gegner, dem mächtigen Professor und ›heimlichen Kanzler‹ der Universität, Loder, der ihn in Weimar denunzierte – eventuell über Goethe.[159] Gruner hatte schwerwiegende Gründe gegen Accouchierhäuser, die nicht nur in der modernen Forschung[160], sondern auch schon von Zeitgenossen vorgebracht wurden. In einem Fall kam von außerhalb des Herzogtums eine Kritik gegen die Jenaer Einrichtung, die das Consilium durch Einspruch zu verhindern suchte.[161] Das Consilium, das Gruner nun vorlädt und unbarmherzig maßregelt (anwesend: Fritsch, Schnauß, Goethe), kümmert sich ausdrücklich nicht um Gruners wissenschaftliche Argumente, sondern rügt nur, daß er »sich erlaubet, [...] auf ein dergleichen Institut, wie das jenaische Accouchir-Hauß sey, von welchem er doch gewußt, daß der Landes-Herrschaft an deßen Aufrechthaltung gar sehr gelegen, auf eine schmähende Art loßzuziehen [...]«.[162] Vielleicht erregte auch eine andere Art von Kritik Anstoß; Gruner hatte in der Erörterung der Ursachen des

Kindesmordes auch die sexuell stimulierende Wirkung von »empfindsamen Schriften aus der hochedlen Gattung eines ›Werther‹« angesprochen; diese Stelle wurde im Gespräch mit dem Consilium offenbar nicht erörtert, aber sie war von einem der Geheimräte zweimal angestrichen worden.[163]

Kritik an einem Projekt Carl Augusts war schlicht und einfach nicht gestattet. Nur Kritik etwa an allgemeinen Zuständen in Deutschland konnte geübt werden, nicht jedoch an einzelnen Fürsten und auf jeden Fall nicht an einer Einrichtung des eigenen Herzogs (Gruner hatte das auch nicht ausdrücklich getan, aber die Anspielung auf Jena war deutlich). Das hätte sich Gruner auch denken können, gehörten solche Einschränkungen doch zum paternalistischen System des Absolutismus. Aber offenbar ließ er sich durch den liberalen Ruf seines Herzogs dazu verleiten, seine Kritik für erlaubt, die später vom Herzog gegenüber Hufeland thematisierte »Denckensfreyheit« für real zu halten – statt für eine Strategie in der Öffentlichkeitsarbeit der Herrschaft.

Die Holzhammermethode des Consiliums gegenüber Gruner war ein sehr unangenehmes und möglicherweise dem Ansehen des Herzogtums schadendes Verfahren. Sie wurde nach dieser Episode deswegen vermieden. Auch andere Faktoren erforderten ein sanfteres Verfahren. Die Französische Revolution trug dazu bei, daß Fürsten wie Carl August angesichts kritischer Stimmen etwas leiser treten mußten. Außerdem mußten hohe Studentenzahlen durch den Anschein der Lehrfreiheit gefördert werden; so sehr zum Beispiel Geheimrat Schnauß diese im Jahre 1794 gerne beschnitten hätte, so sehr erkannte er, daß eine Knebelung »Aufsehen in der Welt erregen« würde.[164] Daher war gerade in den 1790er Jahren, als die Universität einen ungeheuren Aufschwung erlebte, die »neueste Jenaische Klugheit« die bessere Methode, Opposition einzuschüchtern. Man wollte anregende Professoren in Jena haben; diese waren aber in einigen Fällen politisch freidenkende Männer. Um sie ohne Gefahr zu berufen, sagte man ihnen im voraus, daß sie politische Themen in Jena vermeiden müßten. Diese Strategie bewährte sich. Die Professoren wiegten sich in der Meinung, daß sie frei lehrten und publizierten, denn die Selbstzensur, die an die Stelle der traditionellen Zensur trat, konnte aus dem Bewußtsein verdrängt werden. Die Selbstzensur erfolgte zwar auch im oberflächlichen Sinne, daß etwa die Herausgeber der *Allgemeinen Literatur Zeitung* zweifelhafte Artikel eifrig den Geheimräten und speziell Goethe zur Überprüfung schickten. Aber viel effektiver war die tiefere Selbstzensur, die Schere im Kopf. Nur wenn diese Methode nicht funktionierte, hörte man aufrichtige Worte über die Angst, die in Jena herrschte: Fichte brachte sie auf die Begriffe »Curmacherei, Sclavensinn, Abhängigkeit von dem Winke des geringfügigsten Herrscherlings«.[165]

KAPITEL 5

Die »hiesigen Kannegießer«, oder: Wie man das »Häuflein« Intellektueller um Herder unter Kontrolle behielt

Wes Brodt ich esse des Lied ich sing.
Goethe[1]

Die Weimarer Regierenden wiesen wiederholt auf »Rädelsführer«, »Complot«-Anstifter, »Emißarien«, »Aufhetzer« und andere Agitatoren hin, die angeblich ein loyales Volk gegen seine gutmütige Herrschaft aufzuwiegeln versuchten. Es waren in erster Linie die Intellektuellen, die in dieser Rolle gesehen wurden. In der Stadt Weimar konzentrierte sich der Verdacht vor allem auf den Herder-Kreis. Herder war 1776 durch Vermittlung Goethes als oberster Geistlicher nach Weimar geholt worden – Generalsuperintendent, Oberhofprediger und ab 1789 Vizepräsident des Oberkonsistoriums. Schon bald nach dem ersten Aufkommen der Idee, Herder nach Weimar zu holen, schreibt Goethe an den Freund: »ich habe für deine politische Klugheit in geistlichen Dingen gut gesagt, denn der Herzog will absolut keine Pfaffen Trakasserien über Orthodoxie und den Teufel [...]«[2] – noch lange vor dem Wort Voigts von der »Jenaischen Klugheit« war die weimarische etabliert. Denn Herder arrangierte sich trotz mancher Reibereien mit der Geistlichkeit im Herzogtum Weimar. Aber für Herders Klugheit in *politischen* Dingen hatte Goethe offenbar nicht »gut gesagt«, wie die Ereignisse in den Revolutionsjahren zeigen. Auch Herders (und Goethes und Carl Augusts) Freund Carl Ludwig von Knebel, ein ehemaliger preußischer Offizier und der Erzieher Carl Augusts und seines Bruders Constantin, erregte wegen seines politischen Nonkonformismus Aufsehen in Weimar. Und der ehemalige Chef der örtlichen Niederlassung des politisch suspekten Illuminatenordens, Johann Joachim Christoph Bode, der eine brillante Karriere als Übersetzer begonnen hatte, bevor er 1778 als Geschäftsführer der Gräfin Bernstorff nach Weimar kam, stand unter dauerndem Verdacht. Alle drei Männer mieden oft den Hof Carl Augusts und frequentierten statt dessen den bescheideneren und lockereren Hof seiner Mutter Anna Amalia.

Herder war bekanntlich ein – allerdings abstrakter, im Grunde unpolitischer – Parteigänger der Französischen Revolution. Die Zeugnisse für diese Haltung sind mannigfach und brauchen hier nicht erneut zitiert zu werden.[3] Auch in der krisenhaften Zuspitzung der Ereignisse nach den Septembermorden und während des ersten Koalitionskrieges – mit seinem Landesherrn und Goethe im Marsch gegen die Franzosen – behält Herder noch seinen Glauben an die Revolution und verurteilt die Intervention gegen sie scharf.[4] Caroline Herder schreibt an Fritz Jacobi am 11. November 1792, noch lange nachdem die Nachricht über die Septembermorde eingetroffen war und das Kriegsglück sich gegen die Alliierten gewendet hatte: »Die Sonne der Freiheit geht auf, das ist gewiß [...] In Deutschland werden wir noch eine Weile im Finstern sitzen, doch erhebt sich der Morgenwind hie und da in Stimmen«[5], und Herder glaubt, Carolines »Enthusiasmus« gegenüber dem eher konterrevolutionär gesinnten Freund Jacobi entschuldigen zu müssen, er teilt jedoch offensichtlich ihre Begeisterung: »Aber die Dinge, die vorgehen, öffnen den Mund, und weil man ihr Ende nicht absieht, so übermannen sie die Seele.«[6]

Das beredtste Zeugnis für Herders revolutionsfreundliche Gesinnungen sind die Teile der ursprünglichen Fassung der *Briefe zu Beförderung der Humanität*, die aus der Druckfassung gestrichen wurden. Herder fing mit der Niederschrift spätestens Mitte November an[7] – also um die Zeit des eben zitierten Briefes –, aber im Manuskript, das er im Februar 1793 an den Verleger schickte, waren diese brisanten Teile nicht mehr enthalten. Sie weisen zahlreiche trotzige Bemerkungen zur soziopolitischen Lage in Europa auf. Mit dem Unterschied der Stände wird in dieser Urfassung bündig aufgeräumt: »Nur Ein Stand existirt im Staate, *Volk* (nicht Pöbel;) zu ihm gehört der König sowohl als der Bauer; jeder auf seiner Stelle, in dem ihm bestimmten Kreise.«[8] Auch der Erbadel verfällt dem Verdikt Herders: »[...] wann, auch nach dem seltensten Verdienst, das grosse Individuum fortan sich einbildete, daß es auf ewige Zeiten hinab in seiner ganzen Abkunft, sammt Dienern, Roßen und Hunden, dies ehemalige Verdienst repräsentire, und in sich vereine; so wäre dies eine seltsame Einbildung.« Auch die »Thorheit der Kriege« wird verurteilt, insbesondere jedoch die Kriege gegen die Französische Republik: Ein »böser Genius« wäre es, der die Deutschen in einen Krieg gegen die Revolution »freventlich hineinstürzte«. »Meines Wissens«, setzt er ironisch hinzu,

> ist kein Deutscher ein gebohrner Franzose, der Verpflichtung und Beruf habe, für die alte Ehre des Königs der Franzosen auch nur einen Athem zu verlieren. Kein Deutscher ist Franzose, um, wenn diese ihren alten Königsstuhl, den ältsten in Europa nach mehr als einem Jahrtausend säubern wollen, (welches längst die Reinlichkeit erfordert hätte) den Geruch davon mitzutragen, oder ihn in persona und corpore zu säubern hätte. Einem Deutschen Fürsten wird dies nie einfallen wollen; und die französischen Princes, Ducs, Marquis et Nobles würden sich mit dem spöttischsten Hohn freuen, wenn ein Deutscher Prinz, Herzog, Fürst und Markgraf sich für Ihresgleichen erkennete, und sie der Sache ihres Vaterlandes halben in Schutz nähme.

Diese Verurteilung der Intervention auch angesichts der drohenden Hinrichtung des Königs (»Säuberung« des Throns) schrieb Herder gerade dann, als sein Herzog als General der preußischen Armee am vergeblichen Versuch teilgenommen hatte, Paris für die Sünden der Revolutionäre zu bestrafen und den König wieder auf den Thron zu setzen.[9] Aus der im Februar abgeschickten Endfassung hatte Herder solche direkten Spitzen gegen die Reaktion in Deutschland gestrichen; ja, jede nähere Anspielung auf zeitgenössische Politik fiel der Umarbeitung zum Opfer.[10]

Caroline Herder verurteilte im nächsten Frühjahr (1793) die Hinrichtung des französischen Königs, so daß man in der Forschung bisher angenommen hat, Herders ›Wende‹ gegen die Revolution datiere von diesem Ereignis.[11] Auf die Umarbeitung der *Humanitätsbriefe* zu einem Werk, das Kritik und Zeitereignisse peinlichst vermeidet, hat die Hinrichtung auf jeden Fall keinen Einfluß gehabt, schon aus zeitlichen Gründen. Der König wurde am 21. Januar 1793 enthauptet, und die Nachricht aus Paris traf erst am 1. Februar in Weimar ein.[12] Briefe Herders, die erst 1982 vollständig gedruckt wurden, zeigen, wie früh die betreffenden Teile des Werkes fertig vorlagen.[13] Das vollendete Manuskript des größten Teils der ersten Sammlung wurde am 5. Februar abgeschickt[14]; schon am 18. Februar waren die ersten beiden Sammlungen, in denen die Änderungen gegenüber der Erstfassung erfolgt waren, zum Druck fertig.[15] Es versteht sich wohl von selbst, daß der gesundheitlich angegriffene Herder seit dem Eintreffen der Nachricht über die Hinrichtung Ludwigs XVI. kaum Zeit dazu hatte, die ursprünglichen 24 Briefe in die 26 Briefe der Druckfassung (336 Druckseiten!) umzuarbeiten. Und warum sollte er das angesichts der Hinrichtung des französischen Königs tun? Schon Herders oben zitierte Stellungnahme für das Recht der Franzosen auf ›Säuberung‹ ihres Königsstuhls – verfaßt während der Prozeßvorbereitungen gegen den König – läßt darauf schließen, daß die Durchführung dieser ›Säuberung‹ nicht der Grund für Herders Umschwung gewesen sein kann.[16]

Die ›Wende‹ Herders hat Gründe, die viel näher und Wochen früher als die Hinrichtung des Königs in Paris lagen – und sie widersprechen direkt der Aussage Caroline Herders, daß Herder »in den Jahren *vor* 1793 [...] noch nicht beim Herzog über seine Revolutions-Meinung verleumdet war«.[17] Am 29. Oktober 1792 schrieb der Weimarer Landkammerrat Franz Kirms – später unterstützte er Goethe in der Leitung des Weimarer Hoftheaters – einen Brief an den Herzog, der sich unter den Truppen im Rückzug nach der Niederlage in Frankreich befand. Kirms berichtet über die Stimmung im Herzogtum, die er als äußerst obrigkeitsfreundlich darstellt. Aber er kann störende Elemente nicht unterschlagen: Außer »einige[en] gering[en] Beschwerden« denunziert er dunkel zwei Unruhestifter: man »möchte gerne 2 Personen laternisiren, und ist höchst aufgebracht über einige, welche dafür bekannt sind, daß sie zu sehr auf französischer Seite hangen«; später wiederholt er, daß man gegen diese zwei Personen »aufgebracht« sei.[18] Carl August schickt diesen Bericht nach Weimar an Voigt. In seinem Begleitschreiben kommt der Herzog sofort auf den Teil des Briefes zu sprechen, der ihn am meisten stört, und gibt Voigt den Auftrag, die Identität der zwei Personen festzustellen, die »dem Volcke Fatal wären«, aber Carl August hat schon einen festen Verdacht: »vermuthl[ich] ist Herder einer der zweyen, der durch seine gewaltige Unbedachtsamkeit, Charackter, und Conduitlosigkeit sich nie die liebe der Menschen, wohl aber wegen seiner Gelehrsamkeit und seines Vortrags halben der sehr faßlich ist, ob wohl nicht immer gründlich ist, das zutrauen junger angehender Gelehrten erwarb.« Er wünscht ferner, daß Voigt »nachspührt[e] wie die gesinnungen des Volckes über diese leute sind«.[19] Schon am 24. November kann Carl August seine Zufriedenheit über die Bemühungen seines Geheimrats ausdrücken. Von besonderer Bedeutung ist der Hinweis, daß ein anderes Mitglied des Consiliums, Johann Christoph Schmidt, »sich über daß unnütze raisonniren unthätiger Menschen explicirt hat«; diese Äußerungen von Schmidt sind deutlich nicht regierungsintern gegenüber Voigt geschehen, sondern in der Öffentlichkeit oder gegenüber dem oder den Verdächtigen, denn der Herzog setzt hinzu: »gut wird es seyn wenn dieses bey ähnl[ichen] Gelegenheiten geschieht.«[20] So hat es den Anschein, daß

Herder schon zu diesem Zeitpunkt von der Unzufriedenheit des Landesherrn mit seinen politischen Äußerungen erfuhr[21] (wir werden sehen, daß sie ihm ein paar Wochen später ohne Zweifel klar gemacht wurde). Kirms hatte die Lage in Weimar im Sinne der Verschwörungstheorien dargestellt: Das Volk sei zufrieden, liebe seinen Herrn und wünsche nichts sehnlicher als dessen Rückkehr vom Krieg gegen die Franzosen; die ganze Unruhe stamme nur von den besagten »2 Personen« (also der Intelligenz) her, die das Volk mit ihren revolutionsfreundlichen Äußerungen vergiftet hätten. So konnte man der drohenden sozialen Unruhe – und das gab es sicherlich in Weimar, denn Kirms hatte nolens volens auch Unzufriedenheit unter der Bevölkerung zu erkennen gegeben[22] – entgegenwirken, wenn man diese Intellektuellen aus der Gesellschaft entfernte oder sie einfach einschüchterte.

Der Herzog blieb überzeugt, daß Herder eine der »2 Personen« war, und glaubte inzwischen auch, die andere namhaft gemacht zu haben, denn am 8. Dezember 1792 schrieb er aus Frankfurt an Voigt: »Sorgen Sie doch dafür daß Knebel auch noch Seine Zunge zähme, es kommen mir aller hand nachrichten zu wie sehr, selbst der gemeine Mann, sich über seine äußerungen scandalisire, so ist es auch mit Herder, Sie können beyden zu verstehn geben, daß es von mir käme was Sie davon wüßten.«[23] (Daß der Herzog neben Kirms auch andere Spitzelquellen hatte, geht aus diesem Brief hervor.) Nunmehr hatte Voigt einen unmißverständlichen Auftrag. Er erhielt diesen Brief am 14. Dezember, und zwei Tage später besuchte er Herder. Das Resultat davon hielt er in einem Brief an den Herzog vom 17. Dezember fest:

> Ich besuchte gestern Herdern, mit dem ich einige OffizialSachen zu besprechen hatte; es kam auch auf Politik zu reden; Herder kam mir damit zuvor, daß es gut sey, bey aller Gelegenheit die Menschen zu überzeugen, daß das franzöß[ische] Wesen auf Deutschland, besonders aber auf die glücklichern kleinern Staaten gar nicht passe, und man wider sich selbst

> würke, wenn man so etwas gelten machen wolle. Besonders detestirte er die Aufführung der Mainzer Jacobiner, und erzählte mir, wie standhaft und klug sich *Müller*[24] herausgezogen habe. Ich ließ bemerken, wie sehr Ew. Durchl[aucht] diese Klugheit von Ihren Dienern wünschten und wie unangenehm Ihnen Unbehutsamkeit von der entgegengesetzten Art fallen müsten. Wir handelten noch vieles dieser Art ab, und waren völlig einverstanden.[25]

Der Herzog bezeugt seine Zufriedenheit mit diesem Gespräch: »Mit den Gesinnungen, welche Herder gegen Sie geäusert hat, bin ich volkommen Zufrieden; ich wünschte, daß jedermann eben so richtig wie er die Lage der Dinge beurtheilte«.[26]

Herders politische Wende ist frappierend. Man könnte auf Grund des Voigtschen Berichts zunächst meinen, sie sei durch Nachrichten über die Preisgabe der Stadt Mainz durch die deutschen Jakobiner veranlaßt worden, aber diese Nachrichten waren spätestens am 25. Oktober, fünf Tage nach der Besetzung von Mainz, in Weimar bekannt geworden[27], und Herder hatte noch Mitte November in den oben (S. 253) zitierten brieflichen Äußerungen seine Teilnahme an der Revolution bezeugt und wahrscheinlich schon mit der Niederschrift der später unterschlagenen Fassung der *Humanitätsbriefe* angefangen.[28] Und in dieser Fassung hatte er nicht nur, wie wir sahen, mit der Ständegesellschaft abgerechnet, sondern auch mit dem ›aufgeklärten‹ Absolutismus, also wenigstens theoretisch der Regierungsform im Herzogtum Weimar: Die »gemäßigte Monarchie« ist für ihn »ein zweifelhafter Name!« (ursprünglich schrieb Herder sogar »ein gefährlicher Name!«), und er setzt hinzu: »[…] nur Despotismus oder gemeines Wesen [=Republik[29]] sind die beiden Endpunkte, die Pole, um welche sich die Kugel drehet; gemäßigte Monarchie, ist blos das unregelmäßige Wanken von Einem zum Andern Pole.«[30] Auch wenn diese Überlegungen nominell auf Frankreich bezogen sind, verlassen sie sehr schnell diesen Rahmen und erheben einen allgemeingültigen Anspruch, so daß sie zusammen mit den anderen Spitzen gegen Ständegesellschaft und Monarchie in krassem Widerspruch zu der im Gespräch mit Voigt nunmehr geäußerten Abneigung gegen die Übertragung des »französischen Wesens« auf Deutschland stehen. Und Herders Meinung, daß man »bei aller Gelegenheit die Menschen« von der Inkongruenz der französischen Ideale für Deutschland »zu überzeugen« hätte, wie es im Gespräch mit Voigt heißt, steht in direktem Gegensatz zur publizistischen Unterstützung der Revolution in der Schrift, die er gerade verfaßte oder verfaßt hatte – geschweige denn im Brief vom 11. November. Die Mainzer Ereignisse konnten Herder nicht von einer revolutionsfreundlichen Haltung abbringen[31], hatte er doch im Falle der viel beunruhigenderen Ereignisse des 10. August 1792 sogar gegenüber der Herzogin Louise die überlegte und richtige Einsicht geäußert, die »schrecklichen Scenen in Paris« seien zum Teil durch das Manifest des Herzogs von Braunschweig provoziert worden[32], der gedroht hatte, Paris zu zerstören. Günter Arnold konstatiert aus souveräner Kenntnis der Herder-Korrespondenz, daß diese Zeit um die Mitte November der Höhepunkt von Herders Revolutionsbegeisterung war.[33] Knappe Wochen später war sie verflogen.

Zur Einschüchterung Herders gehört eine andere Angelegenheit, die sein geistliches Amt betraf. Voigt schrieb in seinem oben zitierten Brief vom 17. Dezember, er habe »einige OffizialSachen« mit Herder zu besprechen. Beim Oberkonsistorialvizepräsidenten Herder bedeuteten »OffizialSachen« (abgesehen von Universitätsberufungen von Theologen) immer geistliche Sachen, und Voigt kommt am Ende desselben Briefes auf einen wichtigen Fall, an dem Herder beteiligt war und der auch politische Implikationen hatte. Es ging in einem langwierigen, bitteren Streit zwischen dem Stadtrat in Jena und dem Weimarer Konsistorium um die Besetzung einer ledig gewordenen Pfarrerstelle in Lobeda bei Jena. Die Jenaer beanspruchten das Recht, den Pfarrer zu ernennen, aber dieses Recht kam dem Konsistorium zu. Diese Kompetenzstreitigkeit braucht hier nicht weiter ausgeführt zu werden. Aber der Stadtrat lehnte den vom Konsistorium an erster Stelle ernannten Pfarrer aus politischen Gründen ab. Voigt berichtet, eine Beteiligte sei nach Weimar gekommen und habe »die Herren Consistorialen, besonders Herder, Weber[34] p. […] sehr gebeten, der Gemeinde einen Mann zu geben, den sie gerne hörte, der sie durch seinen Vortrag in ihren Pflichten erhielte und in den itzigen, der christlichen Lehre, der Stütze aller Ordnung, gefährlichen Zeiten, den gemeinen Mann bey dem Worte Gottes erhielt, usw.« Dies ist eine deutliche Anspielung auf die von der Französischen Revolution ausgehende Gefahr für die absolutistischen Staaten. Und Voigt macht diese politischen Gründe zu den eigenen; er berichtet wie folgt über den Beschluß des Geheimen Consiliums:

> In der itzigen Zeit muß man das Volk durch versagtes Gehör gewiß nicht reizen, und kein Wunsch desselben ist so billig, ja keiner mit der landesherrl[ichen] Gewalt so verträglich, als Geistliche haben zu wollen, die es gern hört und liebt. Man sollte itzt froh seyn, wenn der gemeine Mann noch Verlangen hat, prediger zu hören, und seine Pflichten sich einprägen zu lassen; wenigstens wäre es sehr unrathsam, ihm solches zu erschweren. Der gemeine Mann in Lobeda ist ohnehin ein braußendes Wesen; ich glaube nicht, daß einer in die Kirche käme, wenn man ihm den Pfarrer zu Burgau aufnöthigte. Dagegen ist es ein courageuses, seinem LandesHerrn sonst ergebenes Volk, was [sic] Leib und Leben für ihn wagen würde, wenn man es auf der Seite erhält.[35]

Voigt macht auch nichtpolitische Gründe gegen die Ernennung des Burgauer Pfarrers geltend[36], aber in den Überlegungen der »Lobedaner« und des Geheimen Consiliums überwiegen die politischen. (Übrigens verwendete Voigt Pfarrer zu politischen Zwecken manchmal viel prononcierter als in diesem Fall.[37]) Daß Herder an dieser Angelegenheit maßgeblich beteiligt war, geht nicht nur aus dem obigen Hinweis auf ihn hervor, sondern auch aus einer anderen Stelle, an der Herders Meinung über den Kandidaten auf dem zweitem Platz referiert wird.[38] Am Ende greift das Geheime Consilium dem Konsistorium vor und beruft eigenmächtig den Kandidaten auf dem dritten Platz. Obwohl es dem Stadtrat in Jena einen Verweis erteilt, weil er die Befugnisse des Konsistoriums verletzt hatte, folgt es den Wünschen des Stadtrats und gibt dem Konsistorium »etwas von den Grundsätzen zu erkennen, [...] wornach dergl[eichen] Dinge zu behandeln sind.« Voigt zeigt in dieser Angelegenheit eine etwas ängstliche Haltung, weil er sich offenbar bewußt ist, daß das Consilium in Abwesenheit des Fürsten seine Kompetenzgrenzen überschritten hat, und er befürchtet ausdrücklich, der Herzog würde Beschwerden darüber bekommen.[39] Ob nun Herder den Burgauer Pfarrer vorzog, weil dieser in politischer Hinsicht mehr mit den eigenen Anschauungen übereinstimmte als der seinem Landesherrn loyale Kandidat des Jenaer Stadtrates, ist unbekannt und aus der Perspektive der (noch zu erörternden) Ereignisse des Jahres 1790, als Herder eine staatstreue Politik im geistlichen Amt befolgt hatte, eher zu bezweifeln.[40] Aber aus der Sicht des Geheimen Consiliums konnte diese Episode zum Eindruck der fragwürdigen Haltung Herders beitragen. Daher wohl der zwanglose Übergang im Gespräch Voigts mit Herder von dieser »Offizialsache« zur revolutionären Politik: »es kam auch auf Politik zu reden«. Nicht nur anhand der Mainzer Ereignisse, sondern auch mit Hinweis auf die bei Geistlichen erforderliche Treue zum Landesherrn machte Voigt sicherlich darauf aufmerksam, wie sehr Durchlaucht »Klugheit von Ihren Dienern wünschten und wie unangenehm Ihnen Unbehutsamkeit von der entgegengesetzten Art« sein müßte. Und gerade deswegen fällt der Umstand besonders auf, daß Voigt vom Consilium beauftragt worden war, den Streit in Lobeda an den Herzog zu berichten; geistliche Angelegenheiten mit Herder wurden normalerweise von Geheimrat Fritsch erledigt.[41] Voigt war ja für ›innere Sicherheit‹ verantwortlich, und unter diese Rubrik fiel offenbar eine Sache, die üblicherweise zum rein geistlichen Bereich zu rechnen wäre. Auf diese Weise konnte Voigt anscheinend eine rechtlich fragwürdige Maßnahme des Geheimen Consiliums gegen das Konsistorium mit Hilfe des Drucks durchsetzen, den ihm der Auftrag des Herzogs, Herder zu maßregeln, in die Hand gab. Und diese Angelegenheit verstärkte umgekehrt den Druck, da sie ein Beispiel für Herders politische »Unbehutsamkeit« (Carl August: »gewaltige Unbedachtsamkeit«) lieferte, die es im Gespräch zu beseitigen galt.

Die ›Wende‹ in Herders Einstellung war anscheinend schon vor dem von Voigt berichteten Gespräch vom 16. Dezember vollzogen, denn Voigt bemerkt, daß Herder ihm mit seinen konterrevolutionären Äußerungen »zuvorgekommen« sei. Aber möglicherweise täuscht dieser Eindruck: Voigt pflegte in seinen Briefen an den Herzog die Übertretungen von Untertanen herunterzuspielen, um sie vor der Wut Carl Augusts zu schützen. Daher mag das Gespräch mit Herder womöglich noch schärfer gewesen sein, als Voigt mitteilt (Caroline Herder war später überzeugt, daß Voigt der Erzfeind ihres Mannes war).[42] Außerdem spiegeln Herders Äußerungen über die Mainzer Jakobiner so genau diejenigen des Herzogs im Brief vom 24. November (S. 215) wider, daß der Schluß naheliegt, daß Voigt schon bald nach Erhalt dieses Briefes die herzoglichen Argumente bei Herder geltend gemacht hatte. Daß Herder auch von Goethes Verdruß wußte, geht aus einem Brief hervor, den Goethe noch während des Feldzuges im Oktober an Herder geschrieben hatte: »Wenn Ew. Liebden Gott für allerlei unerkannte Wohlthaten im Stillen danken, so vergessen Sie nicht, ihn zu preisen, daß er Sie und Ihre besten Freunde außer Stand gesetzt hat, Thorheiten ins Große zu begehen.«[43] Goethe erkannte mit entwaffnender Aufrichtigkeit seine eigene und damit Herders unfreie Situation als Diener ihres Landesherrn, so daß es »Thorheit« sei, wenn Privilegierte zu Revoluzzern werden. Goethe soll die Trennung von Herder mit folgender Äußerung vollzogen haben: »ich nehme jezt die Grundsätze meines gnädigsten Herrn an, er giebt mir zu essen, es ist daher meine Schuldigkeit, daß ich *seiner Meinung* bin.«[44] Sechs Tage nach Goethes Rückkehr nach

Weimar (am selben Tag wie das klärende Gespräch Voigts mit Herder) hatte Goethe eine ausgezeichnete Gelegenheit, diese Äußerung zu machen und Herders materielle Abhängigkeit vom Landesherrn zu unterstreichen: Er überreichte dem Generalsuperintendenten höchstpersönlich das »Außerordentlich[e] Surrogat« für Ostern, ganze 250 Reichstaler (also etwa das Jahresgehalt eines Jenaer Professors), und zeigte damit, wer Herder zu essen gab.[45] Was Goethe bei dieser Gelegenheit gesagt haben mag, ist nicht überliefert. Fest steht nur, daß er schon im Oktober-Brief seinen leichten Ärger gegen Herder ausgedrückt hat. Es bedurfte auch nichts mehr als das und Voigts Druck, um Herder einzuschüchtern, wie Voigts Brief zeigt.

Goethe und Voigt waren aber nicht die einzigen, die mit Herder ins Gericht gegangen waren. Ob schon Geheimrat Schmidt ihn maßregelte, wie die oben zitierte Stelle nahelegt, oder ob Herder nur von den Verdächtigungen gegen ihn gehört, oder ob der Druck durch Herzogin Louise, die um diese Zeit anscheinend eine politische Erklärung von Herder verlangte, in der er sich wegen seiner Revolutionsmeinung »verteidigt« hat[46], etwas bewirkt hatte, ist nicht von entscheidender Bedeutung: In der Zeit zwischen der Novembermitte und der Dezembermitte, noch Wochen vor der Hinrichtung des Königs, hatte Herder unter massivem Druck eine politische Kurskorrektur vorgenommen. Der von Voigt vermittelte Eindruck eines von Herder autonom vollzogenen Gesinnungswandels ist irreführend, wenn wir diesen Druck auf Herder bedenken, der in und vor diesem Gespräch stattfand – man kann diese breit angelegte Einschüchterung der Intelligenz eine regelrechte ›Campagne in Deutschland‹ nennen, ein innenpolitisches Pendant zu der von Goethe später beschriebenen, gerade gescheiterten Campagne in Frankreich. Verständlich wird nun, daß Herder gegenüber Voigt genau sagte, was der Geheimrat hören wollte, denn die anderen Mitglieder des Geheimen Consiliums sowie Goethe und die Herzogin hatten reichlich zu verstehen gegeben, welches Verhalten wünschenswert sei.

Die ursprünglichen *Briefe zu Beförderung der Humanität* – sie trugen den im Zusammenhang der Revolutionszeit politisch brisanteren Titel *Briefe die Fortschritte der Humanität betreffend* – steckte Herder nun in die Schublade und konzipierte eine harmlose Fassung.[47] Ein paar Wochen nach der Fertigstellung der umgeformten *Humanitätsbriefe* schrieb er: »Es ist eine sonderbare Zeit: man weiß nicht, was man schreiben darf, und doch wird schwerlich ein Rechtschaffener so ganz platt und grob schreiben, was er schreiben *soll*« und, mit Bezug auf den »gute[n] Forster«, der nicht mit solcher »Vorsicht« geschrieben habe (und gegen den ja der Herzog und dann auch Herder gelästert hatten[48]): »Es sind *eigne, gefährliche* Zeiten.«[49] Aus einer Gefahr für die Intelligenz, die Herder an der Reaktion gegen Forster richtig diagnostizierte, wird im Gespräch mit Voigt eine Gefahr für den Staat, die von Forster und den anderen Mainzer Jakobinern ausgehe.

Um diese Zeit hatte Herder auch im geistlichen Amt im Sinne seines Herrn gehandelt. Im Jahre 1790 gab es ein bedeutendes Vorspiel. Während der oben erörterten Bauernunruhen in Sachsen, als man befürchtete, diese würden auf Sachsen-Weimar überschwappen, verordnete der Herzog einen Hirtenbrief von Herder an die Geistlichen in den gefährdeten Gebieten[50], den dieser prompt aufsetzte.[51] Hier verpflichtete sich Herder der im nächsten Jahr geäußerten, schon angeführten Meinung (in der anonymen Schrift über die Fronreform), daß sogar die öffentliche Thematisierung von Übeln oder politischen Zeitumständen diese erst ins Bewußtsein der ahnungslosen Untertanen bringen würde. Es bestehe die Gefahr, so heißt es in Herders Hirtenbrief, »die Gemüther auf etwas aufmerksam zu machen, woran sie selbst nicht dachten«: das angeblich zufriedene, treue Weimarer Volk werde nur durch Unruhestifter zu Protest und Beschwerden, ja möglicherweise zum Aufruhr gegen den Fürsten aufgewiegelt, der »die Liebe und das Zutrauen seiner Unterthanen im höchsten Grad hat«. Herder legt den Pfarrern nun ans Herz, diese Liberalität öffentlich zu behaupten, und die Untertanen natürlich auch »nach der Lehre der Schrift zum Gehorsam, zur Liebe, Dankbarkeit und Zutrauen gegen ihre Obern allgemein zu ermahnen [und] ihnen die Nothwendigkeit einer bürgerlichen Ordnung [...] väterlich oder brüderlich ans Herz zu legen [...]«. Und schließlich – da Herder gesehen hatte, daß der Herzog in einem ihm übermittelten Brief zur ausgedehnten Überwachung der Untertanen mahnte[52] – legt er den Geistlichen nahe, bedenkliche »Unzufriedenheit«, die ihnen »wider Verhoffen« zu Ohren kommen sollte, »in der Stille« ihm schriftlich anzuzeigen; die Identität des Denunzianten würde »ein Geheimniß bleiben«. Ob diese Informantentätigkeit verwirklicht wurde, wissen wir nicht, aber Herder munterte dazu auf. Und der zutiefst christliche Generalsuperintendent gibt auch (durch Fritsch dazu angeregt) die Weisung, »Ermahnungen« gegenüber den Untertanen »mit Vermeidung des Scheins, als ob es absichtlich geschehe«, anzubringen, obwohl es natürlich absichtlich geschah. Mag es Herder bedauert haben, daß der Prediger im absolutistischen Staat unter anderem nur noch als »geheimer Polizeidiener unter staatlicher Autorität und fürstlicher Vollmacht zu existieren berechtigt« sei[53], er fühlte sich verpflichtet, seinen Geistlichen diese Rolle vorzuschreiben.

Herder hatte – so viel ist dem Bericht von Kirms zu entnehmen – seine wahren politischen Meinungen seit 1790 anscheinend auch gegenüber dem »Volck« (das heißt wohl: den Bürgerlichen) geäußert, aber zweifellos nie in irgendeiner Funktion seines geistlichen Amtes, sondern immer nur privat. Als Generalsuperintendent und Hofprediger wahrte er Ordnung und Staatstreue. Auch während des Feldzuges im Jahre 1792 sprach er ein antifranzösisches Kirchengebet.[54] Daher überrascht es auch nicht, wenn Herder nun Ende März 1793 eine völlig affirmative (in der Forschung ganz unbekannte), »eine pure politische Predigt« von sich gibt, von der gleich zwei der Geheimräte mit großer Genugtuung an den Herzog schreiben. Voigt meldet: »Am heutigen Bustage hat *Herder* wieder geprediget. Sein Vortrag war ganz auf die itzigen Zeitumstände und für das

Volk eingerichtet. Er ging auf das Verderben des Volks ein, die Quelle aller Greuel in Frankreich, in Verbindung mit der Verdorbenheit derer, die vermöge ihrer Bestimmung als Muster an der Verbesserung des Volks arbeiten sollen. Er schilderte das Glück einer menschenfreundl[ichen] gerechten Regierung und erinnerte das Volk an seine Pflichten – Nach seiner Art, wurde alles schön und stark gesagt, und das Glück unsrer ruhigen Verfassung vorgelegt.«[55] Herder hatte in seinen Predigten schon immer solche konformen Parolen von sich gegeben. Nunmehr hörte er auch auf, Nonkonformes im geselligen Umgang in Weimar zu äußern.[56]

Zu Herders Einschüchterung wird Goethe jetzt, nach der Jahreswende 1792/1793, noch mehr als im Oktober-Brief beigetragen haben. Am 27. Dezember schrieb ihm der Herzog aus Frankfurt einen Brief, dessen volle Bedeutung in der Forschung bisher ignoriert oder gar bewußt unterschlagen wurde. Die einschlägige Stelle lautet: »Leider habe ich schon auß manchen Briefen erfahren, daß unser Häuflein sehr zwiespaltig ist; indeßen verwundert mich dieses nicht: ich hoffe aber sehr auf deine Bindekraft; deine Ankunft giebt dorten ein allgemeines Intereße und wirckt auf unsere république, wie der Krieg auf die Fränckische [d. h. Französische]. Siehe zu, was du bewircken kannst, und gieb mir zuweilen Nachricht davon.«[57]

Erst aus den obigen Ausführungen geht hervor, welche »Briefe« der Herzog meint[58]: es sind die Denunziation durch Kirms sowie »Voigtens Briefe«, die der Herzog einige Zeilen später erwähnt, indem er seinen ›Innenminister‹ nachdrücklich lobt.[59] Die Autorität Goethes unter dem »Häuflein«[60] der Schöngeister in Weimar war offenbar so stark, daß der Herzog ihn auch noch nach der Einschüchterung Herders durch Voigt einsetzen zu müssen glaubte. Der letzte Satz dieser Briefstelle ist eine eindeutige Weisung des Herzogs, wie er sie sehr häufig zu geben pflegte, und einer der eindeutigsten Eindrücke aus den Akten und den publizierten *Amtlichen Schriften* ist die Gewissenhaftigkeit und Eile, mit der die Geheimräte diese Aufträge erfüllten. Wären Goethes Briefe an den Herzog aus der Zeit nach dieser Weisung und bis zur Abreise des Dichters zur Belagerung von Mainz am 12. Mai 1793 erhalten geblieben – statt, wie es scheint, von Goethe zurückgefordert und vernichtet[61] –, so würde man heute sicherlich in den *Amtlichen Schriften* verfolgen können, was Goethe bei Herder, Knebel und Bode »bewircken« konnte. Gerade die von zwei Geheimräten dem Herzog gemeldete und erfreulich staatstreue Predigt Herders ist vielleicht als Erfolg Goethes zu verbuchen. Und auch Goethes Äußerung gegenüber Herder, »ich nehme jezt die Grundsätze meines gnädigsten Herrn an, er giebt mir zu essen, es ist daher meine Schuldigkeit, daß ich *seiner Meinung* bin«[62], könnte als Erfüllung der herzoglichen Weisung aufgefaßt werden.

Allerdings verfolgte Goethes Taktik auch die Linie, die Graf Görtz und Schnauß empfohlen hatten: Schriftstellerei im Dienste der Konterrevolution.[63] Auch Voigt scheint sie nahezulegen; in einem Brief an Goethe vom 10. Januar bemerkt er: »Mir fällt eben der Aufsatz zur gelehrten Gesellschaft in die Hand, die nicht zustandekam. Ich lege ihn doch bei. Es ist nicht so leicht, einen Vereinigungspunkt zu wirken, was Ihnen besser zu gelingen pflegt.«[64] Um welchen Aufsatz es sich hier handelte, ist nicht mehr festzustellen.[65] Aber es fällt auf, daß Goethe, der nach der Weisung des Herzogs die »Bindekraft« für das kleine »Häuflein« in der Gelehrten-»république« Weimars sein sollte, auch nach Voigts Vorstellungen einen »Vereinigungspunkt« darstellen soll. So kann auch Voigt einem Plan des Herzogs gefolgt sein – vielleicht eine »gelehrte Gesellschaft«, durch die er auf den Herder-Kreis wirken könnte. Da indessen eine andere »gelehrte Gesellschaft«, die ursprünglich auch als »Reunionspunckt«[66] funktionieren sollte, in Gestalt der Freitagsgesellschaft schon vorhanden war, wurde offenbar nichts aus Voigts Plan.

Eher scheint Goethe auf die eigene literarische Tätigkeit gesetzt zu haben, um zeitgenössische ›Gelehrte‹ und ganz besonders diejenigen in Weimar und Jena zu beeinflussen. Das geschah zunächst durch seine Bearbeitung des älteren Tierepos

Reineke Fuchs, die er genau einen Monat nach dem Erhalt des Briefes von Carl August anfing und im März und April 1793 just im Kreis Herder und Knebel vorlas.[67] Goethes bedeutendste Ergänzung gegenüber der literarischen Quelle gilt den Revolutionsbegeisterten:

Doch das schlimmste find' ich den Dünkel des irrigen
  Wahnes,
Der die Menschen ergreift: es könne jeder im Taumel
Seines heftigen Wollens die Welt beherrschen und richten.
Hielte doch jeder sein Weib und seine Kinder in Ordnung,
Wüßte sein trotzig Gesinde zu bändigen, könnte sich stille,
Wenn die Toren verschwenden, im mäßigen Leben erfreuen,
Aber wie sollte die Welt sich verbessern? es läßt sich ein jeder
Alles zu und will mit Gewalt die andern bezwingen.[68]

Die Revolutionäre sind nicht einmal im Stande, ihr eigenes Hauswesen zu »beherrschen und [zu] richten«, geschweige denn die Welt zu verbessern. Das sind die Gedanken des Herzogs: Im September hatte er ja gemeint, »Gelehrte die ihr lebetage mit Administrationen von Ländern[,] nicht einmahl von einem Bauern Guthe, zu thun gehabt haben«, sollten »nicht auf leere Abstractionen [hin] Grundsätze in die Welt schreiben« oder »jeden Gedancken, den eine Indigestion ihnen sugerirt für einen Göttl[ichen] Berufen ansehn werden, das Volck gegen scheinbare unterdrückungen aufzurufen, und Regenten, neu erfundene pflichten einzuschärfen«.[69] Aber auch gegenüber Goethe hatte er denselben Gedanken geäußert. In einem »weitläufige[n] Glaubensbekenntniß« schreibt der Herzog am 24. März an Goethe, man müsse die Gelehrten mahnen, »*aufgeklärt* genung zu seyn, um nicht so gar viel unverdautes und unverdauliches in die Welt zu jagen, womit sie Indigestionen verursachen«, »zumahl da die Herrn Scribenten so weit von der mindesten Kenntniß deßen, was practisch außführbar gut ist, entfernt sind, daß mann wohl sagen möchte, sie verstünden gar nichts von den, was den Menschen nuzt und frommt.«[70] Wenn nun Goethe gleichfalls vor dem »Wahn« warnt, »es könne jeder im Taumel / Seines heftigen Wollens die Welt beherrschen und richten«, so ist das sicher kein Zufall: Carl August hatte dem Geheimrat nicht nur am 27. Dezember eine eindeutige Weisung gegeben, sondern auch in diesem Brief nach dem Urteil von Hans Wahl die »unverkennbare Absicht« ausgesprochen, »durch Goethe auf die Stimmung in Weimar zu wirken«.[71] Das tat er nicht nur in *Reineke Fuchs*, sondern auch im schon besprochenen Revolutionsdrama *Der Bürgergeneral*, so meinten wenigstens die Herders. Caroline Herder äußerte nämlich nach einer Aufführung des *Bürgergenerals* ihr Vergnügen darüber gegenüber Goethe, mit dem Zusatz: »[...] wenn man auch hier u[nd] da selbst einen kleinen Schlag gekriegt hätte«.[72]

Der Herzog richtete gleichfalls eine kleine Stichelei an die Adresse Herders. Er quittierte ein von Herder geschenktes Exemplar der *Humanitätsbriefe* mit Anspielung auf den Begriff human/menschlich: Das Werk habe ihn bei Belagerung von Mainz »nicht in der humanesten Beschäftigung gefunden; indessen zweckt unser Bestreben ab, die fränkischen [=französischen] Unmenschlichkeiten vom deutschen Boden zu kehren. Und das ist ja auch wohl ein Beitrag zu Ihrem humanen Vorhaben, lieber Herder?«[73] Diese Spitzen könnten ohne die Dokumente aus dem Herbst und Winter 1792 den Eindruck erwecken, als hätte Carl August seinen Generalsuperintendenten lediglich auf der Höhe witziger Auseinandersetzung zu beeinflussen gesucht. Weder die sanfte ›Argumentation‹ des Herzogs noch die Greuel in Frankreich waren jedoch bedeutende Faktoren in Herders Abwendung von der Revolution; noch vor dem Brief des Herzogs und vor der Kunde von der Hinrichtung des französischen Königs hatte Carl August blanke Einschüchterung verordnet, und Herder hatte sich mit der Obrigkeit arrangiert. »[Ü]ber Deutschland zu / Politisiren ist verboten«, schrieb er in einem Gedicht, das er aus den *Humanitätsbriefen* tilgte[74]; diesem Prinzip verpflichtete er sich fortan.

Zur Einschüchterung Herders gehört auch eine Episode im

Jahre 1795, das wiederum ein Vorspiel hatte. Im Sommer 1789, um Herder zur Ablehnung einer verlockenden Berufung an die Universität Göttingen zu motivieren, sicherte ihm der Herzog zu, er werde »für die Kosten des Studierens seiner Kinder und für deren Unterkommen sorgen.«[75] Caroline Herder bat dann Goethe darum, die Einzelheiten dieser Geldleistungen schriftlich vom Herzog zu erbitten, aber Goethe weigerte sich »unwillig« mit dem Hinweis, es würde den Herzog befremden oder gar beleidigen, das zu fordern.[76] Während der späteren Auseinandersetzungen benannte die Frau des sachsen-gothaischen Ministers von Franckenberg genau die Wirkung eines solchen unbestimmten Angebots: der »Druck der sehr großen Verbindlichkeit« gegenüber dem Herzog[77], ein Druck, der aus der Notwendigkeit hervorging, die Unterstützung dauernd neu zu verhandeln. Kurz: Herder hatte 1789 mit der Annahme dieses Angebots seine Abhängigkeit vom Herzog um ein vielfaches gesteigert.

Ausgerechnet im Herbst 1792, als in Weimar so viel Aufregung wegen der revolutionären Unruhen und auch wegen Herders politischer Ansichten herrschte, trat Herders ältester Sohn Gottfried sein Studium in Jena an. Der Herzog war, schreibt Caroline drei Jahre später, »bei der Armee; mein Mann wollte nicht dahin schreiben, um ihn an sein Versprechen zu erinnern; er wartete des Herzogs Rückkunft an Weihnachten 1793 ab. Bald, in den ersten Wochen, fühlte mein Mann, wie abgeneigt der Herzog gegen ihn sei. Alle die Grieffs über seine Revolutionsmeinung waren nun sichtbar. Der Gedanke, für Gottfried an das Versprechen zu erinnern, war nicht rathsam […]«.[78] Diese Stelle aus dem Jahre 1795 wirft auch Licht auf die ursprüngliche Einschüchterung Herders im Herbst 1792, wie auch umgekehrt. Sollte Herder – so kann man fragen – auf das herzogliche Versprechen eines Stipendiums für seinen Sohn gerade in dem Augenblick pochen, als Goethe ihm schrieb, er solle dankbar sein, daß der Himmel ihn und seine Freunde verhindert habe, »Thorheiten ins Große zu begehen«?[79] Und das zu einem Zeitpunkt verlangen, als nach dem Zeugnis des Herzogs der gemeine Mann »sich über seine äußerungen scandalisire«?[80] Der »Druck der sehr großen Verbindlichkeit«, als Herder das versprochene Geld vom Herzog brauchte, muß beträchtlich gewesen sein. Daß Herder später, nach der Rückkehr des Herzogs nach Weimar im Dezember 1793, eingeschüchtert gewesen sein muß, geht aus Carolines Darstellung mühelos hervor. Angesichts des herzoglichen Unmuts über seine »Revolutionsmeinung« brachte Herder mehr als ein Jahr nach der Immatrikulation seines Sohnes nicht einmal den Mut auf, an das vereinbarte Stipendium zu erinnern: er »wagte nicht etwas zu fordern, aus Furcht es möchte ihm abgeschlagen werden«.[81] Erst viel später, im September 1795, rückt die mutige Caroline mit der Sprache heraus. Diese Episode wurde bisher gänzlich ohne die Ereignisse im Herbst 1792 gesehen, so daß es scheinen konnte, Herders Vorstellung, der Herzog sei über ihn verärgert, sei eine Art Wahn; jetzt wissen wir, daß er durchaus recht hatte.

Dem Herzog kommt nun während der Auseinandersetzungen des Jahres 1795 die Idee, daß Herders zweiter Sohn August, der in der Schweiz Naturgeschichte studieren wollte, statt dessen in Weimar in der Kanzlei arbeiten sollte.[82] An die Herzogin Louise, die diese Idee vermittelt hatte, schreibt Caroline, sie könne ihrem Mann diesen Vorschlag gar nicht sagen, da er sich in »seinen Vater Rechten gekränkt fühlen« werde, und sie besteht schlicht und einfach auf »den Contract in seinen reinen Grenzen«. Gegenüber der »Treulosigkeit« des Herzogs schreibt sie dunkel an Goethe: »Lassen Sie uns nicht aufs äußerste bringen, ich bitte Sie dringend« – was Goethe richtig als Drohung auffaßte[83], wahrscheinlich als Andeutung, Herder würde einen Prozeß auf Reichsniveau anstrengen oder nach Göttingen abgehen; in beiden Fällen wäre eine öffentliche Blamage des Herzogs das wahrscheinliche Ergebnis gewesen, da die Berufung Herders nach Weimar zu den auffallendsten Gütezeichen dieses ›liberalen‹ Fürsten gehörte.

Goethes ausführliche Antwort atmet einen tiefen Groll gegen

die Herders – und einen durchgängig paternalistischen Geist. Weit davon anzuerkennen, daß die Herders und ihr Sohn über Studienfach und -ort zu entscheiden hätten, wirft ihnen Goethe sogar »die völlige Vernachläßigung des Rathes und der Meynung des Herzogs über die Bestimmung Ihrer Kinder«[84] vor – ganz entgegen der Meinung der Herzogin Louise, man dürfe einen solchen Rat ruhig vernachlässigen.[85] Goethe meint, Caroline hätte »ein bescheidnes Gesuch« schreiben müssen, statt – so geht aus seinen Formulierungen implizit hervor – eines zumal für eine Frau so selbstbewußten Insistierens auf ihr Recht.[86] Zum politischen Kern der Sache stößt Goethe indessen erst gegen Ende des Briefes vor. »Aber der Schaden liegt viel tiefer«, schreibt er; »Ich bedaure Sie daß Sie Beystand von Menschen suchen müssen die Sie nicht lieben und kaum schätzen, an deren Existenz Sie keine Freude haben und deren Zufriedenheit zu befördern Sie keinen Beruf fühlen.« Goethe spielt hier auf das zwiespältige Verhältnis der Herders zur herzoglichen Familie an. Der Herzog hatte August Herder nämlich als Spielgefährten des sechs Jahre jüngeren Erbprinzen Carl Friedrich herangezogen und damit in das Hofleben verstrickt[87], was die Eltern wurmte. Caroline hatte in ihrem Brief an Goethe vom 21. September geschrieben: »Hier muß ich wenigstens Ihnen privatim sagen, daß es nicht Leichtsinn von uns war, wenn wir den August in die Schweiz schickten. Die Eindrücke die er in gewissen Verhältnissen bekommen hatte, und denen ein Erwachsener nicht immer wiederstehen kann, waren nicht passend, für die künftige Bestimmung seines Bürgerlichen Lebens.«[88] Zu Herders allerersten Reaktionen auf die Berufung nach Göttingen gehörte am 4. April 1789 die Bemerkung: »Ueber W[eimar] wird mir schwer, etwas zu sagen, da ich bisher alle Gedanken polit[ischer] Beziehung verbannt habe. […] wie müde ich des Zusammenhanges mit Fürsten und Fürstinnen geworden bin, die immer unverständige Kinder bleiben, deren Unser Eines nicht lenken kann, mag ich Dir nicht sagen.«[89] Caroline schrieb nun am 20. August 1795 zu Augusts bisherigem Umgang am

Hof: »Auch ist es gewiß nicht gut wenn ein Mensch von früher Jugend an, Gnaden- und Schmeichlerbrod ißt. Unvermerkt verliert er die gesunde Ansicht der Dinge und der wahren Verhältniße im Leben. Theuer genug haben wir dies fürstl[iche] Verhältniß bezahlen und August durch die weite Entfernung auf seinen wahren Standpunkt zurückbringen müssen.«[90]

Auf diese stadtbekannte Abneigung der Herders gegen die Fürstlichkeiten und das Hofmilieu spielt Goethe also an; es war ärgerlich genug, daß August nicht im wohlfeilen Jena zu studieren gedachte, aber man spürte, daß seine Abwanderung in die republikanische Schweiz nicht nur mit seinem Studienvorhaben zu tun hatte (Goethe bedenkt auch Augusts wissenschaftliche Interessen mit purem Spott[91]), sondern auch mit Herders allzubekannter Abneigung gegen die Monarchie und speziell gegen die weimarische. Goethe kommt dann in seinem Brief an Caroline zu dem Punkt, der ihn – soll man nach dem bitteren Sarkasmus urteilen – offensichtlich am meisten ärgerte:

> Glauben Sie doch daß man hinter allen Argumenten Ihrer Forderungen Ihr Gemüth durchsieht. Das soll gewiß gut Blut machen wenn August bey seinem kurzen Hierseyn jedem der es hören will sagt: er wähle das Bergwercksfach weil man nicht wisse wie lange die gegenwärtige Verfassung bestehe und man immer Bergleute brauchen werde. Diese Familiengesinnungen sollen einen Fürsten reizen Kinder heranziehen zu helfen und zu versorgen.[92]

Der Sohn August möchte nach Goethes Meinung kein Fürstendiener im absolutistischen Staat werden, denn es werde (so angeblich August) bald keine Fürsten mehr geben, und diese Ansichten kommen – laut Goethe – von den Eltern. Herder sollte durch die Drohung von Vertragsbruch und durch Geldentzug wegen seiner politischen Meinungen bestraft werden. Am Ende lenkte man ein und gewährte die Stipendien für Herders Söhne.[93] Aber dieses Vorgehen hatte eine eindeutige Wirkung; meinte Caroline, ihr Mann habe durch die Bedingungen des Bleibens auf keinen Fall »seine Rechte und die Freiheit der Kinder verkauft«[94], so hatte sie unrecht. Da das Stipendium nicht rückwirkend, also ab Herbst 1792, sondern erst ab 1795 bezahlt wurde, wurde Herder gleichsam ein zweites Mal gerade für die Zeit bestraft, als gefährliche Meinungen in Weimar grassierten und man ihm eine Mitschuld daran gab.[95] Obwohl ein Teil des Studiums bezahlt wurde, sollte die Episode also Einschüchterung bewirken. Für die Zukunft war Herder tatsächlich durch den Druck, der aus Goethes Zeilen hervorgeht, gegen jede ›subversive‹ Anwandlung gefeit.

Man kann sich indessen über die Frechheit nur wundern, mit der der neunzehnjährige August Herder die monarchieverachtenden Herderschen »Familiengesinnungen« laut werden ließ. Die Herder-Forscher vermuten angesichts der Animosität zwischen Voigt und Herder, daß es allein Voigt war, der August Herder bei Goethe denunzierte[96] – und wir wissen ja, daß Voigt durch Informanten über nahezu alles Bescheid wußte, was in Weimar los war, so daß es den Anschein hat, daß diese Vermutung zutrifft, und daß August sich tatsächlich in diesem Sinne äußerte. Wo er diese Ansichten her hat, ist schwer zu sagen. Vater Herder dürfte prorevolutionäre Gesinnungen schon im Herbst 1792 nicht mehr in der Öffentlichkeit verlautbart haben; der Sohn wiederholte hier offenbar nur das, was er privat gehört hatte. Oder er wurde nicht nur von der Familie beeinflußt, sondern von anderen Geistern in Weimar. Denn die Meinung, daß das Ende der Monarchie vorauszusehen sei, war nicht gerade rar im Weimarischen. Schnauß berichtet im Februar 1793 von ungenannten »furchtsame[n] Seelen, die da prophezeyen in 50 Jahren werde es keine Regenten mehr geben«[97], und Fichte soll ja die Frist in einer Vorlesung auf zwanzig bis dreißig Jahre reduziert haben.[98] Solche kecken Vorhersagen scheinen also in der Luft gelegen zu haben – zum unendlichen Ärger der Herrschenden.

Auf den ersten Blick bekommt man gerade wegen solcher Sprüche den Eindruck, daß in Weimar ziemlich frei geredet werden durfte, gerade im Kreis Herders, zu dem unter anderen Wieland, Knebel und Bode gehörten: also doch wohl ein Zeugnis für Weimarer Liberalität. Man bedenke jedoch, daß unsere Kenntnis von Meinungen über die Zukunft der Monarchie nur aus Denunziationen an die Weimarer Herrschaft hervorgeht, so daß sie von vornherein vom Verdacht – und Überwachung – der Regierenden zeugen, die leicht zu Druck führen konnten. Und tatsächlich finden wir, daß die Intellektuellen im Herder-Kreis leicht einzuschüchtern waren. Über Wieland ärgerte sich Herder, weil der Schwabe in politischen Dingen so wankelmütig war; indessen scheint sich Wieland frei genug geäußert zu haben, um einmal den Unmut von Geheimrat Schmidt erregt zu haben: »Es ist unverantwortlich«, schreibt Schmidt an Voigt, »daß Männer wie Wieland und Herder (Knebel kömmt nur par bricole mit in diese Reihe) ihre Talente mißbrauchen, um denen Unordnungen der Democratie das Wort zu reden. Es ist so richtig, daß eigene versteckte Herrschsucht bey dieser Manier zum Grunde liegt, und ich bin versichert, daß, wenn der Himmel dergleichen, exaltirten Köpfen die Welt zu beherrschen anvertrauet hätte, das alte Chaos des Miltons sehr bald wieder an die Stelle der schönen Schöpfung getreten seyn würde.«[99] Aber auch der Herzog äußerte im September 1792 in einem Brief an Voigt Unmut über Wieland, der die Gelehrten angeblich »für Lehrer des Volcks und der Regenten« ansah.[100] So ist es denkbar, daß Wieland von Voigt einen ›Rat‹ zur Mäßigung erfuhr, über den Voigt im nicht überlieferten Brief vom 14. Januar an Schmidt referierte, auf den Schmidt hier antwortet. Aus Schmidts Reaktion ist vielleicht zu schließen, daß Herder, Wieland und Knebel (über alle hatte der Herzog ja Unmut geäußert!) laut Voigt eingeschüchtert worden waren.

Über die anderen Geister des Herder-Kreises sind die Informationen spärlich, da die Geheimräte gegenüber *dem Herzog* – im Gegensatz zum oben zitierten freimütigen Brief Schmidts *an Voigt* – eher anonym von gefährlichen Meinungen berichteten, um dezenterweise nicht gezielt zu denunzieren. Die auffallende Ausnahme war Bode, über den sich Voigt zweimal in Briefen an

Professor Hufeland, aber auch zweimal in Berichten an den Herzog namentlich ausläßt. Bode erscheint allerdings meist als Vertreter des ganzen freisinnigen Kreises. So reagiert Voigt in einem Brief an Hufeland auf die Septembermorde 1792 und setzt hinzu: »Die Philosophen oder Anhänger der Constitution sind grimmig über die vormalige üble Behandlung des Volks (z. B. *Bode* darüber, daß Damiens durch Pferde zerrissen worden) und vergessen darüber, daß dem Volke nicht *Alles* gegeben werden darf, um nicht von ihm zerrissen zu werden.«[101] Hier vertritt Bode ein wichtiges zeitgenössisches Argument gegenüber den Revolutionsgegnern: die Brutalität der Revolutionäre sei höchstens quantitativ, nicht aber qualitativ anders als diejenige des Ancien régime und war durch diese mit hervorgerufen worden.[102] Wenige Wochen später berichtet Voigt dann an den gleichen Adressaten über Bodes Meinung, daß in einem so kleinen Staatswesen wie Hamburg (Bodes Heimat) die Republik kein großes Übel sei.[103] Und im selben Brief erwähnt Voigt einen »Club«, wohl den Mittwoch-Club, von dem heute fast nichts mehr bekannt ist, außer daß nur Bürgerliche zugelassen wurden, und daß wahrscheinlich außer Voigt selbst noch Bode, Bertuch, Wieland und Schiller ihn besuchten. Voigt schreibt, es sei »wahrlich nicht Zeit (für die gens de lettres im mindesten) zu Volksbewegungen beizutragen; selbst unsere inconsulten [= unbesonnenen] Demokraten in der Dienerschaft und dem pseudophilosophischen Adel sind unvorsichtig genug, wie ich erst vom letzten Club höre, den ich darum nicht mehr besuche. So spricht man z. B. davon, daß man kein Reichscontingent zu stellen schuldig sei, daß man es durchaus versagen müsse und dergl[eichen] Dinge, die das Volk glauben lassen könnten, es gehe an sich hiervon los zu machen.«

Das sind bemerkenswert freie Meinungsäußerungen auch über die weimarischen Feindseligkeiten gegen Frankreich – Meinungen, die offenbar den Klub spalteten.[104] Der Hinweis auf die unbedachten Demokraten in herrschaftlichen Diensten könnte auf praktisch alle Besucher des Klubs gemünzt sein (so wenig sie als wirkliche Demokraten anzusehen sind); mit dem »pseudo-philosophischen Adel« müßte Knebel gemeint sein, der als Adliger jedoch aus diesem Klub ausgeschlossen war.[105] Frauen durften anwesend sein, was wohl den Anlaß für Voigts Bemerkung nach der Hinrichtung des französischen Königs abgab: »Ew. Durchl[aucht] werden leicht ermessen, daß uns der Articul: Königsmord, auch beschäftiget hat. Diese Schandthat hat auch hier alles in trübes Schweigen versetzt; und ich kenne nur Eine philosophirende Dame, die sich darüber der Franzoßen oder vielmehr der Jacobiner annahm.«[106] Ob der Herzog diese Anspielung verstand, kann nicht mehr festgestellt werden, ebensowenig wie die Identität der mutigen Frau; möglicherweise war Caroline Herder gemeint.[107] Indessen muß es trotz dieses Zeugnisses auch freimütige Revolutionsanhänger in diesen Tagen gegeben haben; als die Nachricht von der Hinrichtung Ludwigs XVI. eintraf, schrieb Voigt an den Herzog über die »hiesigen Kannegießer, [...] besonders die inflammischen, feurigen Declamanten, und berühmten [!] Männer, die nun Teutschland so entsetzlich verachten und die französische Nation bey allen ihren Verrücktheiten und Bosheiten, ganz allerliebst finden.«[108] Ob Voigt »berühmte Männer« in Weimar meint, ist ungewiß; man darf nicht vergessen, daß er in Jena ein ausgedehntes Informantennetz hatte, das ihn über alles, was unter Studenten *und Professoren* passierte, im Bild hielt[109], und dort waren natürlich auch berühmte Männer tätig.

Auch am Hof der Herzoginmutter wurden bekanntlich kritische Meinungen vertreten, denn zu diesem ›Musenhof‹ gehörten Herder, Wieland, Knebel und Bode. Im Januar 1793 schreibt Voigt an den Herzog, er habe einen Besuch bei Anna Amalia abgestattet, wobei er den politisch Freigesinnten eine Lektion erteilt habe: »Ich habe bey dieser Gelegenheit ein Stündchen über Politik haranguiren können; Ihro Durchl[aucht] [= Anna Amalia] hören gemäßigte Urtheile in diesen Dingen gern an, da Ihnen die exaltirten Declamationen darüber weniger selten sind.« Und in diesem Zusammenhang erwähnt er wieder Bode: »Ich habe vor wenigen Tagen Boden erwiesen, daß eigentlich kein ruhig verständiger, noch auch ein ehrlicher, d. i. gegen seine Zeitgenossen wohlgesinnter Mann den itzt offenbar betrügerischen Republicanismus der Franzoßen mehr vertheidigen könne. Seit Mohamed hat sich kein Sterblicher das angemaßt, was die Sansculottes sich anmaßen. Aber lächerlich und verächtlich ist es, was die Handvoll deutsche Affen in Mainz zur Nachahmung thun wollen, um ein deutsches Paris vorzustellen. Ich kann es gar nicht erwarten, bis diese unwürdige Clique zerstört ist.«[110] Voigts ›Harangieren‹ – seine Selbstironie mutet sympathischer an als seine politische (und religiöse) Intoleranz – ist ein Zeichen für die Spaltung, die die Republik Mainz unter den Geistern in Weimar und Jena verursachte oder verschärfte; die Nachricht der Rückgewinnung der Stadt durch das preußische Militär schockierte einige Professoren in Jena[111], und Goethes Anteil an der Belagerung reizte den Querkopf Prinz August von Sachsen-Gotha dazu, ihn einen »Bombensüchtigen« zu nennen.[112] In dieser aufgeladenen Atmosphäre war Voigts Harangieren dazu angelegt, die Anwesenden und besonders Bode zum Schweigen zu bringen. Auch eine spätere Episode diente dazu. Voigt erfährt im Sommer 1793, daß der Schriftsteller Friedrich Schulz, der den Titel eines weimarischen Hofrats führte und mit dortigen Intellektuellen (unter anderem Schiller) bekannt war, von der Kaiserin Katharina von Rußland nach Sibirien verbannt worden war, weil er »Jacobinerstreiche« gespielt habe.[113] Am nächsten Tag hatte sich das jedoch als Falschmeldung erwiesen. Schulz sei nicht ins sibirische Exil verschickt worden, sondern lediglich aus Rußland abgeschoben; er befinde sich in Dresden, auf dem Wege nach Italien. »Dieses rectificirt meine letztere Nachricht«, schreibt Voigt, »über die *Bode* sehr in Verlegenheit war, und mich im Vertrauen fragte: ob man sich hier nicht für den Schulz, als einen hiesigen Hofrath, verwenden wolle?!!«[114] Die Ausrufezeichen bilden Voigts einzigen Kommentar zu Bodes Anfrage, sprechen jedoch Bände: Über die dreiste Zumutung, Weimar solle diesem gelehrten Radikalen Asyl gewähren, ist Voigt geradezu sprachlos. Bode hatte – wie Gruner – offenbar den Fehler begangen, die weimarische Liberalität beim Wort zu nehmen.

Voigt behandelte Bode – den er als einzigen politisch Verdächtigen namentlich denunzierte – anders als die übrigen Weimarer Freigeister, wahrscheinlich deswegen, weil Bode als Chef des 1785 offiziell aufgehobenen, aber in Weimar weiterexistierenden und politisch verdächtigen Geheimbunds der Illuminaten fungierte.[115] Der Verdacht der Regierenden bedeutete offenbar, daß Bode, der den Orden weiterführte, unter besonderer Observierung stand, und seine Äußerungen wurden – vielleicht gemäß einer nicht mehr erhaltenen Weisung – an den Herzog weitergegeben. Wie sehr Bode jedoch eingeschüchtert war, zeigt ein eigener Brief nur zwei Monate nachdem Voigt ihm bewiesen hatte, daß er den »betrügerischen Republicanismus der Franzoßen« nicht mehr verteidigen könne, ohne ein unehrlicher Mann zu sein. Am 10. März 1793 schreibt Bode an den deutsch-dänischen Dichter Friedrich Münter, gleichfalls Illuminat, und verwendet dabei seinen eigenen Illuminatennamen ›Aemilius‹ in der dritten Person: »Aemil[ius] ist, das kann ich Sie versichern, als ein ehrlicher Mann immer nach seinen Kräften thätig gewesen. Seit ungefehr 15 Monathen aber, treibt er sein Werk etwas langsamer. Mündlich könnte ich Ihnen die triftigsten Ursachen davon angeben; aber schriftlich? Liebster! Nachdem das Wort Aufklärung, bey den Deutschen, fast zur Anzeige eines Verbrechens gemacht wird, wer darf da glauben, daß man seine einfachsten Worte nicht auf eine Art erklären könne, und wolle, die ihn nicht nur in Verdruß setze, sondern auch seine ganze Activität tödte!«[116] Die Zurückhaltung gegenüber dem Briefpartner deutet daraufhin, daß Bode nicht etwa auf reichsweite reaktionäre Entwicklungen, sondern auf weimarische Zustände anspielt (wo die Post überwacht wurde[117]). Hier hatte sich ja auch der Herzog gegenüber Goethe über »aufgeklärt[e]« Geister lustig gemacht.[118] Vielleicht wirkte hier die »Bindekraft« Goethes. Man kann sich auch sehr gut vorstellen, daß Voigt Bodes Verurteilung der Grausamkeiten des Ancien régime (der

Hinrichtung des Damiens) oder seine etwaigen Äußerungen über die republikanische Orientierung Hamburgs vorschnell als Apologie des »Republicanismus« überhaupt – also auch für deutsche Fürstentümer wie Sachsen-Weimar – »erklären« konnte. Was aber war fünfzehn Monate früher passiert, was hatte die Einschüchterung Bodes eingeleitet? Fast genau fünfzehn Monate früher, am 17. Dezember 1791, hatte die Uraufführung von Goethes Schauspiel *Der Groß-Cophta* stattgefunden. Goethe selbst schrieb später, das Stück habe bei der Uraufführung in Weimar einen »widerwärtig[en] Effekt« gehabt, und zwar zum Teil wegen der Geheimbündler im Publikum: »[…] weil geheime Verbindungen sich ungünstig behandelt glaubten, so fühlte sich ein großer respektabler Teil des Publikums entfremdet […].«[119] Das ist kein Wunder, denn Goethes Stück ist geradezu eine Denunziation von Geheimgesellschaften.[120] Vom Propagandisten Goethe und vom unermüdlichen ›Innenminister‹ Voigt fühlte sich Bode offenbar in die Zange genommen. Daß er trotzdem noch bemerkenswert freimütige Äußerungen von sich gab, ist wahrscheinlich mit ein Grund, warum Voigt ihn als einzigen namentlich denunziert. Er war wohl der einzige des Kreises um Herder, der nicht völlig eingeschüchtert wurde; nacheinander wurden Herder, Knebel und Wieland politisch still. Am Ende des brisanten Jahres 1793 starb Bode, so daß der politische Freimut in Weimar einen großen Verlust zu verbuchen hatte. Die erzkonservative Charlotte von Stein sprach nach dem Tode von Bode mit spürbarer Erleichterung, als sie an Herzogin Louise schrieb: »Das Neueste von hier ist, daß Bode vorgestern Abend gestorben ist. Also ein schöner Geist und Revolutionsfreund weniger in der Welt.«[121] So dürfte auch Voigt – aus mehr als einem Grund – gedacht haben.[122]

Bode war nicht nur aktiver Illuminatenorganisator, sondern er unterschied sich auch in anderer Hinsicht von den anderen Männern um Herder. Er war als einziger unter ihnen kein ›Diener‹ oder Pensionär des Herzogs. Vermutlich war es gerade deswegen etwas schwieriger ihn einzuschüchtern, als die pensionierten Prinzenerzieher Wieland und Knebel oder der Oberkonsistorialvizepräsident Herder. (Das kann aber auch ein Grund sein, warum Voigt nur Bode namentlich denunzierte; Bode war als einziger dadurch nicht existentiell gefährdet.) ›Freischwebende Intellektuelle‹ gab es praktisch nicht im damaligen Deutschland. Die zahlreichen Territorien brauchten Beamte, und Schriftsteller konnten sich in den allerwenigsten Fällen durch Publikationen ernähren, so daß die Intellektuellen fast sämtlich zu Fürstendienern wurden. Es ist kein Wunder, daß sie so leicht zu kontrollieren waren. Sie standen schließlich allein, ohne Organisation und Institutionen, die ihnen Rückhalt geben konnten – Bodes Illuminatenzirkel waren zu diesem Zeitpunkt weggefegt worden, und sie waren von vornherein nicht zu vergleichen etwa mit bäuerlichen Kommunen, denn sie bestanden überwiegend aus Staatsdienern. Knebel erkannte schließlich, daß es angesichts der unbefriedigenden Lage der ›Gelehrten‹ geheuchelt war, überhaupt von Politik zu reden. Obwohl Wielands politische Ansichten längst nicht revolutionär waren, bat Knebel Wielands Mitherausgeber beim *Teutschen Merkur*, Carl August Böttiger, den Dichter zu überzeugen, politische Themen in der Zeitschrift ganz zu lassen: »Nur (unter uns gesagt) wollte ich, daß Sie ihn aus seinem politischen Dialog [...] bald ganz gemächlich herausbrächten. Wir anderen, die wir auch das Brod der kl[einen] Fürsten Deutschlands essen – sollten von politischen Dingen lieber schweigen.«[123]

SCHLUSS

Der Unfrieden des klassischen Weimar

Am 24. August 1940 berichtet der Erfurter Schullehrer, Historiker und Funktionär des Nationalsozialistischen Lehrerbunds, Hans Tümmler, seinem Mentor, dem Heidelberger Professor für Geschichte Willy Andreas: »Da ich während der Ferien auf Veranlassung des Zentralinstituts für Erziehung und Unterricht noch eine Ausarbeitung über ›Wehrgeistige Erziehung im Geschichtsunterricht‹ fertigzustellen hatte, konnte ich nicht die ganze Zeit [...] dem Carl-August-Werk widmen.«[1] Entsprechend der Forderung Tümmlers: »Wir sehen die Geschichte als Deutsche aus den Tagen Adolf Hitlers«[2], wurde auch der Weimarer Herzog in die kriegerische Stimmung hineingezogen. In Carl Augusts Projekt eines deutschen Fürstenbundes betont Tümmler das Vorhaben des Herzogs, eine »stärkere Zusammenfassung der deutschen Wehrkraft gegen äußere Feinde« zu erreichen.[3] Tümmlers Äußerungen reihen sich in die zeitgemäßen Bemühungen um den Feldherrn Carl August ein, die Arbeiten wie Georg Bahls' *Carl August von Weimar als Soldat* (1932) hervorbrachten.

Hans Tümmlers Karriere als die wissenschaftliche Kapazität zu Carl August und zum politischen Goethe lag noch vor ihm. Nach dem Krieg, als er aus seiner Lehrstelle entlassen wurde, erfuhr er und mit ihm die Interpretation des wehrgeistigen Herzogs eine Sinnesänderung. Im Organ der Goethe-Gesellschaft erschien 1947 Tümmlers inzwischen berühmt gewordener Artikel »Der Friede des klassischen Weimar«. Der Anfang des Aufsatzes bringt eine Sicht, die die Außenpolitik des Herzogs mit der Weimarer Klassik in Beziehung setzt:

> Große und menschheitsverbindende kulturelle Leistungen gedeihen wohl nur im Schoße einer friedlichen Welt: inter arma silent Musae. Wie hat es da geschehen können, daß inmitten des spannungsgeladenen und kampfdurchtobten Europas im letzten Jahrfünft des 18. Jahrhunderts die deutsche Dichtung von Weimar und Jena aus zu einem schöpferischen Frühling sondergleichen aufblühte, daß aus dem eben (1794) begründeten Bunde Goethes und Schillers Werke vollendeter Klassik hervorgingen, die Gemeinbesitz aller Kulturvölker sind? Das war nur möglich, weil beide thüringische Musensitze, wenn auch der Welt des Kampfes keineswegs völlig entrückt, im ganzen doch in jener Zeit einen unbeschränkten Arbeits- und Schaffensfrieden genießen durften: den Frieden des klassischen Weimar.[4]

Tümmlers Gedanke geht auf Leopold von Ranke zurück: Carl August setzte im Sommer 1796 den Beitritt Sachsens und damit auch Weimars zum preußischen Sonderfrieden mit Frankreich durch und garantierte damit ein Jahrzehnt des Friedens, das erst mit dem erfolgreichen Feldzug der Franzosen im Jahre 1806 endete. Und dieser Frieden deckt sich auffallend mit dem Freundschaftsbund Goethes und Schillers (1794–1805), der nach Ranke »fast die fruchtbarsten« Jahre in der deutschen Literatur produzierte, die Weimarer Hochklassik. Diese Ansicht wird heute in der wohl am meisten benutzten Einführung in die Weimarer Klassik von Dieter Borchmeyer nachdrücklich betont. Borchmeyer, der sich durchweg stark an Tümmler anlehnt, vertritt ebenfalls die weitergehende These, Goethe und Schiller hätten »lebhaft Anteil« an den Friedensbemühungen Carl Augusts genommen, »war ihnen doch klar, daß die von ihnen erstrebte ästhetische Neutralität mit der politischen des Herzogtums Sachsen-Weimar eng verbunden war«.[5]

Nach den *Gründen* für Carl Augusts »unermüdliche Friedensarbeit«[6] fragen Tümmler und Borchmeyer kaum; sie erscheint fast als Selbstzweck oder als Bestrebung, aus rein humanem Trieb den Krieg zu vermeiden und damit das Leben von Untertanen zu retten. Aber *einen* Grund getraut sich Tümmler zu verwerfen. Wenn Voigt am 1. August 1795 einem kursächsischen Minister berichtet, Weimar könne sein Reichskontingent – also seine Truppen als vereinbarten Beitrag zum Reichskrieg gegen Frankreich – wegen der »Unruh zu Jena« noch nicht abschicken[7], so erklärt Tümmler diese Begründung als »Vorwand«.[8]

Die vorangegangenen Kapitel der vorliegenden Untersuchung lassen diese Interpretation als äußerst fragwürdig erscheinen. Denn in den Jahren 1792–1793 sah die Weimarer Herrschaft in den Jenaer Studentenunruhen, dem Gären unter der Bevölkerung in Eisenach und Weimar und im Aufstand der Textilarbeiter in Apolda Reflexe der Französischen Revolution. Außerdem grollten die Untertanen wegen der Belastungen beim häufigen Durchmarsch preußischer Truppen, und man befürchtete ernsthafte Folgen beim einfachen Volk, wenn Herzog Carl August sich entschieden hätte, sein Soll für den Reichskrieg in Truppen statt in Geld zu leisten. Und schließlich hatte man unter Professoren und Intellektuellen irritierende politische Unzufriedenheit erlebt, von der man einen Einfluß auf die unteren Schichten befürchtete.

So muß Carl Augusts nachdrücklicher Einsatz für den Frieden im Jahre 1795 ein anderes Gesicht bekommen. Unruhe, Protest und Unterdrückung paßten in keines der beiden Carl-August-Bilder, die Hans Tümmler vor und nach 1945 entwarf: weder in das in der Nazizeit entworfene Bild des frühen militärischen Helden, der sich für »Volk und Reich« eingesetzt und daher für das Alte Reich das zu leisten vorgenommen habe, was später Bismarck und Hitler verwirklichten, noch in das ab 1945 herrschende Bild des friedliebenden Landesvaters, der als »Schirmherr der deutschen Klassik« eine Blüte der Kultur ermöglichte. In beiden Fällen hätte die Einschüchterung, Maßregelung oder Überwachung ungehorsamer Untertanen das Image des Weimarer Fürsten verdunkelt, und daher ließ Tümmler entsprechende Stellen aus seiner Ausgabe des *Politischen Briefwechsels* Carl Augusts weg.[9]

Es wundert deshalb nicht, wenn Tümmler auch in seinem Beitrag »Der Friede des klassischen Weimar« Dokumente übergeht, die seiner These widersprechen, innere Unruhen hätten nur den »Vorwand« dafür hergegeben, daß Carl August im Jahre 1795 keine Truppen in den Krieg schicken wollte und letztlich den Frieden suchte. Schon in seinem Gesuch an den preußischen König und Feldherrn, nach einundhalbjähriger Abwesenheit in sein Land zurückkehren zu dürfen, erwähnt der Herzog Ende 1793 als Begründung nicht nur den Tod seines Bruders, sondern auch »Unruhen im Inneren«.[10] Ein Jahr später behauptet er: »Die Lage der teutschen Fürsten ist in diesem Augenblick mehr als jemals bedenklich« und erfordere »kraftvolle Tätigkeit [...] um sich mit gemeinschaftlichem Nachdruck gegen ihre innern und äußern Feinde zu schützen« – aber es war offenbar der innere Feind, der jetzt Priorität hatte, denn in diesem Dokument plädiert Carl August fast verzweifelt für einen Friedensvertrag; »ein nachteiliger und schlechter Friede« sei sogar »das kleinere zu erwartende Übel«.[11] Das größere Übel malt er im Entwurf dieses Schreibens noch plastischer aus als in der Endfassung: Er habe der Verfünffachung des Kriegsbeitrags zugestimmt, »obgleich dieses ergriffene Rettungsmittel mich und mein Land jährlich über 250 000 R[eichsthaler] zu stehen kommt. Indessen müssen solche unerschwingliche Summen, wie alles in der Welt, Maaß und Ziel haben, und wenn ich mich durch deren Mühsame Aufbringung nicht vor einem grösern Unglück retten kann, so zernichte ich Zwecklos die Kräfte meines Landes, und wenn durch übermäßige Erschöpfung ich und meine Unterthanen sollen zu grunde gerichtet werden, so kann es uns ganz einerlei seyn, ob die vermeinte Rettung von Teutschland dieses Unglück veranlaßt, oder der fürchterlichste Erfolg des Krieges und die verheerende Hand des Feindes!«[12] Das »gröser[e] Unglück« wäre eindeutig Auflehnung der ausgemergelten Bevölkerung gewesen – wie das in Preußen und Sachsen in den nächsten Monaten wieder zu geschehen schien.[13] Und Jena schien wieder einmal diese auswärtigen Unruhen widerzuspiegeln: Carl August zeichnet in einem anderen Dokument, das Tümmler nicht zitiert, sehr genau nach, welche militärische Hilfe in Jena nötig sei, um erwartete Störungen niederzuschlagen, aber der Herzog benutzt dies *nicht* als Grund dafür, die Truppen zu Hause zu behalten (in diesem Fall könnte man allenfalls von einem »Vorwand« sprechen), sondern dafür, nach ihrem bevorstehenden Abmarsch notfalls militärischen Beistand von Kursachsen für Jena zu bekommen, wo die Studenten »durch Neuerungs-Sucht und Freyheits-Schwindel« zu »Ausschweifungen« verleitet wurden.[14] Die Studenten wurden nach wie vor als ernste Gefahr gesehen. Die Ängste waren begründet. Im Mai 1795 erlebt Jena schwere Unruhen, so daß der Herzog vorschlägt, sehr viel Geld »auf heimlich zu bestellende Ausspäher jährlich anzuwenden«[15]; wie im Jahre 1792, gelten auch jetzt die »Händel« als »Ordensteufeleien, die immer stinkender werden«, und Goethe soll sie untersuchen.[16] Am dritten Jahrestag des inzwischen legendär gewordenen Auszugs vom 19. Juli 1792 erfolgten nach dem Zeugnis von Carl August »wichtig[e] studenten Unruhen«[17], »sehr böse auftritte«, die gewalttätig ausfielen: »Ins Schloß ist sogar nach den Commissarien geschoßen worden.«[18] Die Gärung dauerte noch Wochen fort, genau in der Zeit, in der das Friedensprojekt fieberhaft verfolgt wurde; in zahlreichen Briefen wird unvermittelt nacheinander über beide Angelegenheiten beraten – in Eisenach, wo die Friedensverhandlungen stattfanden, überlegte der Herzog, ob man studentische Übeltäter auf der Wartburg inhaftieren sollte, unter anderem in der »D. Luther stube«.[19] Aber Carl August wittert diese Gärung nicht nur unter Studenten, sondern auch in der allgemeinen Bevölkerung: »[…] ich fürchte sehr es steckt ein Saame des unheils unter unsern landeskindern«.[20]

Protest und Unzufriedenheit der Jenaer Studenten, aber auch der Bauern und Bürger, Professoren und Intellektuellen im Herzogtum Sachsen-Weimar-Eisenach trugen also ihren Teil dazu bei, daß der »Friede des klassischen Weimar« gestiftet wurde. Dieser Friede schuf nicht nur die Bedingungen für die ungemein produktive Zeit der deutschen Hochklassik[21], sondern auch für die Befestigung des weimarischen Absolutismus.[22] Sieht man aber genauer hin, so wird deutlich, daß dauerhafter innerer Frieden weder durch die angebliche »ästhetische Neutralität« Goethes und Schillers (so Borchmeyer) noch durch die politische Neutralität Sachsen-Weimars gestiftet wurde. Die ›Campagne in Frankreich‹ war vorübergehend beendet, die Campagne in Deutschland, ja in Weimar, ging weiter. Eine *politische* »Neutralität« der Klassiker hat es jedenfalls nie gegeben; einige der wichtigsten Werke dieses Zeitraums – die *Xenien, Das Lied von der Glocke, Wilhelm Tell* und besonders *Hermann und Dorothea*, die Tümmler völlig verfehlt als »die Verklärung umfriedeten Bürgertums« interpretiert[23] – erweisen sich durchaus als konterrevolutionäre Schriften, wie Forschungen der letzten Jahrzehnte zunehmend deutlich gemacht haben. Aber es ist zu unterscheiden: Die vorliegende Untersuchung hat wahrscheinlich gemacht, daß Goethes Dramen aus der ›heißen‹ Zeit der Auseinandersetzungen mit dem äußeren und dem inneren Feind (1792–1793) weimarische Zustände darstellen. Dagegen ist in der ›hochklassischen‹ Zeit von lokalen Konflikten keine Spur; die Debatte wird lediglich mit Bezug auf die allgemeine Situation in Deutschland geführt. So scheint – auf den ersten Blick – die Lösung des Konflikts mit weimarischen Untertanen erst eine grundsätzliche, durch die Tagespolitik nicht beeinflußte Auseinandersetzung mit der revolutionären Politik ermöglicht zu haben.

Aber auch dieser Befund bedarf der Differenzierung, denn die Konflikte waren in den Jahren nach 1795 keineswegs gelöst worden. Das vielleicht wichtigste Ergebnis dieser Studie ist der unterschiedlich starke Widerstand in verschiedenen Bevölkerungsgruppen. Einzelne Kritiker, etwa Professoren und Intellektuelle, aber auch kriminelle Elemente aus den unteren Volksschichten, wurden relativ schnell neutralisiert (erstere weitgehend spätestens schon 1792–1793). War unter Professoren und anderen Intellektuellen tatsächlich Frieden gestiftet, so schwelten die Unruhen und Proteste unter Bauern, Bürgern und Studenten weiter, also unter Gruppen mit institutionellem und organisatorischem Rückhalt. Die in dieser Studie kaum ausgeschöpften, uferlosen Akten über Studentenunruhen, über Fronkonflikte und -verweigerungen zeugen davon. Bauern und Bürger klagten Rechte ein, wie sie es seit Jahrhunderten getan hatten, so daß hier lediglich Unterschiede im Ton, in der Intensität und manchmal in der Begründung festgestellt werden können: Die Kontinuität ist wohl bedeutender als der Impetus der Französischen Revolution. Die Studenten dagegen waren viel tiefer durch eine revolutionäre Ideologie motiviert. Gerade im angeblichen »Frieden des klassischen Weimar« nach 1795 steigerte sich massiv die staatliche Unterdrückung der Studenten, wie Jens Riederer nachgewiesen hat; vorgesehen war unter anderem Aufsichts- und Denunziationspflicht der Hausbesitzer und -wirte[24], und die Universitätsautonomie wurde zunehmend beschnitten.[25] Auf seiten der Studenten war der Widerstand nach den entsprechenden Pressionen weitgehend – aber nicht völlig – gelähmt worden, wie Riederer konstatiert. Gerade die schon erörterte Gewalt im Sommer 1795 zeugt davon, aber auch noch am Ende des Jahrhunderts, als Riederer »pazifiert[e] Praktiken« bei den Studenten festzustellen meint[26], kam gewalttätiger Protest auf. In der Silvesternacht 1800 wollte zum Beispiel die Jenaer Bevölkerung »zur Feyer des eintretenden neuen Jahrhunderts« kleine Kanonen abschießen; nachdem diese beschlagnahmt worden waren, forderten die Bürger »mit Ungestüm« deren Auslieferung und zwangen den Stadtkommandanten zum Einlenken. Sie zogen im Triumph auf den Markt, wo sich eine Menschenmasse versammelt hatte und nicht nur von Studenten, sondern »auch wohl« von Bürgern »FreyheitsLieder gesungen wurden«. Der Stadtkommandant bezeichnet diese Ereignisse als »allgemeinen Aufstand von Bürgern und Studenten, der, aufs geringste überschlagen, in mehr als 1 000 Menschen bestand«

(also mehr als ein Sechstel der Gesamtbevölkerung Jenas![27]); er konnte bei seiner »allzuschwachen Garnison nicht wagen, Gewalt zu brauchen«, weil Gewalt abgesehen von der militärischen Unzulänglichkeit »Studenten und Bürgern mehr Muth zum Aufstand gemacht hätte, als wozu ohnehin der grösere Theil der hiesigen Einwohner sogar sehr geneigt ist.«[28] Zur Revolution waren sie zwar nicht geneigt, aber offenbar zu »Unfug« (so der Aktentitel) unter Begleitung von Freiheitsliedern, um unbestimmbare Unzufriedenheit mit dem Bestehenden auszudrücken.

Der »Frieden des klassischen Weimar« ist also nicht in jeder Hinsicht, aber doch in einigen wesentlichen Punkten eine Legende. Der Friedensschluß, der die Weimarer Hochklassik ermöglichte, wurde von unten erzwungen. Er bedeutete keine ›Parteilosigkeit‹ auf dem literarischen Parnassus, sondern Schiller und vor allem Goethe gründeten ihr ästhetisches Programm in einer entschiedenen Ablehnung der Französischen Revolution, die angeblich die zufriedene Bevölkerung in Deutschland von außen aufgewiegelt habe. Diese theoretische und literarische Reflexivität konnte aber nur deswegen ein höheres, allgemeinpolitisches Niveau erreichen, weil Unzufriedenheit der nichtstudentischen Intellektuellen in Sachsen-Weimar durch massive Einschüchterung zum Stillschweigen gebracht worden war und daher nicht mehr durch propagandistische Werke eines Goethe bekämpft werden mußte. Aber in den organisierten, institutionell einigermaßen abgesicherten Schichten der Bauern und Studenten schwelte die Unruhe weiter und widerlegt Tümmlers Vorstellung – es ist bis heute die beliebteste Vorstellung des klassischen Weimar – von einer friedlichen Oase in turbulenter Zeit. Und in der Formulierung der These vom »Frieden des klassischen Weimar« mußte Tümmler den Kampf gegen diesen Unfrieden, gegen den ›inneren Feind‹, bewußt ausklammern.

Historiker werden angesichts der meisten Phänomene, die in diesem Buch beschrieben werden, nicht überrascht sein. Da es in der Stadt Weimar zum Beispiel mehr Besitzlose als in vergleichbaren Territorien gab[29], so wundert es nicht, daß auch der »gemeine Mann« dort gierig Revolutionszeitschriften verschlang. Da kleine Territorien weit häufiger als große Revolten ausgesetzt waren, zum Teil weil die finanziellen Belastungen höher waren[30], so überrascht es nicht, daß es gerade auch in Sachsen-Weimar Bauernunruhen gab. Der Vergleich mit anderen Territorien fällt gemischt aus. Sachsen-Weimar war eindeutig weniger repressiv als Länder wie Kursachsen oder Preußen, wenn es um Unterdrückung ging, obwohl Weimar auch gegenüber Preußen in Einzelfragen schlecht abschneidet.[31] Im Vergleich zu benachbarten Staaten wie Erfurt, Sachsen-Gotha oder Sachsen-Altenburg waren die Zustände der unteren Schichten in Weimar rückständiger[32], weil die herzogliche Finanzbehörde sich gegen Reformen stemmte, so daß das Grollen in der Bevölkerung und die Unterdrückung durch die Herrschaft durchaus zu erwarten waren. Pedelle beschäftigten auch an anderen Universitäten Spione[33]; in Jena wurden allerdings auch Studenten zu Spitzeln gemacht.[34] In einigen Aspekten der Verletzung von Menschenrechten war Weimar kein Nachzügler, sondern führte die Reaktion. Das ist ganz auffallend bei der von Sachsen-Weimar konzipierten und konsequent vorangetriebenen Initiative eines reichsweiten Berufsverbots für Ordensstudenten der Fall. Weimar befand sich auch nicht in der besten Gesellschaft, als es Häftlinge für den Krieg in Amerika verkaufte.

Und Goethe? Bei einigen bedeutenden Vorgängen war er dabei. Zusammen mit dem übrigen Consilium rügte er zum Beispiel die Regierung, als sie die herrschaftlichen Pächter im Streit mit fronverweigernden Bauern zu zügeln versuchte[35]; er ließ Bauern bestrafen, die gegen übermäßige Frondienste protestiert hatten.[36] In einigen Fällen, wo seine Mitwirkung sichtbar wird, erweist sich der Dichter keineswegs als widerwillig Teilnehmender. Vor allem in der rigorosen Bekämpfung der Geheimgesellschaften wirkte er richtungweisend und befürwortete konsequent eine harte Linie. In der Unterminierung der universitären

Autonomie wollte er sogar weitergehen als der ›Innenminister‹ Voigt und der Herzog.[37] Und als ›Kriegsminister‹ wirkte er entscheidend für die Ansuchen der auswärtigen Soldatenwerber, Häftlinge zu ›kaufen‹.[38] Blickt man über den Zeitraum der vorliegenden Studie hinaus, so ist die vielfach behauptete Beeinflussung der weiteren ›konstitutionellen‹ Entwicklung durch die Weimarer Klassik fragwürdig. Der Historiker Gerhard Müller hat mit der These aufgeräumt, daß ein Goethischer Geist in der Weimarer Verfassung des Jahres 1816 spürbar sei. Abgesehen davon, daß diese Verfassung noch durch absolutistisch-ständische Elemente geprägt ist, und daß individuelle Menschenrechte von Carl August ausdrücklich ausgeklammert wurden, war »die Begeisterung des Dichterfürsten Goethe für konstitutionalistische Neuerungen [...] nicht eben groß.«[39] Goethes Einfluß auf politische Entwicklungen in Sachsen-Weimar war in mehreren Fällen gegen Menschenrechte gerichtet.

Diese Untersuchung bietet wichtige, aber unerfreuliche Perspektiven für eine Geschichte der Intelligenz. Goethes Symbiose mit der Macht, mit der feudalabsolutistischen Herrschaft, war tiefer, als man bisher vermutete. Daß er am Soldatenhandel mitwirkte, Fichte und Herder einschüchterte, das Spitzelwesen unter Studenten mit verantwortete, die Universitätsautonomie beschnitt und protestierende Bauern bestrafen ließ – das alles vergrößert die in der Forschung schon konstatierte Kluft zwischen seinen humanen Idealen und seiner amtlichen Praxis. Die Professoren in Jena und auch die anderen staatlich versorgten Intellektuellen in Sachsen-Weimar ließen sich auf lächerlich einfache Weise von ihren politischen Meinungen abbringen. Trotzdem wurde deutlich, daß es in Sachsen-Weimar-Eisenach viel mehr Unzufriedenheit mit dem landesväterlichen Regime gab, als man bisher wußte. Sie äußerte sich am heftigsten in den unteren Schichten und bei den Studenten. Bei ihnen, und nicht bei den Intellektuellen, ist eine starke Tradition des Widerstands – nicht aber des revolutionären Denkens – im Absolutismus zu konstatieren. In diesen Konflikten wurde der Anspruch auf Menschenrechte zunehmend erhoben – auch von den Regierenden –, aber sie wurden auf Schritt und Tritt verletzt.

Sachsen-Weimar war in vieler Hinsicht eben ein ziemlich normaler deutscher Kleinstaat des 18. Jahrhunderts – schon diese Tatsache ist eine wichtige Korrektur der mythischen Überhöhung der Klassikerstätte zur politischen Utopie. Aber die Ursprünge dieser politischen Legende Weimar in der unermüdlichen ›Öffentlichkeitsarbeit‹ von Staat und Intelligenz ist ein Phänomen, das nicht alltäglich wirkt und auch für andere Staaten untersucht werden müßte. Die Macht oder die von den Herrschenden imaginierte Macht der öffentlichen Meinung ergänzt neuere Erkenntnisse über gesellschaftliche Kräfte im absolutistischen Staat. Und faszinierend ist das Wechselspiel zwischen Öffentlichkeitsarbeit, öffentlicher Meinung und defensiver Sozial- und Wirtschaftspolitik: Mehrere Beispiele zeigen, daß der Druck von unten tatsächlich zu Besserungen führen konnte – allerdings auch zu Bestrafung, die den Protest zunehmend lähmte. Gerade hier liegt die unbestreitbare Bedeutung von Menschenrechten für die Entwicklung einer modernen politischen Kultur: Wenn diese Rechte unterdrückt wurden, konnten die Untertanen ihre Interessen nicht wirksam und dauerhaft vertreten; sie mußten sich auf eine »wohlwollende« Regierung verlassen, die Besserungen »von oben«, ohne die Mitwirkung der Betroffenen, einzuführen trachtete. Solche Besserungen reichen nie aus.

Das Jahr 1999, in dem das fünfzigjährige Jubiläum der ersten stabilen deutschen Demokratie mit dem zweihundertfünfzigsten Geburtstag des größten deutschen Dichters zusammenfällt, wäre die Gelegenheit, die politische Legende Weimar nicht weiter zu strapazieren, sondern zu verabschieden. Der Ruhm des klassischen Weimar ist nicht auf politischem Gebiet zu suchen, sondern auf ästhetischem, und das dichterische Erbe Goethes ist mächtig genug, um nicht auch noch für die Idee des starken Staates einstehen zu müssen. Es ist zu hoffen, daß das Tabu, mit dem der Name Goethe die Erforschung der unschmackhaften politischen Zustände im Herzogtum Weimar belegt hat, im neuen Jahrhundert ein verdientes Ende findet. Das wäre auch die Gelegenheit, die Erkenntnis zu vertiefen, daß das Volk in Deutschland nicht unbedingt »leichte gehorcht«[40], wie der Weimarer Herzog vorschnell behauptete, sondern auf eine lange und starke Tradition politischer Aufmüpfigkeit zurückblicken kann. Sie richtete sich allerdings auch gegen die zentrale Ikone der deutschen Kultur.

Abkürzungen

AS	Goethes amtliche Schriften. Veröffentlichung des Staatsarchivs Weimar. [Bd. 1–4:] Goethes Tätigkeit im Geheimen Consilium. Hrsg. von Willy Flach, [ab Bd. 2:] Helma Dahl. Weimar 1950–1987.
BG	Goethe. Begegnungen und Gespräche. Hrsg. von Ernst Grumach und Renate Grumach [ab Bd. 3: Hrsg. von Renate Grumach]. Berlin 1965 ff.
CA/G-Br	Briefwechsel des Herzogs-Großherzogs Carl August mit Goethe. Hrsg. von Hans Wahl. (Carl August. Darstellungen und Briefe zur Geschichte des Weimarischen Fürstenhauses und Landes. Im Auftrage Seiner Königlichen Hoheit des Großherzogs Wilhelm Ernst von Sachsen zur Hundertjahrfeier des Großherzogtums herausgegeben von Erich Marcks. IV. Abteilung.) 3 Bde. Berlin 1915–1918.
CAPB	Politischer Briefwechsel des Herzogs und Großherzogs Carl August von Weimar. Hrsg. von Willy Andreas und Hans Tümmler. 3 Bde. (Quellen zur deutschen Geschichte des 19. und 20. Jahrhunderts, 37–39.) Stuttgart 1954–1958, Göttingen 1973.
FA	Goethe, Johann Wolfgang: Sämtliche Werke. Briefe, Tagebücher und Gespräche. Hrsg. von Friedmar Apel u.a. Frankfurt/M. 1985ff. [Frankfurter Ausgabe].
FB	[Fichte, Johann Gottlieb:] J. G. Fichte-Gesamtausgabe der bayerischen Akademie der Wissenschaften. Hrsg. von Reinhard Lauth, Hans Jacob. Stuttgart 1964–. Abt. 3: Briefe.
FW	[Fichte, Johann Gottlieb:] J. G. Fichte-Gesamtausgabe der bayerischen Akademie der Wissenschaf-

	ten. Hrsg. von Reinhard Lauth, Hans Jacob. Stuttgart 1964–. Abt. 1: Werke.
GSA	Goethe- und Schiller-Archiv, Weimar
G/V-Br	Goethes Briefwechsel mit Christian Gottlob Voigt. 4 Bde. Hrsg. von Hans Tümmler. (Schriften der Goethe-Gesellschaft, 53–56.) Weimar 1949–1962.
HAC	Hochfürstlich Sachsen-Weimar- und Eisenachischer Hof- und Adreßkalender auf das Jahr [...]. Weimar 1757–1790, Jena 1791–1813.
HB	Herder, Johann Gottfried: Briefe. Gesamtausgabe 1763–1803. Hrsg. von Karl-Heinz Hahn u. a. Bisher 10 Bde. Weimar 1977 ff.
MA	Goethe, Johann Wolfgang: Sämtliche Werke nach Epochen seines Schaffens. Münchner Ausgabe. Hrsg. von Karl Richter u. a. München 1985 ff.
NA	Schiller, Friedrich: Werke. Nationalausgabe. Begründet von Julius Petersen, fortgeführt von Lieselotte Blumenthal und Benno von Wiese, hrsg. im Auftrag der Stiftung Weimarer Klassik und des Schiller-Nationalmuseums Marbach von Norbert Oellers und Siegfried Seidel. Weimar 1943 ff.
SWS	Herders Sämmtliche Werke. Hrsg. von Bernhard Suphan. 33 Bde. Berlin 1877–1913.
ThHStAW	Thüringisches Hauptstaatsarchiv Weimar
WA	Goethes Werke. Hrsg. im Auftrage der Großherzogin Sophie von Sachsen. 133 Bde. in IV Abteilungen. Weimar 1887–1919. [Weimarer Ausgabe] Bd. IV/51, 52, 53: Nachträge und Register zur IV. Abteilung: Briefe. Hrsg. von Paul Raabe. 3 Bde. München 1990. [Der Nachtrag enthält verstreut gedruckte bzw. bisher ungedruckte Briefe, die nicht in der ursprünglichen Weimarer Ausgabe enthalten waren.]

Anmerkungen

ZUR ZITIERWEISE DER ARCHIVALIEN

Grundsätzlich wird buchstabengetreu zitiert; Ergänzungen stehen in eckigen Klammern. Ausnahmen: Die Kürzel »u.« wird ohne Klammern zu »und« aufgelöst; »Ew.« (Eure, Euer usw.) bleibt als besondere Formel stehen; der Punkt nach Ordinalzahlen wird weggelassen; eindeutige Schreibfehler (meist Auslassung von Umlautzeichen beim Geheimrat Schnauß) werden stillschweigend korrigiert. Unsichere Lesarten werden durch nachfolgendes »[?]« gekennzeichnet. Unterstreichungen werden durch Kursivschrift wiedergegeben. Unberücksichtigt bleibt der Wechsel zwischen lateinischer und deutscher Schrift sowie zwischen Grundschrift und gesperrter Großschrift (in einigen wenigen Dokumenten für Formeln wie »Durchlaucht«).

Zitate aus den handschriftlichen Dokumenten werden nach folgenden Mustern belegt:

1. Privatbriefe:
Carl August an Fritsch, Aschersleben, 11. April 1792, ps. 13. April, ThHStAW Hausarchiv A XIX, Nr. 39, Bl. 176–177, hier Bl. 176^{v}.

2. Akten:
Geheimes Consilium an Weimarer Regierung, 21. Juli 1784, sig. Schnauß, Goethe, Schmidt, exp. 24. Juli, ThHStAW B 5711, Bl. 148^{r}.

Die Angaben können folgende Elemente enthalten:

Absender und **Empfänger**. Handelt es sich um ein Reskript

(Beispiel 2), also eine Kommunikation des Herzogs an eine untergeordnete Behörde, so wird als Absender »Carl August« angegeben, wenn er unterschrieb. Alle Reskripte werden grundsätzlich im Namen des Herzogs verfaßt (Pluralis majestatis: »Wir«), aber bei seiner Abwesenheit lautete die Unterschrift »Ad Mandatum Serenissimi Speciale« (mit besonderer Genehmigung des Herzogs), mit der Unterschrift der Geheimräte, die in der betreffenden Sitzung des Consiliums anwesend waren (Abbildung: AS 1, S. 450). In solchen Fällen wird im folgenden »Geheimes Consilium« als Absender angegeben, um die tatsächliche Lage festzuhalten; auch der Empfänger konnte ja aus den Unterschriften erkennen, daß das Consilium ohne direkte Beteiligung des Herzogs, aber mit seiner Ermächtigung handelte (vgl. dazu Voigt an Fichte, 9. Dez. 1794, FB 2, S. 226). Der Herzog und die Räte werden lediglich durch Familiennamen gekennzeichnet, andere Personen bei der ersten Nennung mit Berufsangabe und vollständigen Namen, soweit sie bekannt sind.

Ort. Wenn Weimar der Ort des Dokuments war, steht keine Ortsangabe. Besondere Ortsangaben stehen in Anführungszeichen (z. B.: »Jägerhaus bei OberUlm vor Mayntz«).

Datum. Bei Reskripten: grundsätzlich das Datum der betreffenden Sitzung des Consiliums, also nicht das Datum der Versendung. Ein Datum, das nicht im Brief steht, sondern aus dem Inhalt bzw. anderen Quellen erschlossen wurde, steht in eckigen Klammern.

Art des Dokuments. Handelt es sich (wie fast immer bei Reskripten) um das Konzept, das als Beleg in den Akten der Geheimen Kanzlei verblieb, so wird das nicht eigens angegeben (Bsp. 1). Gelegentlich wird aus der behändigten Ausfertigung zitiert, also der Reinschrift (›Mundum‹) in der Hand eines Schreibers mit der Unterschrift des Absenders (Abbildung: AS 1, S. 449).

In diesen Fällen steht: »Ausfertigung« mit der Angabe des Unterschreibers, wenn es sich um einen anderen Absender als das Geheime Consilium oder den Herzog handelt. Bei Absendern, die entweder private oder amtliche Dokumente verantworten konnten (meist: Carl August), wird wie folgt unterschieden: Wird keine Paraphe und als Empfänger eine Privatperson angegeben (Bsp. 2), so handelt es sich um einen Privatbrief, wenn nicht anders vermerkt (wobei die in dieser Untersuchung zitierten Privatbriefe des Herzogs oder der Räte fast immer amtlichen Charakter hatten); steht als Empfänger eine Körperschaft, so handelt es sich um ein amtliches Dokument (Reskript, Weisung usw.). Offizielle Kommunikationen des Consiliums an den Herzog werden meist als »Unterthänigster Vortrag« bezeichnet. Andere Dokumentarten werden eigens angegeben: Gutachten, Votum (offizielle Meinungsäußerung eines Geheimrats zu einem Vorgang), Actum (Protokoll), Notizen, Registrande der Geheimen Kanzlei (zeitgenössisches Verzeichnis aller Vorgänge im Consilium, auch der nicht in den Akten überlieferten; vgl. AS 1, S. LXVIf.), Fourierbuch (zeitgenössisches Verzeichnis der anwesenden Gäste bei der Fürstentafel oder Marschallstafel am Hof), Schatulle (finanzielle Unterlagen des Herzogs).

Paraphen (bei Konzepten), nach der Angabe »sig.« Paraphen sind die eigenhändigen Gegenzeichnungen der in der Sitzung anwesenden Räte mit den Anfangsbuchstaben ihrer Namen (z. B. »JWG« für Goethe, »CA« für Carl August), um die Übereinstimmung des Konzepts mit dem Beschluß zu bestätigen. Sie stehen säulenartig in der linken Spalte der ersten Seite des Konzepts, zuerst der Herzog, dann die Räte in der Reihenfolge der Seniorität im Consilium (daher steht Goethe bis zum Eintritt J. C. Schmidts im Juli 1784 immer an letzter Stelle; Abbildung: AS 1, S. 446f.). In Fällen, wo die Räte an Stelle des Herzogs unterschrieben (vgl. »Absender«), sind die Unterschriften mit den paraphierenden Räten identisch; die seltenen Ausnahmen werden angegeben.

Unterschreibende Person(en), nach der Angabe »unterschr.«, aber nur in Fällen, in denen (1) das Dokument von einer anderen Behörde als dem Geheimen Consilium stammt, (2) die Unterschrift sich vom Absender unterscheidet oder (3) nicht eigenhändig ist.

Datum der Versendung, nach der zeitgenössischen Angabe »exp.« (»expedirt«), die unten links auf der ersten Seite des Reskripts steht. Manchmal werden besondere Angaben zitiert (z. B. »durch einen Husaren«), um Maßnahmen der Eile zu dokumentieren.

Datum des Erhalts, nach der zeitgenössischen Angabe »ps.« (»praesentatum«), wenn das auf dem Dokument vom Empfänger (im Fall von amtlichen Dokumenten meist von einem Kanzleisekretär) vermerkt wurde. Allerdings erhielt ein Mitglied des Consiliums oft das Dokument, bevor es in die Kanzlei kam.

Angaben über Bezugsbrief, z. B. »Antwort auf Brief des Herzogs vom 12. April«, wenn dies festzustellen war und relevant erschien.

Archivsignatur in der vorgeschriebenen Form (vgl. »Abkürzungen«, S. 294).

Blattangabe für das gesamte Dokument, dann der Blattnachweis für das Zitat (Bsp. 1); besteht das Dokument nur aus einem Blatt, dann wird die Zahl nicht wiederholt (Bsp. 2). Die Vorderseite wird durch »^{r}« (recto), die Rückseite durch »^{v}« (verso) gekennzeichnet.

1 Paralipomenon 84 zu *Faust II*; FA I, 7, 1, S. 666 (zu den in dieser Untersuchung verwendeten Abkürzungen vgl. S. 294 f.).

2 AS 1, S. 251.

3 An Friedrich von Schuckmann, 25. Nov. 1790, AS 2/1, S. 188.

4 In der neueren Münchner Ausgabe wird lediglich auf die 1772 erfolgte und von Goethe für die frühe Fassung sicher verwertete Hinrichtung der Kindermörderin Susanna Margaretha Brandt hingewiesen (MA 1.2 [1987], S. 744; MA 6.1 [1986], S. 1047 f.), obwohl die Hinrichtung des Jahres 1783 für die später verfaßten Zeilen 4203–4205 der Walpurgisnachtszene sowie das Paralipomenon 50 (»Hochgerichtserscheinung«, FA I, 7, 1, S. 557 ff.) eine Rolle gespielt haben könnte (auch in Weimar wurde ein Halsgericht, am getrennten Platz von der Hinrichtung selbst, vollzogen; vgl. das in Anm. 6 zitierte Dokument). Goethes Votum für die Todesstrafe wird in der Münchner Ausgabe unter den amtlichen Schriften gedruckt, aber im Kommentar weist Hannelore Schlaffer nicht auf den Anlaß hin, den Fall Höhne (MA 2.2, S. 672, 942 f.). Erst Schönes Kommentar aus dem Jahre 1994 beschreibt den Fall, ohne deutlich auszusprechen, daß die Hinrichtung erfolgte (FA I, 7, 2, S. 197 f.). Das meiste zur Verschönerung dieser Tatbestände dürfte allerdings schon seit 1986 die Darstellung des Historikers und Leiters des Goethe- und Schiller-Archivs Karl-Heinz Hahn in einem stark verkauften und wissenschaftlich anspruchsvollen Bildband beigetragen haben. Hier wird die Hinrichtung mit keinem Wort, Höhne nur im Begleittext zu einer Abbildung erwähnt. Hahn sieht einige Gedichte im Zusammenhang mit Goethes Votum, aber das gründet auf der reinen Spekulation, daß Goethe sich gegen die Entscheidung gestemmt und sich sogar nur unter »moralische[m] Druck der Kollegen« oder »aus taktischen Erwägungen« dazu habe bewegen lassen (Hahn 1986, S. 74 ff.).

5 Flach 1934. Willy Flach, später der Leiter des Weimarer Staatsarchivs, benutzte die Akte B 2754, überging jedoch die daraus hervorgehenden Umstände der Hinrichtung.

6 Das Geheime Consilium gibt den Befehl, »daß, zur Erhaltung guter Ordnung bey der bevorstehenden Hinrichtung der KinderMörderin, Höhnin, hieselbst von 100 Mann Miliz der innere Creyß bey dem Hals-Gericht auf dem Marckte sowohl, als bey dem Richt-Platz am Gerichte, formiret, und durch ein Commando von Husaren das etwaige Zudrängen des Volcks abgehalten werden solle«. An Weimarer Regierung, 24. Nov. 1783, sig. Carl August, Fritsch, Schnauß, Goethe, exp. 24. Nov., ThHStAW B 2754, Bl. 23^{r}.

7 Bode an Adolph von Knigge, Weimar, 27. Nov. 1783; Geheimes

Staatsarchiv preußischer Kulturbesitz Berlin, Logen 5.2. G 39, Nr. 102, Dok. 136.

8 »Heute gingen Durchl[auchtigster] Herzog nacher Troistädt auf die Jagd mit etl[ichen] H[erren] Caval[liers] weile Durchl[aucht] wegen der Execution nicht hier seyn wolten.« Fourierbuch zum 28. Nov. 1783, ThHStAW Hausarchiv E 32, Bl. 146^{v}. – Die herzogliche Familie wohnte nach dem Schloßbrand des Jahres 1774 im Fürstenhaus, dem heutigen Hauptgebäude der Hochschule für Musik am Platz der Demokratie.

9 In Jena hatte sich Johanna Maria Seifried »zum drittenmal in Unehren schwängern lassen«, und der Stadtrat fragte bei der Regierung in Weimar an, ob die übliche Strafe des dreitägigen Prangerstellens ausgeführt werden solle; die Regierung informiert das Geheime Consilium, daß diese Bestrafung »zumahl in Jena, wo man Excesse nicht leicht abzustellen vermögend, bedenklich seyn möchte«, und das Consilium genehmigt den Vorschlag der Regierung, es »blos bey der vierwöchentlichen Zuchthauß-Strafe zu belassen«. Weimarer Regierung an Carl August, 4. Sept. 1783, Ausfertigung, unterschr. Carl Schmid, ps. 9. Sept., ThHStAW B 2752, Bl. 2^{v}; Geheimes Consilium an Weimarer Regierung, 12. Sept. 1783, sig. Fritsch, Schnauß, exp. 16. Sept., ebd., Bl. 4^{r} (Goethe und Carl August waren in diesen Tagen verreist). Das 1715 eingerichtete Prangerstellen wurde bei dieser Gelegenheit auch für die Zukunft abgestellt (Schmidt 1800, Bd. 2, S. 178).

10 Zu den Mätressen von Jenaer Studenten und den Verordnungen dagegen vgl. Laukhard 1792, Bd. 1, S. 265; Keil 1858, S. 205, 250.

11 Im Antrag der Regierung auf die oben beschriebenen Maßnahmen bei der Hinrichtung der Anna Catharina Höhne wird darauf hingewiesen, daß sie »auch bey der neuerlichen Execution in Jena mit gutem Erfolg« vorgenommen worden seien. Weimarer Regierung an Carl August, 21. Nov. 1783, unterschr. Carl Schmid, ThHStAW B 2754, Bl. 22^{v}.

12 Voigt an Carl August, 4. Juli 1792, ThHStAW A 442a, Bl. 66-71, hier Bl. 69^{v}–70^{r}; vgl. Schnauß an Carl August, 6. Juli 1792, ebd., Bl. 11–14, hier Bl. 13^{v}; Koch 1955, S. 446.

13 Voigt an Carl August, 14. Juli 1792, ThHStAW A 442a, Bl. 77, 83–86, hier Bl. 84^{v} (korrigiert gegenüber Koch 1955, S. 447).

14 Eckardt an Voigt, Jena, 4. Nov. 1795, ps. 5. Nov., ThHStAW A 8546, Bl. 34–35, hier Bl. 35^{r}. Der Fall wird ohne genaue Quellenangabe kurz referiert bei Huschke 1962, S. 137.

15 Voigt an Eckart, 6. Nov. 1795, Konzept, exp. 8. Nov., ThHStAW A 8546, Bl. 38–39, hier Bl. 38^{v}. In der Entscheidung des Herzogs vom 5. Nov. (Bl. 37) ging es nicht um den Präzedenzfall Goethe, sondern lediglich um den Anspruch Eckarts, preußisches Recht auf seinen Fall anzuwenden.

16 Vgl. Andreas Joseph Schnaubert: Auch der Regent ist an die von ihm gegebenen Gesetze gebunden [...] (1795), zit. nach Klippel 1976, S. 148.

17 Tagebuch zum 1. Sept. 1777 und 14. Apr. 1778, WA III/1, S. 45, 65; vgl. die in BG 1, S. 445ff. beschriebenen Ereignisse um den Stützerbacher Kaufmann Glaser.

18 26. April 1793, ThHStAW A 442a, Bl. 351–352, hier Bl. 351^{v}.

19 Johann Friedrich von Pfeiffer: Grundriß der wahren und falschen Staatskunst (1778–1779), Bd. 1, S. 65, zit. nach Klippel 1976, S. 70.

20 Zur Abschaffung der Kirchenbuße vgl. AS 1, S. 115–119 und den Kommentar in MA 2.2, S. 941 f.; zum Accouchierhaus in Jena vgl. unten, S. 249 ff..

21 Vgl. dazu und zu anderen rückständigen Rechtszuständen in Weimar Klenner 1984, S. 186 f.

22 IV, 2; MA 3.1, S. 304.

23 Noch in letzter Zeit sieht der Germanist Hans-Jürgen Schings den Diskurs über Menschenrechte als eine radikale Forderung des Geheimbunds der Illuminaten, statt ihn als Gemeingut der Zeit zu erkennen (1996, etwa S. 40); eine Korrektur dieser unhistorischen Auffassung würde freilich seine These entkräften, die Gedanken des Marquis Posa in Schillers *Don Carlos* seien aus dem Einfluß der Illuminaten zu erklären, die Schings dann mit denen der Revolutionäre assoziiert.

24 Bödeker 1987, S. 396, 398.

25 Ernst Ludwig Posselt (1795), zit. nach Bödeker 1987, S. 392.

26 Wieland: Über die Rechte und Pflichten der Schriftsteller (1964, Bd. 3, S. 483).

27 Zum folgenden vgl. Birtsch 1981, S. 16 f. (das Zitat: S. 16).

28 Martin Kriele, zit. nach ebd., S. 16.

29 Carl August an Weimarer Regierung, 11. Nov. 1791, sig. Carl August, Fritsch, Schnauß, Schmidt, Voigt, exp. 11. Nov., ThHStAW B 2766, Bl. 11^{r}.

30 Zu Johann Friedrich Kobe von Koppenfels vgl. Huschke 1958, S. 86 f.

31 Weimarer Regierung an Carl August, 14. Nov. 1791, Ausfertigung, unterschr. Koppenfels, ThHStAW B 2766, Bl. 13–17, hier Bl. 14^{v}–15^{r}.

32 Carl August an Weimarer Regierung, 4. Dez. 1791, sig. Carl August, Fritsch, Schnauß, Schmidt, Voigt, exp. 8. Dez., ebd., Bl. 19^{r}.

33 Carl August an Weimarer Regierung, 14. März 1780, »Insertum« (zum Reskript an die Regierung vom selben Tag) von der Hand Schnauß', mit Randbemerkung: »*Not: zu Secretiren* [d. h. getrennt und geheim zu halten] *und von dem geh. Secretario, Rath Schnauß, zu mundiren* [d. h. auszufertigen]«, sig. Carl August, Fritsch, Schnauß, Goethe, exp. 23. März, ThHStAW B 2742, Bl. 43–46, hier Bl. 43^{v}.

34 Helma Dahl, AS 2/1, S. 77.
35 Vgl. Klippel 1976, S. 106f.
36 Schmale 1993, S. 164, 177f.
37 Vgl. Klippel 1976, S. 31–56.
38 Scheidemantel: Das Staatsrecht nach der Vernunft und den Sitten der vornehmsten Völker betrachtet (1770–1773), Bd. 3, S. 199, zit. nach Klippel 1976, S. 59 (zum folgenden ebd., S. 57–112).
39 Klippel 1976, S. 82ff., 107–112.
40 Klippel 1976, S. 203, 184.
41 Klippel 1976, S. 134.
42 Votum, 20. Feb. 178[5], AS 1, S. 344–359, hier S. 355 (die folgenden Zitate ebd.). In ihrem Kommentar zu diesem Gutachten in der Münchner Ausgabe schießt Hannelore Schlaffer weit übers Ziel hinaus, wenn sie behauptet: »Der Text bezeichnet den Übergang zum Verfassungsstaat. [...] Mit dem Gedanken der Gleichheit bei der Bemessung der Abgaben wendet er sich gegen die herkömmliche Steuerpraxis, die für eine Anzahl von Günstlingen aus Adel und Geistlichkeit Privilegien vorsieht« (MA 2.2, S. 949). Goethes Gutachten hat überhaupt nichts mit den Privilegien für Adel oder Geistlichkeit zu tun, sondern sieht nur eine gleichmäßige Besteuerung der betroffenen bäuerlichen Untertanen vor. Was übrigens die Erörterung von Steuern durch die oberste Behörde eines absolutistischen Staates mit einer Verfassung zu tun hat, bleibt Schlaffers Geheimnis.
43 Vgl. Hauschild: Juristische Abhandlungen von Bauern und deren Frohndiensten, auch der in Rechten gegründeten Vermuthung ihrer natürlichen Freyheit (1771, zuerst 1744 erschienen), zit. nach Klippel 1976, S. 168; dort auch der Hinweis auf die gegensätzliche Meinung von Karl Gottlob Anton (1791).
44 Klippel 1976, S. 168.
45 AS 1, S. 359.
46 Vgl. Klippel 1976, S. 136.
47 Vgl. S. 228, 231.
48 Bertuch an Carl August, 21. Jan. 1789, Entwurf, GSA 06/2222, Bl. 1^{v}.
49 Vgl. Kap. 4.
50 IV, 1; MA 3.1, S. 291.
51 MA 3.1, S. 266, 291; vgl. Dieter Borchmeyer in FA I, 5, S. 1263ff.
52 Ruiz 1979, S. 115.
53 Vgl. Hartung 1923, S. 121–134.
54 Vgl. S. 238, 259ff.
55 Bode 1918, S. 159 (aus dem Französischen übersetzt).
56 An Goethe, Hamburg, 8. Mai 1776, Goethe 1988, Bd. 1, S. 58.
57 Pausch 1996, S. 172.
58 Eigentümlich ist die populäre, aber wissenschaftlich anspruchsvolle und von der Stiftung Weimarer Klassik publizierte Darstellung des Fürsten durch Jochen Klauß (1991); er weckt im Kapitel »Der Her-

zog: Sachsen-Weimars hoffnungsvoller Herrscher« die Erwartung, als würde er die Regierungspraxis Carl Augusts behandeln, aber sie wird kaum gestreift. Die Darstellung innerer Politik weicht der Außenpolitik (auf Tümmler basierend), den militärischen Episoden und vor allem dem verklärenden Kapitel »Der Mäzen: Weimars Künstler und Jenas Professoren«.

59 BG 1, S. 390 f.

60 A. M. Sprickmann an Gottfried August Bürger, 25. Jan. 1777, Bode 1918, S. 218.

61 Sprickmann kommentiert die Episode mit dem Lord so: »Nun, was sagt Ihr, Bürger? Wenn Goethe Das einem Herzog zum Gefühl machen konnte: ist Das nicht leicht so göttlich als eine ›Stella‹ zu machen?« (ebd.).

62 Hahn 1976, S. 33.

63 Zensurgutachten vom 15. April 1799, AS 2/2, S. 615.

64 Tümmler 1964b, S. 244. Zum ›Genietreiben‹ und Goethes gesellschaftspolitischem Projekt vgl. Wilson 1995.

65 So Helma Dahl, die Herausgeberin des 2. Bandes der *Amtlichen Schriften* (S. 47 f.); viele Stellen dieser Ausgabe, auf die Dahl selbst in ihrem Kommentar hinweist, widersprechen dieser verschönernden Auffassung.

66 Tümmler 1964b, S. 243.

67 Hahn 1976, S. 15.

68 Hahn 1976, S. 33; Hahn meint auch, Goethe habe versucht, »zur Umwandlung der absolutistischen Regierungspraxis [beizutragen], die die volle Entfaltung aller menschlichen Möglichkeiten beeinträchtigte [...]« (S. 34).

69 Diese Variante findet man in den meisten literaturgeschichtlichen Überblicken, aber die extremste Version wird durch Sengle (1993) geboten; vgl. dazu Wilson 1996b, S. 438 f.

70 Vor allem Krippendorff 1988. Zu den politischen Voraussetzungen dieses Buches, das trotz anerkennenswerter Tendenz »Goethes Politik« ohne große Kenntnisse der inneren Politik Weimars zu behandeln trachtet und daher zum Teil abwegige Schlüsse zieht, vgl. Wilson 1996b, S. 439 ff.

71 Ueding 1987, S. 65 ff.

72 Hartung 1923, passim; Tümmler 1964b, S. 257, 260.

73 Vgl. Kauffmann 1994.

74 An Friedrich August von Beulwitz, 18. Juli 1828, WA IV/44, S. 210.

75 Vgl. S. 102.

76 Gothe 1983, S. 215 f.

77 Vgl. S. 158 f.

78 Einige davon waren schon zu Friedrichs Lebzeiten legendär geworden. Andere wurden in Zeitschriften plaziert: Zum Beispiel ein 1780 entstandener Brief Friedrichs an einen Staatsminister, in dem es

heißt, der König »verabscheue« einen vorgeschlagenen »Machtspruch«, der »diejenige reine, schleunige, und unparteiische Rechtspflege« nicht erkennen lasse, die der betroffenen Person »nach meiner JustizVerfassung gebüret«. Da dies ein regierungsinternes Dokument war, war die Publikation zweifellos staatlich autorisiert. *August Ludwig Schlözer's* [...] *Briefwechsel meist historischen und politischen Inhalts*, 7. Th., Heft XL (1780), S. 207 f. Übrigens bezog Herzog Carl August Schlözers Zeitschrift, wie die Schatullunterlagen zeigen (dieses Heft: ThHStAW A 1092, Nr. 227, Rechnung des Buchhändlers Hoffmann vom 29. März 1781).

79 Vgl. resümierend Duchhardt 1989, S. 166ff.; Wehler 1987, Bd. 1, S. 225 ff.

80 Politischer Briefwechsel des Herzogs und Großherzogs Carl August von Weimar (1954–1973). Dazu und zum folgenden vgl. Wilson 1996b.

81 Ingeborg Clewe (Saarbrücken) widmet sich der Untersuchung dieser noch nicht aufgehellten Rezeptionsgeschichte des klassischen Weimar in der DDR. Mir erscheint ein bedeutender Markstein in der Aufwertung des Weimarer Herzogs bzw. in der Abwendung von der marxistischen Kritik am weimarischen Absolutismus der 1982 publizierte Vortrag von Karl-Heinz Hahn, Direktor des Goethe- und Schiller-Archivs, zu sein, der sich von der Vernachlässigung des Themas Carl August in der DDR-Forschung distanziert. Auch Hahn fördert die Legendenbildung. Zur angeblichen Opposition Goethes und Carl Augusts gegen den Adel heißt es, daß es ihnen nicht gelungen sei, »den Widerstand der Grundherren gegen die Aufhebung ihrer Triftrechte zu überwinden [...]« (S. 272), wobei der Herzog selbst und seine Kammergüter das größte Hindernis darstellten.

82 Vgl. Holtzhauer 1969, S. 243, 224.

83 Vor allem Diezmann 1855, Houben 1928, Hahn 1977 und Fallbacher 1985.

84 So schon Erich Marcks 1915 im Vorwort zu CA/G-Br 1, S. V.

85 Vgl. Holtzhauer 1969, S. 227; Borchmeyer 1994, S. 78; zur Kritik an diesem Begriff vgl. – noch in der DDR – Gothe 1983, S. 204, 212.

86 Wie Goethes politisches Erbe bereinigt und gegen einen autoritären Staat instrumentalisiert werden kann, zeigte der Präsident der Stiftung Weimarer Klassik, Bernd Kauffmann, als er am 7. Juli 1994 den chinesischen Premier Li Peng, der das Goethe-Haus in Weimar besichtigte, mit den Worten begrüßte: »Dieses Haus ist steingewordenes Zeugnis der deutschen Klassik, eines Denkens und einer Haltung, die der Würde der Freiheit und der Unverletzlichkeit der Person aufs tiefste und höchste verbunden ist.« Presseberichten zufolge führte dieser Affront gegen den Schlächter von Tienanmen zum Abbruch des Besuchs.

87 AS 2/1, S. 85 ff., 102 f., sowie die Einleitung Tümmlers in G/V-Br 1.
88 Das erstaunlichste Beispiel – weil in der DDR verfaßt, also theoretisch mit Zugang zu den Akten – ist Schubart-Fikentscher 1977.
89 FA I, 7,2, S. 759 (Albrecht Schöne). Das Dokument war 1987 in MA 2.2, S. 695–697, abgedruckt worden.
90 Nur zwei Beispiele aus vielen: In einer Studie zum Juristen Goethe, die auf Studium der *Amtlichen Schriften* basiert, erwähnen die Autoren nur »490 [statt: etwa 11 000 allein vor 1786!] mehrteilig[e] Aktenvorgänge, an denen Goethe nachweislich mitgewirkt hat« (Pausch 1996, S. 187); auch der Germanist Gerhard Sauder befaßte sich eingehend mit den *Amtlichen Schriften*, die er irreführend mit der »überlieferte[n] Aktenlage« zur amtlichen Tätigkeit Goethes gleichsetzt (1988, S. 34).
91 Zu Einzelheiten vgl. AS 1, S. XLII–LXIII; Wahl 1997a, S. 799 f.
92 Flach spricht von rund 23 000 Fällen bzw. Gegenständen, die aus den Registranden und Akten für die Zeit vom 25. Juni 1776 bis zum 24. Juli 1786 erschlossen werden können, und stellt fest, daß Goethe an etwa zwei Dritteln der Sessionen in diesem Zeitraum teilnahm (AS 1, S. LXVIII, LXXXII). Da in den Sessionen unterschiedlich viele Vorgänge behandelt wurden, ist Vorsicht geboten, aber Goethe wird an wenigstens der Hälfte der Vorgänge beteiligt gewesen sein, also mindestens 11 500 (vgl. Wahl 1997a, S. 800). Die 205 Nummern in AS 1 enthalten oft mehrere Vorgänge, so daß einige hundert dort dokumentiert sind, also sicherlich nicht mehr als 5 % der gesamten Tätigkeit Goethes. – Im Verzeichnis der Sessionen (AS 1, S. LXXIV) fehlen wenigstens zwei: 1. Jan. 1781 (anwesend: Fritsch, Schnauß, Goethe; vgl. AS 1, S. 130) und 6. Jan. 1781 (Carl August, Schnauß, Goethe; vgl. ThHStAW A 6665, Bl. 3). Damit ergeben sich mindestens 519 von Goethe besuchte Sessionen.
93 Dazu und zur schwierigen Frage, ob Goethe in dieser Zeit als Mitglied des Consiliums anzusehen ist, vgl. die Einleitung in AS 2/1; Dahl 1960; Schmid 1973.
94 Vgl. AS 2/1, S. 117; Wahl 1997b. – Volker Wahl, Leiter des Thüringischen Hauptstaatsarchivs Weimar, hat für mich freundlicherweise einige Hinweise Dahls aus dem Kalendarium aufgelöst.
95 Vgl. AS 2/1, S. 47.
96 Wahl 1997a, S. 818.
97 Vgl. besonders Schmidt 1997.
98 Vgl. Helma Dahl in AS 2/1, S. 17, dagegen aber Heß 1982, S. 100, Anm. 25.
99 Vgl. AS 2/1, S. 75, sowie einige unten zu erörternde Fälle.
100 AS 2/1, S. 20, Anm. 31. Dahl spricht hier allerdings nicht von Unruhen, sondern von »revolutionäre[n] Bewegungen«, aber diese Bezeichnung halte ich für überzogen.
101 Vgl. AS 2/1, S. 28 f.

1 *Kabale und Liebe*, II/2, in: NA 5, S. 28.
2 Vgl. Wertheim 1957, S. 439.
3 Die Zahl der deutschen Soldaten, die nicht nach Europa zurückgekehrt sind, betrug zwischen 15 % für Anhalt-Zerbst und 59 % für Waldeck. Insgesamt sind etwa 12 554 Soldaten (42 %) nicht zurückgekehrt; davon fielen etwa 1200, und etwa 6 354 starben auf andere Weise (meist durch Krankheiten); etwa 5 000 desertierten (Smith 1976, S. iii–v).
4 Schiller: Sämtliche Werke, hrsg. von Gerhard Fricke u. a., 2. Bd., 4. Aufl. München 1965, S. 220.
5 Carl August an Rittmeister von Göchhausen, 16. Aug. 1783, Kopie von der Hand Göchhausens, ThHStAW H 1597, Bl. 2[r]. Göchhausen war wahrscheinlich mit den Weimarer und Eisenacher Göchhausens verwandt; er war Rittmeister beim preußischen »von der Marwitzischen Cuirassier Regiment«. Er hatte sich mit der Kopie des herzoglichen Schreibens an die sachsen-weimarische Regierung gewandt, damit diese die von Carl August genehmigte Werbung regeln konnte.
6 Göchhausen an Regierungsrat Franz Paul Freiherr von Seckendorf, Osterburg, 26. Nov. 1783, ps. 13. Dez., ThHStAW H 1597, Bl. 4[v].
7 In der Forschung findet man lediglich einen älteren Weimarer Soldatenhandel erwähnt, der jedoch nicht von Weimar aus, sondern vom Herzog von Sachsen-Gotha betrieben wurde: Er überließ die 200 Mann starke Weimarer Garde dem König von Preußen, um sich die Vormundschaft in Weimar zu sichern (Losch 1933, S. 22). Sonst wird nur der Handel nach Preußen, nicht nach Amerika, von Hartung erwähnt, aber auch dies nicht als Handel (1923, S. 120; ähnlich Klenner 1984, S. 187). – Die fehlende Forschung auf diesem Gebiet hat nicht verhindert, daß gelegentlich über Goethes Haltung zum Soldatenhandel spekuliert wurde: »Goethes erste Weimarer Jahre mögen Anlaß zu Erwägungen mit dem jungen Karl August über die bedenkliche, aber lukrative Praxis der Anwerbung von deutschen Truppen gegeben haben […]« (Lange 1975, S. 63 f.).
8 Hans Bürgin verwendete für seine 1933 erschienene Darstellung der Tätigkeit Goethes als Leiter der Kriegskommission die Desertionsangelegenheiten betreffenden Akten ThHStAW B 36495, 36586 und 36587 (neben weiteren, aus denen er nicht zitierte); die Akten 36557, 36568, 36569, 36594[a], 36598, 36599, 36600, 36603, 36605, 36606, 36618 und 36619 enthalten Fälle der fremden Werbungen und tangieren oft Goethes Rolle als Leiter der Kriegskommission, so daß es nahezu ausgeschlossen ist, daß Bürgin vom Soldatenhandel Weimars nichts wußte. Dasselbe gilt auch für die Untersuchung durch den Leiter des Goethe- und Schiller-Archivs Hans Wahl

(1941), der jedoch keine genaue Signaturangabe für die benutzten Akten machte.

9 Carl Friedrich von Wangenheim wurde laut freundlicher Auskunft vom Direktor des Thüringischen Staatsarchivs Gotha, Uwe Jens Wandel, 1722 geboren, diente seit 1741 beim preußischen Militär und zog nach der Trennung von seiner Frau in den Jahren nach 1770 nach Sonneborn im Herzogtum Sachsen-Gotha, wo er sich am 12. Oktober 1782 das Leben nahm. Seine Werbetätigkeit wird in der Wangenheimischen Familiengeschichte nicht erwähnt. C. F. von Wangenheim stammte aus einer anderen Linie (Stamm Winterstein) als der unten erwähnte, im Studententumult vom 9. Juni 1792 hauptverdächtige sachsen-gothaische Student Carl August von Wangenheim (Stamm Wangenheim).

10 Philip Ernst Graf zu Schaumburg-Lippe an Carl August, 26. Nov. 1777, ThHStAW B 36568, Bl. 1^{r}–1^{v}.

11 Carl August an Philip Ernst Graf zu Schaumburg-Lippe, 3. Dez. 1777, sig. Carl August, Fritsch, Schnauß, ThHStAW B 36568, Bl. 2^{r}.

12 Carl Friedrich von Wangenheim an Carl August, Arnstadt, 22. Mai 1776, von Schreiberhand, ps. 5. Juni, ThHStAW B 36557, Bl. 1–2, hier Bl. 2^{r}.

13 Ein Antwortschreiben an Wangenheim ist nicht überliefert, wohl aber ein Vermerk von Fritsch unten auf dem ersten Blatt von Wangenheims Brief: »Hierauf haben Ser[enissi]^{mus} gn[ä]d[ig]st resolvirt, daß ich, der Geh[eime] R[at] von Fritsch, dem H[err]n Hauptmann v[on] W[angenheim] antworten, und ihm die Unmöglichkeit seinem Verlangen statt zu geben, eröffnen, wegen einiger an ihn abzugebenden Züchtlinge ihm mehr Hoffnung machen, ihn aber dieserhalb an beyde Fürstl[iche] Regierungen [d. h. in Weimar und Eisenach] anweisen soll. resol. d. [Lücke] Juny. 1776.« Fritsch wußte offenbar nicht mehr das genaue Datum der Session, in der die Resolution getroffen wurde; wahrscheinlich fand sie im frühen Juni statt, da Wangenheims Brief am 5. Juni eingegangen war (vgl. Anm. 12). Goethes allererste Session im Geheimen Consilium war am 25. Juni; bis zum 3. Dezember fehlte er in keiner Session (AS 1, S. LXX–LXXI).

14 Wangenheim an Carl August, Gotha, 10. Sept. 1776, ps. 16. Sept., ThHStAW B 36557, Bl. 3^{r}–3^{v}.

15 Carl August an Weimarer Regierung, 26. Sept. 1776, sig. Carl August, Fritsch, Schnauß, Goethe, exp. 4. Okt., ThHStAW B 36557, Bl. 4^{r}.

16 Vgl. Schmidt 1800, zum Diebstahl: Bd. 2, S. 163–184.

17 Das Schicksal der weimarischen Soldaten in Amerika ist noch unerforscht. In den Truppenverzeichnissen tauchen gelegentlich Männer auf, die vielleicht mit den von Weimar Verkauften identisch sind. Zum Beispiel dankt Wangenheim dem Herzog am 19. Juni 1777 für das Geschenk des Häftlings Both (ohne Vornamen; ThHStAW B

36569, Bl. 1^{r}); in einem Verzeichnis deutscher Soldaten eines britischen Grenadierbataillons aus dem Jahre 1782 finden wir »George Both« (die Vornamen wurden in diesen französisch geschriebenen Listen oft in französischer Form wiedergegeben; vgl. Smith 1976, S. 138).

18 Wangenheim an Carl August, Sonneborn, 23. Okt. 1776, ps. 6. Nov., Vermerk vom Geheimen Referendar Johann Christoph Schmidt: »ad Acta / resol. den 8ten Nov: 1776«. ThHStAW B 36557, Bl. 5^{r} (die kursiv gedruckte Stelle ist im Original in großen, gesperrten Buchstaben).

19 Wangenheim an Carl August, Sonneborn, 20. Mai 1777, von Schreiberhand, ps. 2. Juni, ThHStAW B 36557, Bl. 6.

20 Carl August an Eisenacher Regierung, 3. Juni 1777, sig. Carl August, Schnauß, Goethe, exp. 9. Juni, ThHStAW B 36557, Bl. 7.

21 Wangenheim an Carl August, Sonneborn, 22. März 1778, ps. 4. April, ThHStAW B 36557, Bl. 8^{r}–8^{v}.

22 Wangenheim an Carl August, Weimar, 19. Juni 1777, von Schreiberhand, ThHStAW B 36569, Bl. 1^{r}.

23 »Actum« der Weimarer Regierung an Carl August, 20. Juni 1777, unterschr. vom Kanzleisekretär Friedrich Christian Tripplin, ThHStAW B 36569, Bl. 2–3, hier Bl. 2^{v}–3^{r}.

24 Ebd., Bl. 2^{r}–2^{v}.

25 NA 5, S. 28. Auch Johann Ludwig Ewald und Johann Pezzl unterscheiden zwischen freiwilligen und unfreiwilligen Rekruten: Hermand 1975, S. 51, 56.

26 ThHStAW B 36569, Bl. 3^{r}.

27 Am Tag des Verhörs schrieb Wangenheim an den Kanzler der Regierung, Achatius Ludwig Carl Schmid, der Überbringer des Briefes würde den Häftling Bodt abholen; solle es andere geben, »so bitte gehorsamst, solche diesen [sic] über bringer mit zu geben, ich will die gehörige un Kosten als ein Ehrlicher Mann ersetzen […]«. Erfurt, 20. Juni 1777, ThHStAW B 36569, Bl. 6^{r} (der Brief trägt keinen Präsentatsvermerk, ging aber sicher am selben Tag ein).

28 Weimarer Regierung an Carl August, 19. Juli 1782, Ausfertigung, unterschr. Schmid, ps. 3. Aug., ThHStAW B 36599, Bl. 1–2, hier Bl. 1^{r}–1^{v}.

29 »Actum« der Weimarer Regierung, 21. Juni 1777, unterschr. Tripplin, Anwesende: Kanzler Schmid, die Geheimen Regierungsräte Wilhelm Emanuel Gottlieb Hetzer und Johann Friedrich Kobe von Koppenfels und der Regierungsrat Johann Ludwig Eckart, ThHStAW B 36569, Bl. 5^{r}. Vgl. die entsprechende Weisung Schmids an Wangenheim, 7. Juli 1777, Konzept mit Paraphen der Regierungsräte, exp. 7. Juli, ebd., Bl. 7^{r}.

30 Anna Amalia an Weimarer Regierung, 21. April 1775, Ausfertigung, ps. 22. April, ThHStAW H 1536, Bl. 1^{r}. Die Regierung findet einen

Kandidaten, Gottlieb Rödiger, der wegen Diebstahls auf zwei Jahre eingeliefert worden war, so daß er »gar füglich wider seinen Willen in K[öniglich] Preuß[ische] Kriegs-Dienste abgegeben werden könne [...]«. Weimarer Regierung an Anna Amalia, 5. Mai 1775, exp. 6. Mai, ebd., Bl. 2r.

31 Manchmal ist in den Akten von der bereits erfolgten Abgabe eines Zuchthäuslers die Rede, ohne daß ein Dokument vorhanden wäre, in dem die Werbung autorisiert worden wäre. In anderen Fällen finden sich Bittbriefe Wangenheims und anderer Werber in den Akten, die neues Soldatenmaterial suchen.

32 Vgl. dazu Wahl 1941, S. 43–59; Bürgin 1933, S. 184–187 u. ö.

33 Vgl. AS 1, S. 45–57.

34 AS 1, S. LXXIV.

35 Wolfsburg an Carl August, Stadtilm, 20. Jan. 1780, ps. 24. Jan., mit Vermerk von J. C. Schmidt nach der Session vom 10. Feb.: »beyzulegen«, ThHStAW B 36594a, Bl. 1–2, hier Bl. 1v–2r. Hartung erwähnt diese Akte und erklärt, warum nur geringere Verbrecher abgeschoben wurden: Man erwartete, daß die Sträflinge es in der harten Zucht des preußischen Militärs nicht lange aushalten, desertieren und wieder nach Sachsen-Weimar kommen würden (1923, S. 120).

36 Wolfsburg an Carl August, Stadtilm, 14. Aug. 1780, Kopie, ps. 18. Aug., ThHStAW H 1586, Bl. 2v.

37 Ebd., Bl. 2v–3r. Die Variante »Cöthe« oder gar »Cöhde« ist in vielen zeitgenössischen Dokumenten belegt, etwa in Goethes ungedruckten Quittungen (GSA 34).

38 Carl August an die Weimarer Regierung, 29. Aug. 1780, sig. Carl August, Fritsch, Schnauß, Goethe, B 36594a, Bl. 5r. Die Ausfertigung (ps. 1. Sept.) befindet sich in der Regierungsakte, ThHStAW H 1586, Bl. 1r.

39 So im Auftrag der Regierung an Premsler, 21. Sept. 1780, exp. 23. Sept., ThHStAW H 1586, Bl. 5r.

40 Premsler an Weimarer Regierung, 28. Sept. 1780, ps. 30. Sept., ThHStAW H 1586, Bl. 6 mit Beilage, Bl. 7–8.

41 Weimarer Regierung an Carl August, 6. Okt. 1780, exp. 28.[!] Okt., ThHStAW H 1586, Bl. 9; die Ausfertigung (ps. 28. Okt.) befindet sich in B 36594a, Bl. 6.

42 Vgl. in der vorigen Anm. den ungewöhnlich langen Zeitabstand zwischen Beschlußfassung und Expedition; vermutlich wurde in einer zweiten Sitzung die ursprüngliche Entscheidung überdacht.

43 In der Endfassung hieß es, die Regierung sei der Meinung, daß die ausgewählten »Züchtlinge, Falls sie angenommen werden, unter die Soldaten abgegeben werden können; überlassen iedoch alles Eur[er] Höchsten Entschließung« (eine übliche Formel); die gestrichene Variante lautet, daß die »Züchtlinge, Falls sie angenommen werden, unter die Soldaten abgegeben werden können; Also können Eur p

[= Eurer Durchlaucht] auch wir unterthänigst nicht verhalten, daß intuitu der andern, deren Abgeben, und weil sie wider ihren Willen nicht gezwungen werden können, bedenklich fält. Wir überlassen jedoch alles zu Eur[em] Höchsten Ermessen [...]« H 1586, Bl. 9r–9v (Ausfertigung: B 36594a, Bl. 6).

44 Vgl. den Protest des Kanzlers von Koppenfels im Jahre 1791 (S. 15) und Schmids Konflikt mit dem Consilium über Frondienste (S. 86 ff.).

45 Carl August an Weimarer Regierung, 3. Nov. 1780, sig. Carl August, Fritsch, Schnauß, exp. 7. Nov., B 36594a, Bl. 7 (Ausfertigung: ps. 7. Nov., H 1586, Bl. 10).

46 Weimarer Regierung, »Actum« (=Protokoll), 3. Dez. 1780, unter Leitung des Geheimen Regierungsrats Ernst Carl Constantin von Schardt (Bruder der Charlotte von Stein) und mit der Beteiligung eines preußischen Unteroffiziers als Unterhändler für Wolfsburg, unterschrieben vom Lehnssekretär Tripplin, ThHStAW H 1586, Bl. 13–14.

47 Ebd., Bl. 14r.

48 Wolfsburg an Regierungskanzler Schmid, Stadtilm, 19. April 1781, ps. 20. April, ThHStAW H 1586, Bl. 16r–16v.

49 »Actum« der Weimarer Regierung, 20. April 1781, unterschrieben von Lehnsregistrator Thomas Conrad Hauenschild, ThHStAW H 1586, Bl. 17.

50 Vgl. Avis aux Hessois et autres Peuples de l'Allemagne. Vendus par leurs Princes à l'Angleterre (1777, auch in der dritten Auflage von Mirabeaus *Essai sur le despotisme* abgedruckt, Paris 1792). Mirabeau soll die Schrift an den Landgrafen von Hessen geschickt haben, der den Druck aufkaufen ließ (Losch 1933, S. 29; Wertheim 1957, S. 452; vgl. den Abdruck in deutscher Übersetzung bei Kapp 1874, S. 190–194). Zur verstärkten Kritik am Soldatenhandel nach dem Anfang der Französischen Revolution vgl. Losch 1933, S. 31.

51 ThHStAW A 8454, Bl. 1–10, zwischen 5. Sept. und 30. Okt. 1780.

52 Carl August an Weimarer Regierung, 3. Nov. 1780, sig. Carl August, Fritsch, Schnauß (Goethe war abwesend), exp. 8. Nov., ThHStAW A 8454, Bl. 11r–11v.

53 Weimarer Regierung an Carl August, 6. Nov. 1780, Ausfertigung, unterschr. Schmid, ThHStAW A 8454, Bl. 12–13; Carl August an Weimarer Regierung, 10. Nov. 1780, Konzept, aber ohne Paraphen, Unterschrift und Expeditionsvermerk, da das Reskript wegen Goethes Vorschlag nicht ausgefertigt wurde.

54 Votum, zwischen 10. und 14. Nov., AS 1, S. 109.

55 AS 1, S. 109.

56 AS 1, S. 200f. Vgl. auch den Brief vom 5. Mai 1784: WA IV/51, S. 70.

57 Johann Carl Maximilian Nolte an Carl August, Weimar, 5. Sept. 1780 ps. 6. Sept., ThHStAW A 8454, Bl. 1–2 (Nolte gesteht die Re-

legation in Halle); Prorektor der Universität Jena, Johann Jacob Griesbach, an Carl August, 13. Sept. 1780, ps. 15. Sept., ThHStAW A 8454, Bl. 4–6 (Griesbach erfuhr von der Relegation in Frankfurt durch Informationen aus Halle).

58 AS 1, S. 109.

59 Vgl. die weiteren Dokumente in A 8454. Das unausgefertigte Reskript (Bl. 14) wurde genau im Sinne von Goethes Votum abgeändert (an Weimarer Regierung, 14. Nov. 1780, sig. Carl August, Fritsch, Schnauß, Goethe, exped. 18. Nov., Bl. 16, vgl. Reskript an die Kriegskommission – also an Goethe selbst –, Daten und Paraphen wie oben; Bl. 17); Nolte verfaßte am 11. Dezember 1780 eine Bittschrift aus dem Gefängnis in Jena, in der er Reue zeigt (Bl. 18), und die in der Session vom 20. Dezember »ad Acta« gelegt wurde (Randbemerkung von Schmidt); am 1. Jan. 1781 erfolgte die Anweisung an die Regierung (Konzept Goethes, AS 1, S. 130).

60 Vgl. S. 49.

61 Carl August an Herzog Friedrich von Braunschweig (in dessen Eigenschaft als preußischer General), 23. Juli 1782, Konzept mit Korrekturen von Goethe, AS 1, S. 200.

62 Das geht aus mehreren Dokumenten hervor: Wangenheim an Carl August, Gotha, 10. Sept. 1776, ps. 16. Sept., ThHStAW B 36557, Bl. 3^{v}; Carl August an Weimarer Regierung, 26. Sept. 1776, sig. Carl August, Fritsch, Schnauß, Goethe, exp. 4. Okt., ebd., Bl. 4^{r}; Kanzler Schmid an Hauptmann von Wangenheim, 7. Juli 1777, exp. 7. Juli, B 36569, Bl. 7^{r}.

63 Rechnung vom Zuchthausinspektor Premsler vom 19. April 1781, ThHStAW H 1586, Bl. 18^{r}: für die zwanzig Wochen vom 3. Dezember 1780 bis zum Datum der Rechnung betrugen die Kosten für Verpflegung 4 Reichstaler, 8 Groschen.

64 Herzogliche Schatulle, Jahresrechnung 1. Okt. 1782–1. Okt. 1783, ThHStAW A 1107, Bl. 11^{r}: »Serenissimi Spielgelder« (eine Seite dieser Rubrik aus dem Jahre 1776 wird bei Holtzhauer 1969, S. 213, abgebildet).

65 Vgl. Goethes Zusammenstellung: AS 1, S. 364–368.

66 Schatulle-Jahresrechnung 1782–1783 (Anm. 64), Bl. 31^{v}, 33^{v} (Almosen und Wohltaten: 569 Reichstaler).

67 Neben dem Dienstältesten Fritsch; AS 1, S. XCI.

68 »Vor Ihro, des Herrn Geheimden Legations Rathes Göthe, ist von denen Züchtlingen folgende Tage Holtz gemacht worden, als:
den 2ten Mart: a.c. 6 Persohnen 1/2 Tag 9 [Groschen]
den 3ten ejus d: 4 Persohnen 1. Tag 12 [Groschen]
eodem Ein Weib das. 1 Tag 2 [Groschen]
Drey und zwantzig Groschen, Arbeits Lohn, sind richtig bezahlet, und hierdurch darüber gehorsamst quittiret worden. Weimar, den 3ten Mart: 1778 Johann Gottfried Premßler« GSA 34/II, 2, 1, Bl. 15^{r}.

69 AS 1, S. 110, korrigiert nach ThHStAW A 8454, Bl. 15^{v}. Andere Fälle, in denen die Gefahr für weimarische Untertanen als Grund für die Abgabe an Werber geltend gemacht wird: ThHStAW B 36606, Bl. 1^{v}; B 36618, Bl. 1^{v}, 2^{r}; B 36619, Bl. 2^{v}.

70 Carl August an Weimarer Regierung, 18. Juni 1778, sig. Carl August, Schnauß, Goethe, exp. 25. Juni, ThHStAW B 36557, Bl. 12^{r}; vgl. Eisenacher Regierung an Carl August, 16. Okt. 1783, Ausfertigung, unterschr. Kanzler Bechtolsheim, ps. 25. Okt., B 36606, Bl. 1^{v}.

71 Wangenheim an Carl August, Gotha, 10. Sept. 1776 (Anm. 62), Bl. 3^{v}.

72 Jenaer Stadtkommandant Major Johann Georg von Bentheim an Carl August, Jena, 2. April 1786, ps. 3. April, ThHStAW B 36618, Bl. 8^{r}.

73 Wangenheim an Carl August, 22. März 1778 (Anm. 21), Bl. 8^{v} (er zitiert den Eisenacher Kanzler von Göckel); ders. an dens., 19. Juni 1777 (Anm. 22), Bl. 1^{r}.

74 Vgl. S. 61.

75 Die Beispiele aus amtlichen Vorgängen der Zeit der Französischen Revolution sind Legion, wie wir in den betreffenden Abschnitten sehen werden (vgl. auch Anm. 80), aber auch vor der Revolution findet man den Begriff in weimarischen Akten, etwa ThHStAW B 2474b, Bl. 3^{r}, 4^{r}, 12^{r}, 26^{r}, 61^{r} und, mit Goethes Beteiligung: Carl August an Weimarer Regierung, 28. April 1778, sig. Carl August, Fritsch, Schnauß, Goethe, exp. 4. Mai, Bl. 5^{r} (»einigen unruhigen Bürgern zu Illmenau [sic]«). Vgl. auch AS 1, S. 278; *Götz*, MA 1.1, S. 594, 619, und in der Zeit der Revolution bzw. der Studentenunruhen in Jena: AS 2/1, S. 238; WA IV/10, S. 101.

76 Carl August an Weimarer Kammer, 20. Dez. 1780, sig. Carl August, Fritsch, Schnauß, Goethe, exp. 25. Dez., ThHStAW B 36557, Bl. 14^{r}.

77 Weimarer Regierung an Carl August, 12. Juni 1778, Ausfertigung, unterschr. Schmid, ps. 17. Juni, ThHStAW B 36557, Bl. 10–11, hier Bl. 10^{v}.

78 So benennt Anna Barbara König in einer Bittschrift an Carl August das Delikt ihres inhaftierten Gatten: 12. Dez. 1780, von Schreiberhand (auch die Unterschrift), ps. 16. Dez., ebd., Bl. 13^{r} (ihr Ansuchen um eine Bier- und Brotversorgung wurde abgeschlagen, und sie wurde auf die nächste vakante Versorgung vertröstet: Carl August an Weimarer Kammer, 20. Dez. 1780, sig. Carl August, Fritsch, Schnauß, Goethe, exp. 25. Dez., ebd., Bl. 14).

79 Eisenacher Regierung an Carl August, Eisenach, 25. Mai 1785, Ausfertigung, unterschr. Kanzler von Bechtolsheim, ps. 6. Juni, ThHStAW B 36619, Bl. 1–3, hier Bl. 1^{v}.

80 »Bedenkliche Reden«: ThHStAW B 5333, Bl. 8^{v} (im Kontext der sächsischen Bauernunruhen, 1790; vgl. »bedenkliche Zeitschriften« – gemeint sind revolutionäre –, H 1633, Bl. 4^{r}); »bedrohliche« Reden, Schriften usw.: ThHStAW B 5333, Bl. 12^{v}, 20^{r} (»bedrohlich[e]

und rebellisch[e] Reden«); Eisenacher Geheimer Rat Carl Christian von Herda, 1792, ThHStAW H 1638, Bl. 3^{r}; Schnauß, 1792, A 442a, Bl. 46^{v}; ThHStAW B 5718, Bl. 8^{v} (»bedrohlich[e] Reden« der Apoldaer Fabrikarbeiter, 1793, vgl. auch 12^{r}, 13^{r}), A 8570, Bl. 5^{r} (die von einem Studenten »ausgestoßenen Respectswidrigen und bedrohlichen Reden«). Folgendes Zitat aus dem Jahre 1792 bündelt diese Codeworte: »[…] von einzelnen, unruhigen und unzufriedenen Köpfen geäußerte ungegründete und unerfindliche Beschwerden, aufrührerische und bedrohliche Reden über die inneren Landes-Angelegenheiten […]«, Geheimes Consilium an Carl August, 21. Dez. 1792 (vgl. S. 134).

81 Göchhausen an Weimarer Regierung, Eisenach, 3. Juni 1786, ps. 6. Juni, ThHStAW H 1597, Bl. 7^{r}.

82 Weimarer Regierung an Göchhausen, 12. Juli 1786, unterschr. Regierungsrat Traugott Lebrecht Schwabe, exp. 30. Aug. [!], ThHStAW H 1597, Bl. 8.

83 Zuchthausinspektor Premßler an Weimarer Regierung, 29. Nov. 1786, ps. 29. Nov., ThHStAW H 1597, Bl. 13 (das Verzeichnis: Bl. 14).

84 Göchhausen an Schwabe, Osterburg, 1. Okt. 1786, ps. 18. Nov., »Resol. Regim.« 27. Nov., ThHStAW H 1597, Bl. 12. Auch dieser Brief enthält Grüße an Fritsch, Schnauß und Goethe.

85 Eisenacher Oberkonsistorium (Präsident war Bechtolsheim) an Carl August, Eisenach, 12. April 1782, Ausfertigung, ps. 24. April, B 36600, Bl. 1–2, hier Bl. 1^{v}. Der Verbrecher wurde nach dem Befehl des Geheimen Consiliums an den preußischen Werber Wolfsburg statt an Hannover abgegeben: Carl August an die Eisenacher Regierung, 30. April 1782, sig. Carl August, Fritsch, Schnauß, Goethe, exp. 6. Mai, B 36600, Bl. 4.

86 Die Eisenacher Regierung berichtet 1785 über einen »Taugenichts«, der zwar kein eigentliches Verbrechen begangen hatte, aber ein »dißolutes Leben« und »dabey noch bedenckliche Reden geführet habe«: »Es hat dahero das Fürstl[iche] Amt dahin angetragen, daß erwehnter Helbig, da er noch in den Jahren daß er unter die Soldaten angebracht werden könnte, auch dazu gros und starck genug wäre, an fremde Werber abgegeben werden möchte, indem wenn er älter werden sollte, ihn das Land als einen Bettler oder Züchtling zu ernähren haben würde […]«; die Regierung stimmt diesem Vorschlag zu, »damit das Publicum über kurz oder lang durch diesen unverbeßerlichen Taugenichts keiner Gefahr ausgesezt werde«. Eisenacher Regierung an Carl August, Eisenach, 25. Mai 1785 (vgl. Anm. 79), Bl. 1^{r}–2^{v}.

87 In einem Brief vom 18. Dez. 1780 an Hamann über die hessischen Werbungen; Herder 1977, Bd. 4, S. 148; vgl. Bd. 9, S. 293. In den *Briefen zur Beförderung der Humanität* (1793) nahm Herder eine

ursprünglich 1782 publizierte, proamerikanische Hymne Klopstocks auf, aber er läßt den Soldatenverkauf unerwähnt (Herder 1971, Bd. 1, S. 93–95).

88 Vgl. Wertheim 1957, S. 435 (zu einem Gedicht aus dem *Merkur* vom November 1775, also um die Zeit von Goethes Ankunft in Weimar); Urzidil 1958, S. 8 (zu Wielands Befürwortung der »unverlierbaren Rechte der Menschheit« im Jahre 1775).

89 Vgl. zu Lindau die Stellen im Register WA IV/7, S. 430, besonders WA IV/4, S. 29.

90 An Lavater, 19. Feb. 1777, WA IV/3, S. 136.

91 WA IV/51, S. 80, vgl. WA IV/52, S. 103 f.; MA 10, S. 245.

92 An Charlotte von Stein, Braunschweig, 21. Aug. 1784, WA IV/6, S. 341.

93 4. Teil, 17. Buch, MA 16, S. 750.

94 Stellvertretend Urzidil, der lediglich eine Stelle aus *Wilhelm Meisters theatralischer Sendung* anführt, in der von der »republikanischen Form« der Schauspielerselbstverwaltung die Rede ist (V/13, MA 2.2, S. 274); Urzidil liest das als dezidierten Hinweis auf die amerikanische Freiheitsbewegung (1958, S. 43 f.; ihm folgt Lange 1975, S. 68); die neuere Forschung ist eher geneigt, in dieser Stelle eine Reflexion zeitgenössischer Modelle der Theaterleitung zu sehen (vgl. Hannelore Schlaffer, MA 2.2, S. 834). Urzidil nennt nur die Titel *Die Mitschuldigen* und *Das Neueste von Plundersweilern* (vgl. unten). Bei aller Kritik an Goethe nimmt Kapp die zitierte Stelle aus *Dichtung und Wahrheit* als getreue Schilderung der jugendlichen Haltung Goethes (1874, S. 205). Victor Lange räumt ein, daß Goethes »Anteilnahme« an der amerikanischen Sache »kaum nachweisbar« sei, entschuldigt dies aber mit der unzulänglichen Berichterstattung aus Amerika (S. 63). Andere Zeitgenossen hielten die Berichterstattung jedoch offenbar für ausreichend, um Kritik damit zu begründen.

95 4. Teil, 19. Buch, MA 16, S. 811.

96 MA 16, S. 750.

97 Seidel an J. A. Wolf, 23. Nov. 1775, zum Gespräch vom 18. Nov. 1775, BG 1, S. 388.

98 Vgl. besonders folgende Stelle aus einem Entwurf einer Einleitung zur *Campagne in Frankreich*: »Nach dem Anteil den man an Corsika sodann aber an Nord-Amerika genommen, rückte das Interesse näher; die Franzosen machten einen Versuch ihren Regierungsformen andere Gestalt zu geben [...]« (MA 14, S. 595). Vgl. auch die Tagebuchaufzeichnung vom 18. Mai 1810: »Vorbereitung zum künftigen Schicksal der Welt alles außer Deutschland: Paoli, Franklin« (WA III/4, S. 121).

99 Johann August Weppen (1783), zit. nach Losch 1933, S. 44.

100 Zeile 7–12, MA 2.1, S. 236.

101 MA 2.1, S. 646; für das folgende ebd. sowie Kapp 1874, S. 204.
102 Kapp 1874, S. 204, vgl. ebd.: »zahm[e] Satire«.
103 Z. 49–57, MA 2.1, S. 382.
104 MA 2.1, S. 705.
105 Wagner 1969, S. 46; vgl. Wertheim 1957, S. 440.
106 IV/16, vgl. VI/3 (MA 5, S. 262, 433).
107 Losch 1933, S. 15. In der Fachliteratur wird außerdem darauf hingewiesen, daß Subsidienverträge im 17. und 18. Jahrhundert keine Seltenheit waren, denn »fast alle Länder bezw. Potentaten, die nur irgendwie über eine nennenswerte Truppenmacht verfügten«, beteiligten sich daran (ebd., S. 15). Trotzdem behielt der Verkauf nach Amerika einen besonderen Charakter im zeitgenössischen Bewußtsein.
108 Lenz war wegen seiner labilen Psyche ein Sonderfall; er überlegte, mit den Hessen in Amerika zu kämpfen, aber nur als eine Art des zulässigen Selbstmords im Krieg, den er auch dem schon erwähnten Heinrich Julius von Lindau empfahl. Vgl. Lenz an Lindau, April 1776, Lenz 1987, Bd. 3, S. 423–25 (vgl. auch die anderen Stellen zu Lindau im Register sowie Lenz' schroffe Kritik an der amerikanischen Sache, ebd., S. 404 f.). Die Apologeten Englands kamen meist aus dem Lager hannoverischer und hessischer Staatsdiener. Ein lehrreicher Fall für die Geschichte der Anpassung in der deutschen Intelligenz ist der meist sehr kritische Göttinger Professor August Ludwig Schlözer, der aber in seinen berühmten Zeitschriften durchweg die Partei der Engländer – also seiner Brotgeber – gegen die amerikanischen »Spitzbuben und Räuber« ergreift und auch den Soldatenhandel beschönigt. Vgl. Wertheim 1957, S. 452–455.
109 So Johann Gottfried Seume (1813), in Hermand 1975, S. 59.
110 Wertheim 1957, S. 444 ff.
111 Losch 1933, S. 16.
112 Brief an Voltaire, zit. Losch 1933, S. 30. Losch weist darauf hin, daß Friedrich die braunschweiger Subsidienverträge begrüßte und den hessischen Handel nur deswegen verurteilte, weil er die Truppen lieber selbst gemietet hätte (S. 31).
113 Am 30. Aug. 1781 erwarb er die gerade publizierte Schrift *Révolution de l'Amérique* (London 1781) von dem berühmten Abbé Guillaume Thomas François Raynal, wie eine Rechnung des Buchhändlers Hoffmann in den Schatullbelegen nachweist: ThHStAW A 1092, Nr. 258. Zu Raynal, der übrigens Ende April 1782 eine Woche in Weimar verbrachte, vgl. Losch 1933, S. 31; Kapp 1874, S. 195, 197–199.
114 Ewald, Über Revolutionen; Hermand 1975, S. 52.
115 MA 16, S. 750; vgl. S. 1058.
116 Die Abonnements für zum Teil kritische Zeitschriften, Weckherlins *Chronologen*, Schlözers *Briefwechsel* und das Hamburger *Politische*

Journal, gehen aus den Bücherrechnungen in der herzoglichen Schatulle hervor, etwa ThHStAW A 1086, Bl. 25^{r}; A 1101, Bl. 10^{r}, 26^{v}. Während der Französischen Revolution verordnete Carl August das Abonnement des französischen Revolutionsorgans *Moniteur* (an Schnauß, im Lager vor Mainz, 2. Juli 1793, von Schreiberhand [Weyland], ps. 8. Juli 1793, ThHStAW Hausarchiv A XIX No. 111^{b}, Bl. 38). Zu Goethes Kritik am Zeitungslesen vgl. S. 166 ff.

117 Goekingk (1782), nach Wertheim 1957, S. 447.

118 ThHStAW H 1556, Bl. 105, mit Kanzleivermerk »extrah[iert]«, also an die Behörden verteilt; vgl. Schmidt 1800, Bd. 6, S. 117f. Die Überlieferung zum amtlichen Vorgang zu diesem Erlaß ist äußerst ungewöhnlich und zeugt vielleicht vom Bestreben, Goethe vor politischer Kritik zu schützen. Das gedruckte Patent befindet sich unvermittelt in einer Akte, die sich nicht darauf bezieht; andere Akten dazu sind nicht überliefert, ein extrem ungewöhnlicher Umstand. In der Sammlung gedruckter Mandate (ThHStAW B 2077, 1779 Febr. 26) sind mehrere Exemplare des Mandats erhalten; eins davon trägt den Blattstempel »417«, wurde also aus einer Akte herausgelöst. Es sieht so aus, als wären alle amtlichen Dokumente zu diesem Verbot, aus denen die Beteiligung einzelner Räte erschlossen werden könnte, vorsätzlich beseitigt worden. Da das Patent, eine Kanzleiverordnung, auf den 26. Februar 1779 datiert ist, wird es in der Session vom 25. Februar beschlossen worden sein, an der auch Goethe teilnahm (so ebenfalls an allen vorherigen Sitzungen seit dem 24. Okt. 1778: AS 1, S. LXXII). Das verschollene Konzept enthielt also seine Paraphe. Dieses Patent wurde in der Übersicht von Lothar Frede (1970) übergangen.

119 Vgl. Schmidt 1800, Bd. 6, S. 117 (9. Feb. 1757, erneuert 1757 [3mal], 1759, 1760 [2mal], 1761).

120 Losch 1933, S. 31. Eine Meuterei in Hessen beschreibt Seume in seiner Autobiographie; Hermand 1975, S. 58–60.

121 Kant: *Beantwortung der Frage: Was ist Aufklärung?* (1784), Kant 1983, Bd. 9, S. 61.

122 Vgl. die Briefe vom 20. Feb. an Fritsch und vom 2. und 6. März 1779 an Charlotte von Stein, wo von »Aushebung« der Rekruten die Rede ist (WA IV/4, S. 11, 13, 18).

KAPITEL 2

1 Vgl. vor allem Sagave 1976 (ohne Bezug auf AS oder Archivrecherchen).

2 Eberhardt 1951, S. 23.

3 Z. 5207–5214; MA 18.1, S. 123.

4 WA IV/5, S. 311 f.

5 An Carl August, 26. Dez. 1784, WA IV/6, S. 417.
6 »[...] man ist beschämt wie man vor so vielen tausenden begünstigt ist« (an Charlotte von Stein, Creuzburg, 5. April 1782, WA IV/6, S. 296).
7 Bahnbrechend sind die Arbeiten von Peter Blickle, zusammenfassend Blickle 1988.
8 Gothe 1982, Bd. 1, S. 7f. Gothes Untersuchung behandelt nur die Kerngebiete des Fürstentums Weimar, so daß unter anderem Sachsen-Eisenach ganz ausscheidet, aber das beeinträchtigt nur wenig den Ertrag dieser sehr wichtigen Arbeit.
9 Troßbach 1983, S. 242.
10 Für Bayern bzw. Sachsen vgl. R. Blickle 1993, S. 154f.; Schmale 1993, S. 179.
11 Blickle 1993, S. 156f.
12 Würgler 1995.
13 Vgl. S. 147. Wolfgang Schmale weist Fälle in Sachsen lange vor der Französischen Revolution nach, in denen man sich auf die »natürliche Freiheit« beruft (1993, S. 176).
14 Hartung 1923, S. 72–85.
15 Borchmeyer 1994, S. 78.
16 Gothe 1982, S. 37.
17 Vgl. Achilles 1991, S. 40.
18 Eberhardt 1951, S. 38 (im Jahre 1785: 8 Schatull-, 37 Kammer-, 81 Rittergüter).
19 Gothe 1989, S. 34ff.
20 Gothe 1982, Bd. 1, S. 67.
21 Vgl. Gothe 1982, Bd. 1, S. 71.
22 Hartung 1923, S. 77, 80ff.
23 Ob die Landwirtschaft zumal in Thüringen am Ende des 18. Jahrhunderts noch als ›feudal‹ bezeichnet werden kann, ist unter Historikern umstritten. Gerade der hohe Anteil des weimarischen Staates am Grundbesitz relativiert den Terminus Feudalismus, da auch Naturalleistungen (besonders Fronen) als Gegendienst für die zunehmenden Gemeinschaftsaufgaben des Staates angesehen werden können. Aber nicht nur der große Anteil der höfischen Ausgaben, sondern auch die »sozialen Implikationen« sind in Rechnung zu stellen: »Keine Feudallast war in gleicher Weise wie der Herrendienst dazu angetan, die Abhängigkeit des Bauern, seine zumindest temporäre Fremdbestimmung in aller Öffentlichkeit herauszustellen« (Achilles 1991, S. 97, vgl. allgemein S. 91–97). Daher wird der Begriff hier verwendet, er ist jedoch mit der notwendigen Vorsicht anzusehen.
24 Hartung 1923, S. 72.
25 Im Konflikt um die Ernennung des ehemaligen Kammerpräsidenten von Kalb zum Deputierten der Jenaischen Ritterschaft taktierte Fritsch auf Kalbs Seite. Der Ärger der bürgerlichen Räte, vor allem

Voigts, über dieses Betragen äußert sich in mehreren Briefen (ThHStAW A 442a, J 337 und Hausarchiv A XIX No. 111^{b}), in denen grundsätzliche Erwägungen über das Privilegium Adliger in der Beamtenschaft zur Sprache kamen.
26 Goethe an Carl August, 25. Jan. 1788, WA IV/8, S. 333.
27 Vgl. Doebber 1919, zu den fehlenden Gerechtsamen S. 228 f.
28 Vgl. Achilles 1991, S. 97.
29 Gothe 1982, Bd. 1, S. 43 f.; vgl. Eberhardt 1951, S. 40.
30 Gothe 1982, Bd. 1, S. 45 f., zu Baufronen ebd. S. 46.
31 Riethnordhausen, 24. Aug. 1797, von Schreiberhand, unterschrieben von 49 Personen, ps. 25. Aug. 1797, ThHStAW B 2779, Bl. 1–3. Zum Amt Großrudestedt vgl. Diezel 1943, S. 61; der Amtmann war Johann Gottlieb Heumann (HAC 1797); er hat sich 1789 in einem anderen Amt laut Goethe als »ein sehr verständiger Mann« erwiesen (AS 2/1, S. 159), und im Februar/März 1793, als politische Schwierigkeiten in Eisenach drohten (dazu weiter unten), wurde erwogen, ihn von Großrudestedt ins Oberamt Eisenach zu versetzen (Schnauß an Carl August, 3. Feb. und 2. März 1793, ThHStAW A 442a, Bl. 201^{v}, 217^{r}). Allerdings besaß Heumann nicht immer das Vertrauen des Herzogs; Carl August schrieb 1794 nach dem Empfang einer Bauerndeputation aus Großrudestedt: »Heumann scheint bey dieser Angelegenheit etwas zu fehlen« (an Voigt, 19. Feb. 1794, ThHStAW J 288, Bl. 184^{r}, vgl. an Voigt vom 18. Feb. 1794, ebd., Bl. 182^{r}, sowie Kap. 3). Im Bestand Fronen und Dienste befindet sich keine betreffende Akte zu Fronen in Ringleben.
32 Weimarer Kammer an Carl August, 31. Sept. 1797, Ausfertigung, unterschr. Johann Christoph Schmidt, ps. 6. Okt., ebd., Bl. 6^{v} (das nächste Zitat ebd.).
33 Vorstellung der Hintersättler zu Riethnordhausen an Carl August, 21. Dez. 1797, unterschr. Friedrich Nicolaus Dönnicke, Johann Ludwig Diez »und Consorten«, von Schreiberhand (ein anderer Schreiber als Bl. 1–2), mit Vermerk: »verf. und auf Bitte unterschr. Heinrich Hauenschild«, ps. 26. Dez., ThHStAW B 2779, Bl. 8^{r}–10^{r}.
34 Den Bauern sollen jedoch »alle weitere desfalsige Behelligungen untersaget« werden. Carl August an Weimarer Kammer, 2. Jan. 1798, sig. Fritsch, Schmidt, Voigt, exp. 5. Jan., ThHStAW B 2779, Bl. 12^{r}.
35 Weimarer Kammer an Carl August, 23. Feb. 1781, Ausfertigung, unterschr. Kalb, ps.-Vermerk oben auf Bl. 1 abgeschnitten, ThHStAW B 10587, Bl. 1^{r}.
36 Ebd., Bl. 1^{v}, 2^{r}; das Verbot ist vom 28. Sept. 1780 datiert.
37 28. Sept. 1780, Ausfertigung, unterschr. Schmid, ThHStAW B 12250, Bl. 6^{v}.
38 Vgl. Huschke 1958, S. 85f.; AS 1, S. 3 f.; AS 4, S. 128; HB 10, S. 518; zu seinen früheren Verdiensten um die Universität Jena vgl. Pester 1992, S. 174 ff.

39 Carl August an Weimarer Regierung, 14. März 1781, sig. Fritsch, Schnauß, exp. 17. März, ThHStAW B 10587, Bl. 5.

40 Weimarer Regierung an Carl August, 26. März 1781, Ausfertigung, unterschr. Carl Schmid, ps. wohl 4. April (am Rand abgeschnitten), ebd., Bl. 6–12 (das folgende Zitat: Bl. 6^{v}). Konzept: B 10588, Bl. 19–22, sig. von Schmid und 5 anderen Räten, exp. 29. März.

41 Ebd., Bl. 7^{r}. Der Ausdruck »Justiz Collegium« wurde im Konzept geändert aus: »gewissenhaften u. wohlgeordneten Justiz Collegium« (B 10588, Bl. 19^{v}).

42 Ebd., Bl. 7^{v}, die folgenden Zitate: Bl. 8^{v}–9^{v} (die Beilagen sind nicht erhalten).

43 Vgl. aber den Fall des späteren Regierungskanzlers von Koppenfels (S. 15).

44 Vgl. S. 17.

45 Carl August an Weimarer Regierung, 6. April 1781, sig. Carl August, Fritsch, Schnauß, Goethe, exp. 20. April, ThHStAW B 10587, Bl. 13–14. Im folgenden wird nach der behändigten Ausfertigung in der Regierungsakte B 10588, Bl. 27–28, zitiert.

46 Auch in einer gestrichenen Stelle im Konzept des Schreibens an Carl August spricht die Regierung von den »ohnlängst zwischen ihr [=der Kammer] und uns obgewalteten Mishelligkeiten« (B 10588, Bl. 19^{r}; die folgenden Zitate ebd., Bl. 27^{v}–28^{r}).

47 In beiden Fassungen des *Götz von Berlichingen*, 1. Akt, MA 1.2, S. 414, 576.

48 Carl August an Weimarer Kammer, 6. April 1781, Konzept, sig. Carl August, Fritsch, Schnauß, Goethe, exp. 20. April, ThHStAW B 10587, Bl. 15–16, hier Bl. 15^{v}.

49 Carl August an Weimarer Regierung, 6. April 1781, sig. Carl August, Fritsch, Schnauß, Goethe, exp. 20. April, ThHStAW B 10814, Bl. 4.

50 ThHStAW B 10588, Bl. 28^{r}.

51 Carl August an die Weimarer Kammer, 6. April 1781 (vgl. Anm. 48), Bl. 15^{r}–16^{r}.

52 Schmidt 1997, S. 107.

53 Troßbach 1983, S. 239 f., 248; zu den Kosten vgl. Blickle 1988, S. 39.

54 Vgl. etwa die von Troßbach 1983, S. 250f., erwähnte Erweiterung der Versammlungsfreiheit durch die Reichsgerichte.

55 Weimarer Kammer an Carl August, 16. Aug. 1783, Ausfertigung, unterschr. Ludwig Daniel Büttner, ps. 20. Aug., ThHStAW B 10752, Bl. 1–2, hier Bl. 2^{r}.

56 Weimarer Kammer an Carl August, 15. Sept. 1783, Ausfertigung, unterschr. Büttner, ps. 26. Sept., ebd., Bl. 4–6, hier Bl. 4^{v} (»[…] es auch überall Herkommens […]«); das folgende Zitat ebd., Bl. 5^{v}–6^{r}.

57 Vgl. Blickle 1988, S. 35, 49, 80 f.

58 Nämlich »der bey dem dortigen Cammer-Guth zeither gehabte Zehend-Schnitt und Drusch«. Carl August an die Weimarer Kam-

mer, 13. Okt. 1783, Konzept, sig. Carl August, Fritsch, Schnauß, Goethe, exp. 20. Okt., ThHStAW B 10752, Bl. 7^r.

59 Blickle 1988, S. 38.

60 Vgl. Gothe 1982, Bd. 1, S. 51, zu einer Verordnung aus dem Jahre 1760. In seiner Erörterung von Advokaten übergeht Hartung diese Kriminalisierung (1923, S. 116 f.).

61 Eisenacher Regierung an Carl August, Eisenach, 26. Jan. 1790, Ausfertigung, unterschr. Bechtolsheim, ps. 3. Feb., ThHStAW Eisenacher Archiv, Rechtspflege 1282, Bl. 1–10, hier Bl. 3^v, 8^r; zur Bestrafung des Hofadvokaten Schneider mit zweitägigem Arrest auf der Hauptwache und Untersuchungskosten vgl. Geheimes Consilium an Weimarer Regierung, 28. März 1792, sig. Fritsch, Schnauß, Schmidt, Voigt (Voigt unterschrieb jedoch nicht!), exp. 7. Apr., ebd., Bl. 31.

62 Vgl. die Ergebnisse von Würgler 1995 zu Frankfurt im Jahre 1707: S. 127.

63 Vgl. Blickle 1988, S. 88.

64 Läuterung: vgl. Grimm (svw. Erklärung eines Rechtsurteils).

65 Geheimes Consilium an Weimarer Regierung, 23. Mai 1786, sig. Fritsch, Schnauß, Schmidt, exp. 24. Mai, ThHStAW B 10649, Bl. 62–63, hier Bl. 62^v.

66 Blickle 1988, S. 80 f.

67 Beschwerde der »gesammt Müller des Amts-Bezircks Allstedt« an Carl August, unterschr. Johann Christian Cämmerer, Johann Christian Häcker und Consorten, von Schreiberhand, Allstedt, 14. Mai 1785, ThHStAW B 10594, Bl. 1–2, hier Bl. 2^v.

68 Weimarer Oberkonsistorium an Carl August, 5. Juli 1785, Ausfertigung, unterschr. Hetzer, ThHStAW B 10594, Bl. 5–6. Zu Hetzer vgl. HB 10, S. 265.

69 Geheimes Consilium an Weimarer Oberkonsistorium, 21. Juli 1785, sig. Schnauß, Schmidt, exp. 25. Juli, ThHStAW B 10594, Bl. 7^v.

70 Carl August an Fritsch, »Cant[onnement] Qu[artier] Zirlau« (bei Freiburg/Schlesien), 26. Juli 1790, ps. 29. Juli. / 1. Aug. [?], ThHStAW Hausarchiv A XIX, Nr. 39, Bl. 150^r.

71 Die Auswirkungen der sächsischen Unruhen im Weimarischen sind in der Herder-Forschung, in der Darstellung Hartungs (1923, S. 193) und aus einigen exzerpierten Dokumenten in Holtzhauer 1969, S. 364 ff., nicht unbekannt. Die vorliegende Untersuchung vertieft diese aus der Akte zu den Unruhen (B 5333) und aus den Briefen Carl Augusts an Schnauß (Hausarchiv A XIX No. 111) gewonnenen Erkenntnisse durch Heranziehung der vorrevolutionären Tradition ähnlicher Beschwerden sowie der zum Verständnis der Ereignisse unentbehrlichen konkreten Beschwerde in Bürgel (B 11557) und der Bestrafung des Pächters Kellner (B 2765a).

72 ThHStAW Hausarchiv A XIX, Nr. 39, Bl. 150^v.

73 Vgl. das Flugblatt in Mieth 1988, S. 26 ff.

74 Hermand 1975, S. 282.

75 Vgl. Möller 1963. – G. A. Bürger führt in sein Gedicht ein besonderes Pathos ein, indem er den Bauern durch den Jagdhund eine demütigende Verletzung erfahren läßt (und in der nächsten Strophe sogar mit dem Wild parallelisiert), aber das Wild selbst konnte dasselbe anrichten. Wenigstens entschädigte Carl August die Verletzten, wenn wir folgendes Zeugnis aus dem Schatullrechnungsbuch als repräsentativ ansehen können: »2 Rth 6 gr. Kurkosten eines Mannes, Nehml[ich] Kogel, von Gr[oß] Obringen, den auf der Jagd im Ettersberge ein Hirsch verwundet. [...] / 1 Rth 15 gr. Demselben für seine 14täg[ige] ArbeitsVersäumniß.« 1. Okt. 1782–1. Okt. 1783, ThHStAW A 1107, Bl. 37^{v}.

76 Die Geschäftsregistrande der Geheimen Kanzlei verzeichnet zum 1. Sept. 1783: »Die Bürgerschafft zu Ilmenau, führet wegen des durch den Wildfraß an ihren FeldFrüchten erlittenen großen Schadens Beschwerde« (ThHStAW B 879, Bl. 42^{v}). Goethe fehlte bei der Session dieses Tages (AS 1, S. LXXVI). Im Jagdhaus Gabelbach ist eine Beschwerde Ilmenauer Bürger an Carl August über die Jagd (6. Sept. 1788) ausgestellt.

77 MA 2.1, S. 12; vgl. den Kommentar von Hartmut Reinhardt, S. 548 f.

78 Goethe an Carl August, 23.–26. Dez. 1775, WA IV/3, S. 7–12; Tagebuch, 24.–25. Okt. 1776, WA III/1, S. 25; *Dichtung und Wahrheit*, MA 16, S. 818; Möller 1963, S. 214.

79 »[D]ie Gemeinder [sic] zu Stadt- und Thalbürgel, Kniepsdorf [=Gniebsdorf], Hetzdorf, Ilmsdorf, Beulbar und Gregau [=Gerega]« an Carl August, Stadtbürgel, 8. Mai 1790, unterschr. von 12 Vertretern der Orte, Konzipient: Joh. Fr. August von Gohren, ps. 15. Mai, ThHStAW B 11557, Bl. 4–6, hier Bl. 4^{v}; das folgende Zitat ebd., Bl. 4^{v}–6^{r}. Die Beschwerde stammte aus dem Jahr 1787 (Weisung des Herzogs: 25. Mai 1787, ebd., Bl. 9^{r}).

80 Zur Chronologie vgl. Anm. 95.

81 »Extract aus Serenissimi gnädigstem Befehl an das geheimbde Consilium d. d. Breßlau den 21. August 1790«, Kopie, ThHStAW B 5333, Bl. 1^{r}.

82 Holtzhauer (1969, S. 365 f.; vgl. Faksimile, S. 366) zitiert nur die Sätze »Was die Äußerungen [...] bringen zu laßen«, so daß das reformerische Element unterbelichtet bleibt; auch Dobbek zitiert nur den ersten Satz des Briefes (Herder 1959, S. 470). – Ein Teil des Originalbriefes wurde von Irmtraut Schmid aus der Akte zu den vom Herzog erwähnten Studentenunruhen zitiert (A 8496, Bl. 6; Schmid ungedruckt, S. 15). Zum vom Kopisten ausgelassenen Abschnitt über die Studentenunruhen vgl. unten, Anm. 11, S. 345.

83 Carl August an Schnauß, 21. Aug. 1790, zit. Holtzhauer 1969, S. 365; Hartung 1923, S. 193. Günter Arnold, der sich offenbar auf Holtz-

hauer, Hartung und Dobbek stützt, führt dieses Zeugnis in verkürzter Form an und gibt den irreführenden Eindruck, daß der Herzog *nur* mit Reformmaßnahmen auf die sächsischen Unruhen geantwortet habe, und daß die Untertanen gefügig geblieben seien: »Karl August hielt die Gutsbesitzer zur Milde in bezug auf die Fronleistungen an. Die über Wildschäden erbitterten Bauern suchte er durch den Abschuß der Hälfte des Rotwildbestandes zu beruhigen. Die Überzeugung des Herzogs, daß ›der deutsche gemeine Mann mit dem Sinn der Subordination geboren‹ sei, wurde von den Untertanen des im Sinne eines wohlmeinenden aufgeklärten Absolutismus gut verwalteten Kleinstaates nicht enttäuscht. In ihrem Alltagsleben hinterließen die Ideen der Revolution keine Spuren, dazu fehlte eine breite bürgerliche Mittelschicht« (1989, S. 3).

84 Vgl. folgende Stellen aus Akten und Briefverkehr der Geheimräte: »Französischen Schwindelgeist und Fanatismus« (Geheimes Consilium an Carl August, 10. Juli 1792, ThHStAW A 8504, Bl. 91^{r}, vgl. A 8503, Bl. 146^{v}); »der Französische Schwindelgeist« (Geheimes Consilium an Carl August, 21. Dez. 1792, ThHStAW H 1638, Bl. 8^{v}); »der einfältige Freyheits Schwindel« (Schmidt an Carl August, Eisenach, 22. Feb. 1793, ThHStAW A 442a, B. 154^{v}); »der Schwindel, tobe, u. immoralitäts Geist« (Carl August an Voigt, Wilhelmstal, 26. Juli 1795, ThHStAW J 288, Bl. 196^{r}), sowie unten in diesem Abschnitt. Goethe verwendete schon im *Götz* und *Egmont*, aber auch im Brief an Bertuch vom 6. Juni 1793 den Begriff »Schwindelgeist« für politischen Aufstand bzw. Revolution: MA 1.1, S. 599; MA 3.1, S. 254; WA IV/18, S. 49 (vgl. auch WA IV/17, S. 32). Vgl. auch Härter 1992, S. 309; Klippel 1976, S. 171.

85 Kursächsischer Geheimer Finanzrat Andreas von Wagner an Voigt, Dresden, 25.–29. Aug. 1790, Kopie, ThHStAW B 5333, Bl. 2–5.

86 Vortrag des Geheimen Consiliums an Carl August, 3. Sept. 1790, Ausfertigung, unterschr. Schnauß, Schmidt, ThHStAW B 5333, Bl. 19–22, hier Bl. 20^{r}; die folgenden Zitate ebd., Bl. 20^{r}–20^{v}. Bl. 9–11 ist der Entwurf von Schnauß, sig. Schnauß, Schmidt, exp. 4. Sept.: »nach Aschersleben auf die dasige Post bestellt«. Der Text wurde mit dem Konzept verglichen. Bl. 9^{r} ist abgebildet bei Holtzhauer 1969, S. 367, und ein Teil des Textes auf S. 366 wiedergegeben (mit Fehlern und irreführend als Schreiben von Schnauß an Carl August gekennzeichnet; Schnauß hat das Konzept verfaßt, aber es handelt sich um einen Vortrag des Geheimen Consiliums).

87 Auch andernorts war man dieser Auffassung; vgl. Härter 1992, S. 306, S. 313 f.

88 Entwurf eines Schreibens von Schnauß an Amtmänner in Jena, Berka, Hardisleben, Dornburg, Bürgel, Roßla, Großrudestedt, 6. Sept. 1790, sig. Schnauß, Schmidt, exp. 7./10. Sept., ThHStAW B 5333, Bl. 12–13, hier Bl. 12^{r}–12^{v}.

89 ThHStAW B 5333, Bl. 20[v]–21[v]; das folgende Zitat ebd., Bl. 21[v]–22[r].

90 »Copia« vom »Circular« des Kammerpräsidenten (und Geheimrats) Johann Christoph Schmidt an »sämtliche herrschaftliche Cammer- und Sçatolguts-Pachter«, 6. Sept. 1790, ThHStAW B 5333, Bl. 14–18, hier Bl. 15[v]. Die Geheimhaltungsmaßnahmen: »Ein jeder der hierunten benannten Herrschaftlichen Cammer- und Sçatolguts Pachter hat das versiegelt anbey mitfolgende Privat-Circular [...] zu erbrechen, genau durchzulesen und sich deßen Innhalt hinlänglich bekannt zu machen, sodann sofort eine Abschrifft von selbigem für sich zu nehmen, solches wieder zu versiegeln und deßen Ueberbringer dem Fürstl[ichen] Cammer-Bothen, Kramer, zur schleunigen weitern Beförderung, wieder zuzustellen, gegenwärtiges Directorium aber behörigen Orts zu präsentiren« (Bl. 16[r]–16[v]).

91 Vgl. dazu Kap. 5.

92 »Extract aus einem von Serenissimo an den Herrn Geheimen Rath, Schmidt, erlaßenen Brief / d. d. 13 Septbr. 1790.«, von Schreiberhand, ThHStAW B 5333, Bl. 23–24, hier Bl. 23[r] (der Herzog genehmigt hier die vom Consilium vorgeschlagenen Maßnahmen).

93 Hartung 1923, S. 194. Eberhardt zitiert nur Stellen aus dieser Akte, die Behutsamkeit der Pächter fordern und die härteren Zustände in Kursachsen hervorheben (1951, S. 54 f.).

94 Arnold 1989, S. 3.

95 Der oben zitierte Brief an Fritsch, in dem Carl August von den Ereignissen in Sachsen erzählt, ist vom 26. Juli 1790 (aus Schlesien) datiert; am 31. Juli reagiert die Weimarer Kammer auf einen Befehl des Herzogs, den Wildstand einzuschränken (vgl. nächste Anm.).

96 Weimarer Kammer an Carl August, 31. Juli 1790, Ausfertigung, unterschr. Johann Christoph Schmidt, ps. 14. Aug., ThHStAW B 11557, Bl. 10[v].

97 MA 14, S. 479.

98 Goethe schreibt unter anderem: »Man beschreibt den Zustand des Landmanns kläglich und er ist's gewiß, mit welchen Übeln hat er zu kämpfen [...]«. Er berichtet von einer »allgemeine[n] Aufforderung« zur Abstellung dieses Übels: »Noch habe ich nichts so allgemein mißbilligen sehn, es ist darüber nur Eine Stimme. Gutsbesitzer, Pächter, Unterthanen, Dienerschafft, die Jägerey selbst alles vereinigt sich in dem Wunsche diese Gäste vertilgt zu sehn. Von der Regierung zu Erfurt ist ein Communicat deswegen an die unsrige ergangen.« 26. Dez. 1784, WA IV/6, S. 415 f.

99 Votum des Geheimrats Schnauß, 30. Sept. 1790, B 11557, Bl. 14[v].

100 Amtmann Johann Friedrich Schalling an Schnauß, Thalbürgel, 28. Sept. 1790, ThHStAW B 11557, Bl. 12–13, hier Bl. 12[r]–12[v].

101 Enzensberger 1972, S. 58; eine längere Fassung: Mieth 1989, S. 29.

102 Eberhardt 1951, S. 35 f.; aufschlußreich ist das Zeugnis eines Zeitgenossen, der die ungleich schlechtere Lage der weimarischen Bauern

gegenüber den blühenden Nachbarterritorien Erfurt und Sachsen-Gotha anschaulich beschreibt (ebd., S. 33 f.).

103 Das geht aus fast allen Dokumenten nach dem Eingang des Berichts des Amtmannes in Bürgel hervor: B 11557, Bl. 14^{v}, 15^{r}, 16^{r}, 17^{r}.

104 Bericht von Wedel, Weimar, 19. Okt. 1790, ThHStAW B 2765a (Kommissionsakte), Bl. 3^{r}–3^{v}. Kopie von Schreiberhand mit eigenhändiger Unterschrift: ThHStAW B 11557, Bl. 23–24. Die Akte zu Kellner befindet sich im Bestand Strafrecht, der zum Verständnis der politischen Verhältnisse in Sachsen-Weimar-Eisenach bisher kaum beachtet wurde.

105 Vgl. S. 103.

106 Zirkularschreiben (vgl. Anm. 90), Bl. 17^{v}.

107 So Voigt an Carl August, 14. Juli 1792, ThHStAW A 442a, Bl. 77–86, hier Bl. 85^{r}.

108 Gothe 1982, Bd. 1, S. 75; zum folgenden ebd., Bd. 1, S. 19.

109 Gothe 1982, Bd. 1, S. 76; vgl. Gothe 1983, S. 213.

110 Carl August an das Geheime Consilium, 21. Aug. 1790 (vgl. Anm. 81).

111 Ernennung der Kommission: Carl August an Voigt und Wedel, 20. Okt. 1790, sig. Carl August, Fritsch, Schmidt, exp. 21. Okt., ThHStAW B 11557, Bl. 26.

112 Diezel 1941, S. 54.

113 So im Verhör des Kreisers Fröhlich vor Wedel und Voigt in Weimar, 22. Okt. 1790, unterschr. Lehnsregistrator Gottlieb Meissel, ThHStAW B 2765a, Bl. 5–9, hier Bl. 7^{v}.

114 Protokoll zum Verhör Johann Georg Kellners vor der Kommission, 29. Okt. 1790, unterschr. Gottlieb Meissel, ThHStAW B 2765a, Bl. 14–15, hier Bl. 14^{v}. Wedel war verhindert, deswegen war Voigt der einzige anwesende Kommissar.

115 Nach Fröhlichs Aussage (Anm. 113), Bl. 7^{r}.

116 Wedel an Carl August, 19. Okt. 1790 (Anm. 104), Bl. 22^{v}.

117 Carl August an Wedel und Voigt, 23. Okt. 1790, Ausfertigung, ps. 25. Okt., ThHStAW B 2765a, Bl. 11^{r}. Konzept: ThHStAW B 11557, Bl. 28, sig. Carl August, Fritsch, Schmidt. Vgl. zur Durchführung der Bestrafung B 2765a, Bl. 13–29; die Untersuchungskosten beliefen sich auf 9 Reichstaler, 10 Groschen. – Nachforschungen über einen etwaigen weiteren Pachtvertrag mit Kellner nach Ablauf des bestehenden waren erfolglos.

118 Hartung 1923, S. 194.

119 Zwar greifen Historiker wie Hartung (1923, S. 194) die Versicherung des Oberforstmeisters von Wedel auf, nach Untersuchung habe sich gezeigt, daß die Angabe des Berkaer Amtmannes, es habe dort Unruhestifter gegeben, »sich auf ein falsch ausgebreitetes Gerücht und bloses Geschwäz gründe« (an Carl August, Weimar, 3. Sept. 1790, ps. 3. Sept., ThHStAW B 5333, Bl. 8^{v}). Wedel hatte jedoch ein besonderes Interesse daran, die Sache zu verharmlosen.

Der für den Wildstand in Bürgel verantwortliche Oberforstmeister Ludwig Christian von Stubenvoll bekam einen ernstlichen Verweis vom Geheimen Consilium, weil er das Wild hatte zu sehr anwachsen lassen (ThHStAW B 11557, Bl. 15[r]); daraufhin spielte er die Bedeutung der Ereignisse herunter: Er leugnete glatt die Unruhen in Sachsen-Altenburg (Wedel an Carl August, 3. Okt. 1790, Ausfertigung, ps. 4. Okt., B 11557, Bl. 18–20, hier Bl. 18[v]–18[r]), die jedoch durch andere Zeugnisse einwandfrei belegt sind (Wedel an Carl August, 19. Okt. 1790, Ausfertigung, ps. 20. Okt., ThHStAW B 11557, Bl. 22[v]; der sachsen-gotha-altenburgische Geheimrat Friedrich Ludwig von Franckenberg an Fritsch, Gotha, 25. Sept. 1790, ps. 28. Sept., ThHStAW H 1558, Bl. 102[r]–102[v]). Nicht nur Stubenvoll, sondern auch »dem Cammerherrn von Wedel« war »ernstl[ich] aufgegeben [worden,] den Rethwildstand« in Berka zu reduzieren (Carl August an Geheimes Consilium, 21. Aug. 1790, vgl. Anm.) – das Wort »ernstlich«, das schon für Stubenvoll benutzt wurde, kommt in bedenkliche Nähe eines Verweises, da Wedel offenbar für das Berkaer Revier zuständig war. Daher hatte Wedel jeden Grund, die »aufwieglerische[n] Drohungen« (ebd.) der Berkaer Bauern zu leugnen.

120 Gothe 1982, Bd. 1, S. 49.

121 Geschäftsregistrande der Geheimen Kanzlei, ThHStAW B 879, Bl. 46[r], 19. Sept. 1783. Ergebnis: »ein Praemium von 10 rt. für den Anzeiger«, d. h. für den Denunzianten.

122 Vgl. Anm. 76.

123 Vgl. S. 108.

124 10. Buch, MA 16, S. 445; vgl. 12. Buch, MA 16, S. 570.

125 NA 10, S. 458.

126 Französische Revolution: Weimarische Wöchentliche Anzeigen vom 7. Nov. 1789, in: Mieth 1989, S. 21; Jena: vgl. Schmid ungedruckt, S. 6 (nach ThHStAW A 8491, Bl. 3); Apolda: vgl. S. 143. Vgl. auch Gerhard Sauder in MA 1.1, S. 919.

127 NA 10, S. 454; die folgenden Zitate: ebd., S. 185 (Z. 1275–1285, 1354–1358).

128 2. Akt, MA 3.1, S. 267. Vansen spricht durchaus Goethe nahestehende Parolen aus, aber Goethes Ablehnung politischer Gewalt erforderte, daß er Vansen negativ zeichnete; vgl. Wilson 1994.

129 Vgl. S. 88 und 95.

130 Vgl. Blickle 1988, S. 80 f., 84.

131 Blickle 1988, S. 86 (»in favorem libertatis naturalis«); vgl. S. 16 f.

132 Vgl. S. 154 f., 133 f.

133 Aussage von Schwartz, Protokoll vom 22. Okt. 1790 (vgl. Anm. 113), Bl. 5[v]–6[r].

134 An Charlotte von Stein, Goslar, 4. Dez. 1777, WA IV/3, S. 191; vgl. an dieselbe, Jena, 28. Mai 1783: »Ein alter launiger Bauer machte uns

bey Tische allerley Spas. Es giebt doch noch in dieser Klasse recht glückliche Menschen, wenn sie nur einigermassen wohlhabend sind und der Druck nicht zu starck auf ihnen liegt« (WA IV/6: 167).

135 Goethe an Voigt, 28. und 30. Aug. 1796, WA IV/11, S. 179f.; vgl. den Kommentar zu G/V-Br 1, S. 296f., sowie zur neuen Steuerbelastung Gothe 1983, S. 214, Anm. 45 (Gothe weist hier – wie sonst – allerdings keineswegs kritisch auf Goethes Haltung hin).

KAPITEL 3

1 MA 4.1, S. 592.

2 Hahn 1977, S. 40.

3 Dazu besonders Saine 1993, S. 151, und die dort angeführten Arbeiten.

4 Dann 1988, S. 167f.

5 Voigt an Carl August, 14. Juli 1792, ThHStAW A 442a, Bl. 77, 83–86, mit Beilage, 78–82, hier Bl. 83^{v}–84^{r}. Diese Stelle des Briefes wird in der Wiedergabe von Koch 1955, S. 447, ohne Kennzeichnung ausgelassen.

6 ThHStAW A 442a, 608 meist beidseitig beschriebene Blätter. Vgl. AS 2/1, S. 12.

7 An Carl August, 14. Juli 1792, ThHStAW A 442a, Bl. 86^{r}. Eine Probe von Voigts Schrift ist abgebildet in G/V-Br 1, nach S. 96.

8 Die Blattzahl der Briefe der verschiedenen Geheimräte in A 442a beträgt: Voigt 214; Schnauß 154; Schmidt 49; Fritsch 9. Der Briefwechsel Fritschs mit Carl August befindet sich jedoch hauptsächlich in Hausarchiv A XIX, Nr. 39. – Wichtige ergänzende Briefe sind diejenigen von Carl August an Voigt in Voigts Nachlaß J 288 (ehemals Hausarchiv A XIX 123 fasc. 1) sowie von Carl August an Schnauß, Hausarchiv A XIX No. 111^{b}. Herangezogen wurden auch andere Briefe aus Voigts Nachlaß (J) sowie der Bestand Krieg und Frieden (H) und aus dem Eisenacher Archiv der Bestand Fronsachen.

9 G/V–Br 1, S. 5.

10 Dies ist besonders bei den wenigen Stellen der Fall, die Fritz Hartung 1923 zitierte, und die in mehrere Forschungsbeiträge eingegangen sind. – Zu Briefstellen aus dieser Sammlung in AS 2/1 vgl. Anm. 4, S. 343 f.

11 Die feierliche Verbrennung wird ausführlich beschrieben in Keller 1921, S. 264 f. Am aufwendigen Zug zum Richtplatz nahmen unter anderem Gerichtspersonal, die Geistlichkeit, ein Schützenkommando, Husaren, Landvolk und »die Schuljugend« teil; es sollen gegen 20 000 Zuschauer gewesen sein.

12 Andreas 1935, S. 171.

13 Bei der Besetzung der Stelle des Amtsmannes in Gerstungen stimmte der Herzog der Meinung von Fritsch und Regierungskanzler Bechtolsheim zu, es sei »bey der besetzung so entlegener Aemter [...] gefährlich der Regierung vorzugreifen [...]«. An Fritsch, Aschersleben, 30. April 1792, ps. 2. Mai, ThHStAW Hausarchiv A XIX, Nr. 39, Bl. 179–180, hier Bl. 180^{r}. Vgl. Carl August an Fritsch, 11. April 1792, ebd., Bl. 176^{v}–177^{r}.

14 Voigt an Carl August, 24. Dez. 1792, Antwort auf Carl Augusts Brief vom 18. Dez., ThHStAW A 442a, Bl. 128–130, hier Bl. 128^{v}–129^{r}, das folgende ebd., Bl. 129^{r}. Diese Stelle hat aus nicht ersichtlichen Gründen den Weg in die *Begegnungen und Gespräche* Goethes nicht gefunden.

15 Holtzhauer 1969, S. 368.

16 Hartung 1923, S. 195.

17 14. Auftritt, MA 4.1, S. 129, von Holtzhauer (S. 368) und Hartung (S. 195) zitiert.

18 Carl August an Voigt, Frankfurt, 18. Dez. 1792, Antwort auf Voigts Brief vom 14. Dez., ps. 24. Dez., ThHStAW J 288, Bl. 67–68, hier Bl. 67^{v}. In Tümmlers Ausgabe gehört die Stelle vor »Der Himmel gebe [...]«, CAPB 2, S. 46 (zu Tümmlers Verfahren in solchen Fällen vgl. Wilson 1996b). Der letzte Satz wird von Holtzhauer 1969, S. 368, zitiert.

19 Carl August an Fritsch, Aschersleben, 3. Mai 1792, ps. 4. Mai, ThHStAW Hausarchiv A XIX, Nr. 39, Bl. 182–183, hier Bl. 182^{v}.

20 Geheimes Consilium an Weimarer Regierung, 25. Mai 1792, sig. Fritsch, Schnauß, Schmidt, exp. 27. Mai, ThHStAW H 1627, Bl. 21^{r}.

21 An C. G. Körner, 17. Juni 1792, WA IV/9, S. 310, vgl. S. 316; zu Goethes Verwendung des Wortes »unruhig« vgl. S. 65.

22 Hartung 1923, S. 195.

23 Eisenacher Regierung an Carl August, 18. Sept. 1792, Ausfertigung, unterschr. Bechtolsheim, ps. 21. Sept., H 1627, Bl. 165–179, hier Bl. 171^{v}.

24 Geheimrat Schmidt an Carl August, Eisenach, 22. Feb. 1793, ThHStAW A 442a, Bl. 153–154, hier Bl. 153^{r}.

25 Sämtliche Anspänner des Amtes Kraienberg an Carl August, 12. Aug. 1793, von Schreiberhand, unterschr. von vier Bauern, ps. 5. Okt. [!], ThHStAW Eisenacher Archiv, Fronsachen 184, Bl. 123–124, hier Bl. 123^{v}. – Ein Engländer fragte sich noch im Jahre 1820 auf Grund der »größte[n] Dürftigkeit« im Weimarischen, »wie die Leute imstande sind, hier zu Lande die Steuern und Abgaben zu entrichten« (zit. Eberhardt 1951, S. 50).

26 Der sachsen-gothaische Geheimrat Friedrich Ludwig von Franckenberg an Fritsch, Gotha, 22. Okt. 1792, ps. 26. Okt., ThHStAW H 1558, Bl. 141^{r}. Franckenberg schreibt allerdings fünf Tage später aus dem Hotel Elefant in Weimar, wohin er zur Beratung

gereist war: »ich fürchte keinen Besuch, obgleich Erfurt ein *reizender* Nachbar ist.« Franckenberg an Fritsch, Weimar, 27. Okt. 1792, ebd., Bl. 143r.

27 29. Okt. 1792, Antwort auf Carl Augusts Brief vom 12. Okt. (erhalten am 27. Okt.), ThHStAW A 442a, Bl. 38–39, hier Bl. 38v.

28 Carl August hatte selbst, offenbar unabhängig vom Geheimen Consilium, diese Politik umrissen: Man solle »durch gute Behandlung und höfliches Betragen die Gröse des Übels zu mindern suchen, da wir der Gewalt nicht widerstehen können.« Carl August an Herda, Koblenz, 8. Nov. 1792, von Schreiberhand, ThHStAW J 447, Bl. 10r.

29 Voigts Protokoll, 27. Okt. 1792, ThHStAW H 1558, Bl. 145–146, hier Bl. 145v–146r.

30 An Voigt, Luxemburg, 15. Okt. 1792, AS 2/1, S. 301.

31 Voigt an Carl August, 12. Nov. 1792, ThHStAW A 442a, Bl. 115–117, hier Bl. 117r.

32 Schmidt an Voigt, Frankfurt, 2. Jan. 1793, CAPB 2, S. 46, hier nach dem Ms.: ThHStAW J 337, Bl. 2–3, hier Bl. 2v. Im Sommer schien Carl August wieder daran zu denken, Truppen zu stellen, weshalb Voigt in großer Besorgnis an Goethe schreibt, der dann beruhigend antwortete (AS 2/1, S. 325 f.).

33 Schmidt an Voigt, Frankfurt, 5. Jan. 1793, CAPB 2, S. 47f., korrigiert nach dem Ms.: ThHStAW J 337, Bl. 4–5, hier Bl. 4r.

34 Enzensberger 1972, S. 63f. (1792) (»Ohnehose«: sansculotte).

35 Schmidt an Carl August, 14. Juli 1792, ThHStAW A 442a, Bl. 55–56, hier Bl. 55v. Schmidt versucht in seinem nächsten Brief an den Herzog, die Bedeutung dieser Bemerkung nachträglich herunterzuspielen, jedoch ohne eigentliche Begründung: »Was ich in meinem vorigen Ew. Hochfürstl. Durchl. von der Abneigung der jungen Mannschaft gegen die Dienst Annahme unterthänigst gemeldet, bezog sich bloß auf die traurige Gesichter und auf die viele Lamenten, welche mir bey der Aushebung von Seiten der ausgelesenen Mannschaft und deren Väter und Mütter vorkamen; worauf ich aber nicht attendirt habe.« Karlsbad, 3. Aug. 1792, Antwort auf Carl Augusts Brief vom 15. Juli (Schmidt reagiert hier also nicht auf eine etwaige Bemerkung des Herzogs über seinen Brief vom 14. Juli), ThHStAW A 442a, Bl. 57–58, hier Bl. 57v. Voigt bestätigt: »Man geht itzt lieber, als sonst unter die Jenaische Compagnie, weil man nicht fürchtet, mit dieser zu einem Contingent stoßen zu müssen.« An Carl August, 22. Aug. 1792, ThHStAW A 442a, Bl. 107–108, hier Bl. 108r; diese Stelle wurde von Koch 1955, S. 454, ohne Kennzeichnung ausgelassen.

36 Voigt an Carl August, 28. Nov. 1792, ThHStAW A 442a, Bl. 120–121, hier Bl. 120r.

37 Der Brief wurde schon 1935 von Willy Andreas gedruckt, ist aber seitdem in Vergessenheit geraten. Er befindet sich in Voigts Nach-

laß, ThHStAW J 344 [ehemals Hausarchiv C Litt. V Nr. 16], Bl. 4-17. Der einzige mir bekannt gewordene, flüchtige Hinweis auf diesen Bericht stammt von Hans Tümmler, in CAPB 2, S. 41, Anm. 1. Andreas gibt irrtümlich den 29. Nov. 1792 (statt richtig: 25. Nov., Bl. 17v) als Datum der Schrift an (S. 184). Andreas wußte offenbar nicht, daß der Auftrag für den Bericht zwar unmittelbar von Voigt kam, daß dieser jedoch schon vom Herzog eine entsprechende Weisung bekommen hatte; er läßt auch den Nachtragsbrief Thons vom 11. Dez. unberücksichtigt (vgl. unten).

38 Carl August an Voigt, Koblenz, 8. Nov. 1792, Schreiberhand mit eigenhändigem Zusatz, Antwort auf Voigts Brief vom 28. Okt., ps. 16. Nov., ThHStAW J 288, Bl. 55–56, hier Bl. 56r, Teildr.: Wilson 1991, Dok. 58.

39 Andreas 1935, S. 173, mit Hinweis auf Hartung 1923, S. 195.

40 Andreas 1935, S. 175 (die nachfolgenden Zitate S. 175 f.).

41 28. Nov. 1792 (vgl. Anm. 36), Bl. 120v.

42 Geheimes Consilium an die Geheimräte zu Dresden, 27. Okt. 1792, Kopie, ThHStAW H 1632, Bl. 5–6, hier Bl. 5r. Vgl. auch Geheimrat Schmidt an den Herzog: »Wenn man nach der Stimmung urtheilen darf, die hier und da in einigen Gegenden Deutschlands bemerckt werden will, scheint durch die zeitherige Kriegs-Vorfälle die Gefahr der Ansteckung mit denen französischen Freyheits- und Gleichheits-Begriffen weit größer geworden zu seyn, als sie gewesen seyn würden, wenn der gemeine Mann keine Gelegenheit erhalten hätte, sie mehr in der Nähe kennen zu lernen.« 29. Okt. 1792, Antwort auf Carl Augusts Brief vom 12. Okt., ThHStAW A 442a, Bl. 61–63, hier Bl. 61r.

43 Herda an Carl August, Eisenach, 8. Dez. 1792, ThHStAW H 1638, Bl. 3–4, hier Bl. 3r; das folgende Zitat ebd., Bl. 4r.

44 Thon an Voigt, Eisenach, 11. Dez. 1792, ThHStAW J 344, Bl. 1–3, hier Bl. 2r.

45 Mit Bezug auf die Zufuhr von Getreide nach Eisenach, um dem Mangel dort abzuhelfen, schreibt der Herzog an Herda: »Wenn durch eine solche Sorgfalt auch das Publicum nicht unmittelbar in Ordnung und Gehorsam erhalten wird, so ist deren Vernachläßigung doch eine der wichtigsten Ursachen, durch deren fühlbare schlimme Folgen der Unterthan zu Verletzung seiner Pflichten kann verleitet werden.« Frankfurt, 31. Jan. 1793, von Schreiberhand, ThHStAW J 448, Bl. 1r. Diese Briefstelle ist geradezu eine theoretische Untermauerung defensiver Sozialpolitik.

46 »Indeßen wird auch das erwehnte anonymische Produckt meine vorhinnigen unterthänigen Aeußerungen und besonders dieses bestätigen, daß im Grunde die hiesigen Unterthanen – die iedoch keine Heßen sind – den Durchl[auchtig]sten Herzog immer sehr lieben, und daß unser temporelles Unglück und ieder etwaige Ausbruch

sich vorzügl[ich] auf Höchstdero Abwesenheit gründen möge. Wie sehr wäre daher die baldige Zurückkunft unsers menschenfreundlichen LandesVaters zu wünschen, und wenn sie auch dermahlen nicht lange dauern sollte!« ThHStAW J 344, Bl. 2r–2v, das folgende ebd., Bl. 3r.

47 Am 2. Sept. 1793 schrieb Bechtolsheim an Carl August, daß »besagtes Amt Lichtenberg zur Ungebühr zur Mitleidenheit [sic] der Einquartierung gezogen worden sey« (H 1644, Bl. 34v), was das Geheime Consilium in einem Vortrag an Carl August bestätigt (29. Okt. 1793, sig. Fritsch, Schnauß, Schmidt, Voigt, Bl. 42v) und aus den Durchmarschakten H 1627 deutlich hervorgeht (desgleichen auch für Kaltennordheim).

48 Geheimrat Schmidt an Carl August, 22. Feb. 1793 (Anm. 24), Bl. 153v. Zum Getreidemangel in dieser Zeit vgl. Hartung 1923, S. 83.

49 Bechtolsheim an Carl August, Eisenach, 23. Feb. 1793, ThHStAW A 442a, Bl. 468–469, hier Bl. 469r.

50 Carl August an Voigt, Frankfurt, 8. Dez. 1792, von Schreiberhand mit eigenhändigem Zusatz, Antwort auf Voigts Briefe vom 26. und 28. Nov. sowie (für den Zusatz) vom 5. Dez., ps. 14. Dez., ThHStAW J 288, Bl. 65–66, hier Bl. 66r.

51 Carl August an Voigt, Frankfurt, 13. Dez. 1792, Antwort auf Voigts Brief vom 23. Nov., ps. 17. Dez., ThHStAW J 288, Bl. 64r–64v. Die Stelle »denn wirckl[ich] […] entwöhnen lassen« wurde zitiert bei Holtzhauer 1969, S. 368.

52 »Da ich durch verschiedene Wege erfahren habe, daß die Regierung zu Eisenach viel zu nachsichtig sich gegen die Ungebürlichkeiten [sic] benommen hat, welche bei Gelegenheit des zu erwartenden Einfalles der Franzosen in das Eisenachische vielfältig verübt worden; So gebe ich dem Geh. Consilio hierdurch auf, sorgfältig darauf gedacht zu seyn, daß alle dergleichen Excesse nicht nur in Zukunft aufs strengste bestraft sondern auch selbst diejenigen noch nachgeholt werden und nicht ungeahndet bleiben, welche bei der erwähnten Gelegenheit begangen worden, und daß deshalb an die Regierung zu Eisenach die nöthigen Anweisungen erlassen werden. Ich erwarte von dem Geh. Consilio, daß es sich mit allem Ernst dieser Sache annehmen, und auf die Bestrafung aller derer, welche sich solche Ungebürlichkeiten [sic] erlauben, denken wird.« An das Geheime Consilium, Frankfurt, 9. Dez. 1792, von Schreiberhand, ps. 14. Dez., ThHStAW H 1638, Bl. 2r–2v.

53 Fritsch an Bechtolsheim, 14. Dez. 1792, Konzept eines Privatbriefes mit amtlichem Charakter (auch Aktenfaltung), von Schreiberhand, sig. Fritsch, Schnauß, Schmidt, Voigt, exp. 17. Dez., ThHStAW H 1638, Bl. 5. – In diesem Brief verschweigt Fritsch die Tatsache, daß der Herzog schon von den »Ungebührlichkeiten« weiß – das Consilium wolle die Details wissen, »um, fallß Serenissimo Regenti da-

von etwas zur Wissenschafft gelangen sollte [!], dieserhalb, so wie davon, wie dergleichen Ungebührniße geahndet worden, auf Verlangen nöthige Auskunfft geben zu können« (Bl. 5[r]).

54 Voten der Geheimen Räte, [vor dem 14. Dez. 1792], H 1632, Bl. 42–45, hier Bl. 42[r].

55 Bechtolsheim an Fritsch, Eisenach, 19. Dez. 1792, ps. 21. oder 20. (schwer lesbar) Dez., ThHStAW H 1638, Bl. 6–7, hier Bl. 6[r]; die folgenden Zitate ebd., Bl. 6[v]–7[r].

56 Carl August bezeugt in einem Brief an Fritsch vom 16. Juni 1792 mit Bezug auf die Durchmarschpläne der preußischen Truppen, es sei »nicht unbillig daß das Amt Kalten Nordheim etwas geschont werde welches viel von Durchmärschen leidet« (Hausarchiv A XIX, Nr. 39, Bl. 189[r]). Es handelte sich bei der verordneten Lektüre um Georg Friedrich Seiler: Allgemeines Lesebuch für den Bürger und Landmann und für Stadt- und Landschulen, Erlangen 1790 (zwanzig Auflagen bis 1826).

57 Im nächsten Jahr berichtet Bechtolsheim gleichfalls widersprüchlich, alles gehe »den gesetzlichen und herkommlichen [sic] Gang ordentlich und stille fort«, aber dann heißt es: »Einen vor Kurtzem [sic] sich unter den jungen Purschen zu Großenlupnitz [bei Eisenach] mit einiger Widersetzlichkeit gegen die Obrigkeit hervorgethanen Unfug, hat man durch Arrest der Stöhrer alsbalden gestillt – und so, auch dem Aufstehen der zahlreichen HandwerksPursche der Tuchmacher und Zeuchmacher [sic] auf ähnliche Weise gleich anfänglich gesteuert. / Es waltet dermalen im gantzen Lande eine allereintzige GemeindeUnruhe zu Ifta vor, mit welcher man, um solcher auf den Grund zu sehen, noch beschäftiget ist – im BegründungsFall wird man dann auch hier mit Ernst durchzugreifen nicht verfehlen. / Eine VerfahrungsArt wo man denen Singulio [sic] die als Wortführer sich geriren, Ernst und Nachdruck fühlen läßet, bleibet in allen solchen Fällen wohl immer das würksamste, wie solches vor einiger Zeit zu Kaltensondheim [=Kaltensundheim über Meiningen] bewähret hat.« An Carl August, Eisenach, 30. Sept. 1793, ThHStAW A 442a, Bl. 464–465, hier Bl. 464[r]–464[v].

58 Carl August an Geheimes Consilium, Frankfurt, 2. Jan. 1793, von Schreiberhand, ps. 7. Jan., ThHStAW H 1638, Bl. 13[r] (auf der ersten Seite des ausgefertigten »unterthänigsten Vortrags« des Consiliums an Carl August vom 21. Dez. 1792, vgl. Anm. 60).

59 Voigt an Carl August, 17. Dez. 1792, ThHStAW A 442a, Bl. 122–125, hier Bl. 123[r] (Grumach 1965, Bd. 3, S. 510, zitiert nur denjenigen Teil dieses Briefes, der in die *Amtlichen Schriften* aufgenommen worden war [Bd. 2/1, S. 305], nicht jedoch diesen Satz).

60 »Unterthänigster Vortrag« des Geheimen Consiliums an Carl August, 21. Dez. 1792, sig. Fritsch, Schnauß, Schmidt, Voigt, Expeditionsvermerk von Fritsch: »Exped. und [...] dem H[err]n Geh[eimen]

Rath Schmid [sic] nach Franckfurth mitgegeben. W[eimar] d[en] 24. December 1792«, ThHStAW H 1638, Bl. 8–11 (Ausfertigung: Bl. 13–16), hier Bl. 9^r (das folgende: Bl. 9^v). Im Folgenden werden Auflösungen von Abkürzungen sowie Änderungen bei der Einfügung von Korrekturen der Geheimräte aus der Ausfertigung übernommen.

61 Vgl. S. 74 f.

62 Vgl. S. 16 f.

63 ThHStAW H 1638, Bl. 9^v–10^r.

64 Ebd., Bl. 10^r; vgl. die entsprechende Weisung Carl Augusts, Anm. 52.

65 Vgl. S. 83 ff.

66 Ebd., Bl. 10^v–11^r, die folgenden Zitate ebd., Bl. 10^r–10^v, 11^r, 11^v.

67 Außer der schon angeführten Furcht, daß eine Ahndung »zu noch stärkeren Raisonnements« führen könnte, führt das Consilium noch folgende an: »Auch dürften dergl[eichen] Untersuchungen, die Räthe und Diener, welche solche anstellen sollten, oder denen man den Anlaß dazu beymessen würde, ohne Noth und Vortheil bey den Bürgern und Unterthanen leicht einem starken Mistrauen und wohl gar einer üblen Behandlung aussetzen […]« (ebd., Bl. 11^v–12^r).

68 MA 14, S. 512.

69 *Tag- und Jahres-Hefte* zu 1789, MA 14, S. 14.

70 Schnauß an Carl August, 22., 26., 27., 30. Nov. 1792, Antwort auf Carl Augusts Briefe vom 8. und 15. Nov. (letzterer am 26. Nov. erhalten), ThHStAW A 442a, Bl. 42–45, hier Bl. 42^r (22. Nov.).

71 Schnauß fährt fort: »Der Rathswachtmeister Hüttenrauch hat in einem hefftigen Anfall von Tollheit seinen Wächter, den Pensionair Hartmann, mit einem alten Hieber, den er gefunden, erstochen.« An Carl August, 19. Juli 1793, Antwort auf Carl Augusts Brief vom 8. Juli, ThHStAW A 442a, Bl. 263–264, hier Bl. 264^r; Voigt berichtet dasselbe an Goethe (G/V-Br 1, S. 105). Genau um diese Zeit schreibt Goethe, der die Belagerung des »unglücklichen Maynz« erlebt: »Mich wandelt in meiner jetzigen Lage eine Art Stupor an und ich finde den trivialen Ausdruck: *der Verstand steht mir still*, trefflich um die Lage meines Geistes auszudrucken.« An Voigt, 3. Juli 1793, WA IV/10, S. 84f.

72 Innerhalb weniger Wochen im Dezember 1792 und Januar 1793 werden fünf Selbstmordfälle (einer »à la Werther, le jeune«) berichtet und mit dem Verlust (z. T. christlicher) Werte im Revolutionszeitalter erklärt: Voigt an Carl August, 21. Dez. 1792, ThHStAW A 442a, Bl. 126–27, hier Bl. 126^r; ders. an dens., 21. Jan. 1793, ebd., Bl. 315–316, hier Bl. 315^v–316^r. Schnauß an Carl August, 24. Dez. 1792, vgl. Anm. 78, Bl. 46^v–47^r. Auch im Juli wird ein Fall in Gotha gemeldet: Voigt an Carl August, [27. Juli 1792], ThHStAW A 442a, Bl. 99–101 (Reihenfolge: 99–101–100), hier Bl. 101^v.

73 Andreas 1935, S. 176.

74 Campe: Briefe aus Paris (1789/90), in: Günther 1985, S. 48.

75 Voigt fährt fort: »der Sattler, Plästern, der Buchbinder, Unruh, gehört [sic] in diese Classe. Des Verlegers, Nicolai, Frau kam auf das Rathhaus, und fragte, den Bürgermeister, [Johann Christian] Häublein, ob er gut verstehe, Räthsel aufzulößen? Als er sich damit nicht abgeben wollte, streute sie eine Menge Zettel auf dem Rathauße aus, wovon ich einen beylege. Sie ist hinauf auch in das Irrenhauß geschafft worden.« Jena, 26. Juli 1793, ThHStAW A 442a, Bl. 404–405, hier Bl. 405^{v} (die Beilage ist nicht überliefert). Vgl. auch ThHStAW B 892, Bl. 109^{r}.

76 Schmidt an Carl August, 3. Dez. 1792, Antwort auf Carl Augusts Briefe vom 15. und 24. Nov., ThHStAW A 442a, Bl. 64–65, hier Bl. 65^{v}. Druck: Holtzhauer 1969, S. 368.

77 Schnauß an Carl August, 16. Dez. 1792, ThHStAW A 442a, Bl. 48–49, hier Bl. 49^{r}–49^{v}. Hartung zitiert diesen Brief in der Form »politische Raisonneurs« (1923, S. 195).

78 An Carl August, 24. Dez. 1792, ThHStAW A 442a, Bl. 46–47, hier Bl. 46^{r}.

79 Diese Phänomene sind gelegentlich in den Akten nachgewiesen, z. B. ThHStAW B 12544^{c}: *Acta Regiminis / Die Untersuchung einiger von verschiednen hiesigen Bürgern zu Schulden gebrachten groben Excesse zu Beeinträchtigung des Besitzstandes des F[ürstlichen] Cammerguths zu Tiefurth in Ansehung des Trifft Exercitii in hiesiger Fluhr betr. 1793.*

80 In der einzigen detaillierten Beschreibung der Apoldaer Unruhen aus der umfangreichen Lokalliteratur (vgl. Patze 1965, Bd. 1, S. 432 f.) erörtert J. C. Kronfeld (1871, S. 301–305) nur diejenigen aus den Jahren 1760, 1773, 1784 und 1797, nicht jedoch den bedrohlichen Aufstand des Jahres 1793.

81 Eberhardt 1951, S. 73 f., 82–85 und die Tabelle nach S. 24.

82 Kronfeld 1871, S. 302 f.

83 Weimarer Regierung an Carl August, 24. Juni 1784, Ausfertigung, unterschr. Geheimer Regierungsrat Wilhelm Emanuel Gottlieb Hetzer, ps. 14. Juli, ThHStAW B 5711, Bl. 144–146 (vgl. Eberhardt 1951, S. 76; Holtzhauer 1969, S. 240). Die Einrichtung einer formalen Lohnpreisbindung sollte offenbar dazu dienen, Lohnverminderungen abzustützen, denn die Regierung äußert die Meinung, »daß eine mehrere Formalitaet, womit die Minderung des Arbeitslohns verbunden seyn müsse, nicht allein die Verleger behutsamer machen und schnelle Entschlüsse zurückhalten, sondern auch die Fabricanten [=Arbeiter] und Gesellen in so fern darüber beruhigen könne, daß sie doch sehen, es sey die Verminderung des Arbeitslohns nicht blose Willkühr und Eigennutz der Verleger, sondern Folge der Zeit Umstände und Nothwendigkeit, in die sie sich selbst auch zu finden haben« (Bl. 145^{r}). Der Vorschlag wurde vom Consilium genehmigt:

Carl August an Weimarer Regierung, 21. Juli 1784, sig. Schnauß, Goethe, Schmidt, exp. 24. Juli, ebd., Bl. 148.

84 Weimarer Kammer an Carl August, 23. April 1785, Ausfertigung, ohne Unterschrift, ps. 14. Mai 1785, ThHStAW B 5711, Bl. 160–162, hier Bl. 161^{v}.

85 Weimarer Regierung an Carl August, 3. Juli 1793, Ausfertigung, unterschr. Koppenfels, ps. 12. Juli, ThHStAW B 5718, Bl. 15–21, hier Bl. 20^{r}.

86 Ebd., Bl. 15^{v}.

87 Weimarer Regierung an Carl August, 6. Sept. 1792, Ausfertigung, unterschr. Koppenfels, ps. 15. Sept., ThHStAW B 5711, Bl. 238–241, hier Bl. 240^{r}. In diesem Dokument schlägt die Regierung die Einrichtung einer Almosenkasse in Apolda vor, zu der die Bürger beizutragen hätten. Sie wurde später tatsächlich eingerichtet (vgl. B 5721).

88 Weimarer Regierung an Carl August, 13. Juni 1793, Ausfertigung, unterschr. Koppenfels, ps. 15. Juni, ThHStAW B 5718, Bl. 1–4, hier Bl. 2^{r}.

89 Vorstellung der Verleger an Carl August, Weimar, 15. Juni 1793, unterschrieben von 13 Personen, ps. 15. Juni, ThHStAW B 5718, Bl. 7–12, hier 7^{r}. Die beiden mißhandelten Verleger (die zu den Unterzeichnenden gehören) waren Johann Friedrich Lauth (vgl. Eberhardt 1951, S. 73 f.) und Moritz Reuschel.

90 Weimarer Regierung an Carl August, 13. Juni 1793 (vgl. Anm. 88), hier Bl. 4^{r}.

91 Vorstellung der Verleger an Carl August (vgl. Anm. 89), Bl. 8^{r}, 9^{v}.

92 Schnauß an Carl August, 21. Juni 1793, ThHStAW A 442a, Bl. 253–254, hier Bl. 253^{v}.

93 Voigt versucht, dies als individuelle Straftat zu erklären, »wahrscheinlich aus Rache eines schlechten Menschen«. An Carl August, 24. Juni 1793, ThHStAW A 442a, Bl. 386–387, hier Bl. 386^{r}–386^{v}.

94 Geheimes Consilium an Weimarer Regierung, 15. Juni 1793, sig. Fritsch, Schnauß, Schmidt, Voigt, exp. 16. Juni, ThHStAW B 5718, Bl. 13–14, hier Bl. 13^{r}.

95 Weimarer Regierung an Carl August, 3. Juli 1793 (vgl. Anm. 85), Bl. 21^{v}.

96 Schnauß an Carl August, 26. Juni 1793, ThHStAW A 442a, Bl. 255–256, hier Bl. 256^{v}.

97 Geheimes Consilium an Weimarer Regierung (Anm. 94), Bl. 14^{r}–14^{v}.

98 Voigt: »Ich habe mich gewundert, daß lange so etwas zu Apolda nicht vorgekommen, da der Absatz sincket. Die Quellen dieses Uebels liegen außer unsrer Gewalt, und man kann sich nur palliativ helfen.« An Carl August, 16. Juni 1793 (vgl. Anm. 100), Bl. 382^{r}.

99 Weimarer Regierung an Carl August, 3. Juli 1793 (vgl. Anm. 85).

100 Voigt an Carl August, 16. Juni 1793, ThHStAW A 442a, Bl. 381–382, hier Bl. 382^{r}, meine Hervorhebung.

101 Voigt: »Sollten manche arme Fabricanten wegziehen, so ist das mehr Vortheil für uns, als schaden« (an Carl August, 21. Juni 1793, ThHStAW A 442a, Bl. 383–385 [Reihenfolge: 383–385–384], hier Bl. 385^{r}); »Im Grunde sind zu Apolda zu viel [sic] Strumpfwirker [...]« (an Carl August, 16. Juni 1793 [vgl. Anm. 100], Bl. 382^{r}).

102 Weimarer Regierung an Carl August, 7. Nov. 1793, Ausfertigung, unterschr. Koppenfels, ps. 13. Nov., ThHStAW B 5718, Bl. 46^{v}.

103 Voigt an Carl August, 17. Dez. 1792 (vgl. Anm. 59), Bl. 123^{r}–123^{v}. Vgl. die positive Reaktion Carl Augusts auf diese Stelle: »Die Art, wie Sie die Bürgerschaft in Weimar behandeln, ist ganz meinem Wunsche gemäß; fahren Sie ferner so fort, und die gute Wirkung davon wird immer sichtbar bleiben« (an Voigt, 29. Dez., Schreiberhand mit eigenhändigem Zusatz, ThHStAW J 288, Bl. 74–75, hier Bl. 74^{r}), sowie CAPB 2, S. 47f.

104 Carl August an Herda, Frankfurt, 15. Dez. 1792, von Schreiberhand, Antwort auf Herdas Brief vom 8. Dez., ThHStAW J 447, Bl. 12.

105 Carl August an Voigt, Frankfurt, 8. Dez. 1792 (vgl. Anm. 50), Bl. 65^{v}.

106 Vgl. Anm. 50.

107 Das Geheime Consilium – wahrscheinlich unter Mitwirkung Goethes – schlägt in der Weihnachtszeit 1792 vor, die »Eisenachischen *FrohnSachen*« »nicht *eben itzt*« durchzuführen, und der Herzog stimmt zu. Diese Stelle befindet sich in der Vorgabe des Consiliums für ein Gespräch Schmidts mit dem Herzog in Frankfurt; Schmidt notierte die Entscheidung Carl Augusts: »soll ausgesetzt bleiben und dargegen der Wartenburger Frohn Proceß näher beleuchtet werden, um zu sehen, ob solcher allenfalß niedergeschlagen werden könne«. Memorandum von Voigt mit Randbemerkungen Schmidts aus dem Gespräch mit Carl August am 2. Jan. 1793, o.D., ThHStAW J 337, Bl. 39–40, hier Bl. 39^{r}. Zur Datierung: Das Memorandum ist an Schmidt durch einen Boten adressiert, also innerhalb von Weimar (Bl. 40^{v}). Schmidt nahm es also mit nach Frankfurt; er reiste am 24. Dez. 1792 ab. Dies ist jedoch auch das Datum des oben erörterten Weihnachtsbriefes Voigts an Carl August, in dem er von der Mitwirkung Goethes bei den Beratungen über die Eisenacher »Maulverbrecher« berichtete (vgl. Anm. 14). Er hatte sich offenbar schon am 23. Dezember mit Goethe über »Mancherlei« beraten lassen, wie sein Brief an Goethe von diesem Tag nahelegt (G/V-Br 1, S. 87). Zur möglichen Mitwirkung Goethes vgl. auch unten, S. 158f. Zur schwierigen Finanzsituation, die die Reform scheitern ließ und die Schmidt mit dem Herzog besprechen sollte, vgl. Carl August an Goethe, 27. Dez. 1792, CA/G-Br 1, S. 167 mit Kommentar.

108 Vgl. R. Blickle 1983, S. 170. Die Ablösung von Fronen durch eine Geldabgabe gab es vereinzelt im Weimarischen, allerdings meist später. Vgl. Eberhardt 1951, S. 40f.

109 Vgl. Gothe 1983, S. 215 (ThHStAW B 10642).
110 Thon an Eisenacher Kammer, Eisenach, 15. Juli 1793, ps. 17. Juli, ThHStAW Eisenacher Archiv, Fronsachen 131, Bl. 6–15, hier Bl. 7v.
111 Eisenacher Regierung an Eisenacher Kammer, 10. Sept. 1793, Ausfertigung, unterschr. Bechtolsheim, ps. 17. Sept., ThHStAW Eisenacher Archiv, Fronsachen 131, Bl. 18–21, hier Bl. 19r.
112 Eisenacher Kammer an Carl August, 19. Sept. 1793, exp. 21. Sept., ThHStAW Eisenacher Archiv, Fronsachen 131, Bl. 22–25.
113 Geheimes Consilium an Eisenacher Kammer, 8. Nov. 1793, Ausfertigung, unterschr. Fritsch, Schnauß, Schmidt, Voigt, ps. 19. Nov., ThHStAW Eisenacher Archiv, Fronsachen 131, Bl. 26r.
114 Thon an Eisenacher Kammer, Eisenach, 23. Nov. 1793, ThHStAW Eisenacher Archiv, Fronsachen 131, Bl. 28–32, hier Bl. 30r.
115 Eisenachische Oberamtsrentnerei an Thon, 22. Nov. 1793, unterschr. H. Thon (wahrscheinlich Heinrich Georg Friedrich Philipp Thon), ThHStAW Eisenacher Archiv, Fronsachen 131, Bl. 33.
116 Carl August an Eisenacher Kammer, »P[ost] S[crip]tum« (zu einem nicht überlieferten Hauptdokument), 14. Feb. 1794, Ausfertigung, ps. 26. Feb., ThHStAW Eisenacher Archiv, Fronsachen 131, Bl. 34r.
117 Ebd., Bl. 39r.
118 Carl August an Thon, Wilhelmsthal, 20. Juli 1808, Ausfertigung, ps. 23. Juli, ThHStAW Eisenacher Archiv, Fronsachen 131, Bl. 40.
119 An mehreren Stellen des Dokuments wird über die üblen Folgen spekuliert, wenn Fronangelegenheiten in der Öffentlichkeit diskutiert würden (dazu unten mehr). Als Verfasser käme nur ein mit wirtschaftlichen Sachen vertrauter Beamter in Frage. Vermutlich war es nicht der Eisenacher Kammerpräsident von Herda, denn das rügende Postscriptum Carl Augusts ist an diesen gerichtet. Sonst käme ein Weimarer Beamter in Frage, vor allem der Kammerpräsident Johann Christoph Schmidt. Dafür spräche die recht vage Auseinandersetzung mit eisenachischen Fronverhältnissen am Ende der Schrift. Allerdings war Schmidt in solchen Fragen nicht als sehr konservativ bekannt und hatte die Befürwortung des Experiments mit dem Oberamt Eisenach mit abgezeichnet (vgl. Anm. 113).
120 »[…] es ist mir lieb daß der Thonische Brief, und die, darinnen erwähnte Gesinnung des G[eheimen] R[ats] v[on] Herd[a] den anlaß giebt das Frohnwesen im Eisenachischen näher zu besehn, daß gewiß sehr im argen liegt. Sagen Sie im G[eheimen] C[onsilium] daß es nöthig sey diese Sache genau zu prüfen u. sorgen dafür daß die Cammer zu Eisenach geneigt [?] werde, wenn auch nicht die gantze angelegenheit auf einmahl, jedoch die drückensten [sic] Stellen derselben vor die Hand zu nehmen, und vorschläge zu abhelflichen Maaßregeln zu machen. 3 stellen habe ich bestrichen [sic] welche besonders [sic] aufmercksamkeit verdienen, und unter diesen ist der Article der Straßenbaufrohnen äuserst wichtig, denn mit diesen

schaltete die Cammer u. besonders der G[eheime] R[at] v[on] Herd[a] wie es ihn [sic] einfiele, es ist schändl[ich] wie dazumahl mit Berka [an der Werra] umgegangen wurde […]«. Es folgen dann Ausführungen zu den von Thon thematisierten Wolfsjagdfronen, anderen Fronen und dem Wildschaden. Carl August an Voigt, 8. Dez. 1792 (Anm. 50), Bl. 65v–66r.

121 Thon an Eisenacher Kammer, 15. Juli 1793 (Anm. 110), Bl. 9r; das Datum geht aus Thons späterem Bericht hervor (Bl. 31v). Er erwähnt diesen Auftrag auch in seinem Bericht vom November 1792 (Andreas 1935, S. 180).

122 »Die grosse Revolution in Frankreich wird Sie wie alle Übrige verwundert haben. Ich kann nicht leugnen, dass ich eine grosse Freude darüber habe, indem doch endlich einmal der Unverstand, die schändlichsten Niedrigkeiten und lasterhaftesten Unsinne ihren Lohn bekommen […]« (Bergmann [Hrsg.]: Briefe Carl Augusts an seine Mutter, S. 92). Diese Stelle zeigt, daß Carl August hier noch in moralischen Kategorien über die Revolution dachte; der korrupte französische Adel sollte für seine Laster bestraft werden. Am 15. August schrieb er kaum einsichtsvoller: »Die jungen Leute hiesiges Orts haben Komedie und das recht leidlich gespielt. Der tiers état ist die beste Gesellschaft hierzulande; was sagen Sie zu den Äusserungen des französischen? Ich gäbe viel darum, da ich ein grosser Liebhaber neuer Entstehungen bin, wenn ich ein Augenzeuge jener unbegreiflichen Revolution sein könnte« (ebd., S. 93).

123 Vgl. Hahn 1982, S. 279 f.

124 Aschersleben, 4. April 1792, ps. 6. April, ThHStAW Hausarchiv A XIX, Nr. 39, Bl. 174r.

125 An Fritsch, Aschersleben, 11. April 1792, ps. 13. April, ebd., Bl. 176–177, hier Bl. 176v. – Gustav III. war in Wirklichkeit das Opfer einer Adelsverschwörung geworden.

126 Vgl. S. 188.

127 »[…] die schöne Potsdammer Garde […] hat sich allenthalben durch ihre Aufführung bey uns beliebt gemacht, H[err] v[on] Wedel sagte mir, daß die Bauern ihr allenthalben Glück und Seegen auf den Weg gegeben, um das rebellische Volk weit von uns wegzutreiben. Alles schimpft izt auch von dem gemeinen Mann auf die Franzoßen, und ich glaube gewiß, daß sie unsre Unterthanen zwar ruiniren, aber nicht zu ihrer Thorheit umformen würden.« Voigt an Carl August, 21. Jan. 1793, ThHStAW A 442a, Bl. 315–316, hier Bl. 315v. Zum Durchmarsch heißt es weiter: »alles Volk verabscheuet itzt die Franzoßen, und die Herren Philosophen zucken die Achseln, sagend: ja man müsse doch das Volk nicht gegen sich erst aufbringen!« Voigt an Carl August, 30. Jan. 1793, Antwort auf Carl Augusts Brief vom 25. Jan., ebd., Bl. 319–320, hier Bl. 320v.

128 Im selben Brief: »Man hat mir gesagt, daß die Eisenachischen Bür-

ger fest unter sich beschloßen hätten, daß wenn je die Franzosen hieher kämen, sie weder einen Freyheits Baum pflanzen, noch eine Freyheits Mütze aufsetzen, sondern ihrem Herzog treu bleiben wollten.« Schmidt an Carl August, Eisenach, 22. Feb. 1793 (Anm. 24), hier Bl. 154r, 154v.

129 Vgl. Schnauß an Carl August, 12. April 1793, ThHStAW A 442a, Bl. 229–232, hier Bl. 231v; ders. an dens., 6. Mai 1793, ebd., Bl. 239–240, hier Bl. 239r; Voigt an Carl August, 20. Mai 1793, ebd., Bl. 359–361, hier Bl. 360v (die Geschenke werden zurückgegeben), sowie die Akten H 1650, 1653–1659, 1665–1673, 1683–1684 und 1697.

130 An Professor Gottlieb Hufeland, 29. März 1793, Diezmann 1855, S. 67.

131 An Carl August, 12. Aug. 1793, ThHStAW A 442a, Bl. 409–410, hier Bl. 409r; vgl. Bechtolsheim an dens., Eisenach, 11. Mai 1793: »In Hofnung und Ansichte einer andauernden ungestöhrten Ruhe von außen, erhält sich die innere Ruhe in hiesiger Gegend vollkommen – ja es scheint sogar, daß die immer mehr sich verbreitete Anarchie und Unordnung in Frankreich, und der Nationalen unterdrükendes Betragen im Ausland, selbst bey deren sonst eyfrigen Anhängern allhier und unserer Gegend, zu deren Rectificirung mehr als alle sonstige Belehrung gewürkt habe« (ThHStAW A 442a, Bl. 473–475, hier Bl. 473v–474r).

132 Schnauß an Carl August, 21. Juni 1793 (vgl. Anm. 92), Bl. 253v.

133 Schnauß an Carl August, 8. Feb. 1793, ThHStAW A 442a, Bl. 203–204, hier Bl. 204v.

134 Schnauß an Carl August, 4. März 1793, A 442a, Bl. 216–220, hier Bl. 220v.

135 Schnauß an Carl August, 25. Feb. 1793, A 442a, Bl. 211–212, hier Bl. 212v.

136 Schnauß an Carl August, 21. Juni 1793 (vgl. Anm. 92), Bl. 253v. Druck: Holtzhauer 1969, S. 372.

137 Voigt an Carl August, 21. Juni 1793 (vgl. Anm. 101), Bl. 385r. Voigt gibt an dieser Stelle eine scharfsinnige Analyse der Haltung verarmter Arbeiter: »Wo vieles solches armes Volk ist, giebt es Neid wider diejenigen, die, ihrer Meinung nach, dem armen Volk Gutes thun, wenn sie auch nur einen kleinen Lohn zu verdienen geben, statt gar nichts arbeiten zu lassen. Und die Armen glauben, jene würden durch ihre Noth reich.«

138 Carl August an Geheimes Consilium, »Jägerhauß bei OberUlm vor Mayntz«, 22. April 1793, von Schreiberhand, ps. 30. April, Eisenacher Archiv, Fronsachen 184, Bl. 106r.

139 Schnauß an Carl August, 21. Juni 1793 (vgl. Anm. 92), Bl. 254r.

140 Thon an Eisenacher Kammer, 15. Juli 1793 (Anm. 110), hier Bl. 9r.

141 Thon an Eisenacher Kammer, 15. Juli 1793 (Anm. 110), hier Bl. 9v; ähnlich in seiner späteren Stellungnahme (an Eisenacher Kammer, 23. Nov. 1793 [Anm. 114], Bl. 32r; auch hier wiederholt Thon seine

Warnung, die nicht nur vom Weimarer Empfänger mit Rötel, sondern auch vom Eisenacher Empfänger sehr stark mit Bleistift angestrichen wird).

142 ThHStAW Eisenacher Archiv, Fronsachen 131, Bl. 36^{v}–37^{r}, ähnlich Bl. 37^{v}.

143 Nachteile für gewisse Bauern bei der damals von vielen Regierungen unternommenen Fronverwandlung beschreibt Troßbach 1993, S. 17.

144 Schnauß an Carl August, 4. Nov. 1793, ThHStAW A 442a, Bl. 301–302, hier Bl. 301^{v}–302^{r}. Vgl. Hartung 1923, S. 79; nach ihm wörtlich Tümmler, G/V–Br 1, S. 436.

145 So eine Quelle aus dem Jahre 1809, zit. nach Eberhardt 1951, S. 41. Der Konflikt um Weiderechte war einer der brisantesten dieser Zeit (ebd., S. 37).

146 Schnauß an Carl August, 13. Nov. 1793, ThHStAW A 442a, Bl. 303–304, hier Bl. 304^{r}; vgl. den Hinweis in AS 3, S. 147. – Vgl. auch einen Brief von Schnauß an den Herzog vom 15. Feb. 1793: »[...] nur muß man die Mittelstraße beobachten, die Unterthanen durch drückende offt von den Pachtern und ihren Schäfern zur Ungebühr erweitert werdende Frohndienste, Trifftbeschränckung, Wildfraß, neue Abgaben an Zoll, Geleit, Zinnßen und dergl[eichen] nicht zur Empörung bringen, aber auch in längst hergebrachten Diensten und Abgaben nicht nachgeben und Furcht zeigen, sonst gehen ihre unsinnige Forderungen immer weiter und durch das ganze Alphabeth hindurch.« A 442a, Bl. 205–208, hier Bl. 208^{v}.

147 Carl August an Schnauß, Franckenstein, 24. Nov. 1793, von Schreiberhand, ps. 29. Nov., ThHStAW Hausarchiv A XIX No. 111^{b}, Bl. 47^{r}. – Voigt sprach in diesen Tagen offenbar mit Thon über die Sache, aber der Inhalt des Gesprächs ist nicht bekannt; vgl. AS 2/1, S. 395 und Kommentar.

148 Carl August an Voigt, 26. Feb. 1794, ThHStAW J 288, Bl. 150^{r}.

149 Geheimes Consilium an Eisenacher Kammer, 28. Feb. 1794, sig. Fritsch, Schnauß, Schmidt, Voigt, exp. 3. März, ThHStAW Eisenacher Archiv, Fronsachen 184, Bl. 138. Vgl. auch Anm. 25. Erst 1799 kam eine Reform in Gang, die allerdings »über Ansätze nicht hinausgekommen« ist (Eberhardt 1951, S. 44, vgl. S. 41; Gothe 1983, S. 216 ff.).

150 Vgl. Anm. 31, S. 319.

151 Vgl. S. 102.

152 Vgl. Wilson 1999, S. 22–24.

153 Vgl. Anm. 133.

154 Vgl. S. 103.

155 Gotha, 8. Nov. 1790, ps. 9. Nov., ThHStAW H 1558, Bl. 108^{r}.

156 Zum »Club de Propagande« vgl. Rogalla von Bieberstein 1976, S. 96 f.; Wilson 1991, S. 181f.; Härter 1992, S. 306.

157 Zu diesen Implikationen des Verschwörungsdenkens vgl. Epstein 1973, S. 583.

158 1. Mai 1794, AS 2/1, S. 401 f.
159 G/V-Br 1, S. 455.
160 Vgl. Anm. 107.
161 Vgl. S. 145.
162 Vgl. dazu auch das Schlußkapitel.
163 Gothe 1983, S. 214 (ohne die weitergehenden Implikationen zu erkennen).
164 AS 3, S. 153.
165 Tümmler erkennt hier allerdings die ablehnende Haltung Goethes, und ihm folgt Borchmeyer (1994, S. 73). Wie Borchmeyer trotzdem durchgängig von großen Reformen Goethes (Abschnittüberschrift!) sprechen kann, von »Versuche[n] Goethes und seines Herzogs, das Triftrecht und die bäuerliche Fronarbeit abzuschaffen«, oder daß die Zerschlagung der Güter »den energischen Widerstand der rittergutsbesitzenden Landstände« provozierten (statt des Widerstands vor allem von Goethe, Voigt und der Kammer), ist unerklärlich. Borchmeyers von Tümmler übernommene Ansicht, daß hier nur die »Erfahrungen der Französischen Revolution« nachwirkten, wird durch Gothe widerlegt (vgl. Anm. 163).
166 Vgl. dazu auch das Schlußkapitel.
167 Gothe 1983, S. 215.
168 In einem »Schema der hießigen Thätigkeit, in Künsten, Wissenschafften und andern Anstalten« (1795) führte Goethe unter anderem »Zerschlagung herrschaftlicher und Rittergüther« und »Ausgleichung der Triften« auf (AS 2/1, S. 459). Voigt fügte »Ausgleichung der Frohnen« hinzu (ebd.); Goethe hatte offenbar deswegen auf diesen Hinweis verzichtet, weil die Fronreform zum Erliegen gekommen war (dazu AS 3, S. 188). Das hindert Holtzhauer (1969, S. 227) nicht daran, diese Formulierung Goethe zuzuschreiben, indem er nicht auf die Mitwirkung Voigts hinweist (auch Klaus H. Kiefer differenziert hier nicht ausreichend: MA 4.2, S. 1241). Rosalinde Gothe interpretiert die Aufnahme der Güterzerschlagung in dieses Verzeichnis sogar als Zeugnis für Goethes Befürwortung des Projekts (1983, S. 214).
169 An Carl August, 3. Dez. 1792 (vgl. Anm. 76).
170 »Unterthaenigstes Pro Memoria« von Hendrich an Fritsch, 14. Nov. 1792, ThHStAW H 1633, Bl. 1–2, hier Bl. 1^{r}–1^{v}; das nachfolgende Zitat ebd., Bl. 2^{r}. – Der Brief wurde von Holtzhauer 1969, S. 368–372, in modernisierter Orthographie abgedruckt; fehlerhaft sind dort die Lesarten »Ausfolge« (statt richtig: »Aussatze«, gemeint ist evtl. »Aufsatze«) und »Pfeffer« (statt richtig: »Pfeffel«). Ob Pfeffel tatsächlich Gedichte in einem Mainzer Revolutionsjournal veröffentlichte, konnte nicht mehr festgestellt werden, da Exemplare dieser Zeitschriften extrem selten sind.
171 Holtzhauer 1969, S. 368. Holtzhauer kannte die Akte H 1633, aus

der er den Brief Hendrichs und die Hinweise auf die Mainzer und Straßburger Zeitungen aufnahm; daher erscheint seine Behauptung wie eine bewußte Verschleierung. – Auch in anderen Territorien erreichte die Publizistik den »gemeinen Mann«; vgl. Härter 1992, S. 308.

172 Arnold 1989, Sp. 1, mit Bezug auf den Brief von Schmidt an Carl August vom 3. Dez. 1792 (Anm. 76). Bei der Textwiedergabe von Holtzhauer 1969, S. 368, wird jedoch nichts über das Fehlen eines Verbots behauptet.

173 Geheimes Consilium an Johann Eustachius, Graf Schlitz, genannt von Görtz, 13. [sic!] Nov. 1792, sig. Fritsch, Schnauß, Schmidt, Voigt, exp. 16. Nov., H 1633, Bl. 3. Da der Brief Hendrichs vom 14. Nov. datiert ist und die Voten der Geheimräte, die dem Reskript vorausgehen, auf demselben Blatt wie der Brief geschrieben sind, so ist entweder das Datum des Briefes oder dasjenige des Reskripts falsch.

174 Görtz an Geheimes Consilium, Regensburg, 29. Nov. 1792, Kopie, ThHStAW H 1633, Bl. 4–5, hier Bl. 5^r–5^v (Hs.: »Ew. pp«).

175 An Carl August, 16. Dez. 1792 (Anm. 77), Bl. 49^r–49^v.

176 Vgl. Anm. 170, 174.

177 Carl August an Schnauß, Frankfurt, 22. Dez. 1792, von Schreiberhand, ps. 28. Dez., Hausarchiv A XIX No. 111^b, Bl. 16.

178 AS 2/1, S. 302 ff.

179 MA 4.1, S. 94–130.

180 Vgl. Wilson 1996a, S. 273–283 und die dort angeführte Literatur.

181 An Bertuch, 6. Juni 1793, WA IV/18, S. 49.

182 MA 4.1, S. 962 (1988), meine Hervorhebung.

183 Hartung 1923, S. 195.

184 MA 4.1, S. 135, 148.

185 Eine Stelle aus dem Romanfragment *Reise der Söhne Megaprazons* aus dieser Zeit wirkt wie ein Kommentar zu diesem Aspekt der *Aufgeregten*: Das »Zeitungsfieber« sei »eine böse ansteckende Krankheit«; die »Symptome«: »der Mensch vergißt sogleich seine nächsten Verhältnisse, […] er opfert alles, ja! seine Neigungen und Leidenschaften einer Meinung auf die nun zur größten Leidenschaft wird […] nun vergißt der Mensch die Geschäfte: die sonst den seinigen und dem Staate nutzen […]« (MA 4.1, S. 279f.).

186 MA 4.1, S. 1114f.

187 MA 4.1, S. 1115, vgl. S. 1114: »Und diese Schrift sie erscheinet / Selbst von Kaiser und Reich und allen Fürsten begünstigt / Was verbietest du noch wenn diese […]« (Abbruch des Satzes).

188 Vgl. im frühen Lustspiel *Die Mitschuldigen* (1769) 7. Auftritt der 1. Fassung, III/1 der 2. Fassung (MA 1.1, S. 321f., 365; vgl. 356). Außerdem: An Jacobi, 18. Aug. 1792 (WA IV/10, S. 6); *Tag- und Jahres-Hefte 1808*, MA 14, S. 201.

189 Härter 1992, S. 308.

190 MA 4.1, S. 145 (nachfolgende Hinweise im laufenden Text aus dieser Ausgabe).

191 Vgl. die diesbezügliche These von Helma Dahl, AS 2/1, S. 19f., Anm. 30.

192 Vgl. S. 86 f.

193 Vgl. S. 160, sowie zu Hendrichs Spitzelquellen unter Jenaer Studenten Anm. 55, S. 349; Anm. 15, S. 365.

194 G/V-Br 1, S. 85. »Motus« war ein üblicher Begriff für einen Auflauf; zu einer Ilmenauer Unruhe vgl. Weimarer Regierung an Carl August, 12. Okt. 1779, unterschr. Carl Schmid, ps. 15. Nov., ThHStAW B 2474b, Bl. 8–10, hier Bl. 8^v.

195 G/V-Br 1, S. 86; vgl. S. 434 f. – Die Datierung der *Aufgeregten* auf Sommer 1792 (Wilson 1996a, S. 267 ff.) schließt diese Quelle nicht aus, denn lediglich die erste Konzeption fiel in diese Zeit.

196 Vgl. das bei Holtzhauer 1969, S. 237, abgebildete Reskript vom 14. Nov. 1777, aus dem hervorgeht, daß die Einführung einer neuen Straßenfron auf Widerstand gestoßen war; daß Goethe an diesem Vorgang beteiligt war, geht aus dem Sessionskalender hervor (AS 1, S. LXXI).

197 MA 19, S. 493.

198 Vgl. S. 87 f.

199 Dieter Borchmeyer, in FA I, 6, S. 1024.

200 Vgl. Wilson 1996a, S. 280 f.

KAPITEL 4

1 AS 2/2, S. 777.

2 Hartung 1923, S. 144.

3 Vgl. Pester 1992.

Studenten in Geheimgesellschaften

4 Es gibt aus der Nachkriegszeit zwei bedeutende Dokumentationen der Ereignisse: (1) die betreffenden Abschnitte des zweiten Bandes von *Goethes Amtlichen Schriften* aus dem Jahre 1968 (Kommentarband dazu: 1972); Goethes Teilnahme ruhte offensichtlich zwischen dem 5. Januar 1792 und dem großen, berüchtigten ›Auszug‹ mehrerer hundert Jenaer Studenten am 19. Juli 1792, und daher wurden keine Schriftstücke zu den Vorgängen aus diesem Zeitraum in AS aufgenommen. Die Herausgeberin faßt die Ereignisse lediglich zusammen, aber sie übersieht in ihrem Resümee entscheidende Aspek-

te und Dokumente; ihr folgt im wesentlichen der Herausgeber der betreffenden Schriftstücke in der Münchner Ausgabe der Werke Goethes (Klaus H. Kiefer, MA 4.2, S. 1217 ff.). – (2) Koch 1955; ganz abgesehen von seinen extrem nachlässigen Transkriptionen aus der wichtigen Ministerkorrespondenz A 442a ließ Koch einige Stellen aus, die zwielichtige Praktiken der Weimarer Regierung dokumentierten. Soweit Kochs Textstellen nicht in die *Amtlichen Schriften* eingegangen sind, sind seine Fehler bis heute unkorrigiert geblieben: grob entstellte Lesarten, ohne Kennzeichnung ausgelassene Sätze und Satzteile (besonders dann, wenn sie dem Herausgeber offenbar unverständlich waren; Beispiele: Anm. 9, 53, 97, 131, 191). Koch benutzte außerdem keine Kanzleiakten. – In AS und Koch fehlen entscheidende Dokumente, die nur aus dem Archiv bzw. aus dem älteren Artikel von Paul Ssymank (1913) rekonstruiert werden können. Ssymank wertete als bisher einziger die wichtige Akte A 8503 aus; allerdings stellt er die Ereignisse nicht in den Kontext des Kampfes gegen Geheimgesellschaften in Sachsen-Weimar (da er die Studentenorden nicht deutlich als Geheimgesellschaften erkennt) und meint deshalb, »Karl August und seine Ratgeber« erblickten in den Orden lediglich »den Herd der unverminderten Duellwut« (S. 13; er benutzte auch nicht die Korrespondenz der Minister mit Carl August, A 442a). Hier bietet die aus Forschungen im Weimarer Staatsarchiv bereicherte, ausgezeichnete Dissertation von Jens Riederer (1995) Abhilfe. Riederer gibt zu einzelnen Ereignissen wie denjenigen des Sommers 1792 allerdings nur einen Überblick. Vgl. auch Hartung 1923, S. 167 ff.; Tümmler 1972.

5 Keil 1858; Schüddekopf 1898; Ssymank 1913; Fabricius 1926. Die Zusammenfassung von Otto Dann (1988, S. 171 ff.) verzerrt durch ihre Knappheit entscheidende Aspekte (die Einrichtung der Ehrengerichte wurde z. B. nicht »auf ein Gutachten Goethes hin […] abgelehnt«, S. 172, und Dann erwähnt nicht die Verlegung von Truppen nach Jena am 14. Juli als Auslöser des ›Auszugs‹ vom 19. Juli, S. 173). Er unterscheidet außerdem nicht genügend unter den Studentengruppen, verkürzt das Anliegen der Ordensstudenten auf einen »altständische[n] Ehrbegriff« (ebd., S. 172) und zieht die inzwischen verfügbar gewordenen *Amtlichen Schriften* Goethes nicht heran, sondern verläßt sich auf Götzes Darstellung mit den entsprechenden Fehlern.

6 Hardtwig 1986, S. 243.

7 Vgl. Fabricius 1926, S. 144. Grundsätzlich zu den akademischen Orden Hardtwig 1986, der sich jedoch zu stark auf den einseitigen Korpsverfechter Fabricius stützt; zu Jena am ausführlichsten Götze 1932 sowie Bauer 1991.

8 Beispiele für die tatsächliche Fortdauer sogenannter »Zivillogen« dieser Orden nach der Studienzeit sowie für das ›Lebensprinzip‹ ge-

genseitiger Versorgungshilfe aus der Jenaer »Gelehrten Amicistenloge« des Jahres 1791 gibt Fabricius 1926, S. 70, 149; vgl. Hardtwig 1986, S. 251. Allerdings geht Fabricius (S. 147) fehl, letzteres als Novum des Jahres 1791 anzusehen; schon in den Weimarer Untersuchungen des Jahres 1767 wurde dieses Prinzip thematisiert (vgl. Wilson 1999, S. 54). Vgl. auch S. 210 f.

9 Voigt an Carl August, 4. Juli 1792, ThHStAW A 442a, Bl. 66–71, hier Bl. 69r (Koch 1955, S. 446, ließ vor dem Satz »Einige der Studenten [...]« ohne Kennzeichnung vier lange Absätze aus seiner Transkription dieses Briefes weg, darunter diesen Satz).

10 Vgl. Riederer 1992, S. 191. Diese Situation änderte sich zwar nach etwa 1770, nachdem »sich auf staatlichen Druck die Lehrkräfte aus den gemeinsamen geheimgesellschaftlichen Verbrüderungen zurückgezogen hatten« (ebd. S. 192), aber die »OrdensBegünstigungen« der Professoren (so Voigt bzw. Carl August) bestanden nach wie vor, und wir werden sehen, daß ehemalige Studenten leitende Ordensstellungen innehatten. Voigt an Carl August, 4. Juli 1792 (Anm. 9), Koch 1955, S. 446; vgl. Carl Augusts Antwortbrief vom 15. Juli 1792: »ich wünschte nur, daß Sie [...] fortfahren möchten, auf die Herren Professoren und ihre OrdensBegünstigungen ein wachsames Auge zu haben« (Schreiberhand mit eigenhändigem Nachsatz, ThHStAW J 288, Bl. 34–35, hier Bl. 34r; der Teildruck in CAPB 2, S. 34 f., läßt diese Stelle aus).

11 Götze 1932, S. 14. – Auch Carl August verfügte in einem Brief vom 21. Aug. 1790 ein Berufsverbot, nachdem er von neuen Jenaer Studentenunruhen erfahren hatte: »solch[e] jungen ungezogenen Leute«, »dergleichen üble Subjekte«, sollen »mit der größten Schnelligkeit von Jena weggeschaft werden«, sachsen-weimarische Landeskinder können sich »sicher darauf verlassen, daß sie im Lande keine Versorgung erhalten werden, und daß ich einmahl ein Beyspiel an einem werde verrichten, und selbigen an fremde Truppen abgehen laßen werde. Ich wünsche daß diese Drohung unter der Hand an die in Jena studirenden Landeskinder ausgestreut werden möge.« Schmid ungedruckt, S. 15 f.; diese Stelle ergänzt die Auslassung oben, S. 101. Für die Überlassung dieses Manuskripts bin ich Irmtraut Schmid und Joachim Bauer zu großem Dank verpflichtet.

12 Dazu und zum Folgenden vgl. Wilson 1999.

13 Vgl. Wilson 1991, Kap. 3, sowie ergänzend Wilson 1999.

14 Vgl. Rogalla von Bieberstein 1976.

15 Stephani 1828, S. 90.

16 Ebd., S. 89 f.

17 Vgl. Actenstücke 1792, Sp. 132. – Die Verfasser nennen sich durchgehends »die Deputierten der verbundenen Landsmannschaften«. Daß sie damit nicht (wie bei Goethe, vgl. Anm. 25) auch die Orden meinten, geht aus ihrer Verachtung für »Schlägergesellschaften«

hervor, deren Mitglieder die anderen Studenten als »Profane« bezeichnen (Sp. 124, 128, 133; vgl. Ssymank 1913, S. 15). Den Begriff »Profane« verwendeten nur richtige Geheimbündler in den akademischen Orden. Die Bezeichnung »Schlägergesellschaften« ist eine Diffamierung, die entschieden zu kurz greift; ein bedeutender Teil der Ordensanhänger befürwortete das Duellieren nicht mehr.

18 Ssymank 1913, S. 25.

19 Undatiert (zwischen 1. Jan. und 10. Feb. 1786), THStAW A 8471, Bl. 40^{v}–41^{r}.

20 Der Theologe Johann Christoph Doederlein schlug eingeschränkte Duldung der Landsmannschaften vor; die Senioren müßten verpflichtet werden, für Ruhe unter ihren Leuten zu sorgen, und bei Vergehen müßten sie geradestehen (ebd., Bl. 10^{r}). Der Mediziner Christian Gottfried Gruner erwähnt einen (nicht von ihm gebilligten) Plan: »Diese Landsmannschaften müßen von der Akademie öffentlich gebilligt werden, wie die Freimäurer in Josephs [II.] Staaten« (ebd., Bl. 36^{v}, vgl. jedoch Bl. 51^{r}–51^{v}; in Österreich befahl Joseph II. die Besetzung der Freimaurerlogen durch hohe Beamte; vgl. Wilson 1999, S. 223). Und der Mathematiker und Physiker Johann Ernst Basilius Wiedeburg macht einen ähnlichen Vorschlag: die Pläne und Gesetze der Verbindungen sollen der Universität vorgelegt, ihre Senioren nur mit Genehmigung des Senats gewählt werden (ebd., Bl. 53^{r}). Gegen diese Vorschläge argumentierte Eichhorn (Anm. 76, Bl. 68^{r}).

21 Loder behauptete 1810, ohne seine Mitwirkung sei »nichts auf der ganzen Universität, im Disziplinar- und literarischen Verhältnis«, keine Berufung, Beförderung oder Zulage geschehen (Hartung 1923, S. 144).

22 Gutachten vom 7.–12. April aus A 8471, in: AS 1, S. 428, 430.

23 Vgl. Wilson 1991, Kap. 3–4, sowie Wilson 1999.

24 AS 2/1, S. 204–208.

25 Goethe schreibt in der betreffenden Schrift zwar nur von Landsmannschaften, aber daß er damit nur ein Kürzel für Landsmannschaften und Orden verwendete, zeigen die Voten der anderen Räte in derselben Angelegenheit, die von den »landsmannschaftliche[n] und andere[n] verbotene[n] Verbindungen« (Schmidt) bzw. »Ordens- und landsmannschaftlichen Verbindungen« (Schnauß) schrieben (AS 1, S. 431).

26 AS 1, S. 428.

27 Vgl. Flach 1953, S. 366.

28 Tümmler 1978, S. 97 f., mit Bezug auf die hier besprochene Schrift vom Jan. 1792; ihm folgend Hahn 1977, S. 44, zu Tümmler vgl. Dahl, AS 3, S. 61 (vgl. allerdings Anm. 31). Ähnlich andere Forscher, auch ausgerechnet der Jurist Pausch (1996, S. 213 – die jede menschenrechtliche Perspektive ausklammernde, unkritische Nachsicht die-

ser Studie gegenüber dem Juristen Goethe kennt keine Grenzen). Riederer meint mit Recht, eine »echte studentische Selbstverwaltung« sei letztlich zurückgewiesen worden (1995, S. 257).

29 Hartung 1923, S. 166 (Griesbach, Reichardt, Loder und Eichhorn; AS 1, S. 428).

30 Hartung 1923, S. 166.

31 DDR-Historiker zeigten hier manchmal einen kritischen Spürsinn. Irmtraut Schmid stellt im Falle der Studentenunruhen des Jahres 1790 fest: selbst »gutgemeinte Aktivitäten [der Studenten] in Richtung Selbstverwaltung fanden nicht Goethes Zustimmung«; »Wenn Goethe dennoch als derjenige in Erinnerung blieb, der durch ›sein verständnisvolles Einschreiten gegen militärische Übergriffe im Jahre 1790 das Vertrauen der freiheitsdurstigen Studenten‹ gewann, wie Hans Tümmler 1972 schreibt, dann ist das einer bestimmten Art von Goetheforschung zuzuschreiben, die Goethe insofern nicht gerecht wird, als sie ihn gern von vornherein lobt« (ungedruckt, S. 14; Tümmler 1972, S. 137). Vgl. Wolfgang Leber: Mit dem Scheitern der Studentenbewegung »hatte der absolutistische Weimarer Staat – und das ist bezeichnend für den Umfang seines gerühmten ›Liberalismus‹ – die Grenze des Möglichen erreicht. Es war ihm unmöglich, den Selbstverwaltungsbestrebungen, d.h. den ersten Ansätzen demokratischen Selbstbestimmungsrechtes der (studentischen) Massen [!] anders als durch deren Unterdrückung zu begegnen« (1958, S. 315).

32 »[...] sollte es der Gesezgebenden und ausübenden Macht [=dem Fürsten und dem Geheimen Consilium!] nachtheilig seyn Vernünftige Menschen öffentlich in ihrem Intresse zu sehen[?]«, AS 2/1, S. 206.

33 Die Studenten Georg Heinrich von Deyn (gest. 1839), und Carl August Osterloh waren zwei der vier von den Landsmannschaften deputierten Unterzeichner der Reformschriften; vgl. Actenstücke 1792, Sp. 133f. und dazu AS 3, S. 55f., sowie Ssymank 1913, S. 8; Deyn empfing einen Brief von Goethe nach Einreichung des Plans zur Abschaffung der Duelle (AS 2/1, S. 203f., AS 3, S. 55–58, 60). Deyns und Osterlohs Denunziationen der Ordensstudenten vor der Universitätsuntersuchung am 26. und 28. März bzw. am 11. Mai 1792 sind in einem Protokoll dokumentiert (A 8504, Bl. 254^{r}–255^{v}, Bl. 266^{r}; dazu Ssymank 1913, S. 18). Auch Cyriacus Polizo soll Führer der Duellgegner gewesen sein und war auf jeden Fall Denunziant; dazu weiter unten.

34 AS 2/1, S. 205.

35 Actenstücke 1792, Sp. 124f., mit Anm. des Redakteurs.

36 AS 2/1, S. 205.

37 Rede 1792, S. 11 (zitiert nach dem Exemplar im Thüringischen Hauptstaatsarchiv Gotha, Geheimes Archiv M [Mond] (14) Nr. 74,

Bl. 18–28). Der Verfasser konnte nicht ermittelt werden; wahrscheinlich gehörte er zu den relegierten Ordenssenioren oder den Beteiligten an den Unruhen vom 10. Juni. Ein Bericht der Universität vom 10. Juni nennt die meisten von ihnen, aber alle, die beschuldigt wurden, leugneten die Verfasserschaft: Ernst Dietrich Heinrich Grupen, Christian Ludwig von Freymann, Johann Heinrich Dahl, Georg Heinrich Masius und Carl August von Wangenheim (Universität Jena an Carl August, Jena, 10. Juni 1792, Ausfertigung, unterschr. vom Prorektor Ulrich, ps. 12.6., ThHStAW A 8503, Bl. 75–78, hier Bl. 77^{r}–77^{v}; vgl. A 8504, Bl. 274^{r}–274^{v}, 275^{r}, 276^{r}–277^{v}, 269^{r}). Zu Loebers möglicher Verfasserschaft der *Rede* vgl. weiter unten.

38 Rede 1792, S. 6; das nachfolgende Zitat ebd., S. 5.

39 Stephani behauptet, er habe den anderen Studenten kurz nach seiner Ankunft in Jena im Winter 1791/1792 gesagt, »wie auffallend es für mich sey, dieses Unwesen noch auf dem (damals) ersten Sitze der Wissenschaften und der Kantischen Philosophie zu finden, wo die jungen Leute, zu solcher philosophischen und moralischen Bildung gediehen, die Lächerlichkeit und Unsittlichkeit des Zweikampfes klar erkennen müßten« (1828, S. 89). Vgl. auch im Vorwort zum *Sendschreiben einiger studirenden Jünglinge zu Jena an ihre Brüder auf den übrigen deutschen Akademien, die allgemeine Abschaffung der Duelle und Gründung einer wahren akademischen Freiheit betreffend* (Jena 1792): »Wir, deutsche Brüder, sollten nichts zu diesem großen Werke beitragen? [...] Wir glückliche Zeitgenossen einer Philosophie, welche die reinsten Principien zur Gesetzgebung aufstellte, und dadurch den Grund zur höchsten Sittlichkeit legte, sollten bei dem allgemeinen Streben um uns her zur Veredlung der Menschheit nur allein keinen Drang empfinden, auch unter uns die Vernunft als höchste Gesetzgeberin einzuführen[?]« Stephani, Duelle, S. 139.

40 Stephani 1828, S. 89f.; vgl. Rede 1792, S. 5, 10f.

41 Kant 1983, Bd. 9, S. 53.

42 Vgl. die hervorragende Studie von Wolfgang Albrecht (1990).

43 Zum Beispiel in Schillers *Über die ästhetische Erziehung des Menschen* (dazu weiter unten), Brief 2, NA 20, S. 314.

44 Vgl. den Anfang des Briefes von Dahl: »Immer dringender werden die Forderungen der Vernunft in dem Cirkul sich bildender junger Weltbürger, immer stärker äußert sich in demselben der bewundrungswürdige Einfluß des Geistes der Aufklärung und immer steigenden Cultur.« Johann Heinrich Dahl »im Namen des größten Theils der studirenden Welt« an die Herzöge Carl August, Ernst von Sachsen-Gotha-Altenburg, Ernst Friedrich von Sachsen-Coburg-Saalfeld und Georg I. Friedrich Carl von Sachsen-Meiningen, undatiert (am 15. Juni 1792 verabschiedet), Kopie, ThHStAW A 8503, Bl.

107–110, hier Bl. 107r, ähnlich Bl. 109v. Vgl. auch das Vorwort zum *Sendschreiben* (vgl. Anm. 39 sowie unten), in dem von den »aufgeklärten Jünglingen« unter den Jenaischen Studenten die Rede ist (Stephani 1828, S. 137).

45 Ernennung des Inspektors und Instruktionen: ThHStAW A 8450; dessen Berichte: A 8449, zu den Landsmannschaften Bl. 18r (1780/81), 50v–53r (1785/86).

46 AS 2/1, S. 258.

47 *Actenmäßige Nachricht über die seit dem 10ten Junius 1792. auf der Akademie zu Jena vorgefallenen Unruhen. Mit Beylagen, A. B. C. D.*, AS 2/1, S. 283–288, hier S. 284.

48 AS 2/1, S. 208.

49 AS 2/1, S. 205.

50 AS 1, S. 243.

51 AS 2/2, S. 954, 959, vgl. S. 963.

52 AS 2/2, S. 581.

53 Voigt an Carl August, 14. Juli 1792 (Anm. 60), Bl. 83v, eine von Koch 1955, S. 447, ohne Kennzeichnung ausgelassene Stelle.

54 In Briefen Carl Augusts an Voigt: »Thier« (Frankfurt, 18. Dez. 1792, ThHStAW J 288, Bl. 67–68, hier Bl. 67v); »Wilden« (Frankfurt, 15. Feb. 1793, Schreiberhand, ebd., Bl. 85r); Voigt an Carl August: »diese wilden Thiere« (26. April 1793, ThHStAW A 442a, Bl. 351–352, hier Bl. 351v). Zum Begriff »Unmenschen« vgl. unten zu Herder sowie den Brief Voigts an Carl August, 4. Feb. 1793, ebd., Bl. 321–322, hier Bl. 321r, sowie Carl August an Voigt, Frankfurt, 8. Feb. 1793, CAPB 2, S. 52f.

55 »Privat-Nachrichten«, »sichern Nachricht[en]« (AS 2/1, S. 242), »eingezogene Nachrichten«, »privat-Briefe« (ebd., S. 243), »Nachrichten des Cammerherrn von Hendrich« (ebd., S. 245), »sicher benachrichtiget« (ebd., S. 263). Die Herausgeberin der *Amtlichen Schriften* kommentiert äußerst zurückhaltend, daß »die Vorgänge in Jena den Geh[eimen] Räten sehr schnell durch geheime Nachrichten übermittelt zu werden pflegten« (AS 3, S. 90). Vgl. folgende Manuskriptstellen: »eingelaufenen Nachrichten«, Voigt an Carl August, Jena, 22. Juli 1793, ThHStAW A 442a, Bl. 398–400, hier 398r; »[…] unser alter Bentheim seine Kundschaften immerfort unterhält und von Zeit zu Zeit darüber etwas meldet.« Voigt an Carl August, 8. März 1793, ebd., Bl. 333–334, hier Bl. 334r.

56 AS 2/1, S. 260f.

57 Voigt an Carl August, 26. Nov. 1792, ThHStAW A 442a, Bl. 118–119, hier Bl. 119v.

58 Voigt an Hufeland, 21. Nov. 1792, Diezmann 1851, S. 66.

59 Voigt an Carl August, 6. Aug. 1792, AS 2/1, S. 282; vgl. die Antwort, ebd., S. 294.

60 Beilage zu einem Brief von Voigt an Carl August, 14. Juli 1792,

ThHStAW A 442a, Bl. 77, 83–86. Die Beilage (Bl. 78), eine Denunziation der Studenten Dahl und Wetterstrand, trägt weder Unterschrift noch Datum, aber Voigt trug in Bleistift unter dem Brieftext den Namen des Verfassers ein: »D. Skerman [?]« und notierte den Empfang vom 6. Juli. Ein Skerman konnte nach freundlicher Auskunft der Handschriftenabteilung der Thüringer Universitäts- und Landesbibliothek an der Friedrich-Schiller-Universität Jena nicht identifiziert werden.

61 »Niemand kümmert sich so sehr ab [d.h. wegen der Studentenunruhen des Jahres 1793], als der alte gute Bentheim, der alles zu tragisch nimmt, und ewig fürchtet, ob er auch Ew. Durchl[aucht] Beyfall in seinem Benehmen erlange? Ich habe ihn darüber rassürirt [...]« Voigt an Carl August, 5. Aug. 1793, ThHStAW A 442a, Bl. 406–408 (Reihenfolge: 406–408–407), hier Bl. 407^{v}. Kurz darauf wurde Bentheim für seine Dienste während der Studentenunruhen belohnt, als er für einen Freund um eine Auszeichnung ansuchte, obwohl der Herzog keinen Gefallen an »dergleichen Prädicats Anfrage« habe (Voigt an Carl August, 26. Aug. 1793, ebd., Bl. 413–415, hier Bl. 415^{r}). Zur Gewährung der Bitte: Carl August an Voigt, Pirmasens, 10. Sept. 1793, Schreiberhand mit eigenhändigem Zusatz, ThHStAW J 288, Bl. 135–136. Voigt bestätigt Bentheims Dank am 23. Sept. 1793, A 442a, Bl. 429–430, vgl. auch 27. Sept. 1793, ebd., Bl. 431–432.

62 »Unsre Jenaischen Jacobiner sind ruhig, ausser das [sic] gestern ein Papier angeheftet gewesen am schwarzen Bret, [sic] worin die hiesige [auch von Goethe mitverfaßte] *Actenmäßige Nachricht* sehr gescholten, und zu einem Weggang von der Academie auf Michaelis eingeladen worden. Der Wisch hat aber keine Sensation gemacht, und rührt vermuthlich von einem derer [sic] Purschen her, die sich itzt fortpacken müssen.« An Carl August, 22. Aug. 1792, ThHStAW A 442a, Bl. 107–108, hier Bl. 107^{v}–108^{r}, korrigiert gegenüber Koch 1955, S. 454; vgl. die Antwort des Herzogs, Anm. 67 – Voigt bezieht sich bei dieser Botschaft nicht nur auf einen Brief Bentheims vom 21. Aug. (A 8504, Bl. 173), sondern auch auf einen Brief des Prorektors Johann Wilhelm Schmid vom 22. Aug. (Bl. 175, wohl am selben Tag von Voigt erhalten, trotz des Präsentatsvermerks vom nächsten Tag, als die Schrift die Kanzlei erreichte) dem der »aufrührisch[e] Aufsatz« der Studenten (so Schmid, Bl. 175^{r}) beigefügt wird (Bl. 177; vgl. die Kopie, die dem Herzog geschickt wurde: Bl. 284). – Die Drohung, zu Michaelis die Universität zu verlassen, wird von den studentischen Vertretern in der *Authentischen Nachricht* erörtert (S. 33).

63 Goethe an Voigt, 10. Sept. 1792, AS 2/1, S. 299.

64 Voigt an Carl August, 17. Aug. 1792, AS 2/1, S. 293.

65 Ebd., AS 2/1, S. 294.

66 »Dem Major von Bentheim werde von meinetwegen eine Belohnung seines Betragens ausgefertiget, und aus der Kriegs Caße ihm ein Geschenk von 100 rth. für seinen gehabten Aufwand aus gezahlet, auch dieses Geld bey der Caße in Außgabe verschrieben.« Carl August an das Geheime Consilium, »Im Lager bey Procourt vor Longwi«, 27. Aug. 1792, ps. 12.[?] Sept., ThHStAW A 8504, Bl. 164, linksspaltig auf der Ausfertigung des untertänigsten Vortrags vom 17. Aug.

67 »Es ist mir übrigens lieb, daß der an das schwarze Brett angeheftete Wisch keine Sensation erregt hat; es ist ein Beweiß von der völligen Wiederherstellung der Ruhe.« Carl August an Voigt, Im Lager vor Verdun, 2. Sept. 1792, Schreiberhand, Antwort auf Voigts Brief vom 22. Aug. (vgl. Anm. 62), ps. 14.[?] Sept., ThHStAW J 288, Bl. 49–50, hier Bl. 49[r].

68 Zu diesem Brief Goethes bemerkt die Herausgeberin, Helma Dahl, trocken aber mit deutlicher Anspielung auf die Brisanz des Auftrags: »Ein interessantes Stück, das es bedauern läßt, daß so viele vertrauliche Mitteilungen Goethes vernichtet sind« (AS 3, S. 97 – Goethe neigte nämlich dazu, seine Briefe aus politisch empfindlichen Korrespondenzen zurückzufordern und zu vernichten). Im Klartext: Goethes Verstrickung in Spitzelangelegenheiten war wohl tiefer, als wir auf Grund der überlieferten Dokumente feststellen können. Die Forschung fängt langsam an, Notiz von diesem Tatbestand zu nehmen; der Herausgeber der Briefe in der neuen Frankfurter Ausgabe, Karl Eibl, kommentierte die Stelle »*baare Auslage*« 1991 ohne Umschweife: »Geld für die Anwerbung von Spitzeln« (FA II, 3, S. 990). Vgl. auch Riederer 1995, S. 259. Tümmler kommentierte die Stelle nicht, als er sie im Goethe-Jahr 1949 publizierte (G/V-Br 1, S. 81).

69 Zu anderen Fällen, in denen weitere Informationsquellen gesichert sind, vgl. unten, S. 230, 257. – Möglicherweise war diese Quelle die bekannte Gräfin Sophie von Coudenhove, eine mächtige Persönlichkeit am Mainzer Hof, die in der Fürstenbundpolitik Carl Augusts im Jahre 1787 eine wichtige Rolle gespielt hatte und deren Sohn in Jena studierte (zu ihren Beziehungen zu Carl August vgl. Tümmler 1995b). Während der Auseinandersetzungen um die Jenaer Unruhen, am 10. Aug. 1792, schrieb Carl August an Voigt: »Schon mancherley habe ich über die Jenaische Sache hören müßen, ich habe aber überall die VerfahrungsArt des Geh[eimen] Cons[iliums] zu W[eimar] in den Lichte vorgestellt in welchen sie gesehen werden muß. endl[ich] habe ich so gar sämtl[iche] Copien der beylagen welche ich von W[eimar] erhielt an die Gr[ä]f[in] v[on] Cudenhoven, die Mutter des jungen Menschen der in Jena studirt, nach Mayntz geschickt, um sie von den wahren Vorgang zu unterrichten, und ich hoffe es soll gute Dienste leisten. In denen Zeitungen und in privat

briefen die ich gesehn habe hat vieles dummes Zeug gestanden [...]«. (»im Lager bei Consaarbrück bei Trier«, ThHStAW J 288, Bl. 40–41, hier Bl. 40^{r}). Vermutlich schrieb der Sohn an seine Mutter über die Ereignisse in Jena und diese an Carl August. Dieser »Graf Coudenhoven« freute sich über die Kapitulation der Franzosen in Mainz, was ihn doch wohl als Revolutions- und eventuell als Ordensgegner ausweist (Voigt an Carl August, Jena, 26. Juli 1793 [vgl. Anm. 75, S. 334], Bl. 404^{r}).

70 AS 2/1, S. 241–245; vgl. die betreffenden Zitate in Anm. 55.

71 Johann Christian Starke an Carl August, Jena, 13. Jan. 1786, ThHStAW A 8471, Bl. 47^{v}–48^{r}.

72 Götze 1932, S. 154; Keil 1858, S. 297ff.; [Rebmann] 1984, S. 37: der Pedell Fiedler »ist der Mittelpunkt eines illustren Korps, dem alle Pferde- und Gassenjungen in Jena einverleibt sind, welche er für jede ausspionierte Nachricht bezahlt, da der Hauptgewinnst – ein Teil des Strafgeldes – doch immer in seinen Beutel fällt.« Vgl. die Aussagen des Pedells Teubner in Verhören vor August von Gohren am 30. März und 1. Mai 1792: A 8504, Bl. 256^{r}–258^{r}, 260^{v}–261^{v}. Teubner bezieht sich einmal auf »seinen Zeugen« für die Ordensmitgliedschaft eines Studenten (261^{r}). Hier finden wir auch mehrere Anweisungen an den Pedell (sowie auch an die Wirtshausbesitzer), genau auf die Studentenorden achtzuhaben.

73 Johann Jacob Griesbach (ein in Universitätsangelegenheiten wichtiger Berater des Herzogs und enger Freund Goethes) an Carl August, Jena, 20. Jan. 1786, ThHStAW A 8471, Bl. 3–8, hier Bl. 4^{r}–4^{v}.

74 Christoph Gottlob Heinrich an Carl August, undatiert (Jan. oder Feb. 1786), ThHStAW A 8471, Bl. 82–83, hier Bl. 83^{r}.

75 Johann Ludwig Eckardt an Carl August, Jena, 2. Feb. 1786, ThHStAW A 8471, Bl. 16–22, hier Bl. 19^{v}. Eckardt hatte keinen guten Ruf in der Regierung; vgl. Hartung 1923, S. 148. – Ein anderer Professor, der Mathematiker und Physiker Laurentius Johann Daniel Succow, schlägt eine Denunziationsprämie von 5 Reichstaler vor und hält es für nützlich, »wenn man den Schuldigen andeutet, daß die Academie ihr schlechtes Betragen, so wohl ihrem Vaterlande, als auch diesen Academien melden würde, mit welchen die hiesige Academie in genauern Verbindung stünde, und daß derselbe diesen Schimpf nur dadurch abzulehnen fähig würde, wenn er seine Mitbrüder anzeige, und nahmhaft machen wollte« (an Prorektor Justus Christian Hennings, Jena, 6. Jan. 1786, ebd., Bl. 50–51, hier Bl. 50^{v}–51^{r}). Und der Prorektor selbst erhöht die vorgeschlagene Denunziationsprämie auf 25 Taler (Hennings an Carl August, undatiert [Jan. oder Feb. 1786], ebd., Bl. 56^{v}).

76 Gutachten vom 14. Jan. 1786, A 8471, Bl. 64^{v}–65^{r}. Eichhorn erwägt hier einen Vorschlag, daß jeder Professor eine Gruppe von Studenten überwachen solle, und er sieht als Gefahr davon: »Jeder unter

Aufsicht stehende wäre in Gefahr, von seinem Inspector zum Spion gebraucht zu werden«; da bisher nur die Prorektoren so verfahren, wären bisher höchstens zwei solcher »Jugend–Verderber« möglich; »nach dieser Einrichtung würden beständig 18–20 Professoren [...] gezwungen seyn«, Spitzel zu halten (ebd., Bl. 64^{v}–65^{r}).

77 SWS 30, S. 776.

78 Gutachten vom 14. Jan. 1786 (vgl. Anm. 76), Bl. 65^{r}, 65^{v}.

79 Gutachten vom 7.–12. April 1786, AS 1, S. 429; Goethes Unterstreichung des Wortes »Aufsicht« wird hier nach dem Manuskript ergänzt. Goethe bezieht sich laufend auf die Gutachten in dieser Akte, manchmal sogar mit Blatthinweis.

80 AS 2/1, S. 281; zur Verschwörungsmentalität unter den Geheimräten vgl. auch Wilson 1991, S. 149ff.; Riederer 1995, S. 260, sowie unten, S. 205 f.

81 Vgl. Wilson 1996a.

82 AS 2/1, S. 284.

83 AS 2/1, S. 283.

84 An Voigt, 26. Dez. 1798, AS 2/2, S. 580.

85 AS 2/1, S. 255; zusätzlich zu den vielen anderen in den *Amtlichen Schriften* vorkommenden Hinweisen auf »Verführung«, »Verführer«, »verführen« usw. vgl. ThHStAW A 8503, Bl. 42^{v}, 113^{r}; A 8504, Bl. 7^{v}; A 442a, Bl. 81^{v}.

86 AS 2/1, S. 277.

87 AS 2/1, S. 259.

88 An Dalberg, 19. Juli 1792, AS 2/1, S. 238.

89 AS 2/1, S. 206, 208.

90 Vgl. AS 3, S. 57, nach Diezmann 1851, S. 54f.

91 Stephani 1828, S. 97 f.

92 Aktennotiz von Voigt, 19. Jan. 1792, ThHStAW A 8503, Bl. 11–14, hier Bl. 12^{r}–12^{v}, 13^{r}, 13^{v}–14^{r}. Vgl. Ssymank 1913, S. 14.

93 Sie ist in den Akten der Geheimen Kanzlei nicht durch ein Reskript ausgewiesen, da sie der Form nach eine akademische Verordnung der Universität war. Zu diesem Verbot vgl. Koch 1955, S. 445; Härter 1992, S. 361, Anm. 299, und die dort angeführte Literatur.

94 »Die zu rasche, zu strenge Aufhebung der Orden und die dabey angewandte Verfahrungsart waren der erste Keim dazu«, d. h. zur »Unzufriedenheit« und zu den »Unruhen« (Authentische Nachricht, S. 5).

95 Untersuchungskommission an Carl August, Jena, 16. Juni 1792, unterschr. Christian Just[us] Wiedeburg, Christian Friedrich Carl Freiherr von Wolfskeel, ps. 17. Juni 8 Uhr früh, ThHStAW A 8503, Bl. 113–115, hier Bl. 114^{r} (Begleitbrief zum offiziellen Bericht).

96 Zweimal erließ das Geheime Consilium ein Reskript, in dem die »Unionisten« (die Befürworter der staatlich genehmigten Landsmannschaften) gelobt wurden; das erste, vom 5. Juni, wird zum Tu-

mult am 10. Juni beigetragen haben (vgl. Carl August an Universität Jena, 5. Juni 1792, sig. Carl August, Fritsch, Schnauß, Schmidt, Voigt, exp. 8. Juni, ThHStAW A 8503, Bl. 73), das zweite, kurz vor dem Auszug vom 19. Juli, wurde mit einer entrüsteten Solidaritätserklärung der Studenten beantwortet (AS 2/1, S. 261, vgl. Authentische Nachricht, S. 33).

97 Riederer 1995, S. 259; das Zitat entstammt einem Brief Voigts nach der Wiedergabe von Koch (1995, S. 447; vgl. auch BG 3, S. 428); er sei hier originalgetreu, ohne die Fehler Kochs, wiedergegeben: Goethe »hat an unsern Überlegungen wegen der Jenaischen Sachen, treulich Theil genommen und ist allenthalben mit uns andern einstimmig gewesen. ›Man möge sich, (sagte er), so lange dagegen wehren, als man wolle, eine Demonstration von überlegner Gewalt zu machen, so werde man doch endlich dazu schreiten müssen; inzwischen aber könne niemand für nachtheilige Excesse stehen, solange die Unruhigen nicht fortgeschafft wären.‹« Voigt an Carl August, 14. Juli 1792, (Anm. 60), hier Bl. 85[v]. Goethes Forderung nach der »Demonstration von überlegner Gewalt« ist wörtlich in die Eingabe des Consiliums an Carl August eingegangen: AS 2/1, S. 244. – Der *erste* Prorektor, der an den Ereignissen des Jahres 1792 beteiligt war, wurde keineswegs gezwungen, hart durchzugreifen; der Herzog bezeugt, der damalige Prorektor Gruner sei für das Vorhaben, so daß man noch vor dem Ende seines Prorektorats am 6. Feb. handeln müsse (vgl. Anm. 92, hier Bl. 12[v]). Erst danach amtierte der tatsächlich »wenig glücklich agierende« Prorektor Ulrich, auf den Riederer sich hier bezieht. Zu beiden vgl. Ssymank 1913, S. 19.

98 Ssymank behauptet, daß in diesem Zeitraum »keinerlei Unruhen ausbrachen« (1913, S. 18). Ein Brief des Stadtkommandanten von Bentheim an Carl August vom 12. Juni 1792 macht das wenigstens zweifelhaft: »nach der Höchsten Ordre von 8ten Feb: a. c. [nicht in dieser Akte enthalten!] ließ ich Gestern 25 Bauren von dem Consistorial Rath Krüger herein komen«, also die ›Landfolge‹ von fronpflichtigen Bauern, die in Jena für Ordnung sorgten, bis das Militär eingesetzt werden konnte. Offenbar gab es also schon bald nach der Aktion vom 2. Feb. Unruhen (ps. 12. Juni, ThHStAW A 8503, Bl. 84[r]).

99 Authentische Nachricht, S. 6.

100 Ssymank 1913, S. 17; er meint den unten besprochenen Umstand, daß die Orden in Jena stillschweigend geduldet worden waren.

101 Riederer 1995, S. 258.

102 Voigt an Prof. G. Hufeland, 11. Juni 1792, nach dem Tumult vom Vortag: »[...] sind denn die Herrn Unionisten nicht betreten über diese groben Flegeleien? Und giebt es kein Mittel (ohne zu hetzen oder den Einen gegen den Andern zu bewaffnen), was die Ordensmänner mehr in Aufsicht hielt[e] von jener Seite. Sobald sie sich des

Anzeigens und Verrathens zu fürchten hätten, sollten sie wohl nicht Lärm anfangen.« Diezmann 1851, S. 55f.

103 Erst seit 1966 wissen wir aus einer Untersuchung der Besucherbekanntmachungen der *Jenaischen Zeitung*, daß Goethe zwischen 5. und 11. Juni sowie zwischen 12. und 19. Juni jeweils wohl für einen Tag Jena besuchte (Koch 1966, S. 317; vgl. Steiger 1982, Bd. 3, S. 162f.). Gerade die bewegten Umstände um den Tumult vom 10. Juni (vgl. unten) machen es sehr wahrscheinlich, daß Goethe zu diesen Anlässen in amtlichem Auftrag nach Jena fuhr, um die dortigen Ereignisse und Zustände zu bekunden (seine Beschäftigung mit dem Jenaer Konviktorium war zu diesem Zeitpunkt vorläufig beendet: AS 2/1, S. 209–227). Wenn Voigt am 14. Juli schreibt, »Der Herr Geheimerath v. Goethe [...] hat an unsern Überlegungen wegen der Jenaischen Sachen, treulich Theil genommen und ist allenthalben mit uns andern einstimmig gewesen« (vgl. Anm. 60), so kann sich das natürlich auf Aktivitäten im Juni erstrecken; auch abgesehen vom Zweck seiner Besuche erfuhr Goethe aus erster Hand die unruhigen Zustände in Jena zwischen dem 12. und 19. Juni.

104 Ssymank 1913, S. 12 (nach ThHStAW A 8503).

105 AS 2/1, S. 436; vgl. oben, S. 203 f., sowie den Kommentar in AS 3 und Flach 1953, und für die spätere Zeit Pester 1992.

106 »Seit circa 1792/93 hat die Ordensbewegung ihren Höhepunkt überschritten« (Hardtwig 1986, S. 245). Hardtwig sieht in erster Linie die Ordenskritik der Zeit dafür verantwortlich, nicht »Ordensuntersuchungen der Landesherren« (S. 246), aber letztere waren unauflöslich mit Ordensfeindlichkeit verschmolzen.

107 Das Gesetz wurde zwar vom Kaiser nicht ratifiziert, aber es wurde publiziert und hatte schon dadurch seine Wirkung erreicht (vgl. die nächste Anm.).

108 Voigt berichtet dem Herzog am 10. Juli 1793 aus Jena: »Ueber das neue Reichsgesetz, wegen der Ordensverbindungen, sind die Studenten sehr aufmerksam; sie sehen, wie wichtig und ernstlich man das Ding nimmt, und ich denke, es wird immer mehr zur Opinion werden, daß es ein albernes und schädliches Ding damit ist. Die jungen Leute fürchten, daß noch mehr dahinter liege, als gesagt worden, und daß sie von Kaiser und Reich als Clubbisten behandelt werden möchten. Ich thue denn auch ein wenig geheimnißvoll über die Dinge.« ThHStAW A 442a, Bl. 394–395, hier Bl. 395^{r}.

109 Authentische Nachricht, S. 44.

110 Authentische Nachricht 1792, S. 8: »Mehr als wahrscheinlich ist es, daß die Fürstl[ichen] Höfe nur durch des Prorektors Berichte dahin vermocht wurden, bey dieser Unternehmung eine Strenge zu bezeigen, die man sonst bey den milden Regierungen dieser Fürsten gar nicht gewohnt ist.« Vgl. Ssymank 1913, S. 18 ff.

111 AS 2/1, S. 206.

112 An Voigt, Koblenz, 15. Juli 1792, CAPB 2, S. 34.
113 Dazu Wilson 1991, Kap. 4.
114 Schüddekopf 1898, S. 31 f.; Keil 1858, S. 256 f.
115 Vgl. Anm. 125 und zu den Hinweisen auf die Orden Anm. 17.
116 Ssymank 1913, S. 8.
117 AS 2/1, S. 208. Vgl. folgende Stellen, die auf die positive Wirkung der öffentlichen Bekanntmachung der Ordensverfolgung auf die Studentenzahlen hinweisen: »Wird das ganze Geschäft erst noch, wenigstens durch ein neues Patent wider die Orden, zu Stande gebracht werden, so dürfte es hernach auch ein schicklicher Zeitpunct seyn, wo man mittels einer Anzeige in einem Journal besonders auch durch die Allgemeine Litteratur Zeitung das Publicum von diesen zu Jena getroffenen heilsamen Anstalten benachrichtigen und dem Ruhm der Academie dadurch prospiciren könnte« (Voigts Bericht vom 26. März [Anm. 123], Bl. 43^{v}–44^{r}); »Daß man in den Frankfurt[ischen], Wetzlar[schen] und Hamburger Zeitungen des jenaischen Vorganges mit einiger Übertriebenheit gedacht, aber die Sache doch auf die Orden gegeben hat, soll der Sache eher nützen, als schaden« (Voigt an Carl August, 4. Juli 1792 [Anm. 9], Bl. 69^{v}). Auch Paulus und der unten zitierte Professorenbrief machen diese Ansicht geltend. Vgl. auch den Vortrag des Geheimen Consiliums vom 10. Juli als Reaktion auf diese Briefe: »Die Erhaltung des Landesobrigkeitlichen Respectes, die Herstellung der unterbrochenen öffentlichen Sicherheit und Ruhe, und die Vorkommung übler Folgen für den guten Ruff der Academie, wenn die Lage derselben etwa dem auswärtigen Publico als eine abschrekkende Anarchie von Uebelgesinten geschildert werden sollte, machten uns die Ergreifung ernstlicher Maasregeln zur Pflicht […]« (Anm. 5, S. 366, Bl. 143^{r}–143^{v}).
118 Die andere Regierung war Sachsen-Gotha, der zweitwichtigste der ernestinischen ›Ernährer‹ der Universität. Nachdem das weimarische Geheime Consilium die gothaischen Kollegen vom bevorstehenden Schlag gegen die Studentenorden informiert hatte, waren der gothaische Herzog und seine Räte offenbar beunruhigt, denn sie forderten Carl August dazu auf, »den Prorektor, nebst dem Concilio arctiori, bey diesem ganz eigenen Geschäfte [!] in den Schranken der Legalitaet zu erhalten«. Herzog Ernst von Gotha an Carl August, Gotha, 26. Jan. 1792, Ausfertigung, ps. 29. Jan., ThHStAW A 8503, Bl. 18–20, hier Bl. 20^{r}.
119 Bei der Feier des Hubertusburger Friedens in Jena am 2. Mai 1763 wurde den Landsmannschaften erlaubt, öffentlich aufzutreten. In einem Verbot vom 20. Mai 1765 wurden »die Landsmannschaften verdammlich genannt, die man 2 Jahre früher zur Erhöhung der Festlichkeit offiziell erlaubte!« (Fabricius 1926, S. 51 ff.; vgl. Leber 1958, S. 313).

120 Ssymank 1913, S. 17.

121 Vgl. AS 3, S. 55, sowie die Dokumente der gedruckten *Actenstücke*.

122 Der Herzog wollte »die Senioren der 4 Studenten Orden die man nebst den übrigen Obern kenne« sofort relegieren, »die übrigen OrdensObern« mit Relegation »bey weiterer Ungebührniß« bedrohen. Aktennotiz Voigts, 19. Jan. 1792 (Anm. 92), Bl. 12^v–13^r. – Die vier Studentenorden waren die Amicisten, Constantisten, Unitisten und Schwarzen Brüder.

123 Voigt als Untersuchungskommissar an Carl August, 26. März 1792, ps. 29. März, A 8503, Bl. 40–44, hier Bl. 44^v.

124 Goethe an Carl August, 6. April 1789, AS 2/1, S. 146.

125 »Es ist aus verschiedenen glaubwürdigen Anzeigen seit kurzem zu vernehmen gewesen, und sogar in einem öffentlichen Blatt vorgekommen [d.h. im Artikel »Actenstücke« in *Der Anzeiger*], daß sich unter den Studirenden zu Jena, die verbotene schon mehrmahls abgeschaffte Ordens-Verbindungen von neuem hervorgethan und von den Anhängern derselben ohne Scheu unterhalten werden« (Carl August an Voigt als Kommissar, 31. Jan. 1792, sig. Carl August, Fritsch, Schnauß, Schmidt, Voigt [!], »Exp[ediert] und durch Wizeln dem Herrn Geh[eimen] Assistenz Rath Voigt insinuirt« 1. Feb., ThHStAW A 8503, Bl. 26, hier Bl. 26^r). Zu den unscheinbaren Erwähnungen der Orden im Artikel »Actenstücke« vgl. Anm. 17.

126 Ebd., Bl. 26^r. Vgl. Ssymank 1913, S. 14.

127 Saine 1993, S. 154.

128 Sie fragten: »vergaß man so ganz, daß die Gesetze, welche man ehemals gegen die Orden gegeben hatte, seit langer Zeit eingeschlafen waren, und diese Verbindungen *öffentlich* toleriret wurden? Vergaß man es, daß diejenigen, welche sich in den neuern Zeiten in die Orden aufnehmen ließen, durch das dazu stillschweigende Betragen des Senats, durch das, fast möchte man sagen laute Schweigen der Gesetze, dies nun nicht mehr als eine verbotene Handlung ansehen mußten[?]« (Rede 1792, S. 14). Ähnlich der im Namen Hunderter von Studenten schreibende Johann Heinrich Dahl, der behauptet, daß die belangten Studenten »unschuldig die Folgen manichfaltigen Verdachts fühlen müßen, indem sie ihre accademische Laufbahn betraten, in Zeiten, wo die Ordens Verbindungen privilegirt zu seyn schienen, […] wo bey Streitigkeiten sogar die verschiedenen Gesellschaften ins Protocoll der accademischen Gerichtsbarkeit, namentlich eingeführt wurden, und also der Eintritt in eine Verbindung zur Pflicht gemacht ward«. Dahl an die Nutritoren, [wohl 15. Juni 1792] (vgl. Anm. 44), Bl. 108^r–108^v. Vgl. auch [Rebmann] 1984, S. 38, sowie der Verfasser der *Authentischen Nachricht*: »Das bisherige sogenannte Commerziren, das Singen in Häusern und auf den Gassen, das Tabakrauchen auf dem Graben und über die Gasse, welches bis dahin erlaubt gewesen war, ward verboten […]« (S. 8, vgl. S. 5). Mu-

sik wurde zum besonderen Gegenstand von Verhören von Wirtsleuten in der Zeit vor dem Tumult vom 10. Juni, da »das Singen nicht geduldet werden dürffe und die Akademie darauf sehr strenge sehe« (A 8504, Bl. 268r–268v, Verhör von Hoffmann, Wirt des Ballhauses, am 21. Mai 1792).

129 »Soweit nun die Versammlung der Studenten auf dem Marckt anlangt, halte Ich für bedenklich, ihnen solche, da sie von langen Zeiten her daran gewöhnt sind, woferne sie nicht zu einer Zusammenrottirung und Auflauf, welcher mit excessiven Schreyen Lermen und thätigen Ausfällen verknüpft ist, aus artet, untersagen zu laßen [...]«. Geheimes Consilium an Bentheim, 18. Juli 1792, sig. Schnauß, Voigt, exp. mit einem Husaren 18. Juli, ThHStAW A 8504, Bl. 11r.

130 Rede, S. 16. Riederer: »beachtenswert[e] vereinsrechtlich[e] Aufgeklärtheit« (1995, S. 258).

131 Vgl. Authentische Nachricht, S. 12; AS 3, S. 39; Schüddekopf 1898, S. 33; Schnauß an Carl August, 22. Aug. 1792, Koch 1955, S. 453 f. Zu den Ereignissen des Jahres 1790 vgl. Flach 1953, S. 366f.; AS 2/1, S. 171–180 mit Kommentar (mit von Flach abweichendem Urteil) und Literaturangabe; und besonders Schmid (ungedruckt). Schmid weist darauf hin, daß die von den Studenten geforderten Bestrafungen der Militärs in zwei Fällen nicht so drastisch waren, wie es in der Öffentlichkeit erschien.

132 Vgl. die auch von Goethe signierte vertrauliche Beilage zum Reskript an Bentheim, AS 2/1, S. 254. Die Meinung der Professoren, der »alt[e] Groll« der Studenten gegen das Weimarer Militär sei »ganz ungegründet« (AS 2/1, S. 251 f.), wird dadurch in Frage gestellt, zumal die Professoren hier nur das Verhalten der Offiziere und nicht das der Soldaten verteidigen; kurz danach verlangen sie die Abziehung des Militärs (S. 252).

133 Vgl. den auch von Goethe signierten Bericht des Consiliums, AS 2/1, S. 242, sowie die Darstellung der Studenten, ebd., S. 280.

134 Riederer 1995, S. 255.

135 Rede 1792, S. 10.

136 ThHStAW A 8503, Bl. 129–130.

137 Viele Studenten hatten sich in Eingaben an den Herzog beschwert, daß sie relegiert worden seien, ohne erhört worden zu sein u. ä. – z. B. der Student Georg Friedrich Christian Hochhausen im April 1778 (ThHStAW A 8439, Bl. 5v).

138 An den Prorektor Hennings, Jena, 13. Jan. 1786, ThHStAW A 8471, Bl. 29–30, hier Bl. 30v. Der Prorektor selbst lehnt dieses Drei-Zeugnis-Verfahren ab: an Carl August, o. D. [Feb. 1786], ThHStAW A 8471, Bl. 56r.

139 Eichhorn, 14. Jan. 1786 (Anm. 76), Bl. 67r.

140 Johann August Heinrich Ulrich an Carl August, o. D. [Jan. oder Feb. 1786], A 8471, Bl. 77–80, hier Bl. 80r.

141 Eckardt an Carl August, 2. Feb. 1786 (Anm. 75), Bl. 19^{r}–19^{v}.

142 Gruner an Carl August, 1. Feb. 1786, ThHStAW A 8471, B l. 32–38, hier Bl. 34^{v}–35^{v} (vgl. Anm. 97).

143 Griesbach an Carl August, 20. Jan. 1786 (Anm. 73), Bl. 3^{v}, 5^{v}, vgl. auch 6^{v}. Johann Wilhelm Schmid pflichtet sich Griesbach bei (an Carl August, o.D. [Jan. oder Feb. 1786], A 8471, Bl. 12–13, hier Bl. 12^{r}–12^{v}).

144 Wiedeburg an Carl August (Anm. 20), Bl. 54.

145 AS 2/1, S. 436 f.

146 Riederer 1995, S. 254, mit Hinweis auf Pester 1992.

147 Die Studenten verlangten, daß sie »ins künftige nicht mehr durch bloße Machtsprüche, sondern nach vorhergegangener gerichtlichen Untersuchung und Ueberführung des Vergehens, bestraft werden können [...]« (Authentische Nachricht, S. 38). Der Verfasser der Schrift behauptet, diese Forderung sei erfüllt worden (S. 41), aber das geht aus den Dokumenten nicht hervor (vgl. AS 2/1, S. 247 f., 251).

148 »[...] verordnen Wir, daß künftig wider diejenigen Studenten, die nach Urtheil des Prorectors und des Concilii arctioris gegründeten Verdacht, daß sie dergleichen Verbindungen vorstehen, oder für dieselben anwerben, oder sich sonst mit ihnen beschäftigen, wider sich erregt haben, ohne alle weitere Untersuchung mit dem Consilio abeundi, und wenn sie sich binnen der zu ihrer Entfernung bestimmten Zeit sich nicht wegbegeben, alsden [sic] dieser Widerspenstigkeit halber mit der förmlichen Relegation belegt werden sollen.« Entwurf eines Reskripts, Beilage E zum Bericht Voigts als Kommissar an Carl August, 26. März 1792 (Anm. 123), Bl. 48^{v} (der Hinweis »oder für dieselben anwerben, oder sich sonst mit ihnen beschäftigen« wurde eigenhändig von Voigt hinzugefügt).

149 An Herzog Ernst von Gotha, 21. Juni 1792, sig. Carl August, Fritsch, Schnauß, Schmidt, Voigt, exp.: »Haben Sich Ser[enissi]m[u]s nebst den bemerckten Beylagen, um solches mit nach Gotha zu nehmen [d. h. auf dem Weg zum Feldzug in Frankreich], einhändigen lassen. d. 21. Junij a c.« ThHStAW A 8503, Bl. 125–128, hier Bl. 126^{v}–127^{r}.

150 Vgl. den Bericht über Gespräche der Geheimräte (einschließlich Goethe) mit zwei Deputierten der Universität nach dem Auszug vom 19. Juli, AS 2/1, S. 248–252, hier S. 251.

151 Universität Jena an Herzog Ernst von Sachsen-Gotha, 3. Sept. 1792, Kopie, ThHStAW A 8504, Bl. 302–305, hier Bl. 303^{r}–303^{v}.

152 So Ssymank 1913, S. 9f.; diese Ansicht scheint jedoch weitgehend auf den Aussagen der Ordensstudenten zu gründen, u.a. Dahl.

153 Carl August an Herzog Ernst von Gotha, 21. Juni 1792 (Anm. 149), Bl. 125^{v}.

154 Vgl. Anm. 12, S. 301. Schon nach dem Tumult im Juni war derselbe Wunsch geäußert worden, da die Studenten Polizo anfeindeten (Be-

richt der Untersuchungskommission an Carl August, Jena, 15. Juni 1792, Ausfertigung, unterschr. Christian Just[us] Wiedeburg, Christian Friedrich Carl Freiherr von Wolfskeel, ps. 15. Juni »hor 9 vesp.«, ThHStAW A 8503, Bl. 103–105, hier Bl. 105^{r}). Zuletzt wurde Polizo ein Zeugnis ausgestellt, daß er nicht relegiert worden sei (Geheimes Consilium an Polizo, 4. Aug. 1792, Konzept mit Korrekturen von Schnauß, unterschr. »Fürstl. Sächß. Geh. Canzley [!]«, sig. Schnauß, Voigt, »Exped. und dem Herrn Geh. Aßistenz-Rath Voigt eingehändigt« 4. Aug., ThHStAW A 8504, Bl. 121). Dazu Helma Dahl: »Tatsächlich wurde Polizo behördlicherseits aus Jena abgeschoben, weil die Studenten es forderten« (AS 3, S. 88). Ob die Dinge wirklich so einfach sind, ist zumindest fraglich. Polizo wurde von den Ordensstudenten beschuldigt, selbst einen Geheimbund geleitet – angeblich die berüchtigte Deutsche Union (Ssymank 1913, S. 9) – und »sich überdem öffentlicher Lästerungen sowohl gegen seine Durchl[auchtig]^{sten} Vorgesetzten, als auch gegen die accademische Gerichtsbarkeit schuldig gemacht« zu haben (Dahl, Anm. 44, Bl. 109^{r}) – vielleicht der Grund, warum er sofort nach Erhalt dieses Schreibens »je eher je lieber« nach Weimar in die Geheime Kanzlei bestellt wurde (Voigt an Untersuchungskommission, 16. Juli 1792, sig. Fritsch, Schnauß, Voigt, exp. 16. Juni durch einen Husaren, ThHStAW A 8503, Bl. 112).

155 Ssymank 1913, S. 23.

156 Authentische Nachricht, S. 8. Dort auch die Auskunft, daß ein Pedell am 17. Juli von den Studenten geprügelt wurde (S. 19), offenbar weil die Pedelle Spione hielten; zur Gewalt gegen die Pedelle vgl. [Rebmann] 1984, S. 37.

157 Die Forschung sieht meist nur oberflächliche Revolutionsbegeisterung am Werk, keine tiefergehende Ideologie. Hahn (1977, S. 43 f.) betont das revolutionäre Element, wie auch Dahl (AS 3, S. 89) und Flach (1953, S. 363). Riederer bestreitet mit Recht die Möglichkeit einer »wirklichen Revolutionierung« der Studenten, spricht jedoch mit ebensoviel Recht von »einer weitgreifenden latenten Politisierung« unter ihnen (1995, S. 261 f.). Vgl. Kiefer, MA 4.2, S. 1218; Greiling 1992, S. 166; Fabricius 1926, S. 57 f., 161 f. – Im übrigen soll nicht behauptet werden, daß keine verschwörerischen Elemente in den studentischen Aktionen vorhanden waren; gerade der Tumult vom 10. Juni sollte nach Aussagen in einem Verhör (ThHStAW A 8504, Bl. 273^{r}) ursprünglich am 24. Juni stattfinden und wurde offenbar nur auf Grund der Ereignisse vorgezogen, so daß die Universität mit Recht feststellt, daß die Studenten einen »schon längst unter sich abgeredeten Plan zu einem Tumult« gehabt hätten (Universität Jena an Carl August, Jena, 10. Juni 1792 [Anm. 28, S. 367], Bl. 75^{v}). Diese Art von Verschwörung und Gewalt ist jedoch grundsätzlich von revolutionären Impulsen zu unterscheiden.

158 Voigt an Carl August, 14. Juli 1792, (Anm. 60), hier Bl. 83r.
159 An Dalberg, 19. Juli 1792, AS 2/1, S. 238.
160 An Carl August, 23. Juli 1792, AS 2/1, S. 259.
161 Voigt an Carl August, 23. Juli 1792, AS 2/1, S. 259. Die Quelle für den Hinweis Riederers auf den ›Jakobinerklub‹ in Jena (1995, S. 261) war mir nicht zugänglich. – Erst im April 1793 sollte der elsässische Student und (ab Juni 1794) Geheimagent der Französischen Republik Brechtel nach Jena kommen, von dessen politischer Einstellung die Regierung in Weimar sehr genau Bescheid wußte (vgl. Anm. 111, S. 394). Vgl. Ruiz 1979; Greiling 1992, S. 167. Auch der bekannte »Bund der freien Männer« entstand erst später.
162 Schon beim Auszug vom 19. Juli sollen Kokarden getragen worden sein; vgl. AS 3, S. 91, sowie grundsätzlich S. 89; Authentische Nachricht 1792, S. 16, und Schoeps 1949, S. 268, 271. Vgl. auch den Bericht Brechtels aus dem Jahre 1794, wo er von Revolutionsparolen und -liedern in einer geschlossenen studentischen Gesellschaft berichtet (Ruiz 1979, S. 126). – Am 21. Nov. 1792, als die französischen Truppen Mainz und Frankfurt besetzt hielten, schrieb Voigt an Professor Gottlieb Hufeland: »Hier glaubt man, die Studenten zu Jena wollten sich beim Convent in Paris eine sauve garde auswirken und demselben zugleich ihren Beifall bezeigen, ja es würden schon tricolore Cocarden bestellt, wenigstens nach dem nöthigen Bande dazu bei den Kaufleuten gefragt. Es sind das wohl nur Reden, aber haben Sie doch die Güte, ein wenig nachzuspähen, jedoch so daß dadurch nicht etwa erst dergl[eichen] Dinge ins Gedächtniß gebracht werden« (Diezmann 1851, S. 66). Fünf Tage später berichtet Voigt an Carl August, die Nachricht von der »sauve garde« habe sich als falsch erwiesen (26. Nov. 1792, ThHStAW A 442a, Bl. 118–119, hier Bl. 119v), aber die Meldung über die Kokarden dementiert er nicht.
163 Fabricius 1926, S. 161 f. Verfasser dieser Statuten war ein preußischer Beamter, von Held (zu ihm vgl. ebd., S. 66).
164 Vgl. Wilson 1999, S. 55.
165 Im Jahre 1798 behauptete die preußische Regierung, die in Jena entdeckten Ordensgesetze der Constantisten enthielten »gefährliche und frevelhafte Sätze und ganz die ächten Prinzipien eines Jacobiner-Clubs, welche gradezu auf die Auflösung der heiligsten Bande der Religion durch Autorisierung des Mein Eides bey Collisionen zwischen dem Orden und der Obrigkeit, auf ganz eigentliche Anfeindung des Staates, Eludierung seiner obrigkeitlichen Gewalt und Umstürzung seiner Verfassung durch Bildung eines Staats im Staate und Geltendmachung der unveräußerlichen Menschenrechte und der angebohrenen Freiheit abzielen« (Schoeps 1949, S. 268; vgl. Rossberg 1943, S. 116). Auch wenn diese Beurteilung überzogen sein mag (so Greiling 1992, S. 166), zeigt sie die Nervosität der Regierungen und dürfte auch von politischem Potential unter den

Ordensstudenten zeugen. Erlanger Studenten gaben während der Unruhen im Sommer 1794 revolutionäre Parolen von sich; sie waren in denselben Orden wie die Jenaer (Schoeps, S. 268).

166 Rede 1792, S. 19 (im Folgenden stehen die Seitenhinweise laufend im Text).

167 An Körner, 10. Sept. 1787, NA 24, S. 157.

168 Nachdruck in: van Dülmen 1975, S. 179.

169 Zit. nach Ruiz 1979, S. 120.

170 MA 4.1, S. 17 f.; zu den Geheimbundbezügen vgl. Wilson 1996a, S. 258–267.

171 Zit. nach H. Schmidt 1972, S. 654 (Hervorhebung im Original).

172 Vgl. dazu Wilson 1991, S. 141 ff.

173 An Carl August, 6. April 1789, AS 2/1, S. 146; vgl. Wilson 1991, S. 144.

174 Die Deutsche Union war in den Auseinandersetzungen des Frühjahres 1789 in Jena involviert (vgl. Wilson 1991, S. 141 ff.), und der regierungstreue Spitzel Polizo soll die Union nach Jena gebracht haben (vgl. [Rebmann] 1984, S. 47, sowie die Behauptung der Studenten in Dahls Brief, Anm. 44, Bl. 109^{r}).

175 Vgl. Riederer 1995, S. 263.

176 Vgl. AS 4, S. 92; Ssymank 1913, S. 18. Zum nicht näher identifizierten Jenaer Illuminaten »Löber« vgl. Schüttler 1991, S. 95 (zu den übrigen Jenaer Illuminaten, unter denen sich wenigstens drei gesicherte und eine ungesicherte Mitgliedschaft von Studenten befinden, vgl. S. 210; Hederich wird hier fehlerhaft als gesichert aufgeführt). Bewiesen wird die Identifikation des Illuminaten als Gottwert Heinrich Loeber durch die Notizen Dirk Kempers aus den illuminatischen Mitgliederlisten im von Renate Endler neu aufgefundenen 10. Band der legendären ›Schwedenkiste‹ in Moskau (Keiler 1994, Bl. [10]).

177 Zu den Behauptungen über revolutionäre Ideologie der Schwarzen Brüder – u. a. aus einem 1798 geschriebenen Brief an den Logenmeister des Schwarzen Ordens in Erlangen, den damals 19jährigen späteren Weimarer Kanzler Friedrich von Müller! – vgl. Schoeps 1949, S. 269 f.; zu den angeblichen freimaurerischen und illuminatischen Bezügen vgl. Rossberg 1942, S. 112 f. – Ab 1794 war der französische Geheimagent Brechtel Ordenssenior der Schwarzen Brüder; der jakobinische Freund Hölderlins, Isaak von Sinclar, war Mitglied (Ruiz 1979, S. 107, 109, 130). – Die Erlanger Schwarzen Brüder lancierten eine Drohung gegen den Jenaer Prorektor. Im März 1792 schlägt Voigt in seinem Kommissionsbericht vor, einen Artikel zu verfassen, in dem die Gefährlichkeit der Orden demonstriert werden könnte. Er fährt fort: »Vielleicht würde hierbey sogar, um das Abscheuliche der OrdensVerbindungen desto stärker empfinden zu laßen, von einem Briefe Gebrauch gemacht werden

können, der an den bey den itzigen Proceduren wider die Orden sich sehr beeiferten abgegangenen Prorector, den Geheimen Hofrath Gruner, namenlos geschrieben und von demselben vertraulich mitgetheilt worden, worin denselben [sic] namens der sogenannten schwarzen Ordensbrüder mit der bekannten unbemerklichen Giftmischerey, durch Aquam Tophanam und Aquam Lauro-Cerasi gedrohet wird. Dieser Brief ist, dem Postzeichen nach, aus Erlangen gekommen, und gleich nach meiner erstern commißarischen Expedition [vom 31. Jan.] eingelaufen; ich lege eine Abschrift davon bey.« Die beiliegende Abschrift lautet: »Ein schwacher Mensch verdient Mitleiden; ein Mensch, der handelt, ohne zu denken, Verachtung; Ein Mensch, der Arten der Maurerey, mit academischen Orden verwechselt, Strafe. / Sie, mein Herr Hofrath, haben eine Untersuchung gegen *schwarze Brüder* vor. / Hüten Sie sich für Aqau Tofana, und Aqua Lauro-Cerasi - - - - - / Zu Erfurt finden Sie unsre Brüder, wenn Sie Lust zu einem Versuche der Art haben.« Der Brief ist unterschrieben »N. N.« und mit dem maurerischen Datum »5791« versehen, also 1791. Offenbar will dieser Bruder seinen Orden also als maurerisch verstanden wissen und ihn von Studentenorden distanzieren. Voigt als Untersuchungskommissar an Carl August, 26. März 1792 (Anm. 123), Bl. 44r, Beilage: Bl. 54r. – Mit dem Hinweis auf die »*bekannt[e]* unbemerklich[e] Giftmischerey, durch Aquam Tophanam« bezieht sich Voigt wohl auf ein 1787 in den Illuminatendokumenten publiziertes »Rezept zum Aqua tofana«, also einem »unmerklich langsam, aber sicher tötenden Gifte«: Rachold 1984, S. 81, vgl. S. 390 f.

178 AS 2/1, S. 293; vgl. das Dokument selbst, AS 3, S. 91.

179 Von Deyn (vgl. Anm. 33) berichtet im Verhör am 28. März, die vier Orden seien noch aktiv, und zwar würden sich die ›Schwarzen Brüder‹ im »Hartungschen Coffe Hauß« treffen (A 8504, Bl. 255r). Der Wirt Hartung wird am 31. Mai vorgeladen und gibt an, »daß der H[err] Mag[ister] Loeber zweimahl auf seinen [sic] Coffe Hauß gewesen nemlich vorgestern und gestern. Er vermuthe, daß selbiger am ersten Feiertag [Pfingstsonntag, 27. Mai] hier angekommen. / Der Mag[ister] Loeber sey auf den Saal gewesen [...]«, und zwar mit dreizehn anderen Studenten. Auf die Frage hin, warum er den »mit dem Consil[ium] abeundi belegte[n]« Loeber nicht angezeigt habe, antwortet der Wirt, »er habe nicht gewußt, daß er dieses anzeigen müße, sonst würde er es gethan haben, zu dem habe er geglaubt, daß da er öffentlich hier herum gehe, so gar mit einen [sic] der Herren Profeßoren in Gesellschaft spazieren gegangen, derselbe Erlaubnis habe sich hier auf zu halten« (Bl. 270v–271v). Am nächsten Tag berichtet Hartung, er habe Loeber noch am 31. Mai zur Rede gestellt; dieser habe die Jurisdiktion der Universität nicht anerkennen wollen, habe jedoch gesagt, er wolle am 1. Juni abreisen (Bl. 272v).

180 Vgl. Schüttler 1991, S. 124, sowie Wilson 1991, S. 388, und die dort angegebene Literatur von Lauth und Schüttler. Reinhold war bis 1793 als Illuminat tätig. Zu seiner Werbung von Studenten vgl. Fuchs 1991, S. 244.

181 Riederer faßt die langfristigen Tendenzen studentischer Organisationsformen vor der Burschenschaftsbewegung u. a. mit der Feststellung »langwierig erworbene[r] Fähigkeit zu unbeaufsichtigter Rezeption zunehmend politischer werdender Ideen« zusammen (1992, S. 198). Die in der *Rede* anvisierte Tendenz sollte keineswegs auf eine gleichzeitige Entwicklung, die Herausbildung »moralischer Selbsterziehung« oder fachgelehrter Diskussionskreise reduziert werden (ebd., S. 197 f.). Moralische Erziehung und Fachwissen subordinierten sich im Geheimbundmodell deutlich den Ordenszielen.

182 *Anrede*, in van Dülmen 1975, S. 184.

183 Goethe an Kayser, 15. März 1783, WA IV/51, S. 66; zum Vokabular dieser Aussage in ähnlichen geheimbundfeindlichen Äußerungen der Zeit vgl. Wilson 1999, S. 217–220.

184 Die Schrift taucht laut Untersuchungsprotokoll am 7. Juni auf; in Verhören am 8. Juni vermuten Jenaer Buchdrucker als Druckort Gera (A 8504, Bl. 277^{v}).

185 AS 2/1, S. 264.

186 Vgl. an Reichardt, 29. Juli 1792: WA IV/9, S. 323f., sowie zur Entstehung des Werkes Wilson 1996a, S. 267 ff.

187 An Dalberg, 19. Juli 1792, AS 2/1, S. 238.

188 MA 4.1, S. 156.

189 Stephani war »Hofmeister des Herrn Grafen [Christian Friedrich] von Castell« (so ein Protokoll, das Goethe sicher kannte, AS 2/1, S. 234, vgl. S. 259).

190 MA 4.1, S. 166.

191 AS 2/1, S. 268 (Koch transkribiert diese Stelle wie folgt: »da wir besonders die lächerliche Jenaische Bürgerpreiscommission zu fürchten haben«, 1955, S. 452). Die Jenaer Bürger engagierten sich auch für ein Einlenken der Regierung nach dem Auszug vom 19. Juli, damit die Studenten zurückkehren würden (vgl. Authentische Nachricht, S. 36); Schnauß vermutet hier eine »Verhezung der Studenten [...], mit denen der liederliche Hauffe der Bürger jezo sehr einig und vertraut ist« (AS 2/1, S. 289).

192 Professor Griesbach nennt einige »eingebohrene Jenenser«, welche die Studenten unterstützen; an Carl August, 20. Jan. 1786 (Anm. 73), hier Bl. 8^{v}. Im Jahre 1756 ereignete sich ein Brottumult, in dem die Studenten Läden plünderten und Brot an die Stadtbevölkerung verteilten (Keil 1858, S. 200 f.; Dann 1988, S. 170).

193 Vgl. S. 100 f.

1 Keil 1858, S. 248; vgl. Hartung 1923, S. 179.
2 Biedrzynski 1992, S. 344.
3 Conrady 1988, Bd. 2, S. 244.
4 Bertuch an Carl August, 21. Jan. 1789 (Anm. 48, S. 303), Bl. 2^r.
5 Voigt an Carl August, Jena, 24. Juli 1793, ThHStAW A 442a, Bl. 401–403, hier Bl. 403^r; vgl. Hartung 1923, S. 179.
6 An Körner, 29. Aug. 1787, NA 24, S. 148.
7 [Rebmann] 1984, S. 34.
8 An Voigt, 26. Dez. 1798, AS 2/2, S. 580.
9 An Voigt, 26. Dez. 1798, AS 2/2, S. 581f.
10 Carl August an Voigt, Koblenz, 24. Nov. 1792, Wilson 1991, S. 356; mit Kürzungen und einigen falschen Lesarten ist der Brief abgedruckt bei CAPB 2, S. 43; vgl. oben, S. 256; Hahn 1977, S. 53.
11 Carl August an Voigt, Frankfurt, 11. März 1793, ps. 16. März, ThHStAW J 288, Bl. 91–92, hier Bl. 91^v.
12 An Voigt, »Wilh[elms]th[al] 25ten« [25. Juli 1795], ThHStAW J 288, Bl. 198^r.
13 An Gottlieb Hufeland, 16. Okt. 1792, Diezmann 1855, S. 63.
14 Voigt an Carl August, 4. Juli 1792, ThHStAW A 442a, Bl. 66–71, hier Bl. 67^v (hier auch die zitierte Äußerung Carl Augusts). Druck: Koch 1955, S. 446 (hier nach dem Ms.). Vgl. auch Anm. 10, S. 345. Im Teildruck dieses Briefes bei CAPB 2, S. 34f., wurde diese Stelle ausgelassen.
15 Im »Promemoria« des Kammerherrn Franz Ludwig von Hendrich vom 19. Juli 1792, der sich ausdrücklich auf die Auskunft seines »Spions« stützt, heißt es: »Es hat von einigen [Studenten im Auszug vom 19. Juli 1792] behauptet werden wollen, daß Professores gesagt haben sollen, sie würden ihnen bald folgen, und ich habe sehr viele Ursach zu glauben, daß hinter diesen [sic] ganzen unüberlegten Schritte Leute stecken, die das Feuer angeblasen haben und die künftigen Sontag mit denen Emigrirten hier eine Zusammenkunft veranstaltet haben sollen« (A 8504, Bl. 35–36, hier Bl. 36^v).
16 Vgl. S. 188.

Professor Friedrich Schiller

17 Eine Anmerkung erklärt diese Anspielung: »Friedrich Wilhelm und andere Fürsten durch die neuen Gesetzbücher«, d. h. das in dieser Zeit entstehende preußische *Allgemeine Landrecht*.
18 Stephani 1828, S. 138–141.
19 NA 20, S. 319 (im Folgenden wird im fortlaufenden Text die Seitenzahl angegeben).

20 13. Juli 1793, NA 26, S. 262.

21 Unterschrieben von (in der Reihenfolge) Johann Wilhelm Schmid, Heinrich Eberhard Gottlob Paulus, Christian Gottfried Schütz, Gottlieb Hufeland, Friedrich Ernst Carl Mereau, Carl Leonhard Reinhold, August Johann Georg Carl Batsch, Friedrich Schiller und Johann Friedrich August Göttling, ps. 8. Juli, ThHStAW A 8504, Bl. 81–84. Möglicherweise war der Brief mit Voigt abgesprochen. Er berichtet nach Erhalt des Briefes von Paulus vom 1. Juli (dazu weiter unten) einige der darin beschriebenen Ereignisse an den Herzog, mit der Bemerkung: »Die itzigen tumultuarischen Zeiten verwirren vorzüglich auch die jungen Leute und machen in der That Abschreckungs- und VorbeugungsAnstalten nöthig. Die wohlgesinntesten Professoren bitten darum« (4. Juli 1792 [vgl. Anm. 9, S. 345], Bl. 68^r, vgl. Koch 1955, S. 446). Das war jedoch noch *vor* der Abfassung des zweiten, kollektiven Professorenbriefes. Vielleicht regte ihn Voigt an, um das militärische Eingreifen zu untermauern. Denn mit dem Vortrag des Geheimen Consiliums an den Herzog vom 10. Juli, in dem die militärische Unterstützung gemeldet wird, wird dieser Brief vom 8. Juli mitgeschickt, in dem »von einer Anzahl academischer Lehrer, um Verschaffung der nöthigen Ruhe und Sicherheit dringend angesucht [...] worden ist«; die offizielle Eingabe von der Universität blieb noch aus (sig. Fritsch, Schnauß, Schmidt, Voigt, exp. 14. Juli, ThHStAW A 8503, Bl. 143–146, hier Bl. 143^r; Ausfertigung: A 8504, Bl. 88–91). Voigt schreibt dann in seinem Begleitbrief zum Vortrag an Carl August: »Das Geh[eime] Consilium wurde durch eine energique Vorstellung der Professoren, denen ein Bericht der ganzen Academie nachfolgte, endlich genöthigt, einigen Ernst zu demonstriren [...]« (14. Juli 1792, [Anm. 60, S. 349], hier Bl. 77^v, vgl. Koch 1955, S. 447). Diese Darstellung war offenbar mit den anderen Geheimräten Schnauß und Schmidt vereinbart, die sie in Briefen an den Herzog vom gleichen Tag fast gleichlautend wiederholten.

22 Diese Unkenntnis wird dadurch gefördert, daß in den von Germanisten konsultierten Darstellungen lediglich von Bitten einiger Professoren berichtet wird, ohne Nennung Schillers (vor allem in den Goethe-Ausgaben: Dahl in AS 3, S. 74; ihr folgend Kiefer in MA 4.2, S. 1218). Die einzigen, gleichfalls von der Schiller-Forschung unbeachtet gebliebenen Ausnahmen sind die Historiker Koch (1955, S. 446) und Dann (1988, S. 173).

23 Paulus hatte eine Woche früher einen Brief an Voigt geschrieben, der zwar ungleich bunter formuliert ist als der Brief vom 8. Juli (da letzterer an den Herzog gerichtet war), jedoch dieselben Argumente wie der Anfang des kollektiven Briefes vorführt, manchmal dieselben Wendungen, so daß er fast wie ein Entwurf wirkt (1. Juli 1792 [korrigiert aus: 27. Juni], ps. von Voigt: 2. Juli, Beilage zum Entwurf ei-

ner »Bekanntmachung« vom 19. Juli, ThHStAW A 442a, Bl. 80–82).

24 An seine Eltern, 13. Mai 1790, NA 26, S. 18, vgl. S. 399f.; »In Jena schränken wir uns fast auf ein einziges Haus meines Landsmanns des Profeßor Paulus ein [...]«, an Chistophine Reinwald, 16. Mai 1790, NA 26, S. 21.

25 Bericht von Ludwig Friedrich Göritz, NA 42, S. 158.

26 Schiller wohnte 1792 im Schrammischen Haus in der Jenergasse; im Gasthof zum roten Hirsch in der Weigelstraße fing der Tumult an (ThHStAW A 8503, Bl. 75^{r}–75^{v}; vgl. Herz 1989, S. 76, 90).

27 Ulrich an Carl August, 13. Juni 1792, Privatbrief, ps. 14. Juni, ThHStAW A 8503, Bl. 98–99, hier Bl. 98^{r}.

28 Universität Jena an Carl August, Jena, 10. Juni 1792, Ausfertigung, unterschr. Ulrich, ps. 12. Juni, ThHStAW A 8503, Bl. 75–78. Der Brief wurde erst am 11. Juni abgeschickt, und zwar am Nachmittag »mit einem reitenden Bothen« (Ulrich an Carl August, 12. Juni 1792, A 8503, Bl. 85^{r}); das Präsentatsdatum bezeichnet also nur den Eingang in der Kanzlei, wenigstens einer der Räte (wohl Voigt) hat den Brief zweifellos am 11. Juni erhalten (vgl. AS 2/1, S. 17, Anm. 23).

29 Untersuchungskommission an Carl August, 15. Juni 1792 (Anm. 154, S. 359), Bl. 104^{r}–104^{v}. Schnaubert und Schütz waren – zusammen mit Goethe – die von den Duellgegnern gewählten Kommissionsmitglieder für die Reformvorschläge.

30 Voigt schreibt am 14. Juli an den Herzog: »Die unruhigen Pursche scheinen offenbar auf Ew. Durchl[aucht] Abwesenheit calculirt zu haben; sie haben sich merken lassen, daß man Ew. Durchl[aucht] Geneigtheit für die Musen bey Dero Entfernung doch nicht verläugnen dürfe, und haben folglich durch Drohungen und nächt[lichen] Spuck die Anerklärung einer Amnestie wegen dessen, was geschehen ist, erlangen wollen.« Vgl. Anm. 60, S. 349, Bl. 77^{r}–77^{v}.

31 Universität Jena an Carl August, Jena, 11. Juni 1792, Ausfertigung, unterschr. Ulrich, »Unterthänigstes Insertum« zum Brief vom 10. Juni (Anm. 28), ps. 12. Juni, ThHStAW A 8503, Bl. 80–81, hier Bl. 80^{v}.

32 Schnauß an Carl August, 14. Juli 1792, ThHStAW A 442a, Bl. 15^{r}, vgl. Koch 1955, S. 447.

33 Vgl. Voigt an Carl August, 14. Juli 1792: »Loi martiale« (Anm. 60, S. 349, Bl. 83^{r}; Koch 1955, S. 447).

34 Vgl. den auch von Goethe paraphierten Vortrag des Geheimen Consiliums vom 20. Juli 1792, AS 2/1, S. 242f., und, weitgehend übereinstimmend, der studentische Bericht: Authentische Nachricht 1792, S. 19 (vgl. jedoch AS 2/1, S. 262, 280). In dieser Frage war der meist harte Voigt sehr vernünftig, allerdings wohl eher aus Rücksicht auf die öffentliche Meinung. Schon nach dem Tumult vom 10. Juni schrieb er an Hufeland: »Das Gegengewaltbrauchen hat auch seine Schranken; wer läßt Feuer geben auf junge Leute? Das würde

nur übeln Ruf geben […]« (Diezmann 1855, S. 56). Vgl. dazu das oben zitierte Reskript an Bentheim vom 18. Juli (Anm. 129, S. 358).

35 Körner muß sich über den Auszug vom 19. Juli erkundigt haben, denn Schiller antwortet am 3. Sept. 1792: »Wenn ich Dir von den hiesigen Unruhen nichts schrieb, so rührt es daher, daß sie gar zu erbärmlich sind, und von beiden Seiten die höchste Mittelmäßigkeit sich dabey kund gethan hat. Uebrigens ist sehr zu fürchten, daß sie der Aufnahme der Academie merklich schaden werden.« NA 26, S. 150. Letzteres Argument war ein Hauptpunkt im kollektiven Brief vom 8. Juli sowie in Paulus' Brief vom 1. Juli.

36 Vgl. Anm. 21, hier Bl. 81[v], 82[v], 83[v].

37 An Körner, 6. Nov. 1792, NA 26, S. 164, vgl. S. 161 und Kommentar. Schillers Ankündigung der Vorlesung ist vom 21. Okt. 1792 datiert; vgl. Stier 1955, S. 30; Herz 1989, S. 20 f.

38 Vgl. Leber 1958, S. 310; Dann 1988, S. 169; Eberhardt 1951, S. 94–98.

39 Schings 1996, S. 187–226.

40 Wilson 1991, S. 165; Schings 1996, S. 208. Allerdings belegt das Tagebuch eine erste, bis dahin unbekannte Begegnung Baggesens mit Schiller am 19. Juni (eine weitere wird durch einen Brief Voigts an Goethe für den 17. Juli belegt: G/V-Br 1, S. 104). Die ausführlichen, auf einem besonderen Blatt mitgeteilten Informationen Voigts an Goethe über Baggesen, seine Beziehungen zu Reinhold und seinen Aufenthalt in Gotha gehören vielleicht zu einer Überwachung der Illuminatentätigkeit Baggesens (G/V-Br 1, S. 105).

41 Hardtwig 1986, S. 244, berichtet zwar von 35,8 %, was von Härter 1992, S. 361, Anm. 299, und anderen Forschern übernommen wird. Hardtwigs Schätzung geht jedoch von einer Studentenzahl von etwa 500 aus. Die Universität zählte im Jahre 1792 jedoch um 900 Studenten (ThHStAW A 8504, Bl. 82[v]; A 442a, Bl. 68[v] [Koch 1955, S. 446; vgl. S. 455f. sowie Hartung 1923, S. 159]). Damit ergibt sich ein Anteil von 20 % Ordensstudenten.

42 Stephani 1828, S. 97; vgl. BG 3, S. 408.

43 NA 26, S. 262; vgl. die Endfassung: »[…] der freigebige Augenblick findet ein unempfängliches Geschlecht.« NA 20, S. 319.

44 ThHStAW A 442a, Bl. 115–117, hier Bl. 117[v]. Zu den Vorgängen um das Bürgerdiplom vgl. AS 2/2, S. 564 f., AS 3, S. 241 f.

45 Charlotte von Stein hatte am 1. Oktober an die Familie Schiller nach Rudolstadt geschrieben, sie sei enttäuscht, daß Schiller und Frau von Beulwitz sie am Vortag nicht besucht hätten; »Ich glaube, Sie haben die Aristokratin alle zusammen vergessen.« Düntzer kommentiert: »Scherzhafte Anspielung auf Schillers Bürgerrecht der französischen Republik« (Düntzer 1874, Bd. 1, S. 367; die folgenden Zitate ebd., S. 368 f.).

46 An Herzogin Louise, 6. Dez. 1793: »Ist denn Schiller wohl jetzt ganz über die französische Revolution bekehrt, und darf ich wohl jetzt

den Nationalconvent *Räuber* nennen, ohne daß er sich, wie schon einmal, darüber entsetzt?« Düntzer 1874, Bd. 1, S. 384.

47 Anm. 21, hier Bl. 81^{v}.

48 An Carl August, 6. Juli 1792, A 442a, Bl. 11–14, hier Bl. 13^{v}, vgl. Koch 1955, S. 446.

49 Die Umdichtung, um Dalberg zu loben: AS 2/1, S. 261f.; zu »Schillers Räuber- und Tumultlied« in Erlangen, einem Hauptstützpunkt der Schwarzen Brüder, vgl. Schoeps 1949, S. 269. Am 7. März 1796 berichtet die *Beylage zu No. 143 des Straßburgischen Weltboten* über das Absingen des Räuberliedes in Göttingen; ein Exemplar dieses Artikels fand den Weg vor das Geheime Consilium (ThHStAW A 8575^{a}, Bl. 14^{v}). In seiner Entgegnung auf diesen Bericht dementiert der Göttinger Prorektor Meiners den entsprechenden Teil nicht (*Extra-Beylage zu No. 62 der Frankfurter Reichs-Ober-Post-Amts-Zeitung*, 16. Apr. 1796, ebd., Bl. 18^{v}). Zum Leipziger Verbot (1802) vgl. Mieth 1988, S. 125, 142; zur Verwendung des Liedes während der Studentenunruhen 1790 vgl. Schmid ungedruckt, S. 4.

50 So nach der Verhöraussage eines ehemaligen Bruders, der 1795/97 in Erlangen studiert hatte; vgl. Schoeps 1949, S. 266.

51 6. Juli 1792 (Anm. 48), Bl. 13^{v}.

52 Anm. 23, Bl. 80^{r} (Bleistiftunterstreichung).

53 Koch 1955, S. 446; Koch zitiert den Schnauß-Brief, kennt jedoch nicht die Akte (mit Voigts Unterstreichung) und die »Scherze« im Herbst.

54 Es fällt an der Korrespondenz Voigts auf jeden Fall auf, daß er zweimal vom ästhetischen Privatseminar Schillers an den Herzog berichtet, mit besonderem Interesse dafür, daß es in einer kleinen Elitegruppe von Studenten abgehalten wurde. Am 12. Nov. 1792: »*Schiller* ließt mit Beyfall vor 20 Hörern ein ästhetisches Privatissimum [...]«; diese Stelle geht direkt derjenigen über die scherzhaften Vorwürfe voraus, so daß es möglich ist, daß Scherze von den Studenten kamen. Am 4. Jan. 1793: »Schiller ließt Aesthetik privatissime vor 30 Zuhörern; er wollte davon nicht mehr haben. Ich denke, er soll bey dieser Gelegenheit eine schöne Ausarbeitung machen und sich durch diese gelingende Vorlesung an das Lehr Amt [unleserliches Wort, dem Sinn nach: gewöhnen]«. ThHStAW A 442a, Bl. 117^{v}, 308^{r}. Sonst erwähnt Voigt in diesem Briefwechsel nur politisch relevante Vorlesungen in Jena, etwa diejenigen über die französische Verfassung von Hufeland oder diejenigen des eingeschüchterten Professors Schmid (dazu unten mehr).

55 Hahn 1977/1979.

56 4. Nov. 1795, NA 28, S. 98.

57 Ankündigung der *Horen*, NA 22, S. 106.

58 Vgl. besonders die Kritik Johann Friedrich Reichardts an den in den *Horen* erschienenen *Unterhaltungen deutscher Ausgewanderten*

Goethes: Fambach 1957, S. 226. Dazu ausführlich Otto 1989, S. 420 ff.

59 So im Bericht der Universität über den Tumult vom 10. Juni (Anm. 28, Bl. 75^{v}).

60 Ankündigung der *Horen*, NA 22, S. 106.

61 Ebd., S. 109.

62 Vgl. S. 160 f.

63 1794 in der Beilage zum *Straßburgischen Weltboten* (vgl. Anm. 49), ThHStAW A 8575^{a}, Bl. 14^{r}. Zu Woltmanns Umgang mit dem Fichte-Kreis und dem Bund der Freien Männer vgl. Ruiz 1979, S. 130; zu seinen Vorlesungen über die Revolution vgl. Leber 1958, S. 273; Herz 1989, S. 23.

64 Hahn 1977, S. 50.

65 Von Hufeland nimmt Hahn in diesem Zusammenhang keine Notiz. Hahns These über die Motivierung für die Überwachung Schillers und der anderen Professoren muß durch die vorliegende ergänzt werden, da Hahn eher davon ausgeht, daß Goethe die Jenaer Professoren durch die Überwachung vor Angriffen aus Eisenach schützen wollte.

Professor Gottlieb Hufeland

66 Zu Hufeland vgl. den Artikel von Eisenhart in Allgemeine Deutsche Biographie, Bd. 13 (1881), S. 296–98. – Zu den Fällen Hufeland, Schmid und Fichte vgl. Wilson 1991, Kap. 5.3; die Analyse wird hier anhand weiterer Archivalien vertieft.

67 Voigt an Hufeland, 29. Mai 1791, Diezmann 1855, S. 53; BG 3, S. 381.

68 Keil 1858, S. 249.

69 [Rebmann] 1984, S. 34.

70 Voigt an Hufeland, 17. Nov. 1791; Diezmann 1855, S. 54. – Die bisher ausführlichste Darstellung dieser Ereignisse auf Grund der Briefe in Diezmann: Leber 1958, S. 232 f.

71 Hufeland 1791, S. 207–14.

72 Ps. 11. Okt., ThHStAW B 5337a, Bl. 8–9, hier Bl. 9^{r}–9^{v}; vgl. Hartung 1923, S. 179.

73 Im Lager, Consaarbrück bei Trier, 10. Aug. 1792, ThHStAW J 288, Bl. 40–41, hier Bl. 40^{v}.

74 Zu einer möglichen Quelle für diese Denunziationen vgl. Anm. 69, S. 351.

75 An Voigt, vor Verdun, 4. Sept. 1792, Antwort auf Voigts Brief vom 20. Aug. (nicht erhalten), ps. 14. Sept., ThHStAW J 288, Bl. 47–48, hier Bl. 47^{r}.

76 Ebd., Bl. 47^{r}–47^{v} – Der Brief an Hufeland, in dem Voigt dieses Schreiben des Herzogs zitierte, wurde Mitte des 19. Jahrhunderts

veröffentlicht; dieser Druck enthält einige Varianten (die allerdings möglicherweise auf die schwierige Schrift Voigts zurückzuführen sind). Die wichtigste Abweichung ist der Ersatz von »Wieland« durch »N.N.« Wahrscheinlich geht diese Diskretion auf Voigt zurück, da dieser gegenüber Hufeland den Ärger des Herzogs gegen Wieland sicherlich nicht preisgeben wollte, aber möglicherweise war der Herausgeber Diezmann dafür verantwortlich (Diezmann 1855, S. 59). Da Voigts Brief bei Diezmann publiziert wurde, wurde diese Stelle in der Folge von mehreren Forschern zitiert (etwa Hartung 1923, S. 179; Hahn 1982, S. 280 f.), aber ohne die Einschüchterung Hufelands (und die Erwähnung Wielands!) zu erkennen; die Betonung liegt bei diesen Forschern auf der angeblichen Garantie seiner Denkfreiheit.

77 Vgl. S. 216.

78 Thon an die Eisenacher Kammer, 15. Juli 1793 (vgl. Anm. 110, S. 337), hier Bl. 7^{v}.

79 Voigt an Hufeland, 30. März 1792: »Ihre Revolutionsbogen hat mir der Herzog nicht wieder gegeben, aber Ihren Zweck und Manier hat er gebilligt.« Diezmann 1855, S. 55.

80 Carl August an Voigt, 4. Sept. 1792 (Anm. 75), Bl. 47^{r}.

81 Voigt an Hufeland, 14. Sept. 1792, Diezmann 1855, S. 59 (vgl. Präsentatsdatum auf dem Brief des Herzogs, Anm. 75).

82 Voigt an Hufeland, [nach etwa 16.] Sept. 1792, Diezmann 1855, S. 59 f.

83 Ebd., S. 60.

84 Am brisantesten war eine leise Kritik am (nichtregierenden) Herzog Ferdinand von Braunschweig im Jahre 1790, der von Carl August die Publikation einer Gegendarstellung erwirkte (ThHStAW A 7761, Bl. 2–35; die Berichtigung wurde im Intelligenzblatt der ALZ, Nr. 44, 2. April 1791, Sp. 370 gedruckt: ebd., Bl. 30^{v}). Auch eine andere mit »Die Herausgeber der A. L. Z.« unterschriebene »Erklärung« im Intelligenzblatt des Jahres 1795 wurde in Wirklichkeit auf Befehl des Herzogs von Voigt verfaßt (ebd., Bl. 52).

85 Zu einem Fall aus dem Jahre 1794, in dem Goethe mit Hufeland über ein zu rezensierendes Werk korrespondierte, vgl. AS 2/1, S. 411 f. Helma Dahl bemerkt zu Goethes Brief, der die Zensur hinter sehr freundschaftlichen Formulierungen verschleiert: »Man beachte die Form dieses Verbots« (AS 3, S. 160).

86 Carl August schreibt an Herzog Ferdinand von Braunschweig: »Ich hätte wohl gewünscht, daß gedachte Redacteurs hierbey mit der ihnen mehrmahls empfohlner Vorsichtigkeit hätten zu Werck gehen – und durch Auslaßung nur weniger – ohnehin zur Sache nichts thuenden Worte, der Gelegenheit Ew: L[ie]bd[en] Unzufriedenheit zu erregen ausweichen mögen. / Inzwischen habe Ich von diesem neuerlichen Vorgang Gelegenheit genommen, ihnen abermahlige Be-

deutung wegen – für die Zukunft anzuwendender mehrerer Behutsamkeit thun zu laßen.« 26. Nov. 1790, sig. Carl August, Fritsch, exp. 3. Dez., ThHStAW A 7761, Bl. 5r.

87 Der einzige in den Akten festgehaltene Fall vor den oben genannten wurde im Jahre 1780 durch einen Privatvergleich erledigt, und ist nur unvollständig in einer Regierungsakte (nicht in einer Geheimen Kanzleiakte) überliefert: ThHStAW A 7757: *Regierungs Acta / die von dem S[utkowskischen] Ordinations Gouvernement zu Schloß Reissen, die Verfasser der Jenai[schen] gelehrten Zeitungen, angebrachte Beschwerde, betr. / [...] 1780.*

87 Vgl. Voigt an Hufeland, 21. Nov. 1792; schon während der Studentenunruhen im Sommer hatte Voigt Hufeland nach Mitteln gefragt, die Ordensstudenten durch andere überwachen zu lassen (vgl. Anm. 102, S. 354), und am 13. Juni gebeten: »Melden Sie mir ja was vorkommt [...]« (Diezmann 1855, S. 56, 66).

89 G/V-Br 1, S. 129–131.

90 G/V-Br 1, S. 131.

91 Vgl. Anm. 85.

92 FB 3, S. 286 Anm., 345 Anm., 359; Vgl. G/V-Br 2, S. 144.

93 An Marie Fichte, 8. Okt. 1799, FB 4, S. 103.

Professor Carl Christian Ehrhard Schmid

94 An Gottlieb Hufeland, 27. Sept. 1792, Diezmann 1855, S. 60.

95 ThHStAW A 6480, Bl. 5–14 (3. Mai bis 7. Juni 1791); Universitätsarchiv Gießen, Phil K 15.

96 Nämlich die berüchtigte Schrift *De tribus mundi impostoribus Moyse, Christo et Mahumete*, in der Moses, Christus und Mohammed als die »drei Betrüger« dargestellt werden. Schmid hatte 1781–1782 als Hofmeister Hardenbergs gedient. Vgl. Hardenberg 1960, Bd. 4, S. 570 f., 992 f.

97 Vgl. Lindner 1980, S. 373. Lindner beachtet jedoch nicht die intelligenzpolitischen Implikationen des Falls, da er weder die von Diezmann publizierten Briefe an Hufeland noch die im Weimarer Staatsarchiv, Universitätsarchiv Gießen und Staatsarchiv Marburg vorhandenen Akten kannte. Er betrachtet den Fall lediglich aus philosophiehistorischer Sicht, wobei er nur die von Schmid herausgegebene, 1717 erschienene Schrift von Theodor Ludwig Lau, *Meditationes Philosophicae de Deo, Mundo, Homine*, erwähnt, nicht jedoch *De tribus mundi [...].*

98 Haug 1998, S. 235, insgesamt zu den Ereignissen in Gießen S. 225–238.

99 Hartung schreibt im Zusammenhang der Liberalität des Theologen

Paulus: »Doch das war für eine Regierung kein Hindernis, die auch den Gießener Professor E. Schmid [...] nach Jena berief, obwohl er wegen seiner freien religiösen und politischen Anschauungen mit den hessischen Kirchenbehörden sich entzweit hatte« (1923, S. 151).

100 Prof. Loder an Carl August, Juni 1793, ThHStAW A 442a, Bl. 588r, korrigiert gegenüber Koch 1955, S. 455.

1101Keil 1858, S. 248.

102 Schmid an G. Hufeland [?], Gießen, 26. Aug. 1792, Diezmann 1855, S. 58 Anm.

103 Voigt an Hufeland, 28. Juli 1792, Diezmann 1855, S. 57 f.

104 Zu diesen vgl. besonders Krüger 1931.

105 »Wir müssen nur zuvorkommen, daß Göttingen den Mann nicht wegnimmt [...]«. Voigt an Carl August, 12. Nov. 1792, ThHStAW A 442a, Bl. 115–117, hier Bl. 117v. Die erste erhaltene positive Äußerung Voigts zu der Berufung steht in einem Brief an Hufeland vom 6. November: »Ich denke die Sache mit Prof. Schmid in Giessen soll nach und nach zu Stande kommen, was anfangs gar nicht so schien; ich habe Serenissimo die Sache vorgestellt und einen Fonds zu der Besoldung vorgeschlagen« (Diezmann 1855, S. 66).

106 An Carl August, 7. Nov. 1792, ThHStAW A 442a, Bl. 112–114, hier Bl. 114r.

107 »Daß der Prof. Schmid von Giesen sich entschlossen hat, wieder nach Jena zu kommen, ist mir angenehm; und da die Acquisition, welche die Universitaet in ihm macht, ganz meinem Wunsche entspricht, so bewillige ich sehr gerne, daß er auf die mir von Ihnen angezeigte Art mit 150 rth. als Prof. extraord. angestellt werde.« Carl August an Voigt, Neuwied, 15. Nov. 1792 [und später, wohl 24. Nov.], von Schreiberhand mit eigenhändigem Zusatz, Antwort auf Voigts Briefe vom 7. und 12. Nov., ps. 26. Nov., ThHStAW J 288, Bl. 60–61, hier Bl. 60r–60v; vgl. die Kopie in der Akte A 6480, Bl. 15.

108 Vgl. die bekannte Auseinandersetzung des Geheimen Consiliums mit dem Eisenacher Oberkonsistorium im Fall Paulus 1794: Hartung 1923, S. 172 f.

109 Zum desolaten »kirchlichen Zustand in Weimar«, wo um diese Zeit »die dickste Finsternis« nicht nur »auf den weimarischen Dörfern herrschte«, sondern auch »selbst [in] Weimar« vgl. den zeitgenössischen Bericht von Laukhard; er betont die Kluft zwischen den unteren Schichten und der aufgeklärten Elite und schließt: »Und so hätte auch Weimar seine Gelehrten mehr fürs Ausland als für sich« (Laukhard 1792, S. 115 f.).

110 Voigt an Carl August, 12. Nov. 1792 (Anm. 105) hier Bl. 117r.

111 Vgl. ebd.: »Griesbach attestirte mir nochmals, daß als ein praktischer Lehrer in der Canzelberedsamkeit, das ist, als ein guter Prediger, der Prof. Schmidt [=Schmid] zu Gießen sehr zu empheln [sic] sey. Es fehlt den theologischen Studenten zu Jena, ja es fehlt dem ganzen

dortigen Publicum hieran […]«. Vgl. auch Voigt an Gottlieb Hufeland, 16. Nov. 1792, Diezmann 1855, S. 66. Im Ernennungsdekret zum Diakonus bei der Pfarrkirche zu St. Michaelis und Garnisonprediger zu Jena (eine entsprechende Angabe fehlt in AS 4, vgl. aber HAC 1793) vom 9. April 1793 heißt es, Schmid solle die Lutherische Lehre »in einfältigen rechten und gesunden Verstande, ohne Einmischung unnöthigen Wortgezänks, oder gefährlicher Misdeutung mit gebührlicher Bescheidenheit lehren, […] auch sonst mit einem eingezogenen Wandel und Wesen, wie einem getreuen Seelen-Hirten eignet und wohl anstehet, sich erzeigen« (Ausfertigung, »Ad Mandatum Serenissimi speciale«, unterschr. Fritsch, Schnauß, Schmidt, Voigt, Thüringer Universitäts- und Landesbibliothek Jena, Handschriftenabteilung, Nachlaß C. Ch. E. Schmid, I, 27–28, hier Bl. 27^{r}–27^{v}).

112 Landgraf Ludwig X. an Regierungsdirektor Ludwig Adolf Christian von Grolman und Professor Büchner, 30. Apr. 1793, Konzept, Universitätsarchiv Gießen, Allg. Nr. 793: *Fragmenta actorum In der UntersuchungsSache wider den H. Professorem Logices Carl Christian Erhard Schmid und den Universitäts Buchhändler Johann Christian Krieger wegen dem Verlag Zweyer so titulirter supernaturalistischer Manuscripte: De tribus impostoribus mundi, et De Deo, mundo et homine. 1793.*

113 Gießen, [etwa 30. Nov. 1792], Auszug, Kopie von Voigts Hand, ps. 3. Dez., ThHStAW A 6480, Bl. 15^{v}. Aus dem Präsentatsdatum geht die etwaige Datierung hervor.

114 Der Berufungsantrag des Geheimen Consiliums an die anderen Erhalterstaaten wurde am 28. Dez. 1792 beschlossen (sig. Fritsch, Schnauß, Schmidt, exp. 31. Dez., A 6480, Bl. 16–17); Sachsen-Coburg antwortete positiv am 30. Jan. (ps. 12. Feb., Bl. 18), Sachsen-Meiningen am 22. Feb. (Bl. 19) und Sachsen-Gotha am 5. März 1793 (ps. 9. März, Bl. 22). Voigt wartete jedoch die letzten beiden Antworten nicht ab, bevor er den Schritt zur Berufung machte und an Schmid schrieb, er solle »nur immer bald kommen«; man wollte sicher sein, daß er für das neue Semester rechtzeitig in Jena wäre (an Carl August, 1. März 1793, A 442a, Bl. 331–332, hier Bl. 332^{v}). Das Berufungsreskript an die Universität ist vom 15. März datiert (sig. Fritsch, Schnauß, Schmidt, Voigt, exp. 19 März, A 6480, Bl. 23).

115 Voigt an Carl August, 25. März 1793, ThHStAW A 442a, Bl. 339–340, hier Bl. 340^{r}.

116 Schmid bittet Carl August am 8. April 1793 um einen Brief an den Landgrafen, um die »Dimission« zu befördern; er legt irreführend nahe, die Verzögerung sei »vermuthlich durch gegenwärtige Kriegsunruhen« verursacht (ThHStAW A 6480, Bl. 27^{v}). Schmid hatte schon am 27. März den Rektor der Universität Gießen um Betreibung der Entlassung gebeten, da er einen Ruf an die Universität Je-

na bekommen und dies dem Landgrafen mitgeteilt habe; daraufhin gaben die Gießener Kollegen Stellungnahmen zu dieser Anfrage Schmids ab, die erkennen lassen, daß Schmid offenbar auch ohne die Erteilung einer offiziellen Entlassung seitens des Landesherrn beabsichtigte, Gießen zu verlassen (Universitätsarchiv Gießen Phil K 15, freundliche Auskunft von Dr. Eva-Marie Felschow). Carl August befiehlt dem Consilium am 17. April 1793, ihm ein ausgefertigtes Schreiben an den Landgrafen zuzuschicken (»Jägerhaus bei Ober Ulm vor Mayntz«, Schreiberhand, ps. 25. Apr., A 6480, Bl. 26), was das Consilium am 26. April unternimmt (sig. Fritsch, Schnauß, Schmidt, Voigt, exp. 26. Apr., A 6480, Bl. 28–29, vgl. Voigt an Carl August, 26. Apr. 1793, Antwort auf Carl Augusts Briefe vom 13. und 18. Apr., A 442a, Bl. 351–352, hier Bl. 352^{r}). Carl August bestätigt in der linken Spalte der behändigten Ausfertigung, er habe das Schreiben am 2. Mai direkt an den Landgrafen geschickt (»Forsthauß b[ei] Ob[er] Ulm«, A 6480, Bl. 30^{r}).

117 Landgraf Ludwig X. von Hessen-Darmstadt an Carl August, Darmstadt, 15. Mai 1793, Ausfertigung, ps. 4. Juni, Vermerk von Geheimrat Schmidt: »ad Acta res. d. 14 Juny 1793«, ThHStAW A 6480, Bl. 32^{r}, das folgende ebd. – Schmid schrieb am 22. Mai an Voigt, die Entlassung durch den Landgrafen sei eingetroffen und er werde in einigen Tagen aus Geißen abreisen (Bl. 31).

118 Ludwig X. an Grolman und Büchner, 30. Apr. 1793 (Anm. 112).

119 Vgl. Haug 1998, S. 227.

120 Vgl. das Präsentatsdatum in Anm. 117. Es ist allerdings möglich, daß Voigt, wie in anderen Fällen, das Schreiben sah, bevor der Eingang in der Kanzlei vermerkt wurde.

121 Voigt an Carl August, 31. Mai 1793, A 442a, Bl. 366–367, hier Bl. 367^{v}.

122 Voigt an Carl August, 7. Juni 1793, A 442a, Bl. 373–374, hier Bl. 374^{v}. Vgl. den von Christine Haug aus den Akten mitgeteilten Titel der umstrittenen Schrift: *Zwey seltene Antisupernaturalistische Manuscripte eines Genannten und eines Ungenannten. Pendants zu den Wolfenbüttelschen Fragmenten*. Der Druck ist nicht mehr nachzuweisen; die Bemühungen der darmstädtischen Regierung, alle Exemplare zu vernichten, gelangen offenbar. Daher ist nicht mehr nachzuprüfen, ob Voigts Hinweis stimmt, Lau habe eine »widerlegend[e] Vorrede« verfaßt. Übrigens sollten vier Exemplare der Schrift an Jenaer Buchhandlungen und eines an Goethes und Carl Augusts Buchhändler Hoffmann in Weimar abgeschickt werden (Haug 1998, Abb. S. 233).

123 Voigt an Gottlieb Hufeland, 8. [Juni] 1793, Diezmann 1855, S. 67 f. Diezmann datiert den Brief auf den 8. Juli, was vielleicht ein Druck- oder Lesefehler für den 8. Juni ist, denn der Brief des Landgrafen wurde am 4. Juni erhalten (vgl. Anm. 117), und Voigt thematisierte

den Vorfall im Brief vom 7. Juni an den Herzog; er hätte kaum einen Monat abgewartet, um Hufeland die Anweisung zur Einschüchterung Schmids zu geben. Schmid war eine Woche früher in Sachsen-Weimar angekommen (vgl. Voigts Brief vom 31. Mai, Anm. 121), so daß die Formulierung »Das Schiff unseres Freundes ist nun im Hafen eingelaufen« eher auf Juni als auf Juli schließen läßt.

124 Zu den hessischen Zuständen vgl. Haug 1998, S. 230 f.

125 Carl August an Voigt, o. O., 23. Juli 1793, ThHStAW J 288, Bl. 128, hier Bl. 128r. Juli.

126 Mainz, 27. Juli 1793, WA IV/10, S. 99.

127 FW 3, S. 213 f. Bevor Fichte in Jena ankam, entfachte sich ein persönlicher Konflikt mit Schmid, der aber kurz nach seiner Ankunft zu Fichtes größter Zufriedenheit beigelegt worden war (vgl. FW 2, S. 3–5, 71–73; FB 2, S. 85, 91, 95 f., 112, 116), so daß Schmids späterer politischer Angriff auf ihn kein Ausdruck einer persönlichen Feindschaft mehr sein dürfte, sondern des politischen Opportunismus. Fichte selbst zeigt unwiderlegbar, daß Schmids Bemerkungen auf ihn zielten, trotz der Verleugnungen Schmids (FW 3, S. 267–71). – Schmid schrieb zwar am 7. April 1799 den einzigen Brief eines Jenaer Professors, in dem um die Rücknahme der Entlassung seines Gegners gebeten wurde, aber ihn motivierte ausdrücklich nur das öffentliche Ansehen der Universität (Röhr 1991, S. 404 ff.).

Professor Johann Gottlieb Fichte

128 Houben erwähnt die Fälle Hufeland und Schmid (ohne die Details zu kennen), aber er betont Carl Augusts Verteidigung von Hufelands angeblicher »Denkfreiheit« und sieht diesen liberalen Impuls in der Berufung Schmids am Werk – obwohl er seine eigene Argumentation mit der Feststellung unterläuft, daß Schmid nach seiner Berufung politische Themen vermied (1928, S. 101 f.). Auch Vieweg (1997) übernimmt die Beurteilung Houbens. Und Tümmler (1978, S. 96 f.) erwähnt den Konflikt mit Hufeland im Vorbeigehen, aber nicht dessen Einschüchterung. Leber behandelt die Fälle Hufeland und Fichte, ohne jedoch die konsequente Taktik der Regierung zu erkennen (1958, S. 232–235).

129 Nur durch Wortverdrehung kann Tümmler zu dem Schluß kommen: »Fichtes Berufung ist von Goethe und Voigt bewußt als ein revolutionärer Akt unternommen worden« (1972, S. 140; zu Tümmlers Interpretation vgl. auch Anm. 122). Goethes eigene Äußerung, die Berufung sei »eine Kühnheit, ja Verwegenheit« gewesen, ändert nichts an der Tatsache, daß alles Mögliche versucht wurde, Fichte noch vor seiner Ankunft kaltzustellen; Karl-Heinz Fallbacher hat 1985 eindeutig gezeigt, daß Goethe auch im Falle der Entlassung

Fichtes im Sinne der Selbstverteidigung verfuhr. Die Dokumente sind jetzt handlich zusammengestellt in Röhr 1991.

130 Diese Behauptung, Goethe habe die Schriften übersehen, wurde in letzter Zeit durch Klaus Kiefer vertreten, gestützt durch die Tatsache, daß Fichtes *Zurückforderung der Denkfreiheit* sich unaufgeschnitten in Goethes Bibliothek befand (MA 4/2, S. 1229f.). Nicht nur Voigt (s. u.), sondern Fichtes Vorgänger Reinhold wußte Bescheid (Fichte an Reinhold, 13. Nov. 1793, FB 2, S. 12), sowie auch sein Student Hermann Coch (Fichte 1978, Bd. 6.1, S. 25); Reinhold weist noch vor seiner Lektüre der Schrift darauf hin, daß Fichtes Verfasserschaft »[ein] in Jena wenigstens allgemein verbreitet[es] Gerücht« sei und sagt, daß in Weimar Wieland von dieser Verfasserschaft wisse (an Fichte, 12. Jan. 1794, FB 2, S. 35; vgl. Fichte 1978, Bd. 6.1, S. 51 f.). Und Paulus behauptete später, auch Goethe habe Kenntnis von Fichtes Verfasserschaft (ebd., S. 30).

131 20. Dez. 1793, Diezmann 1855, S. 68. Hufelands späterer Brief an Fichte (s. u.) zeigt, daß Voigt an den *Beitrag* dachte: »Man hat daher auch Ihren Demokratismus, den Sie in den *Beiträgen* ec. dargelegt hätten, gegen Sie geltend gemacht« (Dez. 1793, FB 2, S. 31).

132 Hufeland an Fichte, Dez. 1793, FB 2, S. 31.

133 18. Mai 1794, Diezmann 1855, S. 68; vgl. Houben 1928, S. 102.

134 Diezmann 1855, S. 68 f.

135 J. G. Fichte an Marie Johanne Fichte, 26. Mai 1794, FB 2, S. 120 f.

136 Vgl. Johann Franz Jakob Brechtel an Théobald Bacher (Leiter der Geheimagentur in Basel), 22. Juni 1794, Ruiz 1979, S. 125 (Fichte 1978, Bd. 6.1, S. 54). Voigt wußte, daß Brechtel »Jacobiner« war (vgl. Anm. 111, S. 394), aber er wußte wohl genauso wenig wie Fichte, daß er Geheimagent war (dazu Ruiz 1979, S. 131).

137 Voigt an Hufeland, 13. Juni 1794 (Diezmann 1855, S. 69).

138 An Marie Johanne Fichte, 30. Juni 1794, FB 2, S. 161.

139 Diezmann 1855, S. 68.

140 Brief Carl Augusts, etwa 7. Juni 1794, AS 2/1, S. 403, vgl. Kiefer, MA 4.2, S. 1230.

141 15. Juni 1794, G/V-Br 1, S. 139.

142 Vgl. Gottlieb Hufelands erst 1992 gedruckten Brief vom 23. Juni 1794 an Böttiger: »Ueber die *Zurückforderung* p., dächte ich, schrieben Sie *F.* selbst[;] doch ist *F.* daran unschuldig, daß *Koch* es weiß. Ich war Zeuge, wie dieser es erfuhr. […]« (Fichte 1978, Bd. 6.1, S. 54). Böttiger hatte also offenbar bei Hufeland angefragt, ob Fichte seine Verfasserschaft der *Zurückforderung der Denkfreiheit von den Fürsten Europens, die sie bisher unterdrückten* zugegeben habe; dem Vorschlag Hufelands entsprechend kann Böttiger sich dann am 23. oder 24. Juni direkt an Fichte gewendet haben und damit Fichtes Brief an Goethe vom 24. Juni veranlaßt haben. Das Zitat am Anfang von Fichtes Brief (FB 2, S. 146) würde dann nach dieser These von

Böttiger stammen. Helma Dahl vermutete auch ohne Kenntnis von Böttigers Brief, daß er der Vermittler war; »Der Urheber scheint Voigt gewesen zu sein, denn es ist ganz seine Methode, amtliche Warnungen in dieser Form privatissime weiterzugeben« (AS 3, S. 157).

143 Fichte an Goethe, 24. Juni 1794, FB 2, S. 146–49.

144 25. Juni 1794, AS 2/1, S. 410; die Fragezeichen in eckigen Klammern bezeichnen eine unsichere Lesart für das vorangegangene Wort.

145 Er schrieb an seine Frau: »Die Wahrheit meines Verhältnißes zu unsrer Regierung aber ist die, daß man unbeschränktes Vertrauen in meine Rechtschaffenheit, und Klugheit sezt; mir ausdrüklich aufgetragen hat, ganz meiner Ueberzeugung nach zu lehren, und mich gegen alle Beeinträchtigungen kräftigst schützen wird« (30. Juni 1794; FB 2, S. 161).

146 29. Juni 1794, Diezmann 1855, S. 69.

147 Voigt an Hufeland, 25. Okt. 1794: »Betreffend Fichte, so wünscht auch Herr v. Goethe sehr, er leihe seinen Namen oder auch seine Anonymität (die so gut als Name ist) vor der Hand zu keiner neuen Auflage der *Beurtheilung*. Er glaubt, daß dieses selbst damit übereinstimme was Fichte bei seiner ersten Unterredung mit ihm verheißen habe. [...] dieses [ist] damals auch dem Herzog von seinen Freunden [=Voigt selbst?] zugesichert worden, die also gewissermaßen compromittirt werden, wenn er Antheil an der Herausgabe jener Schrift nimmt« (Diezmann 1855, S. 70 f.).

148 An Hufeland, 20. Okt. 1794, Diezmann 1855, S. 70.

149 *Grundlage des Naturrechts nach Principien der Wissenschaftslehre* (1796–97), vgl. bes. FW 3, S. 432ff. (im Folgenden stehen Nachweise fortlaufend im Text).

150 Zu Fichtes Wandlung vgl. Richard Schottky, Einleitung zu Fichte 1973, S. xlvi–lv.

151 Vgl. oben, S. 231.

152 Fichte, FW 6, S. 72–73.

153 Vgl. Beyer 1989, S. 171 f.

154 Voigt an Goethe, 7. April 1799, G/V-Br 2, S. 157; vgl. den Brief Voigts an Franckenberg vom 24.–27. März 1799, AS 2/2, S. 593. Dazu ausführlich Fallbacher 1985, S. 115f.; übereinstimmend: Beyer 1989, S. 176; Röhr 1991, S. 519. Ergänzend ließe sich ein Schreiben Carl Augusts vom 28. Feb. 1816 anführen, in dem von der »Gelegenheit« die Rede ist, die Fichte durch seinen Brief der Regierung »verschafte« (AS 2/2, S. 927).

155 In den *Tag- und Jahresheften* für 1803, MA 14, S. 104 f. (mit der überholten Darstellung Reiner Wilds im Kommentar, S. 649 f.).

156 Besonders Tümmler, der seinen 1952 erschienenen Artikel ›Goethes Anteil an der Entlassung Fichtes‹ und auch 1995 seine ›Replik‹ mit einer vollständigen Wiedergabe der irreführenden Darstellung Goethes enden läßt, im letzteren Fall ohne Berücksichtigung der seither

erschienenen Forschung (besonders Fallbacher 1985, der Tümmler ausdrücklich kritisiert). In gleicher Weise führt Tümmler 1995 das Zeugnis Schillers zur akademischen Freiheit in Jena als einziges Argument gegen meine These der Überwachung und Einschüchterung dortiger Professoren an (S. 401). Die Einschätzung der Beteiligten ersetzt also fundierte Quellenarbeit, die zeitgenössische Zeugnisse eventuell in Frage stellen könnte; ein Wort Goethes ist auftrumpfend immer die blanke Wahrheit.

157 Fallbacher 1985, S. 135.

Professor Christian Gottfried Gruner

158 *D. Christiani Godofredi Gruner Orationes / In panegyri publica trium candidatorum habitae / Jenae 1780, Oratio II. / De infanticidii praesidiis*, ThHStAW A 6665, Bl. 23–26[v], hier Bl. 26[r]: »[...] absint publicae domus, parientibus magis odiosae, quam accommodatae. Non est beneficium, quod per vim inuitis obtruditur.« (Übersetzung von Stefan Pätzold.)

159 Vgl. Loder an Prof. Ernst Adolph Weber (der im Hause von Johann Friedrich Hufeland in Weimar wohnte), Jena, 5. Jan. 1781: »Haben Sie die Güte, und sprechen Sie darüber mit Ihrem Herrn Schwiegervater [wohl J. F. Hufeland, dem Leibarzt Carl Augusts], dem Sie meine Ehrfurcht versichern; sprechen Sie darüber auch mit dem Herrn Geh. Rath von Fritsch, oder, wenn dieser nicht mehr da wäre, mit dem Hrn. Geh. Rath Göthe.« ThHStAW A 6665, Bl. 1–2, hier Bl. 1[v]. Das Konzept des Reskripts an die Universität vom nächsten Tag, das Gruners Manuskript fordert, wurde von Carl August, Schnauß und Goethe paraphiert (6. Jan., exp. 7. Jan., ebd., Bl. 3).

160 Zu den grausamen Zuständen, die ab 1792 im Accouchierhaus in Marburg herrschten, vgl. Metz-Becker 1997.

161 In den *Freiwilligen Beiträgen zu den Hamburgischen Nachrichten aus dem Reiche der Gelehrsamkeit*, 78. und 79. Stück vom 21. Dez. 1779; die Beschwerde des Weimarer Geheimen Consiliums beim Rat und Bürgermeister der Stadt Hamburg wurde zurückgewiesen. Das Consilium vermutete Gruner offenbar auch hinter dieser Kritik (ThHStAW A 7758).

162 AS 1, S. 143. Die darauffolgende Behauptung, Gruner habe »dabey in Ansehung der Landes-Herrschaft selbst [...] verschiedene harte und einen offenbaren Tadel derselben involvirende Ausdrücke mit vorkommen« lassen, ist durch den Text der Rede keineswegs begründet.

163 »Ein elendes Schicksal erwartet die Mädchen, die gar nicht mehr aufhören können, milesische Erzählungen [d. h. erotische Romane der Antike] zu lesen und an Theateraufführungen verschiedener Art

teilzunehmen. Überall nämlich lauert der köchertragende Cupido gleichsam in einem Hinterhalt. Den Händen der jungen Frauen müssen die empfindsamen Schriften aus der hochedlen Gattung eines ›Werther‹ oder eines ›Siegwart‹ entrissen werden. Es verging [vor Liebe] die Tochter, die gepackt wurde vom Werther- oder Siegwartfieber, und auch ihre Jungfräulichkeit war nicht mehr sicher.« Gruner, De infanticidii praesidiis (Anm. 158), Bl. 24^v (»Tollendii sund e manibus femellarum libelli molles e nobilissima Wertheri ac Sigwarti familia«, Übersetzung von Stefan Pätzold). Vgl. Johann Martin Miller: Siegwart. Eine Klostergeschichte (1776). – Auch an einer anderen Stelle, wo es um den Selbstmord von entehrten Mädchen geht, wird Werther erwähnt, und auch diese Stelle ist angestrichen (Bl. 24^r).

164 Gutachten über die Vorschläge des Eisenacher Oberkonsistoriums (1794), zit. nach Hartung 1923, S. 176. Schnauß' Vorschlag, die Hartung als »verantwortungsscheu« bezeichnet, ist ganz im Sinne der »neuesten Jenaischen Klugheit«: »er empfahl, [...] in persönlichen Besprechungen den vorzüglichsten Professoren mit Bescheidenheit und Sanftmut das Übel, das ihre Lehren anrichteten, lebhaft zu schildern und sie zur Vorsicht zu ermahnen«.

165 Fichte an Reinhold, 22. Mai 1799, FB 3, S. 360.

KAPITEL 5

1 Goethe, vertraulicher Bericht an Voigt, 27. Jan. 1818, AS 2/2, S. 994.

2 Goethe an Herder, 2. Jan. 1776, WA IV/3, S. 13.

3 Aus dem Briefwechsel und anderen Quellen zusammengefaßt: Arnold 1981, S. 43ff.

4 Haym 1880, Bd. 2, S. 476f.; Arnold 1981, S. 46–48.

5 HB 6, S. 290.

6 HB 6, S. 291; vgl. Arnold 1981, S. 50.

7 Suphan (SWS 18, S. 535) datiert den Anfang der Niederschrift in diese Zeit, denn zwischen Mai und November konnte Herder wegen körperlicher Leiden kaum schreiben. Hans-Wolf Jäger datiert die Urfassung dieser ursprünglichen Teile der *Humanitätsbriefe* ohne Begründung auf das Frühjahr 1792 (1987, S. 304), wahrscheinlich deswegen, weil Herder sie am 28. Mai zum ersten Mal erwähnt – aber dort heißt es, er gehe »in Gedanken« mit dem Werk um (HB 6, S. 272). Wenn er in der Zeit seines verschlechterten Gesundheitszustandes zwischen dem Mai und November sehr viel hätte daran schreiben können, so hätte er dies sicher dem Verleger Hartknoch mitgeteilt, als er am 9. Nov. dringend um einen Vorschuß bat; hier nennt er das Werk jedoch nur »unser zu unternehmendes grosses opus« (HB 6, S. 288). Vgl. auch Suphan, SWS 18, S. 533f.

8 SWS 18, S. 308; die nachfolgenden Zitate ebd., S. 310, 312, 316 f.

9 »[...] entschieden [...] erklärt sich unser Briefsteller gegen jede Einmischung. Auch hierüber denkt er [...] gegensätzlich gegen die Politik der verbündeten Höfe – gegensätzlich gegen die Politik seines Landesherrn« (Haym 1880, Bd. 2, S. 481).

10 Eine Ausnahme wird von Jäger angeführt (1987, S. 305f.). Potentiell oppositionelle Tendenzen sind in der Druckfassung natürlich enthalten, aber bei weitem nicht in dem Maße, wie Federlin (1982) es annimmt. Ausschlaggebend für die gegenwärtige Fragestellung bleibt die Tatsache, daß die direkte und scharfe politische Kritik am Bestehenden in der Urfassung bei der Überarbeitung getilgt wurde.

11 Caroline und J. G. Herder an F. H. Jacobi, 5. April 1793, HB 7, S. 32. Caroline vertrat die Auffassung, ihr Mann sei durch die gewalttätigen Ereignisse ›bekehrt‹ worden: »durch so viele Greuel sank dann freilich sein Glaube« (zit. nach Arnold 1981, S. 48). – Die Reihe der Interpreten, die die Hinrichtung des Königs für Herders Umarbeitung der *Humanitätsbriefe* verantwortlich machen, reicht von Haym (1880, Bd. 2, S. 484) bis zu Verra (1981, S. 118) und Jäger (1987, S. 305); Jäger erwähnt allerdings auch den innenpolitischen Druck als Faktor. Arnold arbeitet vorsichtiger Herders allmählichen Gesinnungswandel gegenüber der Revolution heraus, ohne die Hinrichtung des Königs für die Umarbeitung der *Humanitätsbriefe* verantwortlich zu machen.

12 Knebel erhielt die Nachricht am 1. Feb., wie aus seinem Tagebuch hervorgeht (BG 4, S. 551); der Minister Voigt spricht gleichfalls am 1. Feb. zum ersten Mal von der Neuigkeit (Diezmann 1855, S. 67); vgl. die Anzeige in den Weimarischen Wöchentlichen Anzeigen vom 2. Feb. (Mieth 1989, S. 112 f.). Geheimrat Schnauß erwähnt erst am 3. Feb. die Nachricht (an Carl August, CAPB 2, S. 51).

13 Bis zum Druck dieser Briefe in HB 7 verfügte man nur über den Hinweis Suphans auf den Brief an Hartknoch vom 24. Jan. 1793 (jetzt HB 7, S. 25), in dem es heißt, »in 14 Tagen ohngefähr geht die erste Hälfte an H[errn] Vieweg ab«; Suphan nimmt fehlerhaft an, »Mitte Februar 93« habe Herder die »erste Hälfte des Msk. von Sammlung I [statt vom ersten *Bändchen*, das Sammlungen I und II enthielt] an Vieweg« abgeschickt (SWS 18, S. 560 Anm.); Herder hatte bis dahin die *beiden* ersten Sammlungen vollständig abgeschickt (s. die nächsten Anmerkungen). Auch diese Bemerkung Suphans berechtigt nicht zu der abenteuerlichen Zeitangabe von Heinz Stolpe, der schreibt, bestimmte Stellen in der gedruckten zweiten Sammlung zeigen die Krise Herders »in den *Monaten* nach der Hinrichtung Ludwigs XVI.« (Herder 1971, Bd. 1, S. 479, meine Hervorhebung); die zweite Sammlung lag schon zur Ostermesse gedruckt vor.

14 Herder an Johann Friedrich Vieweg, 5. Feb. 1793, HB 7, S. 27.

15 Herder an J. F. Vieweg, 4. März 1793, HB 7, S. 29.

16 Haym läßt diese Stellungnahme außer acht (1880, Bd. 2, S. 483 f.). Knebel schreibt über eine (nicht überlieferte) Stelle in der ursprünglichen Fassung: »Man muß nicht wohl nach Rache rufen, wenn die Rache wirklich schon vor der Türe ist« (30. Dez. 1792; Herder 1978, S. 278). – In einem Brief aus der Zeit der Entstehung der ersten Fassung der *Humanitätsbriefe* schreibt die Herzogin Louise an Charlotte von Stein: »Ich finde es sehr recht von Ihrem Pfarrer, daß er für die königliche Familie von Frankreich betet. Herder würde es nicht tun« (10. Nov. 1792, zit. nach Jäger 1987, S. 299).

17 Caroline Herders *Erinnerungen*, zit. nach Suphan 1879, S. 145 Anm.

18 Vgl. Wilson 1991, Dokument Nr. 57.

19 Carl August an Voigt, 8. Nov. 1792, Wilson 1991, S. 354 (das Wort »nie« ist hier korrigiert gegenüber »um« in meinem Erstdruck).

20 Carl August an Voigt, 24. Nov. 1792, Wilson 1991, S. 355.

21 Herder war natürlich kein »unthätiger Mensch«, sondern ein allzubeschäftigter Vizepräsident des Oberkonsistoriums; Carl August meint hier jedoch einen Intellektuellen, der keinen Anteil an der praktischen Regierung des Landes hat – im Sinne seines Briefes vom 4. Sept. 1792 (vgl. S. 231).

22 So die Bemerkung: »den Adel kann man auch nicht leiden!«, oder der Bericht über die Meinung im Volk: »wenn er [=Carl August] nur erst wieder da ist, dann soll er über unser Cörper wegfahren, wenn er wieder gegen die Franzosen dienen wollte!« (S. 353). Auch wenn diese letzte Meinung ein Hinweis auf die Unsicherheit der Thronfolge ist, die aus dem vorzeitigen Tod des Herzogs erfolgt wäre, so ist sie als Unruheelement nicht von der Hand zu weisen und vielleicht auch aus Sympathie für die französische Sache bzw. als Unmut über die Verschwendung staatlicher Mittel und des Lebens der Untertanen im konterrevolutionären Krieg zu erklären (dazu Kap. 3).

23 An Voigt, Frankfurt, 8. Dez. 1792, von Schreiberhand mit eigenhändigem Zusatz, Antwort auf Voigts Briefe vom 26. und 28. Nov. und (für den eigenhändigen Zusatz, aus dem dieses Zitat stammt) 5. Dez., ps. 14. Dez., ThHStAW J 288, Bl. 65–66, hier Bl. 66^{v}.

24 Johannes (von) Müller (1752–1809), Schweizer Historiker, Publizist und Politiker, 1788 Geh. Legationsrat und dann Geh. Konferenzrat in Mainz, stellte sich 1792 gegen die Republik und mußte fliehen; 1793 Wirklicher Hofrat bei der Geh. Hof- und Staatskanzlei in Wien. Müller hatte auf dem Wege aus Mainz Weimar besucht, wie Voigt in einem Brief an den Herzog vom 26. November erzählt: Müller habe mit Bertuch gesprochen und von Mainz und der Begegnung mit dem französischen General Custine erzählt, der ihn in Mainzische Dienste werben wollte, er habe sich aber mit Hinweis

auf seine Kaiserlichen Dienste herausgeredet. ThHStAW A 442a, Bl. 118–119, hier Bl. 119^{r}. Vgl. auch Schillers Darstellung im Brief vom selben Tag an Körner (NA 26, S. 169).

25 Voigt an Carl August, 17. Dez. 1792, A 442a, Bl. 122–125, hier Bl. 122^{r}, korrigiert gegenüber Tümmler, CAPB 2, S. 45 (dort z.B. »wüte« statt »würke«). – Hartung meint zu dieser Briefstelle, sie sei »wohl ehrlich gemeint [...], wenngleich sie dazu bestimmt war, bei Carl August den üblen Eindruck von unvorsichtigen Worten Herders auszutilgen« (1923, S. 192). Aus Hartungs Einschätzung wird nicht deutlich, daß dieses Treffen mit Voigt eine nachhaltig einschüchternde Wirkung auf Herder hatte; sie zeigt jedoch, daß Hartung (wie auch Wahl, vgl. unten) den Spitzelbericht von Kirms (die Informationsquelle für die »unvorsichtigen Worte«) und die Reaktion des Herzogs kannte, sie aber unterdrückte.

26 Carl August an Voigt, Frankfurt, 29. Dez. 1792, von Schreiberhand, Antwort auf Voigts Briefe vom 17., 21. und 25. Dez. sowie weitere, J 288, Bl. 74–75, hier Bl. 74^{r}. – In der eigenhändigen Fortsetzung dieses Briefes vom 3. Jan. 1793 schreibt der Herzog: »Es ist mir lieb daß Herder keine Freude an der Jenaischen Stelle hat, seyn Charackter passet nicht bey jetziger Lage der Dinge dahin, ich verlöhre ihn ungern in Weimar, und am ende wäre wenig Nutzen für die Univer[sitä]t Schaden für ihn, und unannehmlichkeiten für mich daraus entstanden: ich hätte nie in diesen Plan gewilliget« (Bl. 75^{r}). Ein theologischer Lehrstuhl war durch den Tod des Professors Döderlein frei geworden, und Herder hatte Interesse daran bekundet (Caroline Herder an Goethe, 10. Dez. 1792, HB 6, S. 313f.). Voigt und Goethe schienen beide für die Berufung Herders zu sein, die auf eine Idee des gothaischen Ministers von Franckenberg zurückging (Voigt an Carl August, 24. Dez. 1792, Antwort auf Carl Augusts Brief vom 18. Dez., A 442a, Bl. 128–130, hier Bl. 130^{v}), aber am nächsten Tag schrieb Voigt an Carl August: »Vorerst sagt mir Goethe, daß Herder diese Translocation gänzlich abgelehnt habe, mithin die Sache nicht mehr als thunlich anzusehen sey; nach meiner langen Besprechung ist die Negative [sic] das Resultat gewesen« (25. Dez. 1792, A 442a, Bl. 131–132, hier Bl. 131^{r}). Beide Gespräche mit Goethe – wie viele andere in A 442a – fehlen in Grumachs Sammlung der *Begegnungen und Gespräche* Goethes.

27 Voigt schreibt am 25. Okt. 1792 an Professor Gottlieb Hufeland: »Custine läßt sich's im Residenzschlosse zu Mainz wohl behagen.« Diezmann 1855, S. 64.

28 Somit scheiden auch die anderen Ereignisse aus, die Hans-Wolf Jäger für die Unterdrückung der Urfassung verantwortlich macht: Der Feldzug in Frankreich, Kriegserklärung, Manifest des Herzogs von Braunschweig und Rückzug nach der Schlacht von Valmy (1987, S. 304; vgl. Anm. 7).

29 »[…] zur Republik, d. i. *dem jedermann gemeinsamen Wesen* […]«, SWS 18, S. 317.

30 SWS 18, S. 317.

31 Arnold schreibt mit Recht, neben anderen Faktoren hätten die Mainzer Ereignisse Herders Glauben an die französische Sache gestärkt (1981, S. 49).

32 Düntzer 1874, Bd. 1, S. 363. Die Behauptung von Arnold (1981, S. 48), diese Stelle beziehe sich auf die Septembermorde, trifft nicht zu; der Brief der Herzogin an Frau von Stein stammt vom 3. September. Von den Septembermorden, die am 2. September anfingen, erzählt die Herzogin erst am 17. September (Düntzer 1874, Bd. 1, S. 366).

33 Arnold 1981, S. 50.

34 Georg Gottlieb Weber war Oberkonsistorialrat und zweiter Hofdiakonus.

35 Voigt an Carl August, 17. Dez. 1792 (Anm. 25), Bl. 125^{r}.

36 Der Pfarrer in Burgau war M. Johann Gottlieb Hage (HAC 1792, S. 39).

37 Knappe Wochen nach diesem Gespräch ging es in einem Brief Voigts an den Herzog um die Absicht der Jenaischen Ritterschaft, den 1782 aus seinem Amt als Kammerpräsident entlassenen August von Kalb als ihren Kandidaten für die ledige Stelle ihres Deputierten vorzuschlagen (dazu resümierend Biedrzynski 1992, S. 224, sowie die Einleitung und Dokumente in AS 2/1). Voigt schreibt, er werde die Ritterschaft zu überzeugen versuchen, die Sache Kalbs nicht zur eigenen zu machen, und dann heißt es: »Ich lasse besonders den Alstedtischen Rittern durch einen klugen Pfarrer, den ich dort habe, die Hölle heiß machen.« 30. Jan. 1793, ThHStAW A 442a, Bl. 319–320, hier Bl. 320^{r}–320^{v}; vgl. auch 4. Feb. 1793, ebd., Bl. 321–322, hier Bl. 322^{r}. Voigt stammte selbst aus Allstedt und war dort Amtmann gewesen. Unter den in HAC 1793 angeführten Pfarrern in der Inspektion Allstedt kommen Zeumer und Völker im Streit um die Lobedaner Pfarre vor; Zeumer war der Kandidat an zweiter Stelle und wurde von Voigt (und Herder) abschätzig beurteilt (vgl. Anm. 38); Carl Adolph Völker dagegen war der bevorzugte Kandidat der Lobedaner, und auch Voigt hätte es ausdrücklich vorgezogen, ihn zu berufen. Da Völker der Pfarrer von Kalbsrieth war (Voigt an Carl August, 17. Dez. 1792 [Anm. 25], Bl. 125^{v}), wo Kalb sein Rittergut hatte, so ist er sicher als der Vertraute Voigts anzusehen, der den Rittern die Hölle heiß machen sollte.

38 »Das Consist[orium] wird es zwar übelnehmen, daß man den Burgauer Pfarrer nicht genommen, den es, aus Rechthaben aufgedrungen wissen wollte. Den am *2ten* Ort präsentirten *Zeumer*, aus Einsdorf, läßt es eher fallen; denn Herder weiß, was das für ein Zeisig ist.« Ebd., Bl. 125^{r} (das nachfolgende Zitat ebd., Bl. 125^{v}).

39 Voigts Erörterung des Streits fängt mit der Bemerkung an, er werde

dem Herzog »über eine, zwar unbedeutende, Angelegenheit, aber die man doch auch etwa dem Geh[eimen] Cons[ilium] ungleich auslegen möchte, wahrheitsmäßig« berichten, und endet so: »So sehr wir glauben, Ew. Durchl[aucht] gnädigsten Beyfall in der Sache vor uns zu haben, so sehr hielten wir uns verbunden, Höchstdenselben wenigstens privatim das Wahre der Sache unterth[änigst] vorzulegen und damit allen etwa vorkommenden Querelen zu begegnen.« Ebd., Bl. 124^{r}, 125^{v}.

40 Voigt schreibt: »Der vormalige Stiftsprediger, Weber, ist es, der die Sache so heftig getrieben hat; ein Mann, der bey vielen guten Eigenschaften, ein gewaltiger Streitkopf ist, und mit einer oberflächlichen Juristerey, (denn er ließt lauter juristische Bücher,) gern Hader treibt.« Ebd., Bl. 125^{v}. Zu Herders Konsistoriumkollege Weber vgl. Anm. 34.

41 Das geht aus den publizierten Briefen Herders hervor, unter denen sich viele amtliche Schreiben befinden; vgl. unten die Briefe an Fritsch während der Ereignisse des Jahres 1790 (Anm. 50) sowie die Einträge zu Fritsch und Voigt im Register in HB 10. Sonst korrespondierte Voigt mit Herder in dieser Zeit offenbar nur in Schul- und Universitätsangelegenheiten.

42 Vgl. den Abschnitt »Ein Wort über den Geh[eimen] R[at] Voigt zu Weimar« in Caroline Herders *Erinnerungen*, Suphan 1879, S. 425–428.

43 An Caroline und J.G. Herder, Luxemburg, 16. Okt. 1792, WA IV/10, S. 36. Vgl. Haym 1880, Bd. 2, S. 483; Arnold 1981, S. 49.

44 Daß diese durch Caroline Herder überlieferte Äußerung erst Ende 1793 fiel, wie meist angenommen, ist zu bezweifeln; die Umstände sprechen noch mehr für Ende 1792 und daher für den Zusammenhang mit den hier erörterten Ereignissen. Die Stelle aus Caroline Herders *Erinnerungen* lautet: »Der Herzog und die reg[ierende] Herzoginn waren unwillig und ungnädig gegen Herdern. Sie zeigten dies, besonders der Herzog öffentlich; es wurden ihm Aeusserungen nachgesagt, die er an öffentlicher Tafel gesagt haben sollte, die gerade das Gegentheil von dem waren, was er würklich gesagt und gemeint hatte. Die Lüge und Verleumdung verschob und verdrehte nun alles: Goethe sagte zu Herder: ›ich nehme jezt die Grundsätze meines gnädigsten Herrn an, er giebt mir zu essen, es ist daher meine Schuldigkeit, daß ich *seiner Meinung* bin.‹ Mit dieser Aeusserung trennte er sich von Herder. Wir hatten Grund zu glauben, daß auch der Geh[eime] R[at] [Friedrich Heinrich] Jacobi bey welchem Goethe im Winter 1792–1793 gewesen und so kalt gegen uns zurückgekommen war, zu dieser Trennung beigetragen habe, denn Goethes Briefe waren so herzlich, die er uns damals aus jenen Gegenden, kurz vorher ehe er Jacobi besucht, geschrieben hatte.« Suphan 1879, S. 422–424; nach dem Ms. zitiert aus BG 4, S. 52f. –

Der Hinweis auf den öffentlichen Tadel durch den Herzog sowie die von Suphan angeführten Stellen aus Briefen zwischen Jacobi und Herder scheinen auf Ende 1793 hinzudeuten, als der Herzog wieder nach Weimar zurückgekehrt war. Aber Caroline rafft hier möglicherweise mehrere Ereignisse zusammen. Denn Goethe war nicht »1792–1793« bei Jacobi, sondern nur bis Anfang Dezember 1792; wenn er tatsächlich von Jacobi »so kalt gegen uns zurückgekommen war«, so dürfte sich der Bruch schon zum Zeitpunkt der Rückkehr Goethes im Dezember 1792 angebahnt haben. Auch der oben angeführte Bericht von Kirms wirft ein neues Licht auf Carolines Aussage, denn mit der »Verleumdung« Herders könnte dieser Brief gemeint sein. Der gerade zitierte Brief Goethes vom 16. Okt. 1792 (Anm. 43) paßt zu dieser Interpretation. Und auch »die reg[ierende] Herzoginn« hatte im Dezember 1792 Herder gegenüber politische Forderungen gemacht (Anm. 46).

45 Goethe quittierte am 22. Dezember 1792 den Erhalt von 250 Reichsthalern aus der Kammer; überliefert ist eine beglaubigte Abschrift des Schatullbelegs, auf der Goethes Quittung geschrieben ist, mit Unterschrift »J. W. v. Goethe«, aber in der Hand seines Sekretärs Philipp Seidel, der Goethes Schrift auf vielen Quittungen nachmachte. Das Blatt trägt den Vermerk des Kammerpräsidenten J. C. Schmidt, daß vom Gesamtbetrag 150 Reichstaler bei der Hauptkammerrechnung zu verbuchen wären, 100 Reichstaler dagegen aus der herzoglichen Schatulle. In der Hand des Schatulliers Bertuch steht dann ohne Unterschrift die Notiz: »N. B. Dieß ist das außerordentl[iche] Surrogat des H[errn] Vic[e] Präs[identen] Herder pro 1793.« Schatullbelege, ThHStAW A 1190, Nr. 234; vgl. das Rechnungsbuch, A 1188, Bl. 20^{v}. – Auch andere Ausgaben für Herder sind in den Schatullunterlagen (Rubrik: »Presente und Gnadengeschenke«) verzeichnet, zum Beispiel für den 7. Juni 1792 »316 Rth 16 Gr[oschen] An den H[errn] Vice Präsid[enten] Herder für die Taufe Durchl[aucht] Prinz Carl Bernhard 100 Stück Ducaten« (A 1188, Bl. 18^{v}, vgl. Beleg Nr. 198 sowie die Rede bei der Taufe am 3. Juni: SWS 31, S. 557–560).

46 Charlotte von Stein schrieb am 5. Dez. 1792 an ihren Sohn Fritz: »Herder hat sich schriftlich gegen die Herzogin über die Franzosen vertheidigt, und gesagt, nicht die Franzosen liebe er, sondern den Triumph der Vernunft.« Düntzer, 1874, Bd. 1, S. 369; vgl. HB 9, S. 556, 770; Arnold 1981, S. 50.

47 Herder schickte zwar noch am 29. Dezember 1792 das Manuskript der ursprünglichen Fassung an Knebel, und dieser beurteilte es am nächsten Tag: »[…] im ganzen weiß ich Ihnen den herzlichsten Dank, daß Sie so manche Wunde und dumpfe Seite unseres Vaterlandes aufgedeckt […] So ist's über Politik […]« (Herder 1978, S. 277f., vgl. SWS 18, S. 530 f.; Knebels Tagebucheintrag in einem

Schreib-Almanach zum 30. Dez. lautet: »*Herders* neue Briefe gelesen. Abends ihm darüber geschrieben«; am 31. Dez. heißt es: »Abends spät bey Herder«. GSA 54/369, Bl. 54[v]). Es scheint also, daß Herder mit der Idee umging, diese Fassung noch nach dem Gespräch mit Voigt zu veröffentlichen, aber entscheidend bleibt die Tatsache, daß er es letzten Endes nicht tat. Möglich ist sogar, daß Herder infolge der herrschaftlichen Einschüchterung sich vorgenommen hatte, die Urfassung zurückzuhalten, falls sie von seinem radikaleren Freund Beifall ernten sollte, was dann auch geschah.

48 Vgl. oben, S. 215 und 258.

49 An Christian Gottlob Heyne, Weimar, Mitte März 1793, HB 9, S. 566; vgl. 7, S. 30; Haym 1880, Bd. 2, S. 478. Arnold bezieht die Briefstelle »man weiß nicht, was man schreiben darf« auf »die Verschärfung der Zensur in Deutschland infolge der Radikalisierung der Revolution« (1981, S. 51), aber im dargestellten Kontext scheint sie speziell auf die ›Selbstzensur‹ mit Rücksicht auf die Weimarer Verhältnisse hinzuweisen.

50 Fritsch regt in einem Brief an Herder vom 24. Sept. 1790 (der jedoch als amtliches Dokument gehalten ist und die üblichen Paraphen der Geheimräte Schnauß und Schmidt trägt) »einen – gleichsam aus eignem Betrieb und ohne Bezug auf dazu erhaltene Anweisung an sämmtliche unterhabende Herren Geistlichen zu erlaßenden zweckmäßigen Circulari« an (exp. 25. Sept., B 5333, Bl. 25[r]). Offenbar hatte zuerst Schnauß diese Taktik in seinem Brief an den Herzog vom 4. Sept. und dann im Rundschreiben vom 6. Sept. an die Amtmänner vorgeschlagen (vgl. Anm. 88, S. 323, hier Bl. 13[r]), und der Herzog betonte dann in seiner Antwort vom 13. Sept. die Unerläßlichkeit der Ermahnungen durch die Geistlichen (vgl. Anm. 92, S. 324, hier Bl. 23[r]: »ich bin völlig der Meinung daß man durch Zureden der AmtLeute und hauptsächlich der Geistlichen die guten Unterthanen immer im Gleise zu erhalten suche [...]«, sowie Bl. 23[v]). Erst dieser Brief des Herzogs gab offenbar die Veranlassung zu Fritschs Schreiben, obwohl Fritsch – bemüht, den amtlichen Charakter des Briefes zu verschleiern – gegenüber Herder die Idee als eigene reklamiert.

51 2. Okt. 1790, HB 6, S. 210–212 (davor zuletzt 1913 gedruckt: SWS 33, S. 227–231); auch in: Mieth 1989, S. 29ff. – Die Überschrift des Herausgebers in HB 6 ist möglicherweise irreführend; wenigstens das angeführte Exemplar ging nicht an die gesamte Geistlichkeit des Herzogtums, sondern nur an zehn Geistliche im direkt an Kursachsen und an Sachsen-Altenburg grenzenden Amt Dornburg (namentlich aufgeführt: HB 6, S. 348). Allerdings besteht die Wahrscheinlichkeit, daß weitere, nicht überlieferte Exemplare an die Geistlichen in anderen gefährdeten Ämtern gingen; das entsprechende amtliche Zirkularschreiben in diesen Tagen wurde an die

Amtmänner in Jena, Berka, Hardisleben, Dornburg, Bürgel, Roßla und Großrudestedt geschickt (vgl. Anm. 88, S. 323).

52 Carl August verordnet, man solle den Justizbeamten anweisen, »in denen Schencken, durch gut gesinnte und treu erprobte Unterthanen, auf liederliche Wirthe, SteuerRestanten und dergleichen Zeug mehr, genaue Obacht nehmen zu laßen, kleine Vergehungen in reden [sic] zwar nicht zu achten, gleich aber Bericht zu erstatten, sobald würcklich aufwieglerische Töne empor stiegen. / Sollte es sich finden, daß irgendwo jemand sich erhüb, der Unkraut streuete, dieser muß denn so bald gefaßt und in Weimar selbst wohl verwahret werden; ferner muß in den Dörfern und Land Städten genau gewacht werden, ob sich Winckelconventicel, ausser den Schencken, zusamen machen, um deren Zweck zu erforschen.« An Schmidt, 13. Sept. 1790 (Anm. 92, S. 324), Bl. 23^r–23^v. Dies ist der Brief des Herzogs, den Herder als »gnädigst[e] Willensmeinung Serenissimi (fol[io] 23. 24. besagter Akten)« bezeichnet (an Fritsch, 26. Sept. 1790, HB 6, S. 209; dort sind S. 348 die Hinweise des Bearbeiters zu korrigieren: die Bezugs- und Antwortbriefe Fritschs befinden sich nicht im GSA, sondern im Staatsarchiv Weimar, B 5333, Bl. 25, 28–29).

53 Zit. nach Federlin 1982, S. 108, vgl. S. 91–97.

54 SWS 31, S. 665 f.

55 Voigt an Carl August, 29. März 1793, A 442a, Bl. 341–342, hier Bl. 341^v–342^r. Drei Tage später schreibt Schnauß mit auffallender Übereinstimmung: »Am verwichenen Buß- und Charfreytag hat der Vize President Herder zum erstemal [sic] wieder gepredigt, aber keine Buß- oder Fasttags- sondern eine pure politische Predigt über die dermalige [sic] Zeitläuffe gehalten und die Greuel und Schädlichkeit der französischen Grund Säze mit eben so starken Farben gemahlet, als die Kayserin von Rußland solches in ihren [sic] Patent gethan hat.« An Carl August, 1. Apr. 1793, ebd., Bl. 225–226, hier Bl. 226^v. Ein Kirchengebet Herders aus dem Sommer 1792, als der Koalitionskrieg begann, war gleichfalls affirmativ, wie der Anfang zeigt: »Nachdem auch das Deutsche Reich gegen eine benachbarte Nation, die innerhalb seiner Gränzen mit den verderblichsten Grundsätzen, zu Zerrüttung aller Religion und Ordnung, Gewaltthätigkeit, Raub und Unterdrückung ausübet, den gerechtesten Krieg hat erklären müssen [...]« (Herder 1820, Bd. 2, S. 198).

56 Wilhelm Dobbek schreibt, daß Herder »als herzoglicher Beamter Zurückhaltung üben mußte. Aber er litt bitter unter diesem Zwiespalt, so, wenn er in der Kirche für Herzog und Soldaten im Felde Fürbitte tun mußte, während seine Hoffnungen bei den französischen Revolutionsarmeen waren.« Dobbek 1967, S. 112.

57 CA/G-Br 1, S. 168. In seinem Kommentar aus dem Jahre 1915 bezieht Hans Wahl diese Stelle auf den Herder-Kreis: »*Zwiespaltig*: in

der Beurteilung der Revolution, der Knebel günstig, Herder schwankend, Wieland bereits feindlich gegenüberstand« (S. 414). Damit wird deutlich, daß Wahl, der die Sammlungen A442a und J 288 (ehemals Hausarchiv A XIX 123) benutzte (ebd., S. 414), den Briefwechsel zwischen Voigt und dem Herzog mit der Denunziation durch Kirms kannte, aber unterdrückte, genauso wie Hartung (vgl. Anm. 25) und Tümmler (Wilson 1996b).

58 Es werden nicht die Briefe über die Situation in Eisenach sein, denn Voigt hatte ja am 24. Dezember schon berichtet, daß Goethe informiert war (vgl. S. 121).

59 »Voigtens Briefe, deren ich viele empfange, tragen *ganz auserordentlich* zu meinen Wohlbefinden bey, *laß ihn doch diese Gesinnung von mir einmahl bemercken«* – was Goethe durch Übersendung dieses Briefes an Voigt sofort tat (31. Dez. 1792, WA IV/10, S. 46).

60 Auch Bertuch verwendete diesen Ausdruck für den kleinen Kreis der kulturell-geistigen Elite in Weimar, als er am 21. Jan. 1789 vom »Häuflein Gelehrten« sprach, »die jetzt das Glück haben unter Eur. Durchl[aucht] Schutze frey und sicher zu leben« (vgl. Anm. 48, S. 303, hier Bl. 2^r).

61 Wenigstens drei Briefe (3. Feb., 12. und 20. März) sind verschollen (CA/G-Br 1, S. 172; WA III/2, S. 30). Die Spekulation Wahls, sie seien »wohl schon während des Feldzuges« verloren gegangen (CA/G-Br 1, S. 413), erscheint mir nicht überzeugend. Aus dem Zeitraum vom 1. Jan. bis zu Goethes Abreise am 12. Mai haben sich insgesamt 47 Briefe der Geheimräte und Bechtolsheims an Carl August erhalten (neben einem Brief Voigts an Carl Augusts Sekretär Weyland und verschiedenen offiziellen Vorträgen und dergleichen); da Voigts Briefe ab dem 22. März numeriert sind, können wir feststellen, daß aus den zwölf Briefen bis zum 12. Mai nur zwei nicht überliefert sind. Warum sollten sich also ausgerechnet alle Briefe Goethes aus diesem Zeitraum während des Feldzuges verloren haben, während diejenigen der anderen Geheimräte zum größten Teil erhalten sind?

62 Vgl. S. 262.

63 Vgl. S. 161 f.

64 G/V-Br 1, S. 89.

65 Tümmler vermutet den älteren Plan Herders, *Idee zum ersten patriotischen Institut für den Allgemeingeist Deutschlands* (1787; SWS 16, S. 600–616). Es ist schwer einzusehen, warum Voigt diesen Aufsatz besaß und warum er ihn gerade jetzt ausgegraben haben sollte.

66 Goethe an Carl August, 1. Juli 1791, AS 2/1, S. 193.

67 MA 4.1, S. 1022.

68 VIII, 152–159; MA 4.1, S. 371.

69 Vgl. S. 231.

70 CA/G-Br 1, S. 177.

71 CA/G-Br 1, S. 414.
72 2. Juni 1793, HB 7, S. 45.
73 Im Lager vor Mainz, 14. Juni 1793, Briefe Carl Augusts an Knebel und Herder, S. 130.
74 SWS 18, S. 356.
75 Abschrift eines Schreibens von Carl August an Goethe, 3. Mai 1789, Suphan 1879, S. 95, 96; dann CA/G-Br 1, S. 140. – Dies ist der »Contract« (AS 2/1, S. 444), der in AS 3 (S. 180) als »Kal[endarium] Beleg a zu 3. Mai 1789« bezeichnet wird (Beleg b ist der Brief Caroline Herders an Herder vom 4. Mai 1789, BG 3, S. 291).
76 Caroline Herder schrieb am 20. August 1795 an Friederike von Franckenberg über die Ereignisse des Sommers 1789: »Als Goethe die Zusicherung dieser Geschenke mündlich überbrachte, sagte ich zu ihm in Gegenwart meines Mannes: damit glaubt doch der Herzog nicht, die Kosten des Studiums schon zu bezahlen? Nein, antwortete Goethe. Es ist aber doch nöthig, erwiederte ich, über diesen Punct eine schriftliche Versicherung vom Herzog zu haben. *Goethe* (unwillig), nein, das ist nicht nöthig; man muß den Herzog jetzt da er sich gutmüthig zeigt, durch eine solche Forderung nicht unwillig machen, und hiemit ward die Sache geschlossen.« Vgl. den Brief an Goethe vom 29. Okt. 1795: »Ich darf Sie noch daran erinnern, daß ich Sie in Gegenwart meines Mannes um eine bestimmte schriftliche Zusicherung des Herzogs, über das was er für die Kinder auszusetzen Willens sei, bat; und daß Sie mir hierauf mit Unwillen antworteten: dies würde den Herzog beleidigen.« Nach den späteren Erinnerungen Carolines ging die Begegnung so aus: »Goethe war sogar über meine Forderung aufgebracht, er sagte: ›Dies Mistrauen in des Herzogs Wort, würde ihn sehr beleidigen.‹ So bliebs.« HB 7, S. 441, 452; vgl. BG 3, S. 307f., AS 2/1, S. 441, 445, mit AS 3, S. 178, sowie Suphan 1879, S. 99. – Zu den Mißhelligkeiten um die Berufung gehört auch der Gehaltsentzug für einen Gehilfen für Herder, um Herders Gehaltserhöhung zu bestreiten, was zu schwierigen Beziehungen zwischen Herder und seinen Kollegen und zu einer Überhäufung mit Geschäften führte; Caroline nannte diesen Vorgang einen »schändlich[en] Betrug« (AS 2/1, S. 442, AS 3, S. 178).
77 Friederike von Franckenberg an Caroline Herder, Anfang Sept. [1795], Suphan 1879, S. 153.
78 AS 2/1, S. 441.
79 Vgl. Anm. 43.
80 Vgl. Anm. 23.
81 AS 2/1, S. 441.
82 Caroline Herder an Goethe, 14. Okt. 1795, AS 2/1, S. 443; das nachfolgende Zitat ebd., S. 444.
83 Goethe an Caroline Herder, 30. Okt. 1795, AS 2/1, S. 449.
84 Ebd., S. 448.

85 Herzogin Louise an Caroline Herder, 14. Okt. 1795, Suphan 1879, S. 159f. Caroline verwendet dieses Argument gegen die Herzogin: »[...] bey der veränderten Neigung des August konnte nicht Gebrauch gemacht werden von des Herzogs Vorschlag.« 2. Nov. 1795, ebd., S. 165.

86 Aus den bisherigen Beurteilungen dieses Falls – unter anderem durch eine Frau, Helma Dahl – geht meines Erachtens die Ächtung der selbstbewußt gegen paternalistisch-autoritäre Herrschaft sich stemmenden Frau hervor. Selbst die ›Verteidigung‹ Carolines durch Bernhard Suphan sucht sie als Abart des Weiblichen zu rechtfertigen: »Caroline – wer sieht ihr, der Mutter, der Gattin, dieses mal ihre ›Elektraischen Anfälle‹ nicht nach? Wie jene Sperlingsmutter im Homer, die mit Zetergeschrei und bangem Flügelschlag ihre gefährdete Brut umkreist, so erscheint sie mir, da sie die Kinder von dem ältesten an, bis zum kleinen Nestling Rinaldo, vor der Schlange bewahrt, der Noth, die von ihrer mütterlichen Phantasie ins Uebermaß vergrößert, sich ihrer Wohnung nahen will« (Suphan 1879, S. 181). Hier schwingt wieder die Vorstellung eines Wahns mit, die jedoch durch den Ärger des Herzogs im Herbst 1792 widerlegt wird.

87 Vgl. AS 3, S. 179, sowie HB 10, S. 253.

88 AS 2/1, S. 439.

89 An Caroline Herder, HB 9, S. 509, vgl. HB 6, S. 135.

90 An Friederike von Franckenberg, HB 7, S. 443.

91 Goethe nennt Augusts naturwissenschaftliches Interesse »eine, auf den Schweizerbergen angefangne Spielerey, unter dem Titel von Mineralogie und Naturgeschichte« (AS 2/1, S. 448). Bernhard Suphan bemerkt zu dieser Stelle: »Den aufrichtigen Ernst und zugleich den bedeutenden Erfolg, mit welchem August [...] seine akademischen Studien betrieb, lernen wir aus den Briefen des Vaters an ihn (1796–1800) kennen. [...] August v. Herder starb, wissenschaftlich und amtlich in hoher Stellung, als K[öniglich] Sächs[ischer] Oberlandes-Berghauptmann.« Suphan 1879, S. 163 Anm.; ähnlich Dobbek 1967, S. 236.

92 AS 2/1, S. 449.

93 Vgl. die weiteren Dokumente in AS 2/1, Nr. 90, 92, 97, 133, 157 und 159. – Helma Dahl interpretiert diese Episode gänzlich zugunsten Goethes: »Der Fehler Carolines lag darin, daß sie mit dem Brief, den sie am 14. Oktober an die Herzogin schrieb [...], vollendete Tatsachen schuf und Goethe damit jede Möglichkeit des persönlichen Einwirkens nahm«, was sich ausdrücklich auf Goethes Darstellung (AS 2/1, S. 448f.) bezieht (AS 3, S. 181). Die vollendeten Tatsachen waren die Wahl einer Universität für August; in der Zusicherung des Studiengeldes war nie die Rede davon, daß August in Jena studieren oder daß der Herzog über sein Fach entscheiden sollte. Carolines »Fehler« lag nur darin, der paternalistischen Herrschaft gegenüber

auf ihrem Recht bestanden zu haben. Ob dies so fehlerhaft war, wie Dahl meint, ist fraglich, setzte sie sich doch mit ihren »Drohungen« durch.

94 An Herzogin Louise, 2. Nov. 1795, Suphan 1879, S. 166.

95 Helma Dahl meint, der Herzog sei wegen einer anderen, neuerlichen Episode gegen Herder verärgert: »Erst vor kurzem, im Sommer 1795, hatte Herder sich in Hofkreisen mißliebig gemacht, weil er in Gegenwart der Herzogin Anna Amalia nach einer Schlägerei zwischen Studenten und Militär vor dem ›Elefanten‹ [richtig: vor dem ›Erbprinzen‹, vgl. Anm. 12, S. 365] in Weimar offen für erstere Partei ergriffen hatte« (AS 3, S. 179). Aus den von Dahl herangeführten Dokumenten geht jedoch keineswegs hervor, daß der Herzog diesen Berichten Glauben beimaß. An Fritsch schrieb er am 26. Juli 1795: »Ich habe meiner Mutter gestern wegen der Herderschen Rede gefragt, Sie sagte es wäre kein wort davon wahr, und war sehr empfindl[ich] darüber, im gegentheil, sagte sie, Herder habe sehr auf die Professoren loßgezogen. Sie können Sich bey meiner Mutter selbst danach erkundigten, [sic] es wäre mir würkl[ich] lieb wenn Sie das Factum averirten, od[er] wäre es dem [denn?] nicht also, der Sache wiedersprächen wenn davon geredet würde.« »Wilh[elmsthal] d. 26ten« [Juli 1795], ps. 27. Juli, ThHStAW Hausarchiv A XIX, Nr. 39, Bl. 237–238, hier Bl. 237^{v}–238^{r}.

96 Suphan 1879, S. 414; Dobbek 1967, S. 121 (letzterer nennt auch Emilie Gore).

97 Schnauß an Carl August, 3. Feb. 1793, Bl. ThHStAW A 442a, Bl. 200–202, hier Bl. 202^{v} (Bl. 200a^{r}–201^{r}: von fremder Hand). Druck: CAPB 2, S. 51 f., hier nach dem Ms.

98 Vgl. S. 244.

99 Schmidt an Voigt, Frankfurt, 18. Jan. 1793, Antwort auf Voigts Brief vom 14. Jan. (nicht erhalten), ThHStAW J 337 (Nachlaß Voigt), Bl. 15^{r}. – Da dieser Brief im Januar 1793 geschrieben wurde, so könnte es auf den ersten Blick erscheinen, daß Herder nach Schmidts Zeugnis auch noch nach der Einschüchterung durch Voigt im Gespräch vom 16. Dez. 1792 freimütige Meinungen äußerte. Aber Schmidt war seit dem 24. Dez. nicht mehr in Weimar, sondern beim Herzog in Frankfurt (das Expeditionsvermerk von Fritsch auf dem oben, Anm. 60, S. 332, erörterten Vortrag der Geheimräte an Carl August vom 21. Dez. lautet: »[…] dem H[err]n Geh[eimen] Rath Schmid [sic] nach Franckfurth mitgegeben. W[eimar] d[en] 24. December 1792.« [Bl. 8^{r}]), so daß seine direkte Kenntnis der Zustände in Weimar aus der Zeit vor Weihnachten stammt. Vielmehr ist es sehr wahrscheinlich, daß Voigt in seinem nicht überlieferten Brief vom 14. Januar, auf den Schmidt hier antwortet, von seinem Gespräch mit Herder im Auftrag des Herzogs (das würde natürlich zu den amtlichen Aufgaben gehören, die Voigt mit seinem Kollegen besprach)

und also von der Maßregelung Herders erzählt hatte, so daß Schmidts Erwähnung von Herder in diesem Zusammenhang eine Reaktion auf Voigts Bericht wäre.

100 Vgl. S. 231.

101 Voigt an Gottlieb Hufeland, 27. Sept. 1792, Diezmann 1855, S. 60 f. Der arbeitslose und offenbar geistig gestörte Diener Robert-François Damiens (1715–1757) verletzte König Ludwig XV. in einem Attentat, wurde gefoltert und dann öffentlich von Pferden zerrissen.

102 Einer der ersten deutschen Berichterstatter über die Ereignisse in Paris behauptet sogar, daß das revolutionäre Volk in seinen Hinrichtungen »immer noch mehr Mäßigung und Menschlichkeit bewies, als man von einem Volke, dem seine eigene Obrigkeit so oft das Beispiel der grausamsten Unmenschlichkeit gegeben hatte, je erwarten konnte [...].« Campe, Briefe aus Paris (1789/1790), in: Günther 1985, S. 56, vgl. S. 29, 51 f., 97 f.

103 An Hufeland, 16. Okt. 1792, Diezmann 1855, S. 62; das nachfolgende Zitat: S. 63.

104 Vgl. Haufe 1994, S. 188.

105 August von Einsiedel, der von seinen politischen Meinungen her zu dieser Charakteristik passen würde, war in dieser Zeit offenbar gar nicht in Weimar.

106 Voigt an CA, 4. Feb. 1793, ThHStAW A 442a, Bl. 321–322, hier Bl. 321r. Die Nachricht von der Hinrichtung des Königs war am 1. Feb. in Weimar eingetroffen. Schnauß schreibt am 3. Feb. an den Herzog: »Mich ärgert es nur, wann [sic] solche Personen, die doch von den Fürsten gefüttert werden, so wohl mündlich, als schrifftlich, sich noch immer so ausdrücken, als wenn sie vom Custine darzu gedungen und bezahlt würden, das Freyheits Evangelium zu predigen und alle Völcker aufzuhetzen. Aber es sind ja starcke Geister! und doch finden sie von Niemand mehr Beyfall, als von Grafen und Herren, welche doch bedencken sollten, daß wenn eine allgemeine Empörung entstehen sollte, die Reihe der Unterdrückung und Vernichtung sie am ersten treffen würde« (vgl. Anm. 97, hier Bl. 202r–202v). Ob Schnauß hier weimarische »starcke Geister« meint, ist zweifelhaft, denn keiner äußerte sich »schrifftlich« in diesem Sinne, und von freisinnigen »Grafen und [adligen] Herren«, die diese Meinungen vertraten, ist in Weimar – eventuell außer Knebel – keine Spur. Schnauß bezieht sich wohl eher auf die deutsche Publizistik der Zeit.

107 »Dame« deutet allerdings eher auf eine Adlige. Charlotte von Stein, Luise von Göchhausen und Sophie von Schardt waren zu konservativ, um hier in Frage zu kommen. Möglich wäre Emilie Gräfin von Bernstorff, Tante der Sophie von Schardt und Bodes Brotgeberin. Ihre politischen Anschauungen sind zwar zu wenig bekannt, um

diese Spekulation zu untermauern; vgl. jedoch die Andeutungen bei Haufe 1994, S. 183 f.

108 Voigt an Carl August, 1. März 1793, ThHStAW A 442a, Bl. 331–332, hier Bl. 331r.

109 Vgl. S. 188.

110 An Carl August, 23. Jan. 1793, ThHStAW A 442a, Bl. 317–318, hier Bl. 318r.

111 Voigt berichtet am 26. Juli aus Jena an den Herzog, er habe am 23. Juli von der Kapitulation Mainz' am Vortag erfahren. »Ich gieng solchen Abends eben in den ProfessorClubb und brachte diese Neuigkeit mit; niemand war erfreuter, als der Graf Coudenhoven; ein Elsasser [sic] Jacobiner, der Medicin studirt, namens Brechtel, stritt die Sache ab, und man war durchgehends (auch der H. Baggesen aus Coppenhagen) ungeneigt, Glauben beyzumessen, und alles war sehr verlegen über die Mainzer Clubbisten. Ich behauptete, der König werde sie, in Rüksicht auf die Vorbitte des Churfürsten, laufen lassen; andere sorgten, man werde sie alle aufhängen, und die deutschen Gelehrten damit sehr prostituiren. Ich hatte meine Lust, wie man sich zwar ängstigte, jedoch immer den Trost im Hintergrunde behielt, daß die Bestätigung abzuwarten sey, weil es nicht wahrscheinlich, daß am 22 Jul. capitulirt worden, und die Nachricht den 23 Jul. schon zu Gotha gewesen seyn solle.« ThHStAW A 442a, Bl. 404–405, hier Bl. 404r–404v. Voigt teilt diese Geschichte am 2. Aug. auch Goethe in einem Brief verkürzt mit: »Die Philosophen glaubten mir nicht […]« (G/V-Br 1, S. 108 f.). Nach Schiller bestand »ein Clubb unter den Profeßoren […], wozu auch eine Auswahl von Studenten gezogen wird« (NA 25, S. 643; vgl. NA 26, S. 651, NA 42, S. 560); zu den Studenten Brechtel und Coudenhoven vgl. Anm. 161, 177, S. 361 f.

112 An Goethe, 26. Juli 1793, Mieth 1989, S. 119 f.

113 »Man hat hier Nachrichten, als wenn die Kaiserin von Rußland den Hofrath *Schulz*, vormaligen Weimarischen ephemerischen Gelehrten, arretiren und nach Sibirien schaffen lassen. So hätten Ew. Durchl. sogar in Sibirien einen Hofrath. Er soll Jacobinerstreiche gemacht, Club und Vorlesung gehalten haben p. Er hatte sich in Mietau dem Adel sehr verhaßt gemacht, weil er Mitdeputirter des Bürgerstandes in Warschau war, und vermuthlich der dortigen, sobald verrauchten, Revolution anhieng.« Voigt an Carl August, 14. Juni 1793, ThHStAW A 442a, Bl. 377–380, hier Bl. 379r. Schulz (1762–1798, zu ihm vgl. Goedeke IV/1, S. 929) verlor seinen Titel als sachsen-weimarischer Hofrat nicht (HAC). Er verkehrte 1790 im Wieland-Herder-Knebel-Kreis und lieferte Beschreibungen der Französischen Revolution für Wielands *Teutschen Merkur*; dann wurde er als Professor der Geschichte nach Mitau berufen. Nach der hier angedeuteten Entlassung (die Angaben in NA 26, S. 379, müß-

ten daraufhin überprüft werden) und einer Italienreise verweilte Schulz 1794 wieder in Weimar und Jena (vgl. Starnes 1987, Bd. 2, S. 388, 607).

114 Voigt an CA, 16. Juni 1793, A 442a, Bl. 381–382, hier Bl. 382^{r}.

115 Vgl. Wilson 1991, passim; Schüttler 1991, S. 26; Haufe 1994.

116 Wilson 1991, S. 160.

117 Vgl. S. 206.

118 Vgl. S. 268.

119 *Campagne in Frankreich*, 1822 (MA 14, S. 511).

120 Vgl. Wilson 1996a, S. 264–267.

121 15. Dez. 1793, Düntzer 1874, Bd. 1, S. 384.

122 Als Bode am 13. Dezember 1793 starb, eilte der Nachlaßverwalter Voigt, um Bodes geheimbündlerischen Nachlaß zu versiegeln, in dem so viele (in den Augen der Zeitgenossen) kompromittierende Dokumente über die Illuminatentätigkeit Goethes, Carl Augusts und auch Voigts enthalten waren, und in denen – vielleicht für diese von Interesse – auch ausführliche Mitgliederlisten enthalten waren, aus denen potentielle ›Staatsfeinde‹ ermittelt werden konnten. Vgl. Wilson 1991, S. 146–149; die dortigen Ausführungen sind dahingehend zu korrigieren, daß nach der einwandfreien Identifizierung von Carl August Böttiger als Illuminat durch Hermann Schüttler nunmehr alle fünf an der Nachlaßverwaltung Beteiligten (Voigt, Böttiger, Reichard, Ludecus und Herzog Ernst von Gotha) als ehemalige Mitglieder des Ordens gesichert sind.

123 4. April 1794, Starnes 1987, Bd. 2, S. 343 f.

SCHLUSS

1 Nachlaß Willy Andreas, Generallandesarchiv Karlsruhe 69N, 798; vgl. Wilson 1996b, S. 401.

2 Tümmler 1937, S. 585; vgl. Wilson 1996b, S. 403.

3 Tümmler 1942, S. 275.

4 Tümmler 1964a, S. 104. Die Wende Tümmlers war dem Mentor Willy Andreas – der gleichfalls seinen Lehrstuhl hatte vorübergehend aufgeben müssen – zu viel. Auf Andreas' (nicht erhaltenen) Einwand auf die Manuskriptfassung schreibt Tümmler, daß der erste Abschnitt, »der Ihnen – wie ich zugebe, mit Recht – mißfiel, noch ›entblumt‹ wird« (20. Mai 1947, Nachlaß Andreas). Die zitierte Fassung ist also auch noch die ›entblumte‹.

5 Borchmeyer 1994 (1. Aufl. 1980), S. 248.

6 Tümmler 1964a, S. 106.

7 CAPB 2, S. 93 (Aufzeichnung Voigts, ThHStAW H 1704).

8 Tümmler 1964a, S. 110.

9 Vgl. Wilson 1996b, S. 428–435.

10 Im französischen Original: »ces inquietudes domestiques«. An Friedrich Wilhelm II. von Preußen, Schweigen, 9. Nov. 1793, eigh. Entwurf, ThHStAW Hausarchiv A XIX 100^{aa}, Bl. 4–5, hier Bl. 4^{r}.

11 An Carl Friedrich, Landgraf von Baden, 4. Nov. 1794, CAPB 2, S. 72f. Tümmler publizierte dieses Dokument in seiner Briefedition, zieht es jedoch nicht in seine Interpretation der Ereignisse ein.

12 Entwurf des Schreibens an Carl Friedrich (vorige Anm.), 27. Okt. 1794, von Schreiberhand (Weyland), ThHStAW H 1623^{m}, Bl. 27^{v}; hier gegenüber der Widergabe durch Ulrich Crämer (den Vorgänger Tümmlers im Carl-August-Werk) korrigiert, der die Emendierungen von Weyland und Carl August nicht berücksichtigte (1933, S. 62).

13 Nach Weimar wurde das in folgenden Zeugnissen berichtet: »Was sagen Sie zu den Berliner Teufeleyen? – Auch im Voigtlande [sic] fangen die Bauern an wieder unruhig zu werden […]« (Unbekannt [»V.«] an Voigt, Dresden, 10. Juni 1795, ThHStAW J 396, Bl. 3–5, hier Bl. 5^{r}); »[…] weil mann in Pr[eußischen] landen sehr scharf hinter die Meutereyen her ist« (Carl August an Fritsch, E[isenach], 11. [Aug. 1795], ps. 12. Aug., ThHStAW Hausarchiv A XIX, Nr. 39, Bl. 247–248, hier Bl. 247^{r}.)

14 »Es entstehet daher bey Uns die nicht ganz ungegründete Besorgniß, es könnten Fälle eintreten, wo es an einer zu Handhabung innerlicher öffentlicher Ruhe und guter Ordnung und zu Begegnungen dieselbe bedrohenden Absichten und Unternehmungen, erforderlichen bewaffneten Macht fehlen dürfte. / Diese Besorgniß tritt vorzüglich auch bey der Stadt Jena ein, allwo zwar eine kleine – in ruhigen Zeiten hinlängliche Garnison zurückbleibt, diese aber unter den jezigen Umständen, wo besonders auch junge Leute durch Neuerungs-Sucht und Freyheits-Schwindel gar leicht zu Ausschweifungen sich verleiten laßen, nicht ganz ausreichend seyn möchte.« Carl August an Kurfürst Friedrich August von Sachsen, 20. März 1795, sig. Carl August, Fritsch, Schnauß, Schmidt, Voigt, exp. 23. März, ThHStAW H 1702, Bl. 1–2, hier Bl. 1^{r}. Der Bitte Carl Augusts wurde am 20. April vom Kurfürsten nachgegeben (Ausfertigung, ps. 30. April, ebd., Bl. 3).

15 Voigt an Goethe, 31. Mai 1795, AS 2/1, S. 435f. mit Kommentar.

16 Böttiger an F. A. Wolf, 29. Juni 1795, BG 4, S. 155 (dies ist der in AS 3, S. 175, angeführte Kalendariumbeleg zu etwa 26. Juni 1795).

17 »Ich bin der Meynung mann antworte an ChurSachsen wegen vereinigung unseres Contingents mit den seinigen, daß die neul[ich] vorgefallenen wichtigen studenten Unruhen uns außer stande sezten in diesen [sic] Augenblick an den Marsch des contingents zu dencken, […] daß die zurückbleibende truppen anzahl zu geringe sey, um einen neuen ausbruch, der vieleicht kommen könnte zu un-

terdrücken […]«. Carl August an Fritsch, W[ilhelmsthal], 29. [Juli 1795], ps. 31. Juli, ThHStAW Hausarchiv A XIX, Nr. 39, Bl. 239r.

18 Carl August an Voigt, Wilh[elms]th[al], 26. Juli 1795, ThHStAW J 288, Bl. 195–196, hier Bl. 195r–195v, 196r (Voigt hielt sich in Dresden auf). Schon während der Studentenunruhen des Jahres 1790, die Goethe untersuchen mußte, war das herzogliche Schloß in Jena offenbar angegriffen worden. Goethe schreibt am 12. März aus Jena an Herder: »Der Flecken ist zwar nicht ganz ausgetilgt, das Schloß noch nicht ganz bewohnbar […]« (WA IV/9, S. 186; vgl. AS 3, S. 36).

19 Carl August an Fritsch, 11. [Aug. 1795] (Anm. 13), Bl. 247r; zur Haft auf der Wartburg bzw. der Creuzburg vgl. die Briefe an Fritsch vom 2. und 6. Aug., ebd., Bl. 243r, 244r; Riederer 1995, S. 266.

20 Carl August an Fritsch, 6. Aug. 1795, ps. 7. Aug. »mittags 1 Uhr per Express«, ThHStAW Hausarchiv A XIX, Nr. 39, Bl. 244v.

21 Tümmler geht allerdings etwas locker mit der Chronologie um, um dieses Konstrukt aufrechtzuerhalten. Er weist darauf hin, daß unter den von Ranke genannten, in dieser Friedenszeit verfaßten Werke die *Römischen Elegien* in Wirklichkeit »etwas früher« entstanden seien, aber er übernimmt aus Rankes Liste auch *Wilhelm Meisters Lehrjahre*, die jedoch im Sommer 1796, als der Friedensschluß bekannt wurde, im wesentlich beendet waren; daher unterschlägt Tümmler im Brief Goethes an Meyer vom 13. Juni 1796 den Satz: »Mein Roman wird bald fertig sein […]« (WA IV/11, S. 88; Tümmler 1964a, S. 105, 127). Die »Confusion und Bewegung«, die Goethe im Juli erwähnt (WA IV/11, S. 142), fallen im gesamten Entstehungsprozeß des Romans nicht ins Gewicht.

22 Karl-Heinz Hahn setzt sich mit dieser Ansicht auseinander, wenn er gegen Tümmler einerseits, Giuliano Baioni andererseits einwendet: »Die literarisch-philosophische Bewegung, die damals vor allem von Weimar und Jena ausging, und die gleichzeitigen politischen Aktivitäten des weimarischen Staates hatten nicht das geringste miteinander gemein« (1982, S. 282). Dabei muß er nicht nur abschwächend auf seinen eigenen Artikel ›Im Schatten der Revolution‹ (1977) hinweisen, in dem er die Observierung Schillers durch Goethe postuliert hatte, sondern er weist lediglich nach, daß Carl August an den literarisch-philosophischen Interessen dieser Jahre kaum Anteil nahm, setzt sich aber nicht mit der These auseinander, daß diese Leistungen durch den Frieden ermöglicht wurden.

23 Tümmler 1964a, S. 131.

24 Riederer 1995, S. 266ff., bes. S. 268. Allerdings sind schon 1792 ähnliche Verfügungen zu konstatieren: Carl August an Generalpolizeidirektion in Jena, 3. März 1792, sig. Carl August, Fritsch, Schnauß, Schmidt, Voigt, exp. 9. März, ThHStAW A 8503, Bl. 35, mit Beilage Bl. 36–37; Geheimes Consilium an Weimarer Regierung, 24. April 1792, Ausfertigung, unterschr. Fritsch, Schnauß, Schmidt, Voigt, ps.

28. April, ThHStAW A 8384, Bl. 28, sowie entsprechende Weisungen der Regierung am 2. Mai an das Amt Jena, den Stadtkommandanten Major von Bentheim und die Universität (Bl. 29–30).

25 Vgl. S. 204.

26 Riederer 1995, S. 272.

27 Im Jahre 1790 zählte Jena 4336 Einwohner (Leber 1958, S. 222), vermutlich ohne die etwa 900 Studenten.

28 Stellvertretender Stadtkommandant Major Wilhelm von Milckau an Carl August, Jena, 2. Jan. 1801, Ausfertigung, ps. 8. Jan. (d.h. in der Kanzlei, aber früher unter den Räten, vgl. Bl. 3), ThHStAW B 2787, Bl. 1–2, hier Bl. 1r–2v. – Die Schätzung auf 1000 Unruhestörer dürfte übertrieben sein, da Milckau möglicherweise seine Untätigkeit rechtfertigen wollte, aber der Tatbestand des großen Tumults ist nicht zu bezweifeln.

29 Eberhardt 1951, S. 21 f.

30 Troßbach 1983, S. 234, 243; Troßbach macht auch geltend, daß es im 18. gegenüber dem 17. Jahrhundert einen enormen Zuwachs bewaffneter Auseinandersetzungen zwischen Bauern und ihren Herrschaften gab (S. 246, 258 ff.).

31 Zur Folter in Weimar vgl. S. 12.

32 Eberhardt 1951, S. 31–37.

33 Zu Göttingen vgl. Wagener 1996, S. 280; Spione waren an anderen Universitäten sicherlich nichts Ungewöhnliches.

34 Vgl. S. 191.

35 Vgl. S. 89 f.

36 Vgl. S. 93.

37 Goethe schlug Anfang Juni 1795 vor, die Disziplin in Jena nicht mehr vom Prorektor abhängig zu machen, sondern dem Stadtkommandanten die Vollmacht zu geben, »jeden Auflauf, jede Zusammen-Rottirung auseinander zu treiben oder sich der Urheber zu bemächtigen, ohne daß der Prorector, eine Tumultcommission oder auch nur ein Pedell dabey concurrire […]« (AS 2/1, S. 436). Dagegen war 1792 von Voigt der Grundsatz formuliert worden, nicht gegen jeden »Auflauf« einzuschreiten, da diese schon immer erlaubt gewesen seien (vgl. Anm. 129, S. 358). Und im August 1795 bemerkt Carl August, daß »das Voigtische Votum in Ansehung der disciplin Sachen […] am meisten unter denen Votis die Schwierigkeiten des Göthischen Vorschlags auseinandersezt […]«. An Fritsch, Eisenach, [10. Aug. 1795], ps. 11. Aug., ThHStAW Hausarchiv A XIX, Nr. 39, Bl. 246r; vgl. AS 3, S. 174.

38 Vgl. S. 56 ff.

39 Müller 1992, S. 44.

40 Vgl. S. 130 .

Bibliographie

QUELLEN

Actenstücke die Abschaffung der Duelle unter den Studirenden in Jena betreffend. In: Der Anzeiger, Nr. 16, 19. Jan. 1792, Sp. 121–136.

Authentische Nachricht von dem am 19ten Julius 1792 gehaltenen Auszuge der Studirenden aus Jena und von dem Wiedereinzuge derselben, nebst einer getreuen Darstellung der Ursachen, welche diese Begebenheit veranlaßten. Von einem Ungenannten. 1792.

Bode, Wilhelm (Hrsg.): Goethe in vertraulichen Briefen seiner Zeitgenossen 1749–1803. Berlin 1918.

Diezmann, August (Hrsg.): Aus Weimars Glanzzeit. Ungedruckte Briefe von und über Goethe und Schiller, nebst einer Auswahl ungedruckter vertraulicher Schreiben von Goethe's Collegen, Geh. Rath v. Voigt. Leipzig 1855.

Enzensberger, Hans Magnus, u. a. (Hrsg.): Klassenbuch 1. Ein Lesebuch zu den Klassenkämpfen in Deutschland 1756–1850. Darmstadt und Neuwied 1972.

Fichte, Johann Gottlieb: J. G. Fichte-Gesamtausgabe der bayerischen Akademie der Wissenschaften. Hrsg. von Reinhard Lauth, Hans Jacob. Stuttgart 1964–. Abt. 1: Werke [FW]. Abt. 3: Briefe [FB].

–. J. G. Fichte im Gespräch. Berichte der Zeitgenossen. Hrsg. von Erich Fuchs u. a. 6 Bde. Stuttgart 1978–1992.

–. Beitrag zur Berichtigung der Urteile des Publikums über die französische Revolution […]. Hrsg. von Richard Schottky. (Philosophische Bibliothek 282.) Hamburg 1973.

Goethe, Johann Wolfgang: Goethes Werke. Hrsg. im Auftrage der Großherzogin Sophie von Sachsen. 133 Bde. in IV Abteilungen. Weimar 1887–1919. [Weimarer Ausgabe] Bd. IV/51, 52, 53: Nachträge und Register zur IV. Abteilung: Briefe. Hrsg. von Paul Raabe. 3 Bde. München 1990. [WA]

–. Sämtliche Werke nach Epochen seines Schaffens. Münchner Ausgabe. Hrsg. von Karl Richter u.a. München 1985 ff. [MA]

–. Sämtliche Werke. Briefe, Tagebücher und Gespräche. Hrsg. von Friedmar Apel u.a. Frankfurt/M. 1985ff. [Frankfurter Ausgabe, FA].

–. Goethes amtliche Schriften. Veröffentlichung des Staatsarchivs Weimar. [Bd. 1–4.:] Goethes Tätigkeit im Geheimen Consilium. Hrsg. von Willy Flach, [ab Bd. 2:] Helma Dahl. Weimar 1950–1987. [AS]

–. Briefe an Goethe. (Hamburger Ausgabe.) Hrsg. von Karl Robert Mandelkow u. a. 2 Bde. 3. Aufl. München 1988.

–. Goethes Briefwechsel mit Christian Gottlob Voigt. 4 Bde. Hrsg. von

Hans Tümmler. (Schriften der Goethe-Gesellschaft, 53–56) Weimar 1949–1962. [G/V-Br]
Grumach, Ernst und Renate Grumach (Hrsg.): Goethe. Begegnungen und Gespräche. Hrsg. von Berlin 1965 ff. [BG]
Günther, Horst (Hrsg.): Die Französische Revolution. Berichte und Deutungen deutscher Schriftsteller und Historiker. Bibliothek der Geschichte und Politik, Bd. 12. Frankfurt/M. 1985
[Hardenberg, Friedrich von.] Novalis: Schriften. Die Werke Friedrich von Hardenbergs. Hrsg. von Paul Kluckhohn, Richard Samuel. 5 Bde. Stuttgart 1960 ff.
Herder, Johann Gottfried: Herders Sämmtliche Werke. Hrsg. von Bernhard Suphan. 33 Bde. Berlin 1877–1913. [SWS]
–. Briefe. Gesamtausgabe 1763–1803. Hrsg. von Karl-Heinz Hahn u. a. Bisher 10 Bde. Weimar 1977 ff. [HB]
–. Herders Briefe. Hrsg. von Wilhelm Dobbek. Weimar 1959.
–. Briefe zu Beförderung der Humanität. 2 Bde. (Johann Gottfried Herder: Ausgewählte Werke in Einzelausgaben. Hrsg. von Heinz Stolpe u. a.) Berlin und Weimar 1971.
–. Erinnerungen aus dem Leben Joh. Gottfrieds von Herder. Gesammelt und beschrieben von Maria Caroline von Herder [...] Hrsg. von Johann Georg Müller. 2 Teile. Tübingen 1820.
–. Johann Gottfried Herder im Spiegel seiner Zeitgenossen. Briefe und Selbstzeugnisse. Hrsg. von Lutz Richter. Göttingen 1978.
Hermand, Jost (Hrsg.): Von deutscher Republik 1775–1795. Texte radikaler Demokraten. Frankfurt/M. 1975.
Hochfürstlich Sachsen-Weimar- und Eisenachischer Hof- und Adreßkalender auf das Jahr [...]. Weimar 1757–1790, Jena 1791–1813. [HAC]
Hufeland, Gottlieb: Mounier's Betrachtungen über die Staatsverfassungen, vorzüglich über diejenige, welche dem französischen Staate angemessen ist. Aus dem Französischen übersetzt. Mit einer Einleitung, Anmerkungen und Zusätzen von D. Gottlieb Hufeland, ordentlichem Lehrer der Rechte zu Jena. Jena 1791.
Kant, Immanuel: Werke in zehn Bänden. Hrsg. von Wilhelm Weischedel. Darmstadt 1983.
Laukhard, Friedrich Christian: Leben und Schicksale, von ihm selbst beschrieben, und zur Warnung für Eltern und studierende Jünglinge herausgegeben. Ein Beitrag zur Charakteristik der Universitäten in Deutschland. 2 Bde. Halle 1792.
Lenz, Jakob Michael Reinhold: Werke und Briefe in drei Bänden. Hrsg. von Sigrid Damm. Leipzig und München 1987.
[Rebmann, Georg Friedrich:] Briefe über Jena. Hrsg. von Werner Greiling. Jena 1984.
Rede über die wohlthätigen Zwecke akademischer Orden, gehalten von dem Bruder M**. Jena, im May 1792.

Röhr, Werner (Hrsg.): Appellation an das Publikum ... Dokumente zum Atheismusstreit um Fichte, Forberg, Niethammer. Jena 1798/99. 2. Aufl. Leipzig 1991.

Sachsen-Weimar-Eisenach, Herzog Carl August: Briefe des Herzogs Carl August von Sachsen-Weimar an seine Mutter die Herzogin Anna Amalia. Hrsg. von Alfred Bergmann. (Jenaer Germanistische Forschungen, 30) Jena 1938.

–. Briefe des Herzogs Karl August von Sachsen-Weimar-Eisenach an Knebel und Herder. Hrsg. von Heinrich Düntzer. Leipzig 1883.

–. Briefwechsel des Herzogs-Großherzogs Carl August mit Goethe. Hrsg. von Hans Wahl. (Carl August. Darstellungen und Briefe zur Geschichte des Weimarischen Fürstenhauses und Landes. Im Auftrage Seiner Königlichen Hoheit des Großherzogs Wilhelm Ernst von Sachsen zur Hundertjahrfeier des Großherzogtums herausgegeben von Erich Marcks. IV. Abteilung) 3 Bde. Berlin 1915–1918. [CA/G-Br]

–. Politischer Briefwechsel des Herzogs und Großherzogs Carl August von Weimar. Hrsg. von Willy Andreas und Hans Tümmler. 3 Bde. (Quellen zur deutschen Geschichte des 19. und 20. Jahrhunderts, 37–39) Stuttgart 1954–1958, Göttingen 1973. [CAPB]

Schiller, Friedrich: Werke. Nationalausgabe. Begründet von Julius Petersen, fortgeführt von Lieselotte Blumenthal und Benno von Wiese, hrsg. im Auftrag der Stiftung Weimarer Klassik und des Schiller-Nationalmuseums Marbach von Norbert Oellers und Siegfried Seidel. Weimar 1943 ff. [NA]

Schmidt, Johannes: Aeltere und neuere Gesetze, Ordnungen und Circular-Befehle für das Fürstenthum Weimar und für die Jenaische Landes-Portion bis zum Ende des Jahres 1799 in einem alphabetischen wörtlichen Auszug gebracht. 9 Bde. und 2 Bde. Nachträge (bis zum Ende des Jahres 1810). Jena 1800–1805, 1805–1819.

Stephani, Heinrich: Wie die Duelle, diese Schande unsers Zeitalters, auf unsern Universitäten so leicht wieder abgeschafft werden können, nachgewiesen von Dr. Heinrich Stephani [...]. Leipzig 1828.

Wagner, Heinrich Leopold: Die Kindermörderin. Ein Trauerspiel. Hrsg. von Jörg-Ulrich Fechner. Stuttgart 1969.

Wieland, Christoph Martin: Werke. Hrsg. von Fritz Martini und Hans Werner Seiffert. 5 Bde. München 1964–1968

FORSCHUNG

Achilles, Walter: Landwirtschaft in der frühen Neuzeit. München 1991.

Albrecht, Wolfgang: Aufklärung, Reform, Revolution oder »Bewirkt Aufklärung Revolutionen?« Über ein Zentralproblem der Aufklärungsdebatte in Deutschland. In: Lessing Yearbook 22 (1990), S. 1–75.

Andreas, Willy: Lage und Stimmung der Bevölkerung des Fürstentums Eisenach im November 1792. In: Zs. des Vereins für thüringische Geschichte und Altertumskunde, N.F. 31 (1935), S. 171–184.
Arnold, Günter: Die Widerspiegelung der Französischen Revolution in Herders Korrespondenz. In: Impulse 3 (1981), S. 41–89.
–. Schrecklichstes aller Ereignisse oder heilsames Ferment? Das Echo der Französischen Revolution im klassischen Weimar. In: Thüringer Tageblatt Nr. 159, 8. Juli 1989, S. 3.
Beyer, Waltraud: Der Atheismusstreit um Fichte. In: Debatten und Kontroversen. Literarische Auseinandersetzungen in Deutschland am Ende des 18. Jahrhunderts. Hrsg. von Hans-Dietrich Dahnke, Bernd Leistner. 2 Bde. Berlin 1989. Bd. 2, S. 154–245.
Biedrzynski, Effi: Goethes Weimar. Das Lexikon der Personen und Schauplätze. Zürich 1992.
Birtsch, Günter: Einleitung: Die Geschichte der Grund- und Freiheitsrechte als Gegenstand der Forschung. In: Grund- und Freiheitsrechte im Wandel von Gesellschaft und Geschichte. Hrsg. von Günter Birtsch. Göttingen 1981. S. 11–21.
Blickle, Peter: Unruhen in der ständischen Gesellschaft 1300–1800. München 1988.
Blickle, Renate: Agrarische Konflikte und Eigentumsordnung in Altbayern 1400–1800. In: Aufstände, Revolten, Prozesse. Beiträge zu bäuerlichen Widerstandsbewegungen im frühneuzeitlichen Europa. Hrsg. von Winfried Schulze. Stuttgart 1983. S. 166–187.
–. Appetitus Liberatis. A Social Historical Approach to the Development of the Earliest Human Rights: The Example of Bavaria. In: Human Rights and Cultural Diversity. Hrsg. von Wolfgang Schmale. Goldbach 1993. S. 143–162.
Bödeker, Hans Erich: »Menschenrechte« im deutschen publizistischen Diskurs vor 1789. In: Grund- und Freiheitsrechte von der ständischen zur spätbürgerlichen Gesellschaft. Hrsg. von Günter Birtsch. Göttingen 1987. S. 392–433.
Borchmeyer, Dieter: Weimarer Klassik. Portrait einer Epoche. Weinheim 1994.
Bürgin, Hans: Der Minister Goethe vor der römischen Reise. Seine Tätigkeit in der Wegebau- und Kriegskommission. Weimar 1933.
Conrady, Karl Otto: Goethe. Leben und Werk. 2 Bde. Frankfurt/M. 1988.
Crämer, Ulrich: Nachträge zur Politischen Korrespondenz Carl Friedrichs von Baden und Carl Augusts von Weimar in den Jahren 1794 und 1797/98. In: Zs. für die Gesch. des Oberrheins N.F. 47 (1933), S. 58–76.
Dahl, Helma: Zur Edition von Goethes amtlichen Schriften 2. Band. In: Weimarer Beiträge, Sonderh. 1960, S. 1168–1175.
Dann, Otto: Jena: Eine akademische Gesellschaft im Jahrzehnt der

Französischen Revolution. In: Soziale Unruhen in Deutschland während der Französischen Revolution. Hrsg. von Helmut Berding. Göttingen 1988. S. 166–188.
Diezel, Rudolf: Die Ämterbezirke in Sachsen-Weimar seit dem 16. Jahrhundert. Eine verwaltungsgeschichtlich-topographische Untersuchung. Zeitschrift des Vereins für thüringische Geschichte, 27. Beiheft. Jena 1943.
Dobbek, Wilhelm: Karoline Herder. Ein Frauenleben in klassischer Zeit. Weimar 1967.
Doebber, Adolph: Goethe und sein Gut Ober-Roßla. In: Jb. d. Goethe-Ges. 6 (1919), S. 195–239.
Duchhardt, Heinz: Das Zeitalter des Absolutismus. München 1989.
Dülmen, Richard van: Der Geheimbund der Illuminaten. Darstellung – Analyse – Dokumentation. Stuttgart 1975.
Düntzer, Heinrich: Charlotte von Stein, Goethe's Freundin. Ein Lebensbild, mit Benutzung der Familienpapiere entworfen. 2 Bde. Stuttgart 1874.
Eberhardt, Hans: Goethes Umwelt. Forschungen zur gesellschaftlichen Struktur Thüringens. (Thüringische Archivstudien, 1.) Weimar 1951.
Epstein, Klaus: Die Ursprünge des Konservatismus in Deutschland. Der Ausgangspunkt: Die Herausforderung durch die Französische Revolution 1770–1806. Aus dem Englischen von Johann Zischler. Frankfurt/M. 1973.
Fabricius, Wilhelm: Die Deutschen Corps. Eine historische Darstellung der Entwicklung des studentischen Verbindungswesens in Deutschland bis 1815, der Corps bis zur Gegenwart. 2. Aufl. Frankfurt/M. 1926.
Fallbacher, Karl-Heinz: Fichtes Entlassung. Ein Beitrag zur Weimar-Jenaischen Institutionengeschichte. In: Archiv für Kulturgeschichte 67 (1985), S. 111–35.
Fambach, Oscar (Hrsg.): Schiller und sein Kreis in der Kritik ihrer Zeit. Berlin 1957.
Federlin, Wilhelm-Ludwig: Vom Nutzen des Geistlichen Amtes. Ein Beitrag zur Interpretation und Rezeption Johann Gottfried Herders. Göttingen 1982.
Flach, Willy: Ein Gutachten Goethes über die akademische Disziplin. In: Forschungen aus mitteldeutschen Archiven. Zum 60. Geburtstag von Hellmut Kretzschmar. Hrsg. von der Staatlichen Archivverwaltung. Berlin 1953, S. 363–380.
–. Goethe und der Kindesmord. In: Thüringer Fähnlein 3 (1934), S. 599–606.
Frede, Lothar: Streifzüge durch die Sammlung sachsen-weimarischer Mandate und Patente des achtzehnten Jahrhunderts im Goethe-Museum zu Düsseldorf. In: Jahrbuch der Sammlung Kippenberg N. F. 2 (1970), S. 28–109.
Fuchs, Wolfgang: Karl Leonhard Reinhold – Illuminat und Philosoph in

Jena. In: Zwischen Geheimnis und Öffentlichkeit. Jenaer Freimaurerei und studentische Geheimgesellschaften. Hrsg. von Joachim Bauer und Jens Riederer. Jena und Erlangen 1991. S. 200–248.

Götze, Otto: Die Jenaer akademischen Logen und Studentenorden des XVIII. Jahrhunderts. Jena 1932.

Gothe, Rosalinde: Adel und Bauern in Thüringen. Konstellationen und Entwicklungen im 18. Jahrhundert. In: Genealogie in der DDR. H. 1: Protokollband des III. Genealogentreffens [...] 1989. Erfurt 1989, S. 34–43.

–. Goethe, Carl August und Merck. Zur Frage der Reformansätze im Agrarbereich. In: Goethe-Jb. 100 (1983), S. 203–218.

–. Untersuchungen zur Agrargeschichte des Weimarer Territoriums vom Beginn des 18. Jahrhunderts bis zu den bürgerlichen Reformen im frühen 19. Jahrhundert. 2 Bde. Diss. Jena 1982.

Greiling, Werner: Im Schatten der Revolution. Überlegungen zur Erforschung der Revolutionsrezeption an der Universität Jena zwischen 1789 und 1799. In: Universität im Aufbruch. Die Alma mater Jenensis als Mittler zwischen Ost und West. Hrsg. von Herbert Gottwald. Jena und Erlangen 1992. S. 157–167.

Härter, Karl: Reichstag und Revolution 1789–1806. Die Auseinandersetzungen des Immerwährenden Reichstags zu Regensburg mit den Auswirkungen der Französischen Revolution auf das Alte Reich. Göttingen 1992.

Hahn, Karl-Heinz: Carl August von Sachsen-Weimar. Ein Versuch. In: Impulse 5 (1982), S. 264–309.

–. Goethe und Weimar – Weimar und Goethe. In: Goethe-Jb. 93 (1976), S. 11–37.

–. Im Schatten der Revolution – Goethe und Jena im letzten Jahrzehnt des 18. Jahrhunderts. In: Jb. des Wiener Goethe-Vereins 81–83 (1977–79), S. 37–58.

–. Politisches Amt und Landesverwaltung. In: Goethe in Weimar. Ein Kapitel deutscher Kulturgeschichte. Hrsg. von Karl-Heinz Hahn. Leipzig/Zürich 1986. S. 69–113.

Hardtwig, Wolfgang: Studentenschaft und Aufklärung: Landsmannschaften und Studentenorden in Deutschland im 18. Jahrhundert. In: Sociabilité et société bourgeoise en France, en Allemagne et en Suisse, 1750–1850. Hrsg. von Étienne François. Paris 1986. S. 239–259.

Hartung, Fritz: Das Großherzogtum Sachsen unter der Regierung Carl Augusts 1775–1828. (Carl August. Darstellungen und Briefe zur Geschichte des Weimarischen Fürstenhauses und Landes. Im Auftrage der Weimarischen Gebietsregierung hrsg. von Erich Marcks. II. Abteilung.) Weimar 1923.

Haufe, Eberhard: Ein Aufklärer in Weimar – Lessings Freund Johann Joachim Christoph Bode. Ein biographischer Versuch. In: Wolfenbütteler Beiträge 9 (1994), S. 169–195.

Haug, Christine: Das Verlagsunternehmen Krieger (1725–1825). Die Bedeutung des Buchhändlers, Verlegers und Leihbibliothekars Johann Christian Konrad Krieger für die Entstehung eines regionalen Buchmarkts und einer Lesekultur in Hessen um 1800. In: Archiv für Geschichte des Buchwesens 49 (1998), S. 97–262.

Haym, R[udolf]: Herder nach seinem Leben und seinen Werken. 2 Bde. Berlin 1880–85.

Herz, Hans: Von Schillers Berufung bis Fichtes Entlassung. Vorlesungen an der philosophischen Fakultät der Universität Jena 1789–1799. Jena 1989.

Heß, Ulrich: Goethes amtliche Tätigkeit und ihre dokumentarische Überlieferung. In: Archivmitteilungen 32 (1982), S. 94–100.

Holtzhauer, Helmut: Goethe-Museum. Werk, Leben und Zeit Goethes in Dokumenten. Berlin und Weimar 1969.

Houben, Heinrich Hubert: Verbotene Literatur von der klassischen Zeit bis zur Gegenwart. Bd. 2. Bremen 1928. Nachdr. Hildesheim 1965.

Huschke, Wolfgang: Aus dem klassischen Weimar. Menschen und Begebenheiten im Spiegel neuer Quellenzeugnisse. In: Geistiger Umgang mit der Vergangenheit. Studien zur Kultur- und Staatengeschichte. Willy Andreas dargebracht. Hrsg. von Friedrich Facius u. a. Stuttgart 1962. S. 120–142.

–. Forschungen zur Geschichte der führenden Gesellschaftsschicht im klassischen Weimar. In: Forschungen zur thüringischen Landesgeschichte. Friedrich Schneider zum 70. Geburtstag. Weimar 1958. S. 55–114.

Jäger, Hans-Wolf: Herder und die Französische Revolution. In: Johann Gottfried Herder (1744–1803). Hrsg. von Gerhard Sauder. (Studien zum achtzehnten Jahrhundert, 9.) Hamburg 1987. S. 299–307.

Kapp, Friedrich: Der Soldatenhandel deutscher Fürsten nach Amerika. Ein Beitrag zur Kulturgeschichte des achtzehnten Jahrhunderts. 2. Aufl. Berlin 1874.

Kauffmann, Bernd: Ansprache zur Wiedereröffnung der Fürstengruft. In: Goethe-Jb. 111 (1994), S. 285–289.

Keil, Richard und Robert, Geschichte des Jenaischen Studentenlebens von der Gründung der Universität bis zur Gegenwart (1548–1858). Leipzig 1858.

Keiler, Helmut (Hrsg.): Schwedenkiste Band X in Moskau. Gießen 1994 (Privatdruck).

Keller, Albrecht: Der Scharfrichter in der deutschen Kulturgeschichte. Bonn und Leipzig 1921. Nachdr. Hildesheim 1968.

Klauß, Jochen: Carl August von Sachsen-Weimar-Eisenach. Fürst und Mensch. Sieben Versuche einer Annäherung. Weimar 1991.

Klenner, Hermann: Zur mephistophelischen Frage nach dem mit uns gebornen Recht. In: Impulse 7 (1984), S. 171–201.

Klippel, Diethelm: Politische Freiheit und Freiheitsrechte im deutschen Naturrecht des 18. Jahrhunderts. Paderborn 1976.
Koch, Herbert: Der Auszug der Jenaischen Studenten nach Nohra am 19. Juli 1792. Nach bisher unbenutzten Akten mit einer unbekannten Goethe-Niederschrift. In: Wiss. Zs. der Fr.-Schiller-Univ. Jena, Gesellschafts- und sprachwiss. Reihe 5 (1955/56), S. 445–57.
–. Goethes Jena-Aufenthalte 1779–1798. In: Goethe 28 (1966), S. 315–318.
Krippendorff, Ekkehart: »Wie die Großen mit den Menschen spielen.« Versuch über Goethes Politik. Frankfurt/M. 1988.
Kronfeld, J. C.: Geschichte und Beschreibung der Fabrik- und Handelsstadt Apolda und deren nächster Umgebung. Nach den zuverlässigsten gedruckten und archivalischen Quellen bearbeitet. Apolda 1871.
Krüger, Gustav: Die Eudämonisten. Ein Beitrag zur Publizistik des ausgehenden 18. Jahrhunderts. In: Historische Zeitschrift 143 (1931), S. 467–500.
Lange, Victor: Goethes Amerikabild. Wirklichkeit und Vision. In: Amerika in der deutschen Literatur. Hrsg. von Sigrid Bauschinger u. a. Stuttgart 1975. S. 63–74.
Leber, Wolfgang: Die Universität Jena in der Zeit der deutschen Klassik und des deutschen philosophischen Idealismus bis zum Zusammenbruch des Reiches (1767–1806). In: Geschichte der Universität Jena 1548/58–1958. Hrsg. von Max Steinmetz. 2 Bde. Jena 1958–1962. Bd. 1, S. 217–318; Bd. 2, S. 499–525.
Lindner, Frank: Carl Christian Erhard Schmids ›kleiner Atheismusstreit‹ – eine Episode der Jenaer Klassik? In: Wiss. Zs. der Fr.-Schiller-Univ. Jena, Gesellschafts- und sprachwiss. Reihe 29 (1980), S. 371–377.
Losch, Philipp: Soldatenhandel. Mit einem Verzeichnis der Hessen-Kasselischen Subsidienverträge und einer Bibliographie. Kassel 1933.
Metz-Becker, Marita: Der verwaltete Körper. Die Medikalisierung schwangerer Frauen in den Gebärhäusern des frühen 19. Jahrhunderts. Frankfurt/M. 1997.
Mieth, Günter (Hrsg.): Vom Beginn der großen Französischen Revolution bis zum Ende des alten deutschen Reiches 1789–1809. (Literarische Kultur und gesellschaftliches Leben in Deutschland. Texte und Bilder.) Berlin 1988.
Möller, Hans-Herbert: Jagd um Weimar. Fürstliche Jägerei und Jagdschlösser im 18. und frühen 19. Jahrhundert. In: Jb. der Sammlung Kippenberg N.F. 1 (1963), S. 196–232.
Müller, Gerhard: Ernst Christian August von Gersdorff und die Entstehung des »Grundgesetzes einer landständischen Verfassung für das Großherzogtum Sachsen-Weimar-Eisenach«. In: 175 Jahre Parlamentarismus in Thüringen. Hrsg. vom Thüringer Landtag Erfurt. Jena 1992, S. 42–57.
Otto, Regine: Die Auseinandersetzungen um Schillers »Horen«. In: Debatten und Kontroversen. Literarische Auseinandersetzungen in

Deutschland am Ende des 18. Jahrhunderts. Hrsg. von Hans-Dietrich Dahnke, Bernd Leistner. 2 Bde. Berlin 1989. Bd. 1, S. 385–450.
Patze, Hans: Bibliographie zur thüringischen Geschichte. Bd. 1/1. Köln und Graz 1965.
Pausch, Alfons, und Jutta Pausch: Goethes Juristenlaufbahn. Rechtsstudent, Advokat, Staatsdiener. Köln 1996.
Pester, Thomas: Zwischen Autonomie und Staatsräson: Zur Institutionalisierung staatlicher Kontrolle an der Universität Jena im Übergang vom 18. zum 19. Jahrhundert. In: Universität im Aufbruch. Die Alma mater Jenensis als Mittler zwischen Ost und West. Hrsg. von Herbert Gottwald. Jena und Erlangen 1992. S. 169–184.
Rachold, Jan (Hrsg.): Die Illuminaten. Quellen und Texte zur Aufklärungsideologie des Illuminatenordens (1776–1785). Berlin 1984.
Riederer, Jens: Aufgeklärte Sozietäten und gesellige Vereine in Jena und Weimar zwischen Geheimnis und Öffentlichkeit 1730–1830. Diss. Jena 1995.
–. Entwurf zu einer akademisch-studentischen Reformbewegung – Das Beispiel Jena 1720–1820. In: Universität im Aufbruch. Die Alma mater Jenensis als Mittler zwischen Ost und West. Hrsg. von Herbert Gottwald. Jena und Erlangen 1992. S. 185–198.
Rogalla von Bieberstein, Johannes: Die These von der Verschwörung 1776–1945. Philosophen, Freimaurer, Juden, Liberale und Sozialisten als Verschwörer gegen die Sozialordnung. Frankfurt/M. 1976.
Rossberg, Adolf: Freimaurerei und Politik im Zeitalter der Französischen Revolution. Berlin 1942.
Ruiz, Alain: Universität Jena anno 1793/94. Ein jakobinischer Student und Geheimagent im Schatten Reinholds und Fichtes. In: Revolution und Demokratie in Geschichte und Literatur. Zum 60. Geburtstag von Walter Grab. Hrsg. von Julius H. Schops, Imanuel Weiss. Duisburg 1979. S. 95–132.
Saine, Thomas P.: Revolution und Reform in Goethes politisch-geschichtlichem Denken und in seiner amtlichen Tätigkeit zwischen 1790 und 1800. In: Goethe-Jb. 110 (1993), S. 147–162.
Sauder, Gerhard: Pragmatische Verantwortung: Goethe in seinen amtlichen Schriften. In: Verantwortung und Utopie. Zur Literatur der Goethezeit. Hrsg. von Wolfgang Wittkowski. Tübingen 1988, S. 34–56.
Schings, Hans-Jürgen: Die Brüder des Marquis Posa. Schiller und der Geheimbund der Illuminaten. Tübingen 1996.
Schmale, Wolfgang: Enlightenment Philosophy and Peasant Ideas on Fundamental and Human Rights. In: Human Rights and Cultural Diversity. Hrsg. von Wolfgang Schmale. Goldbach 1993. S. 163–182.
Schmid, Irmtraut: Die Beilegung der Jenaer Studentenunruhen vom März 1790 durch Goethe und Herzog Karl August von Sachsen-Weimar. Ungedrucktes Ms.

–. Rez. von Goethes Amtlichen Schriften, Bd. 2 und 3. In: Goethe-Jb. 90 (1973), S. 301–304.

Schmidt, Georg: »Wo Freiheit ist und Recht...«, da ist der Deutsche untertan? In: Philosophische Fakultät. Antrittsvorlesungen I. (Jenaer Universitätsreden 2.) Jena 1997, S. 93–117.

Schmidt, Hans (Hrsg.): Ein bayrisches Beamtenleben zwischen Aufklärung und Romantik: Die Autobiographie des Staatsrats Clemens von Neumayr. In: Zeitschrift für bayerische Landesgeschichte 35 (1972), S. 591–690.

Schoeps, Hans-Joachim: Zur Geschichte der studentischen Orden des 18. Jahrhunderts. In: Zs. f. Religions- und Geistesgeschichte 2 (1949/50), S. 264–271.

Schubart-Fikentscher, Gertrud: Goethes amtliche Schriften. Eine rechtsgeschichtliche Untersuchung. (Sitzungsberichte der sächsischen Akademie der Wissenschaften zu Leipzig, philologisch-historische Klasse 119, 2.) Berlin 1977.

Schüddekopf, Carl, Ein Gutachten Goethes über Abschaffung der Duelle an der Universität Jena 1792. In: Goethe-Jb. 19 (1898), S. 20–34.

Schüttler, Hermann: Die Mitglieder des Illuminatenordens 1776–1787/93. München 1991.

Sengle, Friedrich: Das Genie und sein Fürst. Die Geschichte der Lebensgemeinschaft Goethes mit dem Herzog Carl August von Sachsen-Weimar-Eisenach. Ein Beitrag zum Spätfeudalismus und zu einem vernachlässigten Thema der Goetheforschung. Stuttgart und Weimar 1993.

Smith, Clifford Neal: Muster Rolls and Prisoner-of-War Lists in American Archival Collections Pertaining to the German Mercenary Troops Who Served with the British Forces During the American Revolution. German-American Genealogical Research Monograph 3. McNeal/Arizona 1976.

Ssymank, Paul: Die Jenaer Duellgegner des Jahres 1792 und Karl Augusts Kampf gegen die geheimen Studentenverbindungen. In: Quellen und Darstellungen zur Geschichte der Burschenschaft und der deutschen Einheitsbewegung, Bd. 4. Heidelberg 1913, S. 1–30.

Starnes, Thomas C.: Christoph Martin Wieland. Leben und Werk. Aus zeitgenössischen Quellen chronologisch dargestellt. 3 Bde. Sigmaringen 1987.

Steiger, Robert: Goethes Leben von Tag zu Tag. Eine dokumentarische Chronik. Zürich und München 1982ff.

Stier, Friedrich: Friedrich Schiller und die Universität Jena. In: Wiss. Zs. der Fr.-Schiller-Univ. Jena, gesellschafts- und sprachwiss. Reihe 5, H. 1 (1955/56), S. 21–34.

Suphan, Bernhard: Goethe und Herder von 1789–1795, in: Preußische Jahrbücher 43 (1879), S. 85–100, 142–183, 411–436.

Troßbach, Werner: Bauernbewegungen in deutschen Kleinterritorien zwischen 1648 und 1789. In: Aufstände, Revolten, Prozesse. Beiträge

zu bäuerlichen Widerstandsbewegungen im frühneuzeitlichen Europa. Hrsg. von Winfried Schulze. Stuttgart 1983. S. 233–260.
–. Bauern 1648–1806. München 1993.
Tümmler, Hans: Carl August in der deutschen Politik der Fürstenbundszeit. In: Goethe 7 (1942), S. 256–281.
–. Carl August von Weimar, Goethes Freund. Eine vorwiegend politische Biographie. Stuttgart 1978.
–. Carl August von Weimar und Sophie von Coudenhove. Politik, Galanterie und Intrige um das Kurfürstentum Mainz in der Spätzeit des Heiligen Römischen Reiches. In: Weimar, Wartburg, Fürstenbund 1776–1820. Geist und Politik im Thüringen der Goethezeit. Bad Neustadt a. d. Saale, 1995. S. 53–92. (1995a)
–. Der Friede des klassischen Weimar [1948]. In: Goethe in Staat und Politik. Gesammelte Aufsätze. Köln, Graz 1964. S. 105–131. (1964a)
–. Goethe, Voigt und die weimarische Pressefreiheit 1815–1819. In: Ebd., S. 240–269. (1964b)
–. Goethes Anteil an der Entlassung Fichtes von seinem Jenaer Lehramt 1799 [1952]. In: Ebd., S. 132–66. (1964c)
–. Reformbemühungen Goethes um die Universität Jena. In: Goethe-Jb. 89 (1972), S. 134–153.
–. Replik auf Professor W. Daniel Wilsons ›Zeit‹-Artikel. In: Goethe-Jb. 112 (1995), S. 399–402. (1995b)
–. Die Revolution der Geschichtsbetrachtung und die Erziehung. In: Nationalsozialistisches Bildungswesen 2 (1937), S. 582–588.
Ueding, Gert: Klassik und Romantik. Deutsche Literatur im Zeitalter der Französischen Revolution 1789–1815. (Hansers Sozialgeschichte der deutschen Literatur, Bd. 4.) München 1987.
Urdizil, Johannes: Das Glück der Gegenwart. Goethes Amerikabild. Zürich 1958.
Verra, Valerio: Herders Revolutionsbegriff. In: Deutsche Klassik und Revolution. Texte eines wissenschaftlichen Kolloquiums. Hrsg. von Paolo Chiarini und Walter Dietze. Rom 1981. S. 115–33.
Vieweg, Klaus: »Man kannte mich, als man mich rufte!« – Die Berufung des Magister Fichte an die Gesamt-Akademie Jena im Jahre 1794. In: Anfänge und Ursprünge. Zur Vorgeschichte der Jenaer Wissenschaftslehre. Hrsg. von Wolfgang H. Schrader. Fichte-Studien, 9. Amsterdam 1997. S. 47–57.
Wagener, Silke: Pedelle, Mägde und Lakaien. Das Dienstpersonal an der Georg-August-Universität Göttingen. Göttingen 1996.
Wahl, Hans: Vom Kriegskommissar Goethe und seinen Soldaten. In: Goethe-Kalender auf das Jahr 1942. Hrsg. vom Frankfurter Goethe-Museum [mit Vorwort von Ernst Beutler]. Leipzig 1941. S. 1–68.
Wahl, Volker: Amtliche Schriften. In: Goethe Handbuch. Bd. 3: Prosaschriften. Hrsg. von Bernd Witte u. a. Stuttgart 1997. S. 797–819. (1997a)

–. Goethes amtliche Schriften. Zur Editionsgeschichte und zur Situation. In: Archive in Thüringen. Mitteilungsblatt 12/1997, S. 15–17. (1997b)
–. »Wir haben es mit einem, wenngleich eindrucksvollen, ja in seiner Art bewundernswerten Torso zu tun«. Zur Editionsgeschichte von Goethes Amtlichen Schriften. In: Leben und Wahrheit in der Geschichte. Festgabe zum 90. Geburtstag von Hans Tümmler. Hrsg. von Herbert Hömig. Bochum 1996, S. 99–118.
Wehler, Hans-Ulrich: Deutsche Gesellschaftsgeschichte. Bd. 1. München 1987.
Wertheim, Ursula: Der amerikanische Unabhängigkeitskampf im Spiegel der zeitgenössischen deutschen Literatur. In: Weimarer Beiträge 3 (1957), S. 429–470.
Wilson, W. Daniel: Dramen zum Thema der Französischen Revolution, in: Goethe Handbuch. Bd. 2: Dramen. Hrsg. von Theo Buck. Stuttgart 1996, S. 258–287. (1996a)
–. Geheimräte gegen Geheimbünde. Ein unbekanntes Kapitel der klassisch-romantischen Geschichte Weimars. Stuttgart 1991.
–. Goethe in der Opposition? Die ›Versuchung der Macht‹ in Weimar. In: Jahresgabe der Goethe-Gesellschaft, Ortsvereinigung Bonn. Bonn 1995, S. 38–59.
–. Hunger/Artist: Goethe's Revolutionary Agitators in ›Götz‹, ›Satyros‹, ›Egmont‹, and ›Der Bürgergeneral‹. In: Monatshefte 86 (1994), S. 80–94.
–. Tabuzonen um Goethe und seinen Herzog. Heutige Folgen nationalsozialistischer Absolutismuskonzeptionen. Deutsche Vierteljahrsschrift für Literaturwissenschaft und Geistesgeschichte 70 (1996), S. 394–442. (1996b)
–. Unterirdische Gänge. Goethe, Freimaurerei und Politik. Göttingen 1999.
Würgler, Andreas: Unruhen und Öffentlichkeit. Städtische und ländliche Protestbewegungen im 18. Jahrhundert. Tübingen 1995.

Personenregister

Andreas, Willy 31, 127, 282
Anna Amalia, Herzogin von Sachsen-Weimar-Eisenach 23, 55, 87, 93, 253, 277
Arnold, Günter 44, 259
August, Prinz von Sachsen-Gotha-Altenburg 278

Baggesen, Jens 223
Bahls, Georg 282
Bauer, Joachim 44
Bechtolsheim, Freiherr von 130 ff., 146
Bentheim, von 188 ff., 198
Bernstorff, Gräfin von 253
Bertuch, Friedrich Justin 18, 20, 214, 276
Bismarck, Otto von 284
Blickle, Renate 79
Boblenz, Frank 44
Bode, Johann Joachim Christoph 8, 11 f., 210, 253, 267, 275 ff.
Bödeker, Hans Erich 13
Borchmeyer, Dieter 33, 283, 287
Böttiger, Carl August 188 f., 245, 281
Bürger, Gottfried August 98, 126

Campe, Johann Heinrich 139
Carl August, Herzog von Sachsen-Weimar passim
Carl Eugen, Herzog von Württemberg 48
Carl Friedrich, Erbprinz von Sachsen-Weimar 272
Constantin, Prinz von Sachsen-Weimar-Eisenach 253
Crämer, Ulrich 31
Custine, Adam Philippe 129

Dahl, Helma 36
Dann, Otto 118

Eberhardt, Hans 32, 34
Eckardt, Johann Ludwig (von) 9 ff., 191, 203, 205
Eckermann, Johann Peter 170
Eichhorn, Johann Gottfried 191 f., 202
Epstein, Klaus 195
Ernst August, Herzog von Sachsen-Weimar-Eisenach 84
Ernst II. Ludwig, Herzog von Sachsen-Gotha-Altenburg 51
Ewald, Johann Ludwig 73

Fichte, Johann Gottlieb 115, 187, 193, 215, 228, 242, 243–248, 251, 274, 291
Flach, Willy 34
Forster, Georg 215, 235, 264
Franckenberg, Friederike Freifrau von 270
Franckenberg, Friedrich Ludwig von 121, 157, 270
Friedrich Christian, Prinz von Schleswig-Holstein-Sonderburg-Augustenburg 223
Friedrich II., der Große, König von Preußen 29, 73
Friedrich II., Landgraf von Hessen-Kassel 48
Fritsch, Jacob Friedrich Freiherr von 23, 34, 56, 64, 81 f., 97, 123, 131, 149, 157, 160 f., 181, 230, 249, 261, 265

Göckel, Johann Christian (von) 53
Georg III., Kurfürst von Han-

nover und König von Groß-
britannien 48
Göchhausen, von (Offizier bei einem preußischen Regiment) 49 f., 66
Goeckingk, Leopold Friedrich Günther von 74
Goethe, Johann Wolfgang (von) passim
Görres, Joseph von 73
Görtz, Johann Eustachius, Graf Schlitz, genannt von G. 161, 163, 165, 267
Gothe, Rosalinde 78, 84, 109, 159, 160
Götze, Paul 183
Griesbach, Johann Jacob 203
Grolman, Ludwig Adolf Christian von 238
Gruner, Christian Gottfried 9, 11, 203, 249 ff., 279

Hahn, Karl-Heinz 23 f., 117, 226
Hartung, Fritz 26, 30, 32, 79, 81, 105, 111, 117, 121 ff., 127, 136, 165, 236
Haug, Christine 44, 236
Hauschild, Johann Leonhard 17
Hendrich, Franz Ludwig Albrecht von 160 f., 167, 169
Herda von und zu Brandenburg, Carl Christian 128f., 144, 148
Herder, Caroline 253, 255, 262, 269–274, 277
Herder, Johann Gottfried (von) 10, 21, 41, 67, 95, 105, 115, 191, 225, 227, 252–275, 277, 280 f., 291
Herder, Rinaldo Gottfried (von) 270
Herder, Sigismund August Wolfgang (von) 271 ff.
Hetzer, Wilhelm Emanuel Gottlieb 95
Höhne, Anna Catharina 8, 12
Holtzhauer, Helmut 32 f., 121 f., 136, 165
Hufeland, Gottlieb 189, 228–235, 241 ff., 250, 276

Iffland, August Wilhelm 113

Jacobi, Fritz 253

Kalb, Charlotte von 225
Kalb, Johann August Alexander von 86 f.
Kant, Immanuel 73, 184
Kapp, Friedrich 70
Katharina II., die Große, Kaiserin von Rußland 278
Kellner, Johann Georg 108–111, 115
Kirms, Franz 256 f., 265 f.
Klopstock, Friedrich Gottlieb 22
Knebel, Carl Ludwig von 77, 252, 267 f., 275, 277, 280 f.
Koch, Herbert 32, 226
Krieger, Johann Christian Konrad 238
Krippendorff, Ekkehart 30

Lau, Theodor Ludwig 240
Lenz, Jakob Michael Reinhold 72
Lessing, Gotthold Ephraim 183
Loder, Justus Christian 180 f., 220, 249
Loeber, Gottwert Heinrich 211 f.
Louise Auguste, Herzogin von Sachsen-Weimar-Eisenach 238, 259, 263, 271 f., 280
Ludwig IX., Landgraf von Hessen-Darmstadt 73
Ludwig X., Landgraf von Hessen-Darmstadt 238, 240
Ludwig XVI., König von Frankreich 151, 255, 277

Michaelis-Böhmer-Schlegel-Schelling, Caroline 73

Mirabeau, Honoré Gabriel de Riqueti comte de 60
Müller, Gerhard 44, 291
Müller, Johannes (von) 258
Münter, Friedrich 279

Nicolai, Ernst Anton 202
Nicolai, Friedrich 73
Nolte, Johann Carl Maximilian 61 f., 64 f.
Novalis (= Georg Friedrich Philipp Freiherr von Hardenberg) 236

Oken, Lorenz 39, 115, 187

Paoli, Pasquale 69
Paulus, Heinrich Eberhard Gottlob 219, 226
Pezzl, Johann 73
Pfeffel, Gottlieb Conrad 160, 228
Polizo, Cyriacus 202, 205, 220
Premsler, Johann Gottfried 58

Ranke, Leopold von 283
Rebmann, Georg Friedrich 73, 214
Reinhardt, Hartmut 71
Reinhold, Carl Leonhard 211
Riederer, Jens 44, 197 f., 204, 288
Ruiz, Alain 21

Schaumburg-Lippe, Philip Ernst Graf zu 50
Scheidemantel, Heinrich Gottfried 16
Schiller, Friedrich (von) 19, 21, 26, 39, 48 f., 54, 68, 72, 112 ff., 209, 214, 217–228, 276, 278, 283, 287
Schmid, Achatius Ludwig Carl 55, 58 f., 87 ff., 170
Schmid, Carl Christian Ehrhard 236–242
Schmidt, Georg 92
Schmidt, Johann Christoph 34, 81 f., 86, 102, 109, 126, 139, 160, 256, 263, 275
Schnaubert, Andreas Joseph 220
Schnauß, Christian Friedrich 34, 56, 81, 100, 102, 138, 140, 151 ff., 157, 161 ff., 165, 167, 225 f., 249 f., 267, 274
Schöne, Albrecht 8, 35
Schönemann, Lili 68
Schubart, Christian Friedrich Daniel 73
Schulz, Joachim Christoph Friedrich 278
Schütz, Christian Gottfried 220
Seidel, Philipp Friedrich 69
Seume, Johann Gottfried 73
Ssymank, Paul 180, 198, 205
Starck, Johann August 238
Stein, Charlotte Albertine Ernestine Freifrau von 22, 225, 227, 280
Stein, Gottlob Ernst Josias Freiherr von 63
Stephani, Heinrich 180, 196, 206, 213
Stolberg, Friedrich Leopold Graf zu 22

Thon, Johann Carl Salomon 127 ff., 131, 138 f., 144 ff., 148, 153, 232
Tümmler, Hans 26, 31, 120, 122, 158, 282 ff., 289

Ueding, Gert 26
Ulrich, Johann August Heinrich 203, 220

Voigt, Christian Gottlob (von) passim
Vulpius, Christiane 9 f.

Wagner, Heinrich Leopold 71
Wahl, Hans 269
Wahl, Volker 44
Wandel, Jens Uwe 44
Wangenheim, Carl Friedrich von 49 ff., 55, 57
Weber, Georg Gottlieb 260
Wedel, Otto Joachim Moritz von 101, 108, 110
Weishaupt, Adam 209 ff.
Wiedeburg, Johann Ernst Basilius 203
Wieland, Christoph Martin 14, 21, 67, 274 ff., 280 f.
Wild, Reiner 164
Wolfsburg, von (preußischer Leutnant) 56 ff., 61
Woltmann, Carl Ludwig (von) 228
Würgler, Andreas 79
Wurmb, Friedrich Ludwig von 230

Zimmermann, Johann Georg 22